新编高等院校
经济类
系列教材

国家精品课程教材

统 计 学
（第二版）

TONGJIXUE

主　编　曾五一
副主编　朱建平

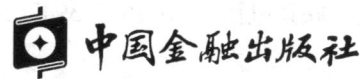
中国金融出版社

责任编辑：古炳鸿
责任校对：张志文
责任印制：陈晓川

图书在版编目（CIP）数据

统计学（Tongjixue）／曾五一主编．—2版．—北京：中国金融出版社，2011.7
新编高等院校经济类系列教材
ISBN 978 - 7 - 5049 - 6014 - 6

Ⅰ.①统…　Ⅱ.①曾…　Ⅲ.①统计学—高等学校—教材　Ⅳ.①C8

中国版本图书馆 CIP 数据核字（2011）第 125546 号

出版 发行	中国金融出版社
社址	北京市丰台区益泽路 2 号
市场开发部	（010）63266347，63805472，63439533（传真）
网上书店	http：//www.chinafph.com
	（010）63286832，63365686（传真）
读者服务部	（010）66070833，62568380
邮编	100071
经销	新华书店
印刷	保利达印务有限公司
尺寸	185 毫米 × 260 毫米
印张	23.75
字数	526 千
版次	2006 年 3 月第 1 版　2011 年 7 月第 2 版
印次	2014 年 5 月第 3 次印刷
印数	10001—13000
定价	38.00 元

ISBN 978 - 7 - 5049 - 6014 - 6/F.5574
如出现印装错误本社负责调换　联系电话（010）63263947

第二版前言

《统计学》第一版自 2006 年 3 月出版发行以来,受到了读者的欢迎,先后多次印刷,被许多高等院校采用。2006 年以本书作为主要参考教材的厦门大学"统计学"课程被教育部评为国家级精品课程。

为了适应经济社会形势的发展,更好地反映国家级精品课程建设的成果,我们对《统计学》第一版作了较全面的修订,编写了《统计学》第二版。本教材第一版的作者参加了本书的修订,他们是:曾五一(第一、九、十一章)、朱建平(第五、六、七、八章)、陈美英(第二、三章)、庄赞(第四、十、十二章)、袁加军(附录一)。全书由曾五一担任主编、朱建平担任副主编,负责整体设计、修改、审订与定稿工作。

《统计学》第二版是为经济与管理类专业编写的一本统计学基础教材,在基本保持第一版特色的基础上,主要在以下几方面作了一些改进:

第一,进一步贯彻"少而精"和"学以致用"的原则,删除了第一版中第六章的第四节"复杂随机抽样的区间估计",精简后的教材内容更适合非统计学专业的其他经济与管理类专业的教学。

第二,对第一版中的一些论述作了修改与完善,更新补充了部分案例。

第三,根据近年来 Excel 软件界面变动的情况,重新编写了附录一。

第四,为减轻学生的负担,将原来单独安排在本书学习指导中的习题改为安排在各章教学内容之后,学生可不必另外专门购置本书的学习指导。

第五,为了便于教师组织教学,我们制作了与本书配套的教学辅助资料,内容包括:全套教学用幻灯片、本书的教学指导(含学习目的、课程内容要点、考核知识点与考核要求、习题解答、若干模拟试卷)。凡以本书作为教材的教师可与出版社联系,免费获得上述教学资源。其他读者如有需要也可另行购买。

本书的再版得到了中国金融出版社的热情支持,许多兄弟院校的教师对本书的修订提了不少宝贵的意见,特在此表示衷心感谢。

限于水平,本书的第二版仍会有许多不足,欢迎读者特别是使用本书作为教材的教师提出批评和建议。

曾五一
2011 年 6 月于厦门山海花园

第一版前言

统计学是研究如何测定、收集、整理、归纳和分析反映客观现象总体数量的数据，以便给出正确认识的方法论科学。现代统计学已经渗透到理、工、农、医、经济管理与各类人文社会科学领域，并由此产生许多新的交叉学科，改变了原有单一学科发展的思路，对各门科学的发展具有极大的支撑作用；反过来，这种结合又促进了统计学自身的发展。21世纪是信息经济时代，从本质上讲，信息经济所依赖的不只是信息处理手段的先进性，更重要的是信息收集、整理的准确性，而准确的信息收集、整理离不开统计学学科的发展。因此，统计学被称为21世纪最有发展前途的学科之一。长期以来，统计学一直被教育部列为诸多专业的核心课程。

结合长期的统计教学实践，我们体会到只有真正理解了统计思想，才能很好地应用统计方法解决实际问题。为了让更多的社会、经济和管理工作者更好地领会统计思想，灵活地应用统计方法来认识客观世界数量规律，并指导实际工作，我们组织编写了这本适用于高等院校财经管理类各专业及其他社科类专业如社会学、法学、新闻学、政治学等专业的统计学教材。

本教材的编写力求以统计思想为主线，深入浅出地介绍各种统计方法的应用。其基本框架是：第一章为绪论，第二章至第四章介绍描述统计，第五章至第八章介绍推断统计，第九章至第十二章介绍实际工作中常用的其他统计方法，附录一介绍Excel在统计中的应用。

本教材的特点是：

第一，注重统计思想的讲述。从实际问题入手，淡化统计方法本身的数学推导，体现统计学的实用性。

第二，应用Excel软件，实现统计计算。我们选用最常见的通用软件Excel作为计算工具，在附录中专门介绍Excel的应用，并与教材内容相结合实现统计计算。

第三，根据教学需要，在出版教材的同时出版配套的学习指导书，内容包括：学习目的和考核要求、课程内容要点、思考与练习、习题详解等，便于读者通过实践，加深对所学统计思想与方法的理解，提高学习兴趣和学习效率。

本教材各章的执笔人分别是：曾五一（第一、九、十一章）、朱建平（第五、六、七、八章）、陈美英（第二、三章）、庄赟（第四、十、十二章）、袁加军（附录一）。本书由曾五一担任主编、朱建平担任副主编，负责整体设计、修改、审订、总纂与定稿工作。

编写一本好的教材并不容易，尽管我们努力想奉献给读者一本满意的教材，但书中仍难免有疏漏甚至错误之处，恳请读者多提宝贵意见。

本教材的编写参阅了国内外大量有关资料，中国金融出版社的古炳鸿编辑为本书出版做了大量工作，在此一并表示深切感谢。

编　者

2005 年 10 月

目 录

1	**第一章 绪论**
1	第一节 什么是统计
1	一、无处不在的统计
1	二、关于统计的含义
2	三、统计研究的基本环节
4	第二节 统计学的种类及其性质
4	一、统计学的产生与发展
5	二、理论统计学和应用统计学
6	三、统计学与有关学科的联系与区别
7	第三节 统计学的基本概念
7	一、总体与总体单位
8	二、样本
8	三、标志
9	四、统计指标与指标体系
12	**第二章 数据的收集、整理与显示**
12	第一节 数据的收集
12	一、数据收集概述
16	二、数据收集的方法
17	三、统计调查的形式
20	四、统计调查体系
21	五、数据收集方案设计
22	六、统计数据的主要来源
25	第二节 数据的整理
25	一、数据整理概述
26	二、统计分组

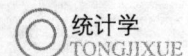

30		三、频数分布
34	第三节	数据的显示
34		一、统计表
37		二、统计图
40		三、统计分析报告
43	**第三章**	**数据分布特征描述**
43	第一节	统计变量集中趋势的测定
43		一、测定集中趋势的意义
44		二、位置代表值
51		三、数值平均数
62	第二节	统计变量离散程度的测定
62		一、测定离散程度的意义
62		二、极差、四分位差和平均差
63		三、方差与标准差
66		四、离散系数与异众比率
67	第三节	变量分布偏度与峰度的描述
67		一、矩
69		二、偏度
69		三、峰度
73	**第四章**	**对比分析与指数分析**
73	第一节	对比分析
73		一、对比分析的概念
73		二、相对数的计算
76	第二节	指数的概念和种类
76		一、统计指数的概念
77		二、统计指数的种类
78		三、统计指数的作用
79	第三节	综合指数
79		一、数量指标综合指数
81		二、质量指标综合指数
82		三、其他形式的综合指数
84	第四节	平均指数

84		一、平均指数的编制原理
84		二、加权算术平均数指数
86		三、加权调和平均数指数
87	第五节	指数因素分析
87		一、指数体系的概念
87		二、两因素指数分析
91		三、多因素指数分析
94	第六节	几种常见的经济指数
94		一、工业生产指数
94		二、物价指数
96		三、股票价格指数
97		四、其他经济指数

101	**第五章**	**概率基础**
101	第一节	概率的基本概念
101		一、随机试验与随机事件
103		二、概率
106	第二节	随机变量及其分布
106		一、随机变量与随机分布的概念
107		二、概率分布的类型
110		三、随机变量的数字特征
115	第三节	几种常见的概率分布
115		一、离散型分布
118		二、连续型分布
122	第四节	大数定律与中心极限定理
122		一、大数定律
123		二、中心极限定理

127	**第六章**	**参数估计**
127	第一节	抽样分布
127		一、抽样的基本概念
128		二、抽样分布
131	第二节	点估计与估计量的评价标准
131		一、点估计

134	二、估计量的优良标准
136	第三节 简单随机抽样的区间估计
136	一、总体均值的置信区间
138	二、总体成数的置信区间
139	三、两个总体均值及两个总体成数之差的置信区间
143	四、样本容量的确定
148	**第七章 假设检验**
148	第一节 假设检验的基本原理
148	一、假设检验的基本原理
149	二、假设检验的规则与两类错误
152	三、检验功效
152	第二节 总体参数假设检验
152	一、总体均值的假设检验
156	二、两个总体均值之差的检验
158	三、总体成数的假设检验
159	四、正态总体方差的假设检验
160	五、两个正态总体方差比的检验
162	第三节 非参数检验
162	一、非参数检验概述
163	二、χ^2 检验
165	三、符号检验
168	四、秩和检验
169	五、游程检验
170	六、等级相关
176	**第八章 方差分析**
176	第一节 方差分析方法引导
176	一、方差分析问题的提出
177	二、方差分析的基本原理
178	第二节 单因素方差分析
178	一、单因素条件下的平方和分解公式
179	二、因素作用显著性的检验
181	三、应注意的问题

182	第三节	双因素方差分析
183		一、无交互作用的双因素方差分析
186		二、有交互作用的双因素方差分析
194	**第九章**	**相关与回归分析**
194	第一节	相关与回归分析的基本概念
194		一、函数关系与相关关系
194		二、相关关系的种类
195		三、相关分析与回归分析
196		四、相关图
197	第二节	简单线性相关与回归分析
197		一、相关系数及其检验
199		二、标准的一元线性回归模型
202		三、一元线性回归模型的估计
206		四、一元线性回归模型的检验
209		五、一元线性回归模型预测
212	第三节	多元线性相关与回归分析
212		一、标准的多元线性回归模型
213		二、多元线性回归模型的估计
216		三、多元线性回归模型的检验和预测
220		四、复相关系数和偏相关系数
222	第四节	非线性相关与回归分析
222		一、非线性回归分析的意义
223		二、非线性函数形式的确定
225		三、非线性回归模型估计
226		四、相关指数
230	**第十章**	**时间序列分析**
230	第一节	时间序列分析概述
230		一、时间序列的概念
231		二、时间序列的种类
232		三、时间序列的编制方法
232	第二节	时间序列的分析指标
232		一、时间序列分析的水平指标

239	二、时间序列分析的速度指标
244	三、水平分析和速度分析的结合与应用
244	第三节　长期趋势的测定
244	一、时间序列的构成与分解
246	二、长期趋势的测定方法
251	第四节　季节变动和循环波动测定
251	一、季节变动的测定方法
258	二、循环变动的测定方法
259	三、随机变动的测定方法
260	第五节　时间序列预测方法
260	一、趋势外推法
261	二、自回归预测法
261	三、移动平均预测法和指数平滑法
269	**第十一章　统计决策**
269	第一节　统计决策的基本概念
269	一、什么是统计决策
270	二、统计决策的基本步骤
271	三、收益矩阵表
272	第二节　完全不确定型决策
272	一、完全不确定型决策的准则
275	二、各种准则的特点和适用场合
276	第三节　一般风险型决策
276	一、自然状态概率分布的估计
276	二、风险型决策的准则
279	三、利用决策树进行风险型决策
281	第四节　贝叶斯决策
281	一、什么是贝叶斯决策
282	二、贝叶斯公式与后验概率的估计
283	三、先验分析与后验分析
283	四、后验预分析
288	**第十二章　统计综合评价**
288	第一节　综合评价概述

288		一、统计综合评价的基本步骤
290		二、统计综合评价的特点
290	第二节	评价指标选择与数据预处理
290		一、评价指标的选择方法
292		二、数据预处理方法
299	第三节	评价结果的综合
299		一、几种常用的权重确定方法
306		二、评价结果的综合
313	**附录一**	**Excel 在统计中的应用**
313	第一节	Excel 简介与基本操作
313		一、Excel 简介
313		二、熟悉 Excel 工作界面
319		三、输入数据
319		四、编辑工作表
322		五、使用公式和函数
328	第二节	分析工具库与统计函数
328		一、分析工具
330		二、常用数学与统计函数简表
331	第三节	Excel 在描述统计中的应用
331		一、编制分布数列
333		二、绘制统计图
335		三、计算描述统计指标
337	第四节	Excel 在概率计算和统计推断中的应用
337		一、概率计算
339		二、区间估计
340		三、假设检验
343		四、方差分析
346	第五节	Excel 在回归分析中的应用
349	第六节	Excel 在时间序列分析中的应用
349		一、求解按方程法计算的平均发展速度
350		二、长期趋势的测定
351		三、季节变动与循环变动的测定

353	四、时间序列模型预测	
355	**附录二 常用统计表**	
355	附表1	正态分布概率表
358	附表2	t 分布临界值表
359	附表3	χ^2 分布临界值表
361	附表4	F 分布临界值表
363	附表5	符号检验临界值 S_α
364	附表6	秩和检验表
365	附表7	斯皮尔曼等级相关系数 r_s 的上临界值 r_α 表
366	**主要参考书目**	

第一章

绪　论

第一节　什么是统计

一、无处不在的统计

以下是关于"统计"的几则信息：

在诺贝尔经济学获奖者中，2/3 以上的研究成果与统计和定量分析有关。因此，著名经济学家萨缪尔森在其经典的教科书《经济学》12 版中特别提到，"在许多与经济学有关的学科中，统计学是特别重要的"。

美国杜邦公司的总经理理查德曾经指出，"现代公司在许多方面是根据统计来行事的"。[①]

1981 年，首届国际《红楼梦》研讨会在美国召开，威斯康星大学的陈炳藻独树一帜，宣读了题为《从词汇上的统计论〈红楼梦〉作者的问题》的论文。他从字、词出现频率入手，通过计算机进行统计分析，对《红楼梦》后 40 回的作者担出了自己的看法。

美国总统的年薪已经达到 40 万美元，在各国元首中名列前茅，但根据美国《工作等级年鉴》一书的排名，总统一职并未进入最好工作之列。根据该书的统计，在美国，工作环境最好的是统计学家。[②]

由以上几则信息可知，统计已经渗透到社会经济活动和科学研究的方方面面，统计无处不在，并且正在发挥越来越重要的作用。那么，究竟何为统计？如何开展统计学研究？作为一门科学的统计学与其他学科有何区别与联系？这些正是本章所要介绍的主要内容。

二、关于统计的含义

在日常生活中，人们对于"统计"这一术语常常有不同的理解。例如，企业每年要"统计"产品的产量和产值，这是将其作为一种工作来看待；了解股票的交易状况要看

[①] 转引自《马夸德特谈统计学家的重要作用》，载《统计教育》，1994（3）。
[②] 转引自 2002 年 3 月 7 日《扬子晚报》。

有关成交额和股票指数"统计",这时又是将其作为数据来运用;而学生们所说的我们正在学习"统计",则是指一门科学即统计学。

那么究竟何为统计,这里有必要给出一个比较准确的科学定义。所谓统计,就是人们认识客观世界总体数量变动关系和变动规律的活动的总称,是人们认识客观世界的一种有力工具。统计的研究对象具有以下特点:

1. 数量性。这是统计研究对象的基本特点。常言说:"数字是统计的语言",指的正是这个意思。但并不是任何一种数量都可以作为统计对象,统计数据是客观事物量的反映,因此,统计定量认识必须建立在对客观事物定性认识的基础上。

2. 总体性。统计的数量研究是对现象总体中存在的事实进行大量观察和综合分析,以得出反映现象总体的数量特征。例如,进行城镇居民家计调查,需要对具体的居民家庭进行调查,但是其目的并不在于了解个别居民家庭的生活状况,而是要反映一个国家、一个城市的居民收入水平、收入分配、消费水平、消费结构等。

3. 变异性。统计研究同类现象总体的数量特征,它的前提是总体各单位的特征表现存在着差异,而且这些差异并不是事先可以预知的。例如,各种股票的价格和成交量每天不同,这才需要对其进行统计,并编制股票指数等指标。如果说总体各单位的变异表现出个别现象的特殊性和偶然性,那么对现象总体的数量研究则是通过大量观察,从各单位的变异中归纳概括出它们的共同特征,显示出现象的普遍性和必然性。

统计作为一种社会实践活动已有悠久的历史。据历史记载,我国在西周朝代就已建立了统计报告制度。在英文中,统计为 statistics,它与"国家"为同一词根。可以说,自从有了国家,就有统计实践活动。最初,统计只是为统治者了解国家情况和管理国家提供数量依据。随着社会经济和科技的发展以及统计学自身的进步,统计的应用领域不断扩大。现在,统计不仅被用于经济管理领域,而且在其他许多领域也得到广泛应用。

人们通过统计实践活动所得到的反映客观现象数量的数据即统计数据。统计数据既是统计工作的成果,也是进一步开展统计研究的基础。

统计学是在统计实践的基础上产生并逐步发展起来的一门科学。它研究如何测定、收集、整理、归纳和分析反映客观现象总体数量的数据,以便给出正确认识的方法论科学。统计学与统计实践活动的关系是理论与实践的关系,理论源于实践,理论又高于实践,反过来又指导实践。

三、统计研究的基本环节

统计研究的全过程包括以下几个基本环节:

1. 统计设计。所谓统计设计,就是根据所要研究问题的性质,在有关学科理论的指导下,制定统计指标、指标体系和统计分类,并给出统一的定义、标准,同时提出收集、整理和分析数据的方案和工作进度等。统计设计是整个统计研究的前期工程,其完成的质量直接关系到整个统计研究的成效。搞好统计设计不仅要有统计学的一般理论和方法为指导,而且还要求设计者对所要研究的问题本身具有深刻的认识和相关的学科知识。例如,要设计一套较好的评价企业经营状况的统计体系与方案,仅有一般的统计方法知识是不够的，设计者还必须具备企业经营管理的知识和理论素养。

2. 收集数据。经过统计设计，形成有关方案之后，就可以开始收集统计数据。统计数据的收集有两种基本方法。对于大多数自然科学和工程技术研究来说，有可能通过有控制的科学实验去取得数据，这时可以采用实验法。统计学中有一个专门分支——实验设计，就是研究如何科学设计实验方案，从而使得通过实验采集的数据能够符合分析的目的和要求。对于社会经济现象来说，一般无法进行重复实验，要取得数据就必须到社会总体中去选取足够多的单位进行调查观察，并加以综合研究。如何科学地进行调查是统计学研究的重要内容。本书是为经济与管理类专业以及其他社会科学类专业编写的统计学入门教科书，由于篇幅限制，本书将只介绍有关统计调查的理论与方法。

3. 整理与分析。原始的统计数据收集后还必须经过整理、加工和分析，才能真正发挥其作用。在统计研究阶段运用的方法包括两大类：描述统计和推断统计。

描述统计是指对采集的数据进行登记、审核、整理、归类，在此基础上进一步计算出各种能反映总体数量特征的综合指标，并用图表的形式表示通过归纳分析得到的各种有用统计信息。统计描述是统计研究的基础，它为统计推断、统计咨询、统计决策提供必要的事实依据。统计描述也是对客观事物认识的不断深化过程，通过对分散无序的原始资料的整理和归纳，运用分组法和综合指标法得到现象总体的数量特征，揭露客观事物内在数量规律性，达到认识的目的。

推断统计是在对样本数据进行描述的基础上，利用一定的方法根据样本数据去估计或检验总体的数量特征。在进行统计研究时，常常存在这种情况：由于各种原因，我们所掌握的数据只是部分单位的数据或有限单位的数据，而我们所关心的却是整个总体的数量特征。例如，民意测验中某一候选人是否能够当选？全国婴儿的性别比例如何？某种电子元件的寿命多长？这时就必须利用统计推断的方法来解决。统计推断是逻辑归纳法在统计推理中的应用。推断统计是现代统计学的主要内容。

4. 统计资料的积累、开发与应用。通过统计整理和分析可以得到有关的统计资料，但统计资料的提供并不意味着统计研究的终结，统计目的在于认识客观世界的规律。仅凭一次收集的统计资料，往往还不能很好地发现客观世界存在的数量规律。因此，对于公布的统计资料需要加以积累，同时还要作进一步的加工，并结合相关的实质性学科的理论知识进行分析和利用。如何更好地将统计数据和统计方法应用于各自的研究领域也是统计学研究的一个重要方面。

以上所述的统计研究的全过程可以用图 1-1 表示。

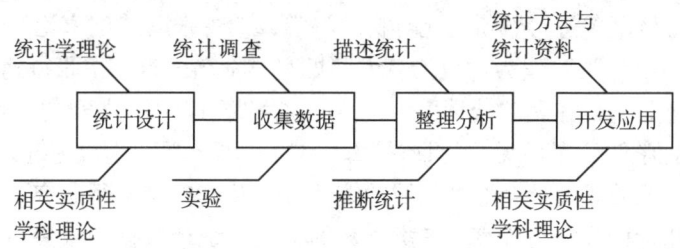

图 1-1 统计研究的全过程

第二节 统计学的种类及其性质

一、统计学的产生与发展

虽然人类统计的实践活动可以追溯到相当遥远的古代,但是,将统计实践上升到理论并加以总结和概括,使之成为一门科学——统计学,距今却只有300多年的历史。从统计学发展的历史来看,曾经产生过较大影响的主要有以下几个流派:

1. 政治算术学派。最早的统计学源于17世纪的英国,其代表人物是威廉·配第(1623—1687)和约翰·格朗特(1620—1674)。威廉·配第在其代表作《政治算术》(1676年)中写道:本书不用比较级、最高级进行思辨或议论,而是用数字……来表达自己想说的问题……借以考察在自然中有可见的根据的原因。约翰·格朗特在《对死亡表的自然观察和政治观察》(1662年)一书中,运用大量观察的方法,研究并发现了一系列关于人口的数量规律,并运用各种方法对统计数据进行间接的推算和相互印证。威廉·配第等人关于运用大量观察和数量分析等方法对社会经济现象进行研究的主张,为统计学的发展开辟了广阔的前景。有趣的是,这一派学者一直没有使用"统计学"这一术语,而是用"政治算术"来表明其研究的特色,因而被称为"政治算术"学派。

2. 国势学派。最早使用"统计学"这一术语的是德国的阿亨瓦尔(1719—1772)。他认为统计学是关于国家显著事项的学问,主要通过对国家组织、人口、军队、领土、居民职业以及资源财产等事项的记述而对国情国力进行研究。后人把从事这方面研究的德国学者称为"国势学派"。国势学派虽然创造了统计学这一名词,但他们主要使用文字记述的方法进行研究,其学科内容与现代统计学有较大差别。

3. 社会统计学派。19世纪以后,随着经济和社会的发展,统计在社会经济领域中的应用越来越广泛和深入,为满足国家和社会需要开始进行各种统计调查。这不仅为经济学家和社会学家的理论研究和实证分析提供了数量依据,也为统计学家从中概括和提出新的统计方法提供了新的思路和数据材料。包括政治统计、人口统计、经济统计、犯罪统计、社会统计等多方面内容的"社会统计学"一词开始出现,并成为统计学中的一个重要流派。该学派在德国、日本和苏联都有相当大的影响。1850年,德国的统计学家克尼斯发表了题为《独立科学的统计学》的论文,提出统计学是一门独立的社会科学,是一门对社会经济现象进行数量对比分析的科学,他主张以"国家论"作为国势学的科学命名,而以"统计学"作为"政治算术"的科学命名。这一主张得到当时大多数统计学家的赞同。于是,以往无"统计学"之名而有"统计学"之实的"政治算术"取代了过去有"统计学"之名而无"统计学"之实的"国势学"而成为统计学的正统。

社会统计学派着重对社会经济领域的统计方法及其应用进行研究。社会统计学者在社会经济统计指标的设定与计算、各类指数的编制、统计数据的收集与整理、统计调查的组织和实施、经济社会的数量分析和预测等方面作出的贡献已成为现代统计学的重要组成部分。例如，德国统计学家恩格尔（1821—1896）提出的恩格尔系数至今仍为人们广泛使用，由美国经济学家库兹涅茨（1901—1985）和英国经济学家斯通（1913—1991）等人开发的国民收入和国内生产总值的核算方法被称为"20世纪最伟大的发明之一"。

4. 数理统计学派。数理统计学的创始人是比利时统计学家凯特勒（1796—1874）。他的代表作《概率论书简》、《社会物理学》等将概率论和统计方法引入社会经济方面的研究。在学科性质上，凯特勒认为统计学是一门既研究社会现象又研究自然现象的独立的方法论科学。此后，以概率论为基础建立的统计理论与方法被称为数理统计。从19世纪中叶到20世纪中叶，数理统计学得到迅速发展，英国生物学家高尔顿（1822—1911）首次提出并阐述了"相关"的概念；英国统计学家皮尔森（1857—1936）提出了计算复相关和偏相关的方法；英国统计学家戈塞特（1876—1937）建立了"小样本理论"，提出了"t分布"；英国统计学家费雪（1890—1962）在样本相关系数的分布、方差分析、实验设计等方面的研究中作出了重要贡献。到20世纪中期，数理统计学的基本框架已经形成。随着社会经济的发展和自然科学技术的进步，统计研究的领域不断扩大，数理统计方法的运用也日益广泛和深入，数理统计学派成为英美等国统计学界的主流。

纵观统计学发展的历史，我们可以发现：统计学最初是从设置指标研究社会经济现象的数量开始的。随着社会的发展，为了适应实践的需要，统计方法和理论不断丰富和完善，统计学也在不断发展和演变。从当前世界各国的状况来看，统计学已经成为研究社会经济现象和自然现象数量方面的有力工具，它既研究确定现象的数量方面，也研究随机现象的数量方面。统计学的作用与功能从描述事物现状、反映事物规律，向进行抽样推断、预测未来变化的方向扩张，统计学自身也从单一的实质性社会科学演变成横跨社会科学领域和自然科学领域的多科性的方法论科学。

二、理论统计学和应用统计学

如前所述，统计学是有关如何测定、收集和分析反映客观现象总体数量的数据，以便给出正确认识的方法论科学。从横向看，各种统计学都具有上述共同点，因而能够形成一个学科"家族"。从纵向看，统计学方法应用于各种实质性科学，并与之相结合产生了一系列专门领域的统计学，如经济统计学、社会统计学、生物统计学等。

由此可见，现代统计学可以分为两大类：一类是以抽象的数量为研究对象，研究一般的收集数据、整理数据和分析数据方法的理论统计学；另一类是以各个不同领域的具体数量为研究对象的应用统计学。

理论统计学把研究对象一般化、抽象化，以数学中的概率论为基础，从纯理论的角度，对统计方法加以推导论证，其中心内容是研究随机变量的一般规律，例如统计分布理论、统计估计与假设检验理论、相关与回归分析、方差分析、时间序列分析、随机过程理论等。不论是自然现象还是社会现象，这些方法都是适用的。因此，理论统计学的特点是计量不计质，它具有通用方法论的理学性质。

应用统计学则与不同领域的实质性学科有着非常密切的联系,是有具体对象的方法论。所谓应用,既包括一般统计方法的应用,更包括各自领域实质性学科理论的应用。应用统计学从所研究的领域或专门问题出发,根据研究对象的性质采用适当的指标体系和统计方法,以解决所需研究的问题。应用统计学不仅要进行定量分析,还需要进行定性分析。它总是先从对现象的定性分析中设定需要考察的指标,建立指标体系,然后采集数据,进行数据处理与分析,得出符合客观现实的结论,作为决策的依据。因此,应用统计学需要有关的专业实质性科学的理论作指导,通常具有边缘交叉和复合型学科的性质。

在统计科学发展的道路上,理论统计学和应用统计学总是互相促进、共同提高的。理论统计的研究为应用统计的数量分析提供方法论基础,大大提高统计分析的认识能力,而应用统计学在对统计方法的实际应用中,又常常会对理论统计学提出新的问题,开拓理论统计学的研究领域。

作为经济与管理类的学生,所要学习的统计学主要是社会经济统计学,这是一门以社会经济现象的数量方面为特定研究对象的应用统计学。要在社会经济领域应用统计方法,必须解决如何科学测定社会经济现象即如何科学设置指标的问题,这就离不开对有关社会经济现象的质的研究。要对社会经济问题进行统计分析,也必须以有关的经济与社会理论为指导。因此,社会经济统计学的特点是在质与量的紧密联系中,研究事物的数量特征和数量表现。不仅如此,由于社会经济现象具有的复杂性和特殊性,社会经济统计学不仅要应用一般的统计方法,而且还需要研究自己独特的方法,如核算的方法、综合评价的方法、经济计量方法等。通过社会经济统计,国家可以准确、及时、全面、系统地掌握国民经济和社会发展情况,对国民经济和社会运行进行监督和预警,为宏观调控和决策提供依据;企业可以及时了解商品市场和要素市场运行的状况和企业自身的经营动态,为企业营销决策、投资理财提供参考。在知识经济和信息化的时代,社会经济统计学具有十分广阔的发展前景。

三、统计学与有关学科的联系与区别

数学是与统计学关系非常密切的一门科学。数学与统计学都是研究数量规律的,都要利用各种公式进行运算。现代统计学中运用了大量的数学理论与数学方法。数学中的概率论研究随机现象的数量关系和变化规律,从数量方面体现偶然与必然、个别与一般、局部与总体的辩证关系,为统计学提供数量分析的理论基础。数学分析的方法适用于一切数量分析,当然也包括统计的数量分析。从某种意义上说,统计学中的理论统计学以抽象的数量为研究对象,计量不计质,其大部分内容也可以看做是数学的一个分支。

统计学虽然与数学有密切的联系,但两者之间也存在本质的区别。从研究对象看,数学撇开具体的对象,以最一般的形式研究数量的联系和空间形式。统计学特别是应用统计学则总是与客观的对象联系在一起的。统计的过程就是从客观对象中抽出其数量表现,得到有关的数据,然后加以适当的运算,取得一定的结果。在此基础上,还要把这些结果返回到客观对象中去，寻求解释这些结果的意义，提供决策的事实依据。从研究方法看，数学的研究方法主要是逻辑推理和演绎论证的方法，从严格的定义、假设的命题和给定的条件出发，去推证有关的结论。而统计的方法本质上是归纳的方法，根据实验或调查观察到的大量情况，来归纳判断总体的情况。因此，数学家有可能凭借聪明的大脑，从一定的假设出发，冥思苦想开展研究；而统计学家特别是应用统计学家则需要深入实际，进行调查或实验去取得数据，研究时不仅要运用统计的方法，而且还要掌握某一专门领域的知识，才能得到有意义的成果。

应用统计学与相关的实质性学科如经济学等，有十分密切的联系。首先，统计学是开展经济研究不可或缺的重要工具。经济学对经济现象及其发展变化规律进行研究时，除了要作规范性的理论分析和定性分析外，还要进行实证的数量分析。由于社会经济现象所具有的特殊性，对其数量规律的认识只能通过统计观测进行，因此，无论是宏观经济研究还是微观经济研究，都需要运用大量的统计方法。通过统计的实证研究，可以帮助人们认识有关的数量规律，同时检验经济学理论的真实性和完善程度。统计归纳分析所获得的新知识常常为实质性学科的研究开辟新的领域，这在经济学的发展历史上是屡见不鲜的。其次，经济学等实质性学科对经济统计学等应用统计学起着十分重要的指导作用。不仅统计指标的设定离不开实质性学科的指导，而且应用统计方法也在很大程度上受研究对象性质的影响。通常是实质性的学科提出了问题，统计学才提出相应的方法，并且才有其用武之地。

统计学与相关实质性学科也有着明显的区别。实质性学科研究该领域现象的本质关系并对有关规律作出合理的解释和论证；而统计学只是为实质性学科研究和认识数量规律提供专门的方法和工具，并不直接对规律产生的原因和机理作进一步的分析。例如，利用统计方法对人均GDP与第三产业在整个经济中的比重数据进行分析，可以得出两者具有同向变动的规律，即人均GDP越高，第三产业所占的比重也越高。这两者之间为什么会呈现这种规律，两者何为因何为果等问题仅仅依靠统计学是无法说明的，必须由经济学作出解释。

第三节　统计学的基本概念

一、总体与总体单位

统计学是研究客观现象总体的数量特征和数量关系的，因此，首先对统计总体要有一个明确的认识。统计总体就是根据一定目的确定的所要研究的事物的全体。它是由客观存在的、具有某种共同性质的许多个别事物构成的整体。例如，我们要研究全国城镇居民的收支情况，就将全国城镇居民作为一个总体。成千上万个不同的城镇居民家庭可以结合在一起构成总体，这是因为它们具有共同的性质，即它们都是我国的城镇居民。有了这个总体，我们就可以研究全国城镇居民的各种数量特征，如人均收入、人均消费等。

同质性是确定统计总体的基本标准,它根据统计的研究目的而定。研究目的不同,则确定的总体也不同,其同质性的意义也随之变化。例如,在研究城镇居民户的生活状况时,所有城镇居民户构成了统计总体,凡是城镇居民户都是同质的;如果研究的是城镇居民贫困户的生活状况,那么,贫困线下的城镇居民户则构成统计总体,贫困线下的城镇居民户都是同质的,而贫困线上的城镇居民户就是非同质的了。

统计总体还应具备大量性。统计对总体数量特征进行研究,其目的是为了探索、揭示现象的规律,而现象的规律只有通过大量观察才能显示出来。因此,统计总体应该由足够数量的同质性单位构成。

总体单位（简称单位）是组成总体的各个个体。根据研究目的的不同,单位可以是人、物、机构等实物单位,也可以是一种现象或活动过程等非实物单位。

总体和单位的概念是相对而言的。同一个研究对象,在一种情况下为总体,但在另一种情况下又可能变成单位。例如,在研究全国各省的人口情况时,全国为总体,各省为总体单位;而当要研究某省各县人口状况时,则该省变成了总体,而各县又成了总体单位。

根据总体所包含的单位数量,总体可以分为有限总体和无限总体两类。有限总体是由有限量的单位构成的总体,例如,全国人口普查,尽管其包含的单位数量很大,但仍然是有限的,所以是有限总体。而当总体单位数难以确定,其数量有可能无限时,便构成了无限总体。例如,要检验某种新工艺是否真正能够改善产品的性能的问题,由于该新工艺有可能一直延续下去,利用该工艺制造的产品包括已经生产和将要生产的产品,其数量难以具体确定,因此属于无限总体。

二、样本

统计研究的目的是要确定总体的数量特征,但是,当总体单位数量很多甚至无限时,不必要也不可能对构成总体的所有单位都进行调查。这时,需要采用一定的方式,从由作为研究对象的事物全体构成的总体（又称母体）中抽取一部分单位,作为总体的代表加以研究。这种由总体的部分单位组成的集合称为样本（又称子样）。样本也是由一定数量的单位构成的,样本所包含的总体单位数称为样本容量。

三、标志

总体各单位普遍具有的属性或特征称为标志。每个总体单位从不同方面考察都具有许多属性和特征,例如每个工人都具有性别、工种、文化程度、技术等级、年龄、工龄、工资等属性和特征,这些就是工人作为总体单位的标志。统计研究是从登记标志状况开始的,并通过对标志进行综合反映出总体的数量特征。

标志分为品质标志和数量标志两种。品质标志表明单位属性方面的特征,品质标志的表现只能用文字、语言来描述,例如工人的性别是品质标志,其标志具体表现为男、女。数量标志表明单位数量方面的特征,可以用数值来表现,例如,职工的工龄是数量标志，其标志具体表现为年数。

尽管标志是总体各单位都具有的普遍属性，但各单位有关标志的具体表现却未必相同，而总体各单位在特定时间、地点、条件下的具体表现正是统计所关心的问题。如果一个总体中各单位有关标志的具体表现都相同，称为不变标志。例如在工人这一总体中，职业这一标志的具体表现都是工人，所以职业便是不变标志。在一个总体中，当一个标志在各单位的具体表现有可能不同时，这个标志便称为变异标志。例如在工人总体中，各人的工龄可能表现不同，所以工龄便是可变标志。在统计总体中，不变标志和变异标志各自发挥着重要的作用。一个总体至少要有一个不变标志，才能够使各单位结合成一个总体。例如，工人总体中职业的标志是不变的，这才能使全体工人构成一个总体。可见，不变标志是总体同质性的基础，如果没有不变标志，总体也就不存在。作为总体，同时必须存在变异标志，这表示所研究的现象在各单位之间存在着差异，需要进行统计研究。上例中工人的职业标志是不变的，但又存在工资等变异标志，这才需要开展调查统计工作，并计算平均工资指标等。如果各工人的工资水平都一样，也就没有必要去统计工资，也不需要用统计方法测度工资水平了。

四、统计指标与指标体系

统计指标是反映统计总体数量特征的概念和数值。在《中国统计年鉴》中，人们可以查阅到一系列指标，如 2009 年我国国内生产总值 340 507 亿元，进出口总值 22 075 亿美元等，这些指标从某一侧面反映了我国国民经济的数量特征。由此可见，统计指标是由两项基本要素构成的，即指标的概念（名称）和指标的取值。指标的概念（名称）是对所研究现象本质的抽象概括，也是对总体数量特征的质的规定性，因此，确定统计指标必须有一定的理论依据，使之与社会经济或科学技术的范畴相吻合。同时，又必须对理论范畴和计算口径加以具体化，以便达到量化的目的。例如工资的含义在经济学中是明确的，但在实际经济生活中，职工的奖金、津贴和劳保福利是不是应该纳入工资统计的范围就必须加以具体规定。指标的数值反映所研究现象在具体时间、地点、条件下的规模和水平，在不同时间、不同地点或不同条件下，指标的具体数值必然不同。所以，在观察指标数值时，必须了解其具体的时间状态、空间范围、计量单位、计量方法等限定，同时注意由于上述条件变化而引起数值变化的可比性问题。总之，统计指标是统计研究对象的具体化，也是统计对客观事物认识过程的起点。

指标与标志之间存在密切的联系。标志反映总体单位的属性和特征，而指标则反映总体的数量特征。标志和指标的关系是个别和整体的关系，需要对各单位标志的具体表现进行汇总和计算才能得到相应的指标。由个体过渡到总体，由标志过渡到指标，是人们认识的深化和发展。因为各个个体的标志之间存在着变异，只有通过大量个体标志的综合，才能通过统计指标获得个体难以显现的信息，反映出现象本质的属性和特征。由于总体和单位的概念会随着研究目的不同而变化，因此指标与标志的概念也是相对而言的。例如，如果所要研究的是全国工业企业的情况，则各企业的职工人数、固定资产、工业增加值等都是总体单位（即各个企业）的标志；而如果研究目的变成研究某一企业的职工状况，则该企业变成一个总体，企业职工人数变成了统计指标，每个职工的文化程度、技术等级、性别、年龄等就成为标志。

统计指标按其所反映的数量特点不同，可以分为数量指标和质量指标。凡是反映现象总规模、总水平的统计指标都称为数量指标。例如，人口总数、企业总数、职工总数、工资总额、国内生产总值、商品流转额、商品进出口总额等，这些指标反映现象或过程的总规模和水平，所以数量指标也称为总量指标，用绝对数表示。凡是反映现象相对水平和工作质量的统计指标都称为质量指标，例如职工平均工资、人口密度、工人出勤率等。质量指标是总量指标的派生指标，用相对数或平均数表示，反映现象之间的内在联系和对比关系。

单个统计指标只反映总体某一个数量特征，说明现象某一侧面情况。客观现象是错综复杂的，要反映其全貌，描述现象发展的全过程，只靠单个统计指标是不够的，需要设立统计指标体系。统计指标体系是由一系列相互联系的统计指标组成的有机整体，用以反映所研究现象各方面相互依存、相互制约的关系。例如，为了反映企业生产经营的全貌，需要设立产量、产值、品种、质量、职工人数、劳动生产率、工资总额、原材料、设备、财务成本等多项指标，来组成工业企业统计指标体系。指标体系的设置不但是客观现象的反映，也是人们对客观认识的结果。随着客观形势的发展变化以及实践经验和理论研究的积累，指标体系也将不断改进和更新，逐步完善。

思考与练习

一、选择题

1. 最早使用统计学这一术语的是（   ）。
   A. 政治算术学派   B. 国势学派
   C. 社会统计学派   D. 数理统计学派
2. 社会经济统计学的研究对象是（   ）。
   A. 社会经济现象的数量方面   B. 统计工作
   C. 社会经济的内在规律   D. 统计方法
3. 考察全国的工业企业的情况时，以下标志中属于不变标志的有（   ）。
   A. 职工人数   B. 产业分类   C. 劳动生产率   D. 所有制
4. 要考察全国居民的人均住房面积，其统计总体是（   ）。
   A. 某一居民户   B. 全国的住宅
   C. 各省市自治区   D. 全国所有居民户

二、判断题

1. 世界上只有一门统计学即数理统计学。（   ）
2. 统计学是一门独立的社会科学。（   ）

3. 统计学是一门实质性科学。（   ）
4. 统计学是一门方法论科学。（   ）
5. 描述统计是用文字和图表对客观世界进行描述。（   ）
6. 对于有限总体不必应用推断统计方法。（   ）
7. 经济社会统计问题都属于有限总体的问题。（   ）
8. 理论统计学与应用统计学是两类性质不同的统计学。（   ）

三、分析题

1. 请举一个实例说明品质标志、数量标志、质量指标、数量指标之间的区别与联系？
2. 请举一个实例说明统计总体、样本、单位的含义以及三者之间的联系。

第二章

数据的收集、整理与显示

第一节 数据的收集

统计学是收集、分析、表述和解释数据的方法和科学。要正确认识客观事物的数量方面,首先必须掌握有关的统计数据。

一、数据收集概述

(一)数据的概念

我们身边随时都存在各种各样的数据:社会数据、商务与经济统计数据、自然统计数据、医学研究数据、卫生统计数据和体育统计数据以及网络统计数据等。下面试举几例加以说明。

【例2-1】 2010年财富全球五百家最大公司的前10位如表2-1所示。

表2-1　　　　　　　　2010年财富全球五百家最大公司

排名	公司名称	总部所在地	主要业务	营业收入(百万美元)
1	沃尔玛	美国	一般商品零售	408 214
2	壳牌石油	英国	炼油	285 129
3	埃克森美孚	美国	炼油	284 650
4	英国石油	英国	炼油	246 138
5	通用汽车	美国	汽车	204 106
6	日本邮政控股	日本	邮政服务	202 196
7	中国石油天然气集团公司	中国	炼油	187 518
8	国家电网公司	中国	公用设施	184 496
9	安盛	美国	保险	175 257
10	中国石油天然气集团公司	中国	炼油	165 496

资料来源:北方网站 http://economy.enorth.com.cn/system/2010/07/09/004835806.shtml。

【例2-2】 根据中华人民共和国国家统计局《中华人民共和国2010年国民经济和社会发展统计公报》：2010年"初步核算，全年国内生产总值397 983亿元，比上年增长10.3%。其中，第一产业增加值40 497亿元，增长4.3%；第二产业增加值186 481亿元，增长12.2%；第三产业增加值171 005亿元，增长9.5%。第一产业增加值占国内生产总值的比重为10.2%，第二产业增加值比重为46.8%，第三产业增加值比重为43.0%"。

【例2-3】 2008年北京奥运会奖牌前6位的国家见表2-2。

表2-2　　　　　　　　　　　　北京奥运会金牌榜

排　名	国　家	金	银	铜
1	中国	51	21	28
2	美国	36	38	36
3	俄罗斯	23	21	28
4	英国	19	13	15
5	德国	16	10	15
6	澳大利亚	14	15	17

资料来源：新华网：http://www.xinhuanet.com/olympic/olympic_jpb.htm?totalmedal。

以上事例说明，数据时时存在，处处存在。只要存在数据，统计学就有用武之地。现在，我们可以对数据作出如下定义：所谓数据，就是人们对现象进行调查研究所收集、整理、分析和解释的事实和数字，是对客观现象进行计量的结果。

数据收集就是根据统计研究预定的目的和任务，运用相应的科学的调查方法与手段，有计划、有组织地向客观实际收集资料的过程。

（二）数据的计量尺度

按照对客观事物测度的程度或精确水平来划分，可将数据的计量尺度从低级到高级、由粗略到精确划分为四种。

1. 定类尺度。定类尺度又称列名尺度、列名水平或定名测定，是按照某种属性对客观事物进行平行分类或分组的一种测度，是对事物的一种最粗略、计量精度最低或最基本的测度。定类尺度是其他计量尺度的基础，主要用于非参数的统计推断。

在形式上，定类尺度具有对称性和传递性两种属性。

定类尺度的值是以文字表述的，可以用数值标识，但仅起标签作用。例如，在人口统计中按性别分组、文化程度分组，并用数字作为代号，如男性为01，女性为02等。定类尺度可用于计算各组数值占总体数值的比重和众数等，但不能对各类编号进行加减乘除计算。

定类尺度的主要特征体现为：只能区分事物的类别，但无法比较类别间的大小，各类别的顺序可以改变；对事物的区分必须符合穷尽和互斥的要求；对其进行分析的统计量主要是频数或频率。

2. 定序尺度。定序尺度又称顺序尺度、有序水平或序列测定，是把各类事物按一定特征的大小、高低、强弱等顺序排列起来，构成定序数据，是对事物之间等级或顺序差别的一种测度。如例2-2全球企业按照财富的多少排序；再如产品按其质量高低列成一等品、二等品、三等品等。定序尺度的计量精度要优于定类尺度。它不仅可以测度类别差，而且还可以测度次序差，并可比较大小，但其序号仍不能进行加减乘除计算。与定类尺度不同，定序尺度中各类别的顺序不能改变。

定序尺度除了可用来计量比重（频率）外，还可进行累计频数（率）、中位数等数值的计算。

3. 定距尺度。定距尺度又称间隔尺度、间隔水平或间距测定，是对事物类别或次序之间间距进行的一种测度。它是一种较定类尺度和定序尺度更为高级、更为精确的计量尺度。定距尺度的计量结果是数值，一般要求建立某种物理的量度单位，如住房面积以"平方米"计量，公路长度以"公里"计量，钢铁生产量以"吨"计量等。定距尺度的每一间隔都是相等的，如公路长度每公里之间的间隔是相等的，100公里与90公里的差距等同于90公里与80公里的差距。在运算上，除了等于、不等于、大于、小于之外，定距尺度还可进行加减运算，但不能进行乘除运算，例如，可以说30℃与25℃相差5℃，且它与10℃与5℃之间的差距相等，但不能说10℃比5℃热一倍。

其主要特征体现为：不仅能区分事物的类别、进行排序、比较大小，而且可以精确地计量大小的差异，即可以进行加减运算，但不能计算乘除；没有绝对零点，即可以以任意一个零为起点。这里的"零"表示一个数值，即"0"水平，而不表示"没有"或"不存在"。如温度为0度、成绩为0分等。

4. 定比尺度。定比尺度又称比率尺度、比较水平或比率测定，是对事物之间比值的一种测度，可用于参数与非参数统计推断。虽然它与定距尺度同属于一个等级的计量尺度，但功能要比定距尺度强一些，其主要特征体现为：除能区分类别、排序、比较大小、求出大小差异、采用加减运算以外，还可以进行乘除运算。

在计量尺度的应用中，需要注意的是，同类事物用不同的尺度量化会得到不同的尺度数据。例如，农民收入数据按实际填写就是定距尺度；按高、中、低收入水平分就是定序尺度；按有无收入计量则是定类尺度；而说某人的收入是另一人的两倍，便是定比尺度了。再如，学生成绩按及格、不及格评定是定类尺度；按优、良、中、及格、不及格评定是定序尺度；按具体分数评定是定序尺度；而平均成绩则是定比尺度。

一般地，因为研究的目的和内容不同，计量尺度也会不同。如果不担心损失信息量，就可以降低度量层次。我们将数据的计量或测度尺度归纳如表2-3所示。

表 2-3　　　　　　　　　　　数据的计量尺度

计量尺度	特征	主要数据特征	运算功能	应用举例
1. 定类尺度 （列名尺度）	分类 分组	= ≠	计数	产业分类
2. 定序尺度 （顺序尺度） （有序水平）	分类 排序	> <	计数 排序	企业等级 分位数 众数
3. 定距尺度 （间隔尺度） （间隔水平）	分类 排序 量的差距	+ −	计数 排序 加减	产品质量差异 总量指标
4. 定比尺度 （比率尺度） （比较水平）	分类 排序 量的差距 有绝对零点	+ − × ÷	计数 排序 加减 乘除	商品销售额 相对指标

（三）数据类型

1. 品质数据和数量数据。根据数据反映现象的特征不同，可以归结为两类。一类称为品质数据，亦称定性数据，是用于鉴别每一个个体品质的标记或名称，说明现象品质特征的。定性数据有数值型数据和非数值型数据两种。定性数据一般是非数值型数据，并且用文字表现。但是，为了便于计算机处理，有时也对定性数据赋值，用数值作为标签来表现（仅仅作为标签，不能用于计算）。如居民身份证号码是数值型数据，但是这一数据是品质型数据，因其是鉴别特定个人的实际标志。

品质数据是由定类尺度和定序尺度计量所形成的数据，其中定类尺度和定序尺度相当于通常所说的品质标志。

另一类称为数量数据，亦称定量数据，它是用来说明现象数量特征的，用数值来表现，这种数值可以进行算术计算。这类数据是由定距尺度和定比尺度计量所形成的数据，其中，定距尺度和定比尺度相当于通常所说的数量标志及数量指标。

2. 横截面数据和时间序列数据。横截面数据又称为静态数据，它是指在同一时间对同一总体内不同单位的数量进行观察而获得的数据。时间序列数据又称为动态数据，它是指在不同时间对同一总体的数量表现进行观察而获得的数据。例如，2000年全国各省、自治区、直辖市的国内生产总值就属于横截面数据，而"九五"期间我国历年的国内生产总值就属于时间序列数据。

3. 观察数据和实验数据。根据数据的收集方法，可以将数据分为观察数据和实验数据。观察数据指在没有对现象进行人为控制的条件下，通过调查或观测而得到的数据，如有关社会经济的统计数据基本上是观察数据。而在实验中通过控制实验对象而收集到的数据便称为实验数据，如新药物实验，医学、卫生以及自然科学的大多数数据都是实验数据。

4. 直接数据和间接数据。根据数据的来源渠道，可以将数据分为直接数据和间接数据。研究者直接对研究对象进行调查、观测和实验所获得的数据称为直接数据，也称为原始数据，实验数据就属于直接数据。研究者根据研究目的收集的已经加工整理过的数据为间接数据，如人们对政府统计数据的应用就属于间接数据的利用。

二、数据收集的方法

各种数据的收集方法会因为时间、空间、经费、人员数量、研究条件和被研究现象的特性等因素而不同，要选择适当的方法。常用的直接数据的收集方法有直接观察法、报告法（通讯法）、采访法、登记法、实验设计法等。

（一）直接观察法

直接观察法是指由调查人员到现场对调查对象进行观察点数和计量。通常在科学实验中根据仪表读出所需数据，各种产品检验、身体检查、人流量、交通流量、货架商品的价格标示都是直接观察。

（二）报告法（通讯法）

报告法也称为通讯法。一般由统计工作机构将调查表格通过邮电、网络发给或传给被调查者，被调查者根据填报的要求，将填好的调查表格寄回或发回。我国现行的统计报表制度采用的正是该种方法。

（三）采访法

采访法根据被调查者的答复来收集数据。这种方法可分为口头询问法和被调查者自填法两种。

1. 口头询问法。口头询问法是由调查人员对被调查者进行逐一采访，逐项填答。它又分为人员采访法和电话采访法两种。

（1）人员采访法。人员采访法的运用方式是派出访问员直接面对面采访被调查人，当面询问问题以收集所需数据资料。该法适用于需要和受访者深入讨论的问题的数据收集。因为访问员和被调查人直接接触，被调查人将很认真地回答，所以用这种方法获得的资料的可信度是很高的。

（2）电话采访法。电话采访法是访问员按照电话号码簿上刊载的电话用户资料，以随机抽取样本的方式抽出代表样本，然后再打电话进行问卷访问的一种调查方式。此法最适用于题目少且容易回答的问卷调查。由于不易获得受访者的合作，通常不能询问较为复杂的内容。

2. 被调查者自填法。被调查者自填法即调查人员把调查表或问卷交给被调查者，向被调查者说明填表的要求和方法，并对有关注意事项加以解释，由被调查者按实际情况一一填写，填好后交调查人员审核收回。该法适用于需要较长时间思考且样本较大的情况。

（四）登记法

登记法是由有关的组织机构发出通告，规定当事人在某事发生后到该机构进行登记，填写所需登记的材料。如人口的出生和死亡统计及流动人口统计采用的就是规定当事人到公安机构登记的方法。

(五) 实验设计法

实验设计法是设计一种统计实验（试验），根据某些可以控制的因素的变化得到关于这些因素对研究的变量的影响的信息，而将那些控制因素以外的条件保持不变，或将控制因素以外的其他因素的影响用随机化的方法加以平衡抵消。例如泰勒科学管理理论中的工作定额原理，就是用实验设计调查法获得工人合理的日工作量资料的。

实验设计法常常用于收集某一新产品、新工艺或新方法使用效果的测试数据。一般地，对于可以通过科学实验取得数据资料的，采用实验设计调查法；而对于无法通过科学实验取得数据资料的，如社会现象，则应用大量观察法。

在信息技术高速发展的今天，计算机、网络、光电技术、卫星遥感、地理信息系统等高新技术已经或正在被广泛地引入数据收集领域，产生了一些新的数据收集方法。如上述各种方法都可以与网络相结合，形成网络调查；再如，利用卫星遥感技术可以了解矿产资源的分布状况。

各种调查方法各有长短，要根据实际情况选择采用。

三、统计调查的形式

直接数据的收集称为统计调查。统计调查的形式是指组织收集数据信息资源的方式方法。

统计调查的形式多种多样，按调查的范围可分为全面调查和非全面调查两大类。全面调查是对调查对象的所有单位一一进行调查；非全面调查是对调查对象中的一部分单位进行调查，以取得调查对象的一部分资料，用来推断总体或反映总体的基本情况。

按照时间标志，统计调查可分为连续性（经常性）调查和不连续性（一次性）调查。连续性（经常性）调查是指随着研究现象的变化，连续不断地进行调查登记。如重点企业的生产日报表，就是每日连续地调查。不连续性（一次性）调查是指间隔一段较长的时间对事物的变化进行一次性调查。如我国目前的各种普查，许多都是每十年进行一次。

按照组织形式，统计调查可分为定期报表制度和专门调查。定期报表制度指按国家统一规定的表式和内容，定期向各级领导机构报送统计资料的一种形式。专门调查是为某一专题研究而组织的专项调查。

统计调查的形式如图2-1所示。

1. 普查。普查是专门组织的一种全面调查。一般用于调查属于一定时点上的社会经济现象的总量，也可以调查某些时期现象的总量，乃至调查一些并非总量的指标。普查主要用于收集某些不能或不宜用定期报表收集的统计资料，对国情国力的调查一般采用普查。普查涉及面广，指标多，工作量大，时间性强。

普查有两个主要特点。第一，它是非经常性的调查，一般间隔较长的时间才进行一次。第二，它是一种全面调查，比其他调查形式更能掌握大量、详细、全面的统计

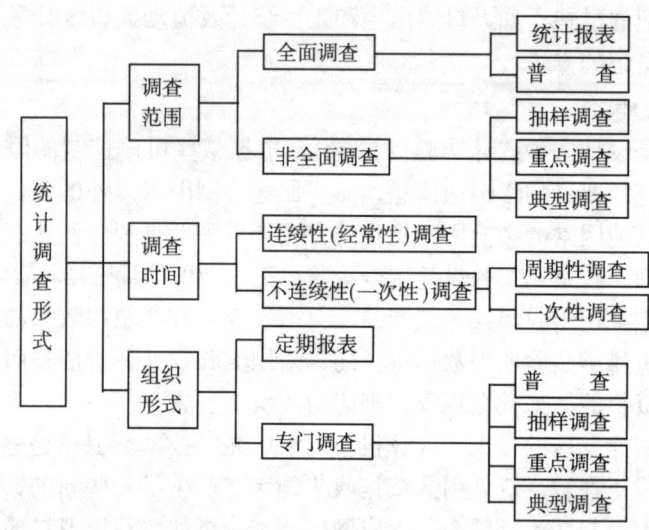

图 2-1 统计调查形式示意图

资料。

普查的组织形式有两种。一种是经过组织的普查机构配备一定数量的普查人员，对调查单位直接进行登记，如我国人口普查就是采用这种形式。另一种是利用调查单位的原始记录和核算资料，结合清库盘点，由调查单位自行填报调查表格，如我国物资库存普查就是采用这种形式。

为了摸清、掌握重大国情国力基本情况而专门组织的普查，我国已经实施过的有人口普查、基本单位普查、工业普查、农业普查、第三产业普查和经济普查等。普查为各级政府制定国民经济和社会发展规划、出台政策措施等提供参考依据；普查也是其他统计调查方法顺利开展的基础，为其他调查确定调查范围等提供原始资料。

2. 统计报表制度。统计报表制度是我国统计调查方法体系中的一种重要组织方式。它是根据国家统一规定，按统一的表格形式、统一的指标内容、统一的报送时间，自下而上逐级提供统计资料的统计报告制度。统计报表制度具备统一性、时效性、全面性、可靠性的特点，可以满足各级管理层次的需要。

统计报表的优点有：(1) 报表资料的来源建立在各个基层单位原始记录的基础上，基层单位可利用其资料对生产、经营活动进行监督管理。(2) 由于统计报表是逐级上报和汇总的，各级领导部门能获得管辖范围内的报表资料，了解本地区、本部门的经济和社会发展情况。(3) 由于统计报表属于经常性（连续性）调查，调查项目相对稳定，有利于积累资料，并进行动态对比分析。

统计报表包括全面统计报表与非全面统计报表。全面统计报表的实施范围是调查对象的全部单位；非全面统计报表的实施范围只是调查对象中的部分单位。

我国的全面统计报表经过几十年的推广应用，已建立了相当稳固、扎实的基础。

3. 抽样调查。抽样调查是一种非全面调查。它是按随机原则从调查对象中抽取一部分单位作为样本进行观察，然后根据样本数据推断现象的总体特征。

抽样调查特点如下：（1）随机抽样。抽样调查按照随机原则抽取样本单位，排除了主观因素对选样的影响，总体中每一个单位都有一定的概率被抽中。（2）部分推断总体。抽样调查根据总体中部分个体的调查数据，对调查对象总体的数量特征作出估计。根据数理统计的原理，抽样调查中样本指标和相对应的总体指标之间存在着内在联系，而且两者的误差分布也是有规律可循的，因而提供了用实际调查所得的部分信息推断总体数量特征的科学方法。（3）抽样误差可以事先计算并加以控制。以样本数据推算总体数量特征，不可避免地会产生误差，但这种误差与其他统计估算所产生的误差不同，它可以根据有关数据事先加以计算，并且通过一定的方法来控制误差的范围，以保证抽样推断结果达到预期的可靠程度。

抽样调查的适用范围主要有：第一，对一些不可能或不必要进行全面调查的社会现象采用抽样调查。例如，子弹射程、电灯使用寿命的检验等属于破坏性检验，不可能毁坏所有的产品来鉴定其质量，只能采用抽样调查。第二，对普查资料进行必要的修正。由于普查涉及面广，工作量大，容易产生登记误差——出现重复登记或遗漏现象，因此，通常可以在普查开始之后，作一次小规模的抽样调查，将抽样调查的结果同原来的普查资料进行核对，计算出差错（重复或遗漏）比率，并以此作为修订系数，对普查资料进行必要的修正。在复查工作完毕后，还可利用抽样法对普查质量进行检查。

抽样调查必须遵循以下原则：（1）随机原则。所谓随机原则，就是要使所有调查单位都有同样被抽取的概率。只有按随机原则抽取调查单位，才能保证抽样法符合概率论和数理统计有关定理的要求，从而才能运用这些定理去进行推断。（2）最大抽样效果原则。所谓最大抽样效果，就是在既定的调查费用下使抽样估计误差最小；或者是在给定的精确度下，使调查费用最少。调查费用是从人力、物力、财力等方面保证调查工作顺利进行的物质基础。一般说来，提高抽样调查结果的精确度与节省调查费用的要求往往是矛盾的，抽样误差要求愈小，调查费用要求就愈大。从经济角度看，并非任何一种抽样误差最小的方案就是最优的方案。因此，为遵循上述原则，一般要求在给定的误差条件下，选择费用最省的抽样设计方案。

随着社会主义市场经济的建立与完善，抽样调查在我国统计调查中的应用领域越来越广泛。目前，我国三支调查队的专业调查任务基本上都是使用抽样调查方法来完成。

4. 重点调查。重点调查是指在调查对象中，只选择少数重点单位进行的非全面调查。所谓重点单位，是着眼于现象的量的方面而言，尽管这些单位在全部单位中只是一部分，但它们在所研究现象的标志总量中占有绝大的比重，在总体中具有举足轻重的作用。对这些单位进行调查，能够从数量上反映整个总体在该标志总量方面的基本情况。

重点单位的确定是组织重点调查的一个重要问题。选取重点单位应遵循两个原则。一是要根据调查任务和调查对象的基本情况确定选取的重点单位及数量。一般来讲，要求重点单位应尽可能少，而其标志值在总体中所占的比重应尽可能大，以保证足够的代表性。二是要注意选取那些管理比较健全、业务力量较强、统计工作基础较好的单位作为重点单位。

一般来说,当调查任务只要求掌握基本情况,而部分单位又能比较集中地反映研究的项目时,采用重点调查比较适宜。

重点调查的特点是省时、省力,能反映总体的基本情况。能否开展重点调查是由调查任务和调查对象特点决定的。在调查任务只在于反映调查总体的主要情况或基本趋势,而且调查对象中又确实存在重点单位时,方可实施。重点调查通常用于不定期的一次性调查,但有时也用于经常性的连续调查。

5. 典型调查。典型调查是从众多的调查研究对象中,有意识地选择若干个具有代表性的典型单位进行深入、周密、系统的调查研究。进行典型调查的主要目的不在于取得社会经济现象的总体数值,而在于了解与有关数字相关的生动具体情况。

典型调查的优点是调查范围小,调查单位少,灵活机动,具体深入,节省人力、财力和物力等。其不足是在实际操作中选择真正有代表性的典型单位比较困难,而且容易受人为因素的干扰,从而可能导致调查结论有一定的倾向性,且典型调查的结果一般情况下不宜用以推算全面数字。

典型调查有两种类型。第一种是解剖麻雀型,即对个别典型单位的调查研究。在这种典型调查中,只需在总体中选出少数几个典型单位,通过对这几个典型单位的调查研究,来说明事物的一般情况或事物发展的一般规律。第二种是具有统计特征的划类选典型调查,即将调查总体划分为若干类,再从每类中选择若干个典型进行调查,以说明各类的情况。

典型调查的作用主要有两个方面:一是在特定的条件下对数据的质量进行检查;二是了解与数字相关的生动具体情况。

典型调查可以弥补其他调查方法的不足,为数字资料补充丰富的典型情况。在有些情况下,可用典型调查估算总体数字或验证全面调查数字的真实性。

典型调查和全面统计结合,既可以掌握全面情况,又具有典型材料,为分析问题、解决问题提供了丰富生动的资料。

四、统计调查体系

不同的统计调查方式方法,各有其特点和作用。在实际工作中,并非单用一种方式方法,而是多种方式方法的结合运用。这是因为:(1)国民经济和社会发展情况复杂,国民经济门类众多,必须应用多种多样的统计调查方法,才能收集到丰富的统计资料;(2)任何一种统计调查方法都有优越性与局限性,各有不同的实施条件,只用一种统计调查方法,不能满足多种需要。

统计调查体系是指若干相互联系的统计调查方法构成的整体。以往我国政府统计系统所使用的统计调查体系主要以全面报表制度为基础,该体系是按照高度集中的计划经济体制和分级管理的要求建立起来的。改革开放以来,随着社会主义市场经济的发展,一方面,社会经济现象空前复杂化,统计调查对象的规模迅猛扩展,三资企业、私营经济、个体经济等多种经济成分迅速发展,给准确把握统计口径带来困难。另一方面,统计调查对象的构成日趋复杂,不仅多种经济成分同时并存,而且国有经济中也出现了承包经营、租赁经营等多种经营形式，特别是随着现代企业制度的建立和产权的流动与重组，不同所有制的经济主体投资于同一企业的状况日趋扩大，混合所有制的经济单位越来越多，训练有素的基层统计人员日显匮乏。另外，由于利益格局的变化很大，被调查者对统计调查的合作与支持程度降低，统计信息在采集过程中的人为干扰现象增多，信息失真的风险性增大。这些都使得以全面统计报表为主的调查体系越来越难以满足政府与社会公众对统计信息的需求。

近年来，为了适应国民经济和社会主义市场经济发展的需要，在总结统计调查实践经验的基础上，按照社会主义市场经济的要求，借鉴国际上的成功的做法，对历史上形成的传统统计调查方法体系进行了一系列的改革。我国统计调查体系改革的目标模式是：建立以必要的周期性普查为基础，以经常性的抽样调查为主体，同时辅之以重点调查、科学推算和部分全面报表综合运用的统计调查方法体系。

在这一体系中，普查是基础。这是因为只有通过普查，才能收集到全面和详细的数据，同时为开展抽样调查和统计推断提供必要的基础资料。但是，由于普查要耗费大量的人力、物力、财力和时间，无法及时反映社会经济现象日新月异的变化状况，因此，大量的社会经济现象必须采用抽样调查方式才能及时捕获各类信息。抽样调查调查单位少，可以由经过专门训练的人员去完成，同时也便于对某一社会经济现象进行更深入的研究，这样既可节省调查费用，又可满足统计时效和统计数据质量方面的要求。所以，新的统计调查体系要以经常性的抽样调查为主体。重点调查、典型调查和统计报表是我国过去统计实践中常用的方式，在新形势下仍可发挥一定的作用。

在统计调查体系中，还要采用科学的推算方法。所谓统计推算，是在不可能或不必直接通过调查取得资料的情况下，根据已掌握的资料，运用各种统计方法进行科学的估计推算，以间接方式取得所需的资料。统计推算的内容主要包括：从一个现象推算另一现象，从局部推算总体，从现在推算未来。统计推算的方法主要有：比例推算法、因素估算法、平衡估算法、线性插值法、拉格朗日插值法及各种动态数列的预测方法等。

总而言之，在统计调查中，应根据调查目的和调查对象的特点，灵活选用不同的调查方式，以及时、准确地获得各种不同的信息。

五、数据收集方案设计

数据收集也就是人们常说的统计调查，指根据研究目的和任务，运用科学的调查方法与手段，有计划、有组织地向客观实际采集数据的过程。数据收集是统计研究的基础阶段。进行统计研究必须通过恰当的数据收集来获得合适的统计数据，为此，必须进行数据收集方案设计。

1. 明确调查目的。即明确统计调查要解决什么问题，只有明确调查目的，资料的收集工作才能有序进行，因为对于任何现象和过程都可以根据人们的需要从不同的方面、不同的角度来收集数据。

2. 确定调查对象和调查单位。调查对象指需要调查的现象总体（许多个体的总和），该总体由许多性质相同的调查单位（个体）组成。调查单位指所要调查的具体单

位（个体），它是进行调查登记的标志的直接承担者，是收集数据、分析数据的基本单位。

明确调查单位，还必须把它与报告单位区别开来。报告单位亦称填报单位，它是负责向上报告调查内容、提交统计资料的单位。报告单位一般是在行政上、经济上具有一定独立性的单位，可能是基层企事业单位，也可能是住户、职工、学生等。而调查单位可以是个人、企事业单位，也可以是物。根据不同的调查目的，调查单位与报告单位有时一致，有时不一致。

3. 确定调查项目。调查项目就是调查中所要登记的调查单位的特征，即调查单位所承担的基本标志，它由一系列品质标志和数量标志构成。

4. 调查表格和问卷的设计。所谓调查表是指将各个调查项目按照一定的顺序排列而形成的表格。利用调查表，可以有条理地填写需要收集的资料，便于调查后资料的汇总整理。

调查表一般有一览表和单一表两种形式。一览表是把许多调查单位填写在一张表上；单一表是每个调查单位填写一份，可容纳较多标志，一般用于调查项目较多的场合。

问卷调查是一种特殊的调查形式，根据调查目的，在调查对象中随机选择或有意识地确定调查单位，以书面文字或表格形式了解被调查者的意见，调查者自愿、自由地回答问卷中所提出的问题。调查表格和问卷的设计应简明扼要，问题应该通俗易懂，以保证所收集资料的准确性。

5. 确定调查时间。统计调查时间包括调查时间和调查期限两种含义。调查时间指调查资料所属的时间，在统计调查中，如果调查的是时期现象，必须明确规定调查资料所反映的起止日期。例如，我国第三次全国经济普查的标准时点是2008年12月31日，时期资料为2008年度。调查期限则是进行调查工作的时限，包括收集资料和报送资料工作所需的时间，应尽可能缩短。如2000年人口普查规定，2000年11月1日至11月10日登记完毕，则调查期限为11月1日至10日共10天。

6. 确定调查的组织实施计划。调查组织工作包括确定调查机构，组织和培训调查人员，落实调查经费的来源和开支办法，确定调查资料的报送方法和公布调查结果的时间。

六、统计数据的主要来源

对于应用统计的分析人员来说，相当一部分统计数据不必亲自进行统计调查，可取自有关统计部门和机构发布的统计资料。这些二手资料的收集比较快捷，成本也较低。但是，在使用时除了应标明资料的出处外，对其使用上的限制、统计口径的变化以及其他有关的附记事项，都必须事先详加研判，以防止因资料本身的限制，扭曲了整个研究对象的客观性，甚至作出错误的判断。

统计资料可通过以下三个途径获得：一是从相关的年鉴、期刊和有关出版物上获取；二是从有关网站搜寻；三是向有关公司购买各种数据库。

(一) 统计年鉴

1. 《中国统计年鉴》，该书由国家统计局编辑、中国统计出版社出版，是一部全面反映我国国民经济与社会发展情况的资料性书籍，每年9月份左右出版。该书收录了上年全国和各省、自治区和直辖市经济与社会各方面大量的统计数据，以及历史主要年份和近二十年的全国统计数据。全书内容分为26个部分：(1)行政区划和自然资源，(2)综合，(3)国民经济核算，(4)人口，(5)从业人员和职工工资，(6)固定资产投资，(7)能源生产和消费，(8)财政，(9)物价指数，(10)人民生活，(11)城市概况，(12)农业，(13)工业，(14)建筑业，(15)运输和邮电，(16)国内贸易，(17)对外贸易，(18)旅游，(19)金融和保险，(20)教育和科技，(21)文化体育和卫生，(22)其他社会活动及环境保护，(23)、(24)、(25)分别为香港、澳门特别行政区及台湾省主要社会经济指标，(26)我国经济社会统计指标同世界主要国家的比较。该书还附有光盘，提供中文与英文两种文字的统计年鉴电子版。为使用户能方便浏览和使用年鉴，光盘还提供了超文本［HTML］表格和Excel表格两种浏览方式。

2. 《国际统计年鉴》，该书由中国统计出版社出版，是一部综合性的国际经济、社会统计资料，收录世界多达160个国家和地区的统计资料，对其中的40多个主要国家的经济与社会发展状况以及世界主要企业的基本情况作了较为详细的介绍。该书分为17个部分：(1)世界概况，(2)自然资源和环境保护，(3)人口和人均主要经济指标，(4)国民经济核算，(5)农业，(6)工业和建筑业，(7)运输和通讯，(8)就业、工资，(9)财政金融，(10)国际收支、债务，(11)价格指数，(12)国际贸易和旅游，(13)社会和军事，(14)性别差异，(15)家庭收支和居民消费，(16)部分国家分地区的主要指标，(17)重要企业指标。

3. 地方统计年鉴，由各省、自治区和直辖市以及经济特区的统计局编纂，中国统计出版社出版，比较详细地反映各省、自治区和直辖市以及经济特区的社会、经济和科技等发展变化的情况。

4. 《中国县（市）社会经济统计年鉴》，由国家统计局农村社会调查总队编纂，中国统计出版社出版。主要内容包括区域分析统计图，各县（市）经济主要指标，分区域社会发展基本情况，按主要经济指标分组的社会经济基本情况。

5. 《中国金融年鉴》，由中国金融协会编纂，该书记述金融发展的基本情况，提供有关金融统计的资料，包括货币供应量、银行概述、特定存款机构的资产负债表。

6. 《中国人口统计年鉴》，由中国统计出版社出版。该书是人口状况资料性年刊，书中收集了全国各省、自治区和直辖市大量的人口数据以及世界各国的人口数据。

7. 《中国统计摘要》，由中国统计出版社出版，收录了反映我国经济、社会发展的主要统计数据，一般比统计年鉴早若干月出版。

(二) 有关期刊

上述各种年鉴所提供的资料较为详细、全面、系统，但时效性较差，反映我国经济社会动态的数据可由以下一些刊物获取。

1．《中国经济数据分析》，由中国信息中心经济预测部编纂。该期刊提供当季（或月）我国的 GDP 增长率，工业生产指数，企业效益指标，固定资产投资、外贸出口和市场销售的规模与速度指标，居民消费水平等数据。

2．《经济预测分析》，由国家信息中心编写，提供有关国民经济运行状况的资料。

3．《中国经济景气月报》，由国家统计局中国经济景气监测中心编纂，内容包括各主要经济指标的月度数据和各类经济景气指标。

（三）有关网站

在计算机与网络技术飞速发展的今天，互联网成为获取统计数据的重要途径。目前可获取反映中国经济社会状况的统计数据的网站主要有：

1．中国统计信息网，http：//www.stats.gov.cn，由国家统计局主办。主要内容有统计公报、统计数据、统计分析、统计法规、统计管理和数据直报等。在该网站也可搜寻有关统计年鉴的数据资料。

2．国研网，http：//www.drcnet.com.cn，由国务院发展研究中心主管、国务院发展研究中心信息中心主办、北京国研网信息有限公司承办。提供的主要信息有宏观经济、区域经济、金融市场、行业经济及企业经济的相关数据资料。

3．中国经济信息网，http：//www.cei.gov.cn，由国家信息中心主办。从该网站可搜寻我国经济发展及各地区经济发展的数据资料。

（四）数据库

数据库建设是国家经济信息化建设的一项重要的基础性工作，由有关公司组织开发，向社会提供有偿服务。目前，主要的经济统计数据库有：

1．国家统计数据库，http：//219.235.129.58/welcome.do，由国家统计局开发，包括国民经济核算、人口、就业、固定资产投资、能源、价格指数、人民生活、环境保护、农业、工业、建筑业、运输邮电、国内贸易、科技、文化体育卫生等国民经济和社会发展方面有关的月度、季度和年度主要统计数据，每月底更新一次。

2．中经网统计数据库，http：//db.cei.gov.cn，由中国经济信息网开发。内容涵盖宏观经济、行业经济、区域经济以及世界经济等各个领域，是一个面向社会各界用户提供全面、权威、及时、准确的经济类统计数据信息的基础资料库。

3．中宏数据库，http：//www.macrochina.com.cn/macro_data/，由国家发展改革委员会所属的中国宏观经济学会、中宏基金、中国宏观经济信息网、中宏经济研究中心联合研发。中宏数据库是一个巨型的经济数据库，包括 19 类大库，74 类中库，具体可参见其网站介绍。其中，统计数据库由宏观、金融、地区、行业、国际 5 个大类，15 个子栏目组成，以时间序列和图表方式为用户提供最快、最新、最全的经济数据。

4．中国统计数据应用支持系统与中国统计年鉴服务系统，http：//edu.acmr.cn，由北京华通人商用信息有限公司研发。中国统计数据应用支持系统是专门针对金融机构的需求研制的数据查询和分析系统，涵盖宏观、区域、行业、企业、财经等领域的经济运行状态、结构变化、发展趋势、政策效应等数据信息；中国统计年鉴服务系统目前囊括了中国统计出版社自 1981 年起出版的 400 余本国家、省市及行业年鉴。

5. Wind 中国金融数据库，http：//www.wind.com.cn，由万得信息技术股份有限公司研发，主要提供股票、基金、债券、商品与期货、外汇等的交易与财务数据，中国证券市场指数，宏观行业数据等。该数据库是目前国内比较完整、准确的以金融证券数据为核心的大型金融工程和财经数据仓库。

6. CSMAR 经济、金融、证券研究数据库，http：//www.gtarsc.com，由深圳国泰安公司开发，主要内容包括宏观经济、股票市场、基金市场、债券市场、期货市场、外汇与黄金市场等多方面的数据。

7. CCER 经济金融研究数据库，http：//www.ccerdata.com，由北京大学中国经济研究中心和北京色诺芬信息服务公司联合开发，全面涵盖了中国资本市场、货币市场、宏观经济及行业经济的所有研究领域资料。

第二节 数据的整理

一、数据整理概述

统计数据的整理是将收集到的各种原始数据条理化、系统化，使之符合统计分析与推断要求。通过整理可以大大简化数据，更有效地显示和提供所包含的统计信息。

（一）统计数据整理的内容

统计数据整理的内容主要包括以下几个方面：

广义上说，数据整理包括汇总性整理和再整理两种。汇总性整理是对统计调查所收集到的各种数据进行分类和汇总；再整理是对现成的综合统计资料进行整理。本节主要说明汇总性整理。

1. 根据研究目的设计整理汇总方案。统计汇总方案的设计包括两个方面：一是对总体的处理方法，主要是如何进行统计分组；二是确定用哪些统计指标来说明总体。

2. 根据汇总方案，对各个调查项目的资料进行汇总，通过汇总计算各项指标。

3. 通过统计表或统计图的形式，描述整理的结果。

（二）数据整理的程序

1. 统计数据的审核与检验。在整理之前，必须对原始数据进行认真审核，检查原始数据的完整性、准确性与及时性。若发现问题，则加以纠正。

2. 数据的分组和汇总。按照一定的标准将原始数据进行分组归类，综合汇总形成各项统计指标。统计分组和统计指标是整理的中心工作。

3. 数据的表示与描述。在统计分组的基础上计算出各组别的频数或频率，建立频数（率）分布，编制统计表或绘制统计图。

4. 统计资料的积累、保管和公布。

二、统计分组

(一) 统计分组的概念与种类

1. 统计分组的概念。根据统计研究的目的和客观现象的内在特点，按某个标志（或几个标志）把被研究的总体划分为若干个不同性质的组，称为统计分组。统计分组的对象是总体。统计分组的标志可以是品质标志，也可以是数量标志。

统计总体是由性质相同的许多单位组成的，此即统计总体的同质性特征。但同质性又是相对的，总体各单位之间存在着质或量上的差别。因此，统计总体可进一步区分为性质不同的几个部分。从统计分组的性质来看，兼有分与合双重含义。对总体而言是"分"，即将总体区分为性质不同的若干部分；对总体单位而言是"合"，即将性质相同或相近的单位组合在一起。对于分组标志而言，是"分"，即按分组标志将不同的标志表现分为若干组；而对于其他标志而言，是"合"，即在一个组内的各单位即使其他标志表现不相同也只能结合在一组。例如，把所有的工业企业组成一个总体，又可把这个总体按所有制形式不同，划分为全民所有制企业、集体所有制企业、合资企业等组。每一组内企业的所有制性质相同，而组与组之间各种所有制又存在着性质上的差别。

由此可见，选择一种分组方法，突出了一种差异，显示了一种矛盾，必然同时掩盖了其他差异，忽略了其他矛盾。不同的分组方法，可能得出不同的结论。因此，统计分组是在统计总体内部进行的一种定性分类。统计分组必须先对所研究现象的本质作全面、深刻的分析，确定所研究现象类型的属性及其内部差别，而后才能选择反映事物本质的正确的分组标志。

2. 统计分组的作用。统计分组是基本统计方法之一，统计工作自始至终都离不开统计分组的应用，在统计调查方案中必须对统计分组作出具体规定，才能收集到满足分组需要的资料。统计资料整理的任务是使零散资料系统化，但怎样使资料系统化，本着什么去归类，这就取决于统计分组。因此，在取得完整、正确的统计资料前提下，统计分组的优劣是决定整个统计研究成败的关键，它直接关系到统计分析的质量。

科学的统计分组是统计整理和分析的基础，是研究社会现象的重要方法。其主要作用如下：

(1) 划分社会经济现象的类型。统计的研究对象是错综复杂的，具有各种不同的类型。通过统计分组，可以从数量方面说明不同类型现象的数量特征，表明不同类型现象的本质和发展规律。例如，将某工业管理局所属企业按经济类型分组，可分为国有制、集体所有制和其他经济类型，通过各组的产值、职工人数、劳动生产率、成本降低率、资金利润率等指标，就可以揭示不同类型企业各自的特征，以便进一步研究其发展规律。

(2) 反映现象的内部结构及其比例关系。将所研究的现象按某一标志进行分组，计算出各组在总体中的比重，用以说明总体内部的构成。同时将总体各组之间进行对比，就可以反映各组之间的比例关系。例如，将国内生产总值按照三次产业计算，分别计算出它们的比重，并计算出第一产业、第二产业和第三产业的增加值的比值，便可揭示国民经济结构及其比例关系。

（3）分析现象之间的依存关系。现象不是孤立的，而是相互依存和相互联系的，这种依存关系常常表现为因果关系。统计中把表现为事物发展变化原因的标志称为影响标志，而把表现为事物发展结果的标志称为结果标志。利用统计分组分析现象之间的依存关系，首先要用影响标志对总体进行分组，然后计算出结果标志的数值，再分析两个标志的联系程度和方向。例如，分析工时利用率与生产计划完成指标的依存关系。

3. 统计分组的原则。统计分组必须遵循两个原则：穷尽原则和互斥原则。

所谓穷尽原则，就是使总体中的每一个单位都应有组可归，或者说各分组的空间足以容纳总体所有的单位。

所谓互斥原则，就是在特定的分组标志下，总体中的任何一个单位只能归属于某一组，而不能同时或可能归属于几个组。

4. 统计分组的种类。统计分组可以按照不同的标志进行分类。分组的标志是划分资料的标准和依据，分组的标志选择是否得当，关系到能否正确反映总体数量特征及其变化规律。统计分组主要有如下几种：

（1）统计分组按分组标志的多少和组合情况，分为简单分组和复合分组。

简单分组就是对被研究现象只按一个标志进行的分组。例如，将职工分别按年龄、工龄、文化程度等标志进行分组。简单分组只能说明被研究现象某一方面的差别情况。

复合分组是采用两个或两个以上的标志结合起来进行分组。例如，将职工先按年龄进行分组，在此基础上，再按文化程度这个标志分组。采用复合分组可以对被研究的现象作更深入的分析，但也不宜采用过多的标志进行复合分组，以免组数过多，反而难以显示出事物的本质特征。

由于客观事物是非常复杂的，有时需要从不同角度来分析研究，才能认识事物的本质，因此，常常要采用一系列相互联系、相互补充的分组来进行分析。这一系列相互联系的分组，称为分组体系。例如，对企业职工的分析，就常用按工作性质、年龄、文化程度等标志进行许多分组，组成分组体系，从各个方面反映企业职工的各种特征，获得对企业职工比较全面的认识。

（2）按分组标志的不同性质，分为品质分组（或称属性分组）和数量分组（或称变量分组）。

品质分组就是按品质（或属性）标志进行分组。一般地，对于以定类尺度（列名尺度）或定序尺度（顺序尺度）计量的，采用品质分组。例如，职工按性别分组，企业按经济类型分组等。数量分组就是按数量标志分组，数量标志的变异性体现在它不断变动自身的数量上，故也称为变量分组。例如，企业按固定资产、盈利能力分组。品质分组所形成的数列称为品质数列，变量分组所形成的数列称为变量数列。

（3）按分组的作用和任务不同，分为类型分组、结构分组和分析分组。

把复杂的现象总体划分为若干个不同性质的部分，就是类型分组。例如，我国将企业登记注册类型分为内资企业，港、澳、台商投资企业和外商投资企业三大类。

在对总体分组的基础上计算出各组对总体的比重，借此研究总体各部分的结构，即结构分组。类型分组与结构分组往往紧密地联系在一起。

为研究现象之间的依存关系而进行的统计分组即分析分组。分析分组的分组标志称为原因标志，与原因标志相对应的标志称为结果标志。如影响某种商品消费需求的因素有：该商品的价格、消费者收入、相关商品的价格、消费者偏好以及消费者对该商品的预期等。原因标志不同，结果标志也会不同；同一原因标志由于分组的不同，结果标志也会不同。例如，工人的劳动生产率与产值之间、商品流通费用率与商品销售额之间的依存关系，都可以按分析分组法来研究。

（二）统计分组的方法

1. 正确选择分组标志。要进行科学分组，必须选择适当的分组标志。分组标志就是作为分组依据的标准。统计分组的关键在于选择分组标志和划分各组界限，选择分组标志是统计分组的核心问题，因为分组标志与分组的目的有直接关系。任何一个统计总体都可以采用许多分组标志分组。分组时采用的分组标志不同，其分组的结果及由此得出的结论也会不同。这是因为分组标志一经选定必然表现出总体在这个标志上的差异情况，但同时又掩盖了其他标志的差异。如果分组标志选择不恰当，不但无法表现出总体的基本特征，甚至会把不同质的事物混在一起，从而掩盖和歪曲现象的本质特征。划分各组界限，就是要在分组标志的变异范围内划定各相邻组间的性质界限和数量界限。那么如何正确选择分组标志呢？第一，要根据统计研究的目的选择分组标志；第二，必须根据事物内部矛盾的分析选择反映事物本质的分组标志；第三，结合被研究事物所处的具体历史条件选择分组标志。

分组标志有品质标志和数量标志两种。

2. 按照品质标志分组。按品质标志分组就是按事物的质量属性分组。例如，人口按民族、职业分组，工业企业按所有制分组等。按品质标志分组时，其组数的确定主要取决于两个因素——统计研究的任务与事物的特点。对事物进行品质分组，其组数的多少首先取决于事物本身的特点。事物本身具有的既定属性是我们确定组数的基本依据。例如人口按性别分组，就只能分为男女两组。对于有些事物构成比较复杂、组数可多可少的情况，就需要考虑统计研究任务的具体要求。例如人口按职业分组就可粗可细，组数可多可少，到底该分几组，应根据统计研究的任务来确定。

3. 按照数量标志分组。按数量标志分组即按事物的数量特征分组。例如，工业企业按职工人数分组。按数量标志分组时，根据每组数量标志值的具体表现，又分为单项式分组和组距式分组两种。按数量标志分组应注意如下两个问题：第一，分组时各组数量界限的确定必须能反映事物质的差别。第二，应根据被研究的现象总体的数量特征，采用适当的分组形式，确定相宜的组距、组限。

（1）单项式分组与组距式分组。单项式分组：按数量标志分组，数量标志的表现就是变量的取值，即标志值，又称变量值。单项式分组就是用一个变量值作为一组，形成单项式变量数列。例如，育龄妇女按其生育子女的存活数分组，可分为0个、1个、2个、3个、4个、5个6组。单项式分组一般适用于离散型变量且变量变动范围不大的场合。离散型变量是指所描述对象的标志值可以按一定次序——列举（通常取整数值）的数量标志。

组距式分组：就是将变量依次划分为几段区间，一段区间表现为从"……到……"距离，把一段区间内的所有变量值归为一组，形成组距式变量数列。区间的距离就是组距。如学生成绩分为：60 分以下、60~80 分、80~90 分和 90~100 分 4 个组。对于连续型变量或者变动范围较大的离散型变量，适宜采用组距式分组。

（2）间断组距式分组和连续组距式分组。在组距式分组中，每组包含许多变量值，每一组变量值中，其最小值为下限，最大值为上限。相邻两组的界限称为组限。凡是组限不相连的，称为间断组距式分组。例如，儿童按年龄分组可分为未满 1 岁，1~2 岁，3~4 岁，5~9 岁，10~14 岁。凡是组限相连（或称相重叠的），即以同一数值作为相邻两组的共同界限，称为连续组距式分组，如上述学生成绩分组。连续型变量只能采用连续组距式分组。在连续组距式分组中，存在以同一个数值作为相邻两组共同界限的做法，根据统计分组必须遵循的互斥原则，凡是总体某一个单位的变量值是相邻两组的界限值，则这一个单位归入作为下限值的那一组内，即所谓"上限不在内"原则。例如学生按成绩分组，把 70 分的学生归入 70~80 分组内，把 80 分的学生归入 80~90 分组内。

（3）等距分组与异距分组。按数量标志进行组距式分组，还可分为等距分组和不等距（或称异距）分组。等距分组就是标志值在各组保持相等的组距，即各组的标志值变动都限于相同的范围。在标志值变动比较均匀的情况下，都可采用等距分组。等距分组有很多好处：便于计算，便于绘制统计图。

异距分组即各组的组距不相等。一般地，异距分组适用于如下几种场合：第一，标志值分布很不均匀的场合。第二，标志值相等的量具有不同意义的场合。例如，生命的每一个月对于新生婴儿和对于成年人是大不一样的，此时，若按年龄分组进行人口疾病研究，应采用异距式分组。第三，标志值按一定比例发展变化的场合。

（三）组距式分组中相关指标的计算

1. 组距。在组距式分组中，组距是上下限之间的距离。连续组距式分组的组距计算公式是

$$组距 = 本组上限 - 本组下限 \tag{2.1}$$

间断组距式分组的组距计算公式为

$$组距 = 本组上限 - 前组上限 \tag{2.2}$$

$$或 = 本组下限 - 前组下限 \tag{2.3}$$

$$或 = 本组上限 - 本组下限 + 1 \tag{2.4}$$

连续组距式分组的组距大小也可根据公式（2.2）或公式（2.3）求得。

2. 组数。组距的大小直接关系到组数的多少，组距大，组数就少；组距小，组数就多。这里，向大家介绍一种确定组数和组距的经验公式，这一公式是美国学者斯特吉斯（H. A. Sturges）创用的，称为斯特吉斯经验公式，即

$$n = 1 + 3.322 \log N \tag{2.5}$$

$$d = \frac{R}{n} = \frac{x_{\max} - x_{\min}}{1 + 3.322 \log N} \tag{2.6}$$

式中，n 为组数，N 为总体单位数，d 为组距，R 为全距，即最大变量值 x_{max} 与最小变量值 x_{min} 之差。

根据这一公式，可以得出如下（见表2-4）的组数参考标准：

表2-4 　　　　　　　　　　　　分组组数参考表

N	15~24	25~44	45~89	90~179	180~359
n	5	6	7	8	9

上述公式及表中数据仅供参考，不能生搬硬套。实际分组时，采用组数的多少应依据所研究资料的性质而定。

3. 组中值。上下限之间的中点数值称为组中值。组中值的计算公式为

$$组中值 = \frac{上限 + 下限}{2} \tag{2.7}$$

在计算平均指标或进行其他统计分析时，常以组中值来代表各组标志值的平均水平。当各组标志值均匀分布时，组中值代表各组标志值的水平，其代表性就高。因此，分组时，应尽可能使组内各单位标志值分布均匀。

有时候，连续型变量按离散型变量表示，组距数列的编制采取相邻组限不重叠的形式，组中值的确定应考虑到连续型变量自身的特点。年龄就是比较典型的例子，它实质是连续型变量，习惯上用整数表示。例如一群大学生分为17~19岁、20~22岁两组，则组距3岁，组中值分别为18.5岁和21.5岁。因为第一组应包括19岁又不到20岁的大学生，上限应视为20岁；同样道理，第二组上限应视为23岁。

4. 开口组的组距与组中值。在编制组距式变量数列时，使用"××以上"或"××以下"这样不确定组距的组，称为开口组。例如，要反映企业工人生产定额完成情况，按定额完成程度分组，分为90%以下、90%~100%、100%~110%、110%以上。开口组的组距是以相邻组的组距为本组的组距，如上例，90%以下的组，因相邻组的组距为10%（=100%-90%），故第一组可视为80%~90%，其组中值为（80% + 90%）÷2 = 85%；110%以上的组以邻组的组距10%为本组组距，视为110%~120%，组中值为（110% + 120%）÷2 = 115%。

三、频数分布

（一）频数分布的基本概念与要素

在统计分组的基础上，将总体所有的单位按某一标志进行归类排列，称为频数分布，或次数分布，也称为分布数列。频数分布是统计整理的一种重要形式，通过对零乱、分散的原始资料进行有次序的整理，形成一系列反映总体各组之间单位分布状况的数列。根据分组标志特征的不同，分布数列可分为两类：按品质标志分组所形成的数列即品质分布数列，亦称品质数列；按数量标志分组所形成的数列叫变量分布数列，亦称变量数列。

分布数列由两个要素构成：一个是总体按某标志所分的组；另一个是各组所出现的

单位数,即频数,亦称次数。就变量数列而言,总体按数量标志分组,分组标志在各组有不同的数量表现,形成标志值数列,亦称变量,一般用 x 表示;频数(次)用 f 表示。

(二)变量数列的编制

统计调查收集的原始资料是比较分散零乱的,无法显示现象总体的本质特征。一般来说,对所收集的资料按标志值大小进行排序,再观察各标志值分布是否均匀,决定是否采用等距分组。

【例2-4】 根据抽样调查,某企业电子元件耐用时数抽样资料如下:

单位:小时

830	880	1 230	1 100	1 180	1 580	1 210	1 460	1 170	1 080
1 050	1 100	1 070	1 370	1 200	1 630	1 250	1 360	1 270	1 420
1 180	1 030	870	1 150	1 410	1 170	1 230	1 260	1 380	1 510
1 010	860	810	1 130	1 140	1 190	1 260	1 350	930	1 420
1 080	1 010	1 050	1 250	1 160	1 320	1 380	1 310	1 270	1 250

对上述资料采用等距分组,分为8组,组距为100,以800为第一组下限。经过整理,得出计算结果如表2-5所示。

表2-5　　　　　　　　　　50个电子元件耐用时数资料表　　　　　　　单位:小时

按耐用时数分组(x)	频数(f_i)	频率($f_i / \sum f_i$)
800~900	5	0.10
900~1 000	1	0.02
1 000~1 100	8	0.16
1 100~1 200	11	0.22
1 200~1 300	11	0.22
1 300~1 400	7	0.14
1 400~1 500	4	0.08
1 500以上	3	0.06
合计	50	1.00

表中第1列是变量;第2列是各组出现的次数,即频数,各组频数之和等于总体单位数;第3列是频率。频率反映了各组频数大小对总体所起作用的相对强度,它是各组频数与总体单位总和之比,计算公式如下

$$频率 = \frac{f_i}{\sum f_i} \tag{2.8}$$

频率具有如下两个性质:

(1)任何频率都是介于0和1之间的一个分数,即

$$0 \leq \frac{f_i}{\sum f_i} \leq 1 \tag{2.9}$$

（2）各组频率之和等于1，即

$$\sum \frac{f_i}{\sum f_i} = 1 \qquad (2.10)$$

上述例子是等距分组。如果是异距分组，各组次数的多少还受到组距不同的影响，各组的频数可能会随着组距的扩大而增加，随着组距的缩小而减少。为消除异距分组所造成的这种影响，须计算频数密度（或称次数密度），频数密度的计算公式如下：

频数密度 = 频数/组距

频率密度 = 频率/组距

各组频数密度与各组组距乘积之和等于总体单位数，各组频率密度与各组组距乘积之和等于1。

（三）累计频数与累计频率

累计频数（或频率）可以是向上累计频数（或频率），也可以是向下累计频数（或频率）。向上累计频数（或频率）分布，其方法是先列出各组的上限，然后由标志值低的组向标志值高的组依次累计。向上累计频数表明某组上限以下的各组单位数之和是多少，向上累计频率表明某组上限以下的各组单位数之和占总体单位数的比重。向下累计频数（或频率）分布，其方法是先列出各组的下限，然后由标志值高的组向标志值低的组依次累计。向下累计频数表明某组下限以上的各组单位数之和是多少，向下累计频率表明某组下限以上的各组单位数之和占总体单位数的比重。

累计频数分布具有如下两个特点：（1）第一组的累计频数等于第一组本身的频数；（2）最后一组累计频数等于总体单位数。累计频率同样也具有两个特点：（1）第一组的累计频率等于第一组本身的频率；（2）最后一组的累计频率等于1。

现仍以50个电子元件耐用时数的资料为例，进行向上和向下累计，其结果如表2-6所示。

【例2-5】 50个电子元件耐用时数资料。

表2-6　　　　　　　　　　　50个电子元件耐用时数累计表

向上累计					向下累计				
电子元件耐用时数分组上限	频数	累计频数	频率（%）	累计频率（%）	电子元件耐用时数分组下限	频数	累计频数	频率（%）	累计频率（%）
900	5	5	10	10	800	5	50	10	100
1 000	1	6	2	12	900	1	45	2	90
1 100	8	14	16	28	1 000	8	44	16	88
1 200	11	25	22	50	1 100	11	36	22	72
1 300	11	36	22	72	1 200	11	25	22	50
1 400	7	43	14	86	1 300	7	14	14	28
1 500	4	47	8	94	1 400	4	7	8	14
1 600	2	49	4	98	1 500	2	3	4	6
1 700	1	50	2	100	1 600	1	1	2	2
合计	50	—	100	—	合计	50	—	100	—

由表 2-6 可知，电子元件耐用时数在 1 000 小时以下的有 6 个，占总数的 12%；电子元件耐用时数在 1 200 小时以下的有 25 个，占总数的 50%；电子元件耐用时数在 1 000 个以上的有 44 个，占总数的 88%；电子元件耐用时数在 1 200 小时以上的有 25 个，占总数的 50% 等。

（四）频数分布的类型

次数分配是统计分析的一种重要方法。由于社会经济现象性质不同，各种统计总体各有不同的次数分配，形成各种不同类型的分布特征。概括起来，根据曲线形状的特点，大致分为三种类型：钟形分布、U 形分布和 J 形分布。

1. 钟形分布。钟形分布的特征是"两头小，中间大"，即靠近中间的变量值分布的次数多，靠近两边的变量值分布的次数少，其曲线如图 2-2 所示。

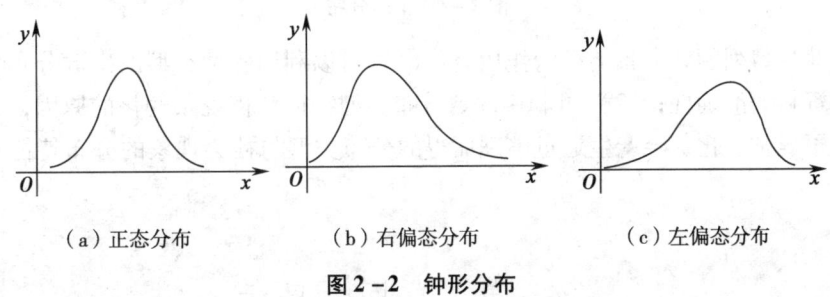

（a）正态分布　　　（b）右偏态分布　　　（c）左偏态分布

图 2-2　钟形分布

如图 2-2（a）所示，其分布特征是以标志变量中心为对称轴，左右两侧对称，两侧变量值分布的次数随着与中间变量值距离的增大而渐次减少。在统计学中，这种分布被称为对称分布。而图 2-2（b）、图 2-2（c）为非对称分布，它们各有不同方向的偏态，即左偏态分布和右偏态分布。客观实际中，许多社会现象统计总体的分布都趋于对称分布中的正态分布。正态分布是描述统计中的一种主要分布，它在社会经济统计分析中具有重要意义。

2. U 形分布。U 形分布的形状与钟形分布相反，靠近中间的变量值分布次数少，靠近两端的变量值分布次数多，形成"两头大，中间小"的 U 形分布。如人口死亡率分

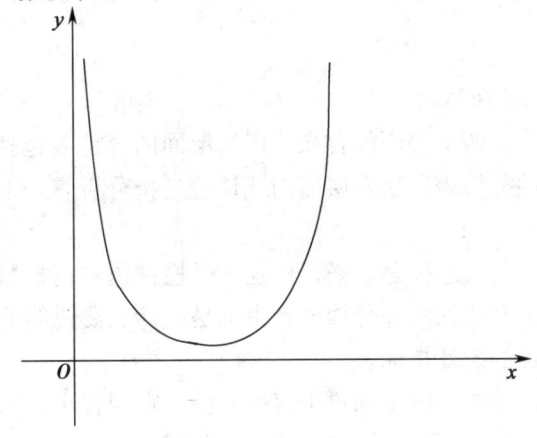

图 2-3　U 形分布

布，人口总体中，幼儿和老人死亡率高，而中青年死亡率低。

3. J形分布。J形分布有两种类型：一种是次数随着变量的增大而增多，如投资按利润率大小分布；另一种呈反J形分布，即次数随着变量增大而减少，如随着产品产量的增加，产品单位成本下降。

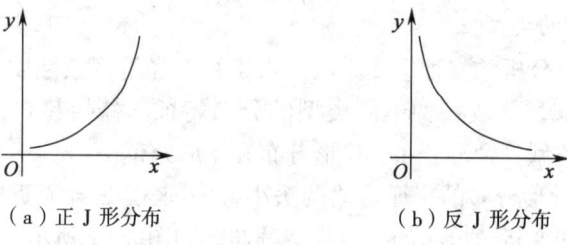

（a）正J形分布　　　　　　（b）反J形分布

图2-4　J形分布

研究变量数列频数分布类型的作用有：（1）可以利用各种类型的次数分布特征检验统计整理资料的准确性；（2）可利用次数分布类型特征分析现象变化的原因，如果现象总体发生了异常变化，会产生通过整理而得的分布类型与社会现象的分布特征不相符的情况。

第三节　数据的显示

数据经过收集、整理后，可以用直观的形式显示出来。常用的方法有统计表和统计图。

统计表与统计图是整理、表达和分析数字资料的重要工具。运用统计表可避免冗长的叙述。把有关的数字排列在一起，既便于比较，又易于发现错误和遗漏。绘制统计图可使数字资料形象化、通俗易懂，并能使资料的变化趋势和各种现象间的关系明确显示，使读者在短时间内获得明晰的印象。

一、统计表

（一）统计表的定义和结构

统计表有广义和狭义两个层面的含义。广义层面的统计表包括调查表、登记表、过渡表及表达最后结果的分析表；狭义层面的统计表是指分析表。下面简述狭义统计表的结构和编制。

从形式上看，统计表由总标题、横行标题、纵栏标题和指标数值四部分组成。从内容上看，统计表由主词和宾词两部分构成。主词是统计表要说明的总体或总体分成的多个组，宾词是说明主词的统计指标。

在编制统计表时，一般都将主词置于表的左侧，宾词置于表的右侧。但有时为了节省篇幅或便于排印，而把主词和宾词的位置互换，因此，阅读统计表时，应从内容上而不要只从位置上来辨别主词与宾词。

统计表的构成如表2－7所示。

表2－7　　　　　2004年福建省国内生产总值及构成→总标题

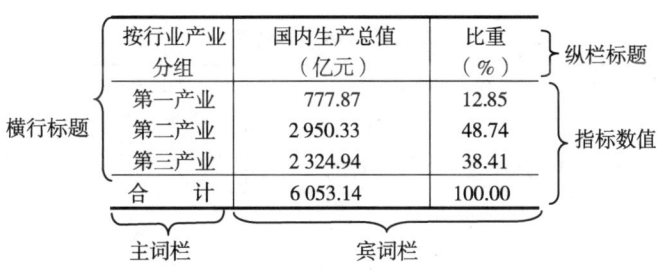

资料来源：《福建省2004年国民经济和社会发展统计公报》。

（二）统计表的种类

1. 统计表按照主词是否分组及分组的情况可以分为三种：简单表、简单分组表、复合分组表。

（1）简单表，指主词未经任何分组的统计表。简单表的主词只按总体各个单位简单排列或只按时间顺序简单排列，如表2－8所示。

表2－8　　　　　　　　2009年我国的支出法国内生产总值

指　　标	计量单位	数量
国内生产总值	亿元	345 024
最终消费	亿元	165 527
资本形成总额	亿元	164 464
货物服务净进出口	亿元	15 033

资料来源：根据《2002年中国统计年鉴》整理。

（2）简单分组表，指主词按一个标志分组的统计表。它既可以按品质标志分组，也可以按数量标志分组，表2－9就是按照产业划分的国内生产总值表。

（3）复合分组表，指主词按两个或两个以上标志重叠分组的统计表。如表2－9所示。

表2－9　　　　　　　国内生产总值及其分组表　　　　　　　　单位：亿元

国内生产总值按产业和行业分组	国内生产总值	比重（％）
第一产业		
第二产业		
工业		
建筑业		
第三产业		
交通仓储邮电通信业		
⋮		

2. 根据宾词分类，统计表分为三种：简单排列、平行排列和重叠排列。

（1）简单排列，指宾词不加任何分组，按一定顺序排列在统计表上。如表2-12所示。

（2）平行排列，指宾词栏中各分组标志彼此分开，平行排列。如表2-10所示。

表2-10　　　　　　　　　各年社会商品零售总额　　　　　　　　　单位：亿元

年份	按商品性质和用途分类		按城乡分组		按经济类型分组			
	消费品零售总额	农业生产资料销售额	城镇	乡村	国有	集体	个体	其他
2002								
2003								
2004								

（3）重叠排列，指统计指标同时有层次地按两个或两个以上标志分组，各种分组层叠在一起，宾词的栏数等于各种分组的组数连乘积。如表2-11所示。

表2-11　　　　　　　　　　劳动力分布情况　　　　　　　　　　单位：万人

年份	劳动力人数			三次产业								
				第一产业			第二产业			第三产业		
	合计	男	女	合计	男	女	合计	男	女	合计	男	女
2009												
2010												
2011												

3. 按照用途，广义统计表可以分为调查表、整理表（或称为汇总表）及分析表三种。调查表就是在统计调查中用于登记调查项目的统计表；整理表（或汇总表）是在统计整理汇总过程中使用的统计表；分析表则是用于统计分析的表格。

统计表的主宾词分组是有区别的：主词分组的结果使总体分成许多组成部分，有独立意义；宾词分组的结果并不增加统计总体的组成部分，宾词分组从属于主词的要求，是为描述主词的数量特征而考虑的。

（三）统计表的设计

在编制统计表时应注意遵循下列几项规则：

1. 统计表的各种标题应简明、确切地表达其内容。特别是总标题，应十分简要地概括出统计表的基本内容和表中资料所属的时间、地点。

2. 表中主栏各行和宾栏各列，一般按先局部、后整体的原则排列，即排列出项目后再列总计。在没有必要列出所有项目时，应先列总计，后列出其中部分重要项目。

3. 如栏次较多，通常要加以编号。主栏和计量单位栏用（甲）、（乙）等文字标明，宾栏常用（1）、（2）、（3）等数字标明。表中有关栏次如有计算上的钩稽关系，可同时标明，如（3）＝（2）／（1）等。

4. 表中数字应对准位数,填写整齐。当数字为 0 或不足单位起点时,应写上"0";当缺乏某项数字时,用"…"表示;无法计算的数字用"—"表示。

5. 统计表中必须注明计量单位。若横行有不同的计量单位,可专设计量单位一栏。纵列的计量单位,可写在指标名称下(后)面;如果各纵栏的计量单位一样,可以将它标在表的右上方。

6. 统计表的表式通常是左右开口的,即左右两端不画纵线。

7. 必要时,应在统计表下方注明表中某些资料的来源,或对某些数据的计算方法、计算口径作出说明。

二、统计图

统计图是指利用各种图形表现统计资料的形式,是以点、线、面积、体积和角度等说明、表现数据的统计手法。利用统计图来表现和分析数据的方法叫做统计图示法,具有简明、直观、形象、感染力强等优点。

在计算机运用日益普及的今天,统计图表的制作都可以借助计算机来完成。因此,下面仅说明各种统计图的特征与应用条件,具体制作方法不再赘述。

统计图一般可分为几何图、象形图和统计地图三类。

1. 几何图,指用几何的点、线、面积、体积来表现数据的图形。有条形图、圆形图、直方图、折线图和曲线图等。

(1)条形图,是用宽度相同的条形的高度或长短来表示数据频数或频率的图形,有单式、复式、分段等形式。绘制时,各数据可以放在纵轴,称为条形图,主要用于分类数据的显示;也可以放在横轴,称为柱形图。

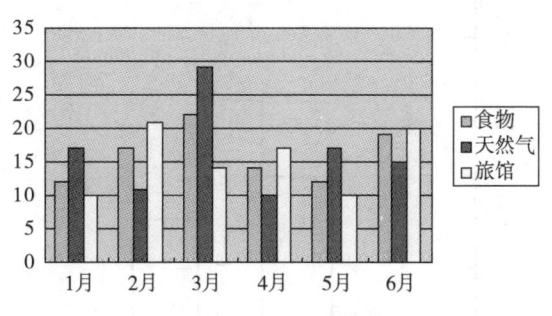

图 2-5　复式条形图

(2)圆形图,也称为饼图,是用圆形及圆内扇形的面积来表示数值大小的图形,主要用于表示总体中各组成部分所占的比例。绘制圆形图时,总体中各部分所占的百分比用圆内各扇形面积表示,扇形的中心角度按各部分百分比占 360° 的相应比例确定。

如果是多个总体对比,可以采用圆形图的变形——环形图来显示数据。即把圆心"掏空",以每一个环表示一个总体的结构。

(3)直方图,是用矩形的宽度和高度来表示频数分布的图形,实际上是用矩形的面积来表示各组的频数分布或频率分布。作图时,在直角坐标中,一般用横轴表示数据分

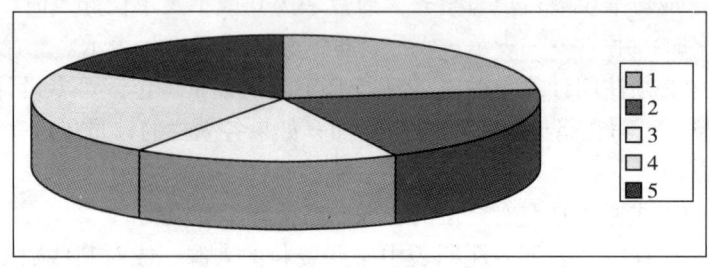

图 2-6 圆形图

组,纵轴表示频数或频率,各组与相应的频数就形成了一个矩形,直方图的总面积等于1。

【例 2-6】 某车间 50 名工人日产零件数如表 2-12 所示。

表 2-12　　　　　　　　某车间 50 名工人日产零件数分组

按零件数分组	频数(人)	频率(%)
110 以下	6	12
110~120	13	26
120~130	17	34
130~140	10	20
140 以上	4	8
合　　计	50	100

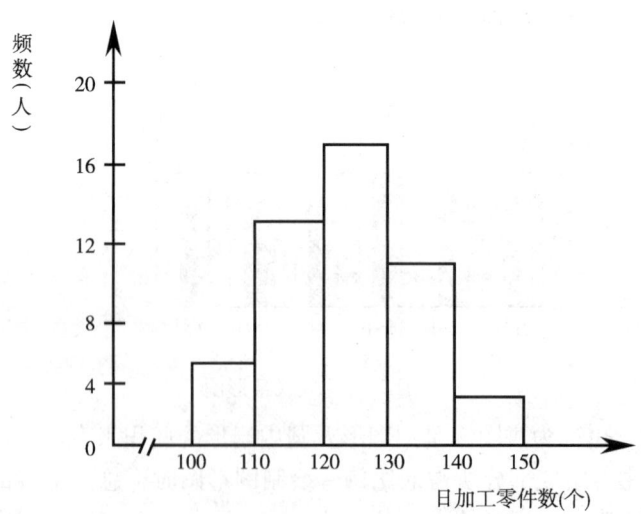

图 2-7 直方图

(4) 折线图,是在直方图的基础上,用折线将各组中点(组中值)坐标连接而成。作图时注意:第一个矩形的顶部中点通过竖边中点(即该组频数一半的位置)连接到横轴，最后一个矩形顶部中点与其竖边中点连接到横轴，折线图与 X 轴所围成的面积与直方图的面积相等，都是 1，二者所表示的频数分布是一致的。

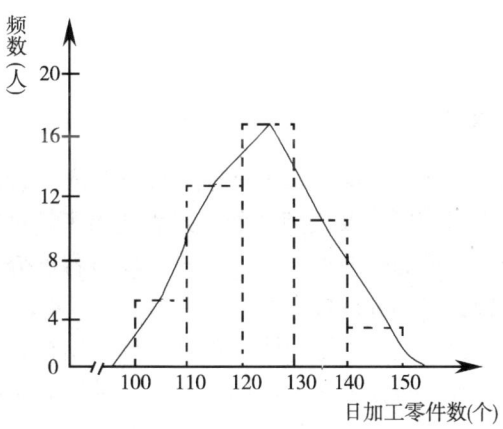

图 2-8　折线图

（5）曲线图，用于显示动态数列的数据，它是将各时间点上的数据连接成线。

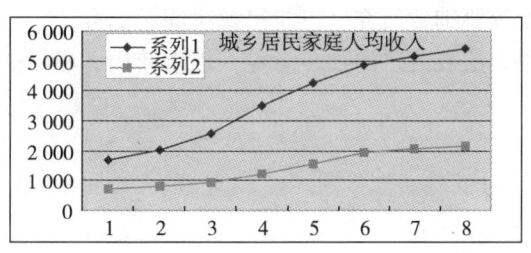

图 2-9　1991—1998 年我国城乡居民
家庭的人均收入曲线图

曲线图就是在折线图的基础上，将折线修匀为平滑的曲线。

还可以将累计频数分布或累计频率分布作成图，形成累计频数分布图或累计频率分布图。这种统计图在收入分配的研究中有独特作用。洛伦茨曲线和基尼系数就是在其基础上发展出来的。

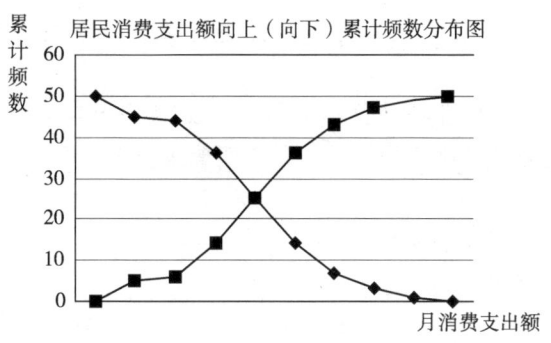

图 2-10　累计频数分布图

2. 象形图，是以统计资料所反映的实物形象来表明数据内容，以图形的大小、多少来表明数据的统计图形。

3. 统计地图，是指在地图上标明各种线、色、点、形以表明数据在空间的分布状况的图形。

三、统计分析报告

统计分析报告是指对统计资料经过系统整理并进行深入分析之后，将所得的分析研究结果用文字报告（结合相应图表及模型）的形式表达出来，供有关方面参考或使用的书面资料。它是统计分析成果的一种重要表述形式，按内容可分为专题分析报告、定期分析报告、预计分析报告、综合分析报告等。

统计分析报告的写作要求是：主题鲜明、观点明确、结构紧凑、逻辑严谨、资料适当、文字简练。统计分析报告写作是一种创造性劳动，没有固定的模式可以套用，其结构大体上可以分为如下四部分：（1）基本情况。以基本统计数字为基础，并把所处的主、客观条件写清楚。（2）成绩和经验。要以数字资料为依据，写明成绩、总结经验，以深刻认识事物的规律性。（3）问题和原因。对分析中发现的问题和产生问题的原因及对各类事物的影响程度等要细致研究，以找出解决问题的办法。（4）建议与措施。针对存在的问题，提出解决办法或改进的初步意见，以供使用者参考。

思考与练习

一、选择题

1. 统计调查方案设计的首要问题是（　　）。
A. 确定调查组织工作　　　　　　B. 确定调查任务和目的
C. 确定调查时间和地点　　　　　D. 确定调查经费

2. 某分组数列最后一组是500以上，该组频数为10，又知其相邻组为400～450，则最后一组的频数密度为（　　）。
A. 0.2　　　　B. 0.3　　　　C. 0.4　　　　D. 0.5

3. 要对某企业生产设备的实际生产能力进行调查，则该企业的"生产设备"是（　　）。
A. 调查对象　　B. 报告单位　　C. 调查项目　　D. 调查单位

4. 对国营工业企业设备进行普查时，每个国营工业企业是（　　）。
A. 调查单位　　　　　　　　　　B. 填报单位
C. 既是调查单位又是填报单位
D. 既不是调查单位又不是填报单位

5. 对某地区的全部产业依据产业构成分为第一产业、第二产业和第三产业，这里所使用的计量尺度是（　　）。

A. 定类尺度　　　　B. 定序尺度　　　　C. 定距尺度　　　　D. 定比尺度

6. 为了了解全国铁路运输的基本情况,对几个重要的铁路枢纽站进行调查,这种调查方式是(　　)。

A. 非全面调查　　B. 抽样调查　　　　C. 重点调查　　　　D. 典型调查

7. 下列现象中,(　　)适宜采用非全面调查。

A. 企业经营管理中出现的新问题

B. 一批子弹的射程

C. 某市新增加的人口数

D. 某地区森林的木材积蓄量

8. 下列按数量标志分组的有(　　)。

A. 教师按聘任职务分组　　　　　　B. 学生按所学专业分组

C. 职工按工资级别分组　　　　　　D. 商业企业按销售额分组

9. 定比尺度的特点是(　　)。

A. 有一个绝对固定的零点

B. 没有绝对零点

C. 具有定类、定序、定距尺度的全部特性

D. 它所计量的结果不会出现"0"值

E. 可以计算两个测度值之间的比值

10. 在组距数列中,组中值是(　　)。

A. 上限和下限之间的中点数值

B. 用来代表各组标志值的平均水平

C. 在开放式分组中无法确定

D. 组平均数

E. 在开放式分组中,可以参照相邻组的组距来确定

二、问答与计算题

1. 有人说抽样调查"以样本资料推断总体数量特征"缺乏科学依据,你认为呢?

2. 对足球赛观众按男、女、老、少分为四组以分析观众的结构,这种分组方法合适吗?

3. 以一实例说明统计分组应遵循的原则。

4. 抽样调查某地区50户居民的月消费品支出额数据资料如下:

单位:元

886	928	999	946	950	864	1 050	927	949	852
1 027	928	978	816	1 000	918	1 040	854	1 100	900
866	905	954	890	1 006	926	900	999	886	1 120
893	900	800	938	864	919	863	981	916	818
946	926	895	967	921	978	821	924	651	850

要求:
(1) 试根据上述资料编制次(频)数分布和频率分布数列。
(2) 编制向上和向下累计频数、频率数列。

第三章

数据分布特征描述

第一节 统计变量集中趋势的测定

一、测定集中趋势的意义

集中趋势的描述是统计数据描述的重要内容。统计数据的集中趋势是指数据向其中心值靠拢或集中的程度。测定集中趋势就是寻找数据水平的代表值或中心值。

测定集中趋势的指标有两类：位置代表值和数值平均数。

位置代表值是在总体中将变量值按顺序排列后得到的数列中某个特殊位置的值。常用的反映集中趋势的位置代表值有众数、中位数等。位置代表值既可以用于品质数据，也可以用于数量数据。

数值平均数就是均值，它是对总体中的所有数据计算平均值，以反映所有数据的一般水平。根据计算方法不同，数值平均数可分为算术平均数、调和平均数、几何平均数和幂平均数。这类平均数的特点是，统计总体中任何一项数据的变动，都会在一定程度上影响数值平均数的计算结果。数值平均数只能用于数量数据。

测定集中趋势是为了表示社会经济现象总体各单位某一标志在一定时间、地点、条件下所达到的一般水平。亦即将总体各单位标志值的差异抽象化，反映总体在具体条件下各单位标志值达到的一般水平。集中趋势的指标经常被作为评价事物和决策的数量标准或参考。具体地说，测定集中趋势的作用如下：

1. 反映总体各单位变量分布的集中趋势和一般水平。实践中，客观现象总体各单位的某一变量值或从小到大，或按照某一特征形成一定的分布，标志值很极端的单位数通常较少，越靠近中心值，单位数就越多。也就是说，围绕在中心值周围的标志值个数在总体单位数中占有最大比重，显示总体各单位向中心值集中。所以，集中趋势的测定指标是反映总体各单位变量分布的一般水平的代表性指标。如要了解某个行业的劳动生产率水平，既不能用该行业最高的劳动生产率来表示，也不能用最低的劳动生产率来表示，而应该用行业的一般劳动生产率即平均劳动生产率来反映整个行业劳动生产率的整

体水平。

2. 比较同类现象在不同单位的发展水平。比较不同单位同类现象的发展水平一般不能用总量指标，因为总量指标会受到规模大小差异的影响。例如评价两个同行业企业的职工工资水平，既不能用每一个职工的工资一一比较，也不能用工资总额指标来对比，因为工资总额会因企业职工人数的差异而不同；如果用平均工资进行比较，就可以较客观地说明问题。因此，集中趋势在说明生产水平、消费水平、经济效益或工作质量等方面，以及投资项目评估、生产消耗定额制定、产品成本核算等许多场合被广泛应用。

3. 比较同类现象在不同时期的发展变化趋势或规律。社会经济现象的变化受多种因素的影响，个别单位或标志总量的变化除了受现象规模的影响外，还易受偶然因素的影响。测定集中趋势既可以避免受现象规模的影响，又能够消除偶然因素的作用，比较确切地反映总体现象变化的基本趋势。例如，在研究居民收入水平的变动情况时，个别居民的收入有特殊性，不足以反映一般水平的变化，而居民总收入的变动又受居民人数变化的影响；如果采用各年居民的平均收入水平进行比较，则可以反映居民收入水平的变动趋势。

4. 分析现象之间的依存关系。研究客观现象的依存关系，不能取现象的某个具体值，而必须采纳其代表值。例如，将工业企业按照规模大小进行分组，再计算各不同规模工业企业的劳动生产率、利润率等指标，就可以反映出企业规模的不同与劳动生产率或利润率之间的关系。

下面根据集中趋势各种测定指标所适用的数据等级，从初级到高级，即从位置代表值到数值代表值，分别予以介绍。我们特别需要注意的是，低层次数据的测定值适用于高层次的测定数据，但是高层次的测定值并不适用于低层次的测定数据。

二、位置代表值

（一）众数

众数是总体中出现次数最多的那个数据值，在频数分布中，众数指频数或频率最大的标志值，用 M_0 表示。从数据的分布层面看，分布数列中最常出现的标志值说明该标志值最具有代表性，因此可以反映数列的一般水平。在分配曲线图上，众数就是曲线的最高峰所对应的标志值。

但是，众数具有不确定性。如果数据的分布没有明显的集中趋势或最高峰点，众数就不存在；如果有多个高峰点，就有多个众数。图 3-1 为众数示意图。

众数是英国统计学家皮尔森首先提出来的。众数对数据等级的要求是所有集中趋势的代表值中最低的，从定类尺度开始的四种计量尺度测定的数据都适用。由于众数的特性，实践中有时用它表明现象的一般水平，有时用它作为某些决策的参考依据。如服装厂在制订各种型号服装的生产计划时，计划产量最多的型号就是市场上销售量最大的型号。再如，在选举中获得最多票数者当选其实就是众数的应用。

众数一般用于总体数据。由于未经整理的数据不知道哪个标志值出现次数最多，也就无法确定众数。因此，为了确定众数，必须先将资料进行分组，编制分配数列。又由

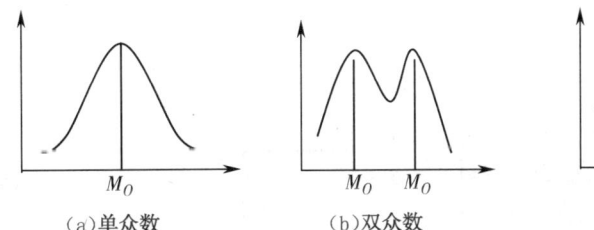
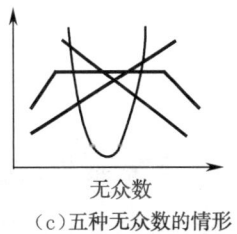

(a)单众数　　　　　(b)双众数　　　　(c)五种无众数的情形

图 3-1　众数示意图

于数量变量的分组有单项式分组和组距式分组,而组距式分组又有等距分组和不等距分组之分,因此,各种不同的数据条件确定众数的方法也有所不同。

1. 由品质数列和单项式数量数列确定众数。在这一场合,方法比较简单,即出现次数最多的标志值就是众数。

【例 3-1】　2000 年福建省城镇居民家庭居住条件构成如表 3-1 所示,求居住条件的众数。

表 3-1　　　　　　　　　城镇居民家庭居住条件构成　　　　　　　　单位:%

项　　目	2000 年
按房屋产权分	100.0
公房	12.6
租赁私房	1.9
自有房	71.7
其他	13.8

资料来源:《福建统计年鉴——2002》。

按房屋产权分组的数据就是一个品质数列,有 71.7% 城镇居民的住房是自有房,因为 71.7% 是该品质数列中的最高频率,因此,其众数就是"自有房",M_0 = 自有房。

【例 3-2】　某学院某学年教师开课门数如表 3-2 所示,求开课门数的众数。

表 3-2　　　　　　　　　　　教师开课门数　　　　　　　　　　　单位:门

开课门数 x	1	2	3	4	合计
教师数 f	15	30	28	12	85

在表 3-2 中,教师开课门数最集中的是 2 门课,所以 2 就是众数,$M_0 = 2$。

2. 由组距数量数列确定众数。首先应当确定众数组,然后通过比例插值法计算众数。在等距分组条件下,众数组就是次数最多的那一组;在不等距分组的条件下,众数组则是频数密度或频率密度最高的那一组。众数值是依据众数组的次数与众数组相邻的两组次数的关系用比例插值计算的。

图 3-2 表现了比例插值法的思路。

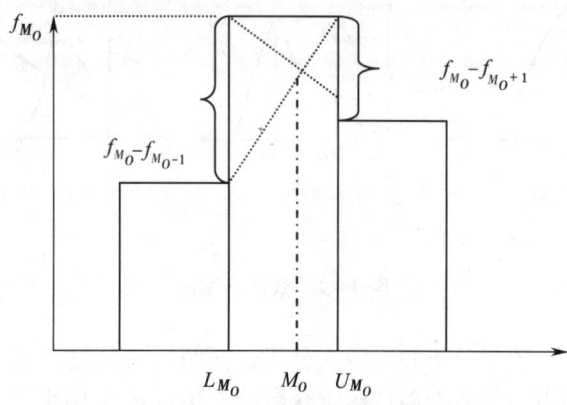

图 3-2　众数与相邻两组的关系

根据图 3-2 可以得到两个公式。

上限公式：

$$M_O = L_{M_O} + \frac{f_{M_O} - f_{M_O-1}}{(f_{M_O} - f_{M_O-1}) + (f_{M_O} - f_{M_O+1})} \times d_{M_O} \tag{3.1}$$

下限公式：

$$M_O = U_{M_O} - \frac{f_{M_O} - f_{M_O+1}}{(f_{M_O} - f_{M_O-1}) + (f_{M_O} - f_{M_O+1})} \times d_{M_O} \tag{3.2}$$

式中，M_O 代表众数；L_{M_O} 代表众数组的下限；U_{M_O} 代表众数组的上限；f_{M_O} 代表众数组的次数；f_{M_O-1} 代表众数组前一组的次数；f_{M_O+1} 代表众数组后一组的次数；d_{M_O} 代表众数组的组距。

【例 3-3】　某地区农民收入情况如表 3-3，计算其人均纯收入的众数。

表 3-3　　　　　　　　　农民家庭年人均纯收入情况表

按年人均纯收入分组（元）	农民家庭数（户）
1 000 ~ 1 200	240
1 200 ~ 1 400	480
1 400 ~ 1 600	1 050
1 600 ~ 1 800	600
1 800 ~ 2 000	270
2 000 ~ 2 200	210
2 200 ~ 2 400	120
2 400 ~ 2 600	30
合　　计	3 000

$$M_O = L_{M_O} + \frac{f_{M_O} - f_{M_O-1}}{(f_{M_O} - f_{M_O-1}) + (f_{M_O} - f_{M_O+1})} \times d_{M_O}$$

$$= 1\,400 + \frac{1\,050 - 480}{(1\,050 - 480) + (1\,050 - 600)} \times 200$$

$$= 1\,551.8(元)$$

或

$$M_O = U_{M_O} - \frac{f_{M_O} - f_{M_O+1}}{(f_{M_O} - f_{M_O-1}) + (f_{M_O} - f_{M_O+1})} \times d_{M_O}$$

$$= 1\,600 - \frac{1\,050 - 600}{(1\,050 - 480) + (1\,050 - 600)} \times 200 = 1\,551.8(元)$$

在不等距分组的条件下，众数必须根据频数密度或频率密度来计算。

众数是按照数据的位置计算的，其优点是易于理解，不受极端数值的影响。当数据分布存在明显的集中趋势，且有显著的极端值时，适合使用众数。但是其灵敏度、计算功能和稳定性差，具有不唯一性，所以当数据分布的集中趋势不明显或存在两个以上分布中心时，便不适合使用众数（前者无众数，后者为双众数或多众数，也等于没有众数）。

（二）中位数

中位数和众数一样，也是一种位置代表值。但是，它不能用于定类数据，只能在顺序及以上的数据中使用，所以又称为次序统计量，用 M_e 表示。

中位数是总体中的数据按顺序排列后，处于数列中点位置上的那个数据值或变量值；或者说中位数是累计频率数列中累计频率0.50所对应的变量值。

由中位数的概念可见，在总体中，小于中位数的数据个数占一半，大于中位数的数据个数也占一半，即中位数是将数据按大小顺序排列后，位于二等分点上的那个数据值。用中位数来代表总体中所有标志值的一般水平，可以避免极端值的影响，在有些情况下更具有代表性。例如，人口的平均年龄会受到个别特别长寿人口年龄的影响，使计算结果偏大，而年龄中位数则可以较好地体现人口年龄结构的特征，国际上就使用人口的年龄中位数（30岁）作为人口老龄化的一个判断标准。

中位数的确定方法根据所掌握的数据不同而有所不同。

1. 由顺序数据和未分组的数量数据确定中位数。在这种情况下，确定中位数的方法是：先将总体中的全部数据按顺序排列，然后确定中位数的位置，处于中位数位置的标志值就是中位数。

顺序数据中位数的位置：

$$中位数位置 = \frac{n}{2} \tag{3.3}$$

未分组的数量数据中位数的位置：

$$中位数位置 = \frac{n+1}{2} \tag{3.4}$$

式中，n 为数据个数。

当数据个数 n 为奇数时，中位数是处于中间位置上的数据值。
当数据个数 n 为偶数时，中位数是处于中间位置上的两个数据值的算术平均数。

$$M_e = x_{\frac{n+1}{2}} \tag{3.5}$$

$$M_e = \frac{1}{2}(x_{\frac{n}{2}} + x_{\frac{n}{2}+1}) \tag{3.6}$$

【例 3-4】 某高校一次对食堂伙食满意度的调查数据如表 3-4 所示，求满意度的中位数。

表 3-4　　　　　　　　　　调查数据次数分布

回答类别	学生人数（人）	累计学生数（向上累计）
非常不满意	240	240
不满意	1 080	1 320
一般	930	2 250
满意	450	2 700
非常满意	300	3 000
合计	3 000	—

$$\text{中位数位置} = \frac{3\,000}{2} = 1\,500$$

从累计学生数看，中位数在第三组，所以，$M_e = $ 一般。

【例 3-5】 有 8 名工人，每人日产零件数按从低到高的顺序排列如下：17、19、20、22、23、23、24、25 件/人。则

$$M_e = \frac{1}{2}(x_{\frac{n}{2}} + x_{\frac{n}{2}+1}) = \frac{1}{2}(22 + 23) = 22.5(\text{件}/\text{人})$$

中位数为 22.5 件/人，这个数字反映了工人总体日产零件数的一般水平。

2. 由单项式分组数量数据确定中位数。单项式数量数据分组已经将数据顺序化，这时数据个数即总体单位数 $n = \sum f$，确定中位数位置的方法要通过累计次数计算。

【例 3-6】 由表 3-2 的数据计算中位数。

中位数的位置是 $\frac{85}{2} = 42.5$，因此，$M_e = 2$（门）。

表 3-5　　　　　　　　　　教师开课门数累计频数表

开课门数 x	教师数 f	累计教师数（人）（向上累计）	累计教师数（人）（向下累计）
1	15	15	85
2	30	45	70
3	28	73	40
4	12	85	12
合计	85	—	—

3. 由组距式分组的数量数据确定中位数。组距式分组的数量数据也已经将数据顺序化,确定中位数的方法与单项式分组数据一样,先通过累计次数确定中位数所在的组,再确定中位数,只是,这时的中位数组的变量值是非唯一的——一段区间。在假定中位数组内的各数据均匀分布的前提下,利用下面的公式计算中位数的近似值:

下限公式:

$$M_e = L_{M_e} + \frac{\frac{\sum f}{2} - S_{M_e-1}}{f_{M_e}} \times d_{M_e} \tag{3.7}$$

上限公式:

$$M_e = U_{M_e} - \frac{\frac{\sum f}{2} - S_{M_e+1}}{f_{M_e}} \times d_{M_e} \tag{3.8}$$

式中,M_e 表示中位数;L_{M_e} 表示中位数所在组的下限;U_{M_e} 表示中位数所在组的上限;S_{M_e-1} 表示向上累计至中位数所在组前一组的次数;S_{M_e+1} 表示向下累计至中位数所在组后一组的次数;f_{M_e} 表示中位数所在组的次数;d_{M_e} 表示中位数所在组的组距。

【例3-7】 根据表3-3的数据,计算农民家庭年人均纯收入中位数。

表3-6　　　　　　　　农民家庭年人均纯收入累计次数表

按年人均纯收入分组（元）	农民家庭数（户）	累计户数（户）（向上累计）	累计户数（户）（向下累计）
1 000 ~ 1 200	240	240	3 000
1 200 ~ 1 400	480	720	2 760
1 400 ~ 1 600	**1 050**	**1 770**	**2 280**
1 600 ~ 1 800	600	2 370	1 230
1 800 ~ 2 000	270	2 640	630
2 000 ~ 2 200	210	2 850	360
2 200 ~ 2 400	120	2 970	150
2 400 ~ 2 600	30	3 000	30
合　　计	3 000	—	—

$$M_e = L_{M_e} + \frac{\frac{\sum f}{2} - S_{M_e-1}}{f_{M_e}} \times d_{M_e} = 1\,400 + \frac{\frac{3\,000}{2} - 720}{1\,050} \times 200 = 1\,548.57(元)$$

$$M_e = U_{M_e} - \frac{\frac{\sum f}{2} - S_{M_e+1}}{f_{M_e}} \times d_{M_e} = 1\,600 - \frac{\frac{3\,000}{2} - 1\,230}{1\,050} \times 200 = 1\,548.57(元)$$

计算表明,这3 000户农民家庭年人均纯收入的中位数是1 548.57元。也就是说,人均纯收入在1 548.57元以上的农民家庭有1 500户,在1 548.57元以下的也有1 500户。

中位数容易理解，不受极端值影响，特别适宜于开口组数据资料和一些不能用数字测定的事物，这是其优点。但是，我们也必须注意到它的灵敏度和计算功能较差，特别是当总体中的数据有间断数时，其作为代表值的功用会削弱。

（三）其他分位数

分位数就是将数据等分后位于等分点上的数据值，中位数就是一个二分位数。除了中位数外，常用的分位数还有四分位数、八分位数和百分位数等。

1. 四分位数。四分位数又称为四分位点，它利用三个等分点将数据四等分：第一个等分点称为下四分位数，第二个等分点就是中位数，第三个等分点称为上四分位数。

四分位数的计算方法与中位数相似，即先确定其位置，再确定其数值。

（1）顺序数据中四分位数位置的确定

$$Q_i \text{位置} = \frac{in}{4} \quad (i = 1,2,3) \tag{3.9}$$

式中，Q_i 是第 i 个四分位数，n 是数据个数即总体单位数。

【例3-8】 利用例3-4的数据确定四分位数。

Q_1 位置 $= \frac{n}{4} = \frac{3\,000}{4} = 750$（人）　　　　　$Q_1 =$ 不满意

Q_2 位置 $= \frac{2n}{4} = \frac{2 \times 3\,000}{4} = 1\,500$（人）　　　$Q_2 =$ 一般

Q_3 位置 $= \frac{3n}{4} = \frac{3 \times 3\,000}{4} = 2\,250$（人）　　　$Q_3 =$ 满意

（2）未分组和单项式分组的数量数据中四分位数位置的确定

$$Q_i \text{位置} = \frac{i(n+1)}{4} (i = 1,2,3) \tag{3.10}$$

第一个四分位数的位置：Q_1 位置 $= \frac{n+1}{4}$ （3.11）

第二个四分位数的位置：Q_2 位置 $= \frac{2(n+1)}{4} = \frac{n+1}{2}$ （3.12）

第三个四分位数的位置：Q_3 位置 $= \frac{3(n+1)}{4}$ （3.13）

【例3-9】 计算例3-5中数据的四分位数。

Q_1 位置 $= \frac{n+1}{4} = \frac{9}{4} = 2.25$　　$Q_1 = x_2 + 0.25(x_3 - x_2) = 19 + 0.25(20 - 19)$
$$= 19.25 \text{（元）}$$

Q_2 位置 $= \frac{n+1}{2} = \frac{9}{2} = 4.5$　　$Q_2 = \frac{x_4 + x_5}{2} = \frac{22 + 23}{2} = 22.5$（元）

Q_3 位置 $= \frac{3(n+1)}{4} = 6.75$　　$Q_3 = x_6 + 0.75(x_7 - x_6)$
$$= 23 + 0.75(23 - 23) = 23 \text{（元）}$$

从本例可以发现，当四分位数的位置不在某个数值上时，应当根据四分位数的位

置，按照比例分摊四分位数两边的数据差值。

在单项式分组的数量数据中确定四分位数位置的方法与未分组数据的方法一样，只是要根据累计频数或累计频率来确定。

（3）组距式分组数量数据中四分位数位置的确定

$$Q_i = L_{Q_i} + \frac{\frac{i \sum f}{4} - S_{Q_i-1}}{f_{Q_i}} \times d_{Q_i} \tag{3.14}$$

式中，L_{Q_i} 表示第 i 个分位数所在组的下限；$\sum f$ 表示数据个数，即整体单位数；S_{Q_i-1} 表示向上累计至第 i 个分位数所在组前一组的次数；f_{Q_i} 表示第 i 个分位数所在组的次数；d_{Q_i} 表示第 i 个分位数所在组的组距。

【例 3 – 10】 利用表 3 – 6 的数据确定四分位数。

$$Q_1 = L_{Q_1} + \frac{\frac{\sum f}{4} - S_{Q_1-1}}{f_{Q_1}} \times d_{Q_1} = 1\,400 + \frac{\frac{3\,000}{4} - 720}{1\,050} \times 200 = 1\,405.71(元)$$

$$Q_2 = L_{Q_2} + \frac{\frac{2 \sum f}{4} - S_{Q_2-1}}{f_{Q_2}} \times d_{Q_2} = 1\,400 + \frac{\frac{2 \times 3\,000}{4} - 720}{1\,050} \times 200 = 1\,548.57(元)$$

$$Q_3 = L_{Q_3} + \frac{\frac{3 \sum f}{4} - S_{Q_3-1}}{f_{Q_3}} \times d_{Q_3} = 1\,600 + \frac{\frac{3 \times 3\,000}{4} - 1\,770}{600} \times 200 = 1\,760(元)$$

2. 百分位数。百分位数是数据顺序排列后，将数据 100 等分，位于 i（i = 1，2，…，99）个等分点位置的数据值。可见，第 25 百分位数就是第一个四分位数；第 50 百分位数即第二个四分位数，也就是中位数；第 75 百分位数则是第三个四分位数。

百分位数的计算思路与四分位数一样。

需要说明的是，分位数是用于衡量数据位置的测定指标，但它所衡量的不一定是中心位置。百分位数提供了有关各数据项如何在最小值与最大值之间分布的信息。对于没有大量重复的数据，第 i 百分位数将其分为两个部分。大约 $i\%$ 的数据项的值比第 i 百分位数小；而大约 $(100-i)\%$ 的数据项的值比第 i 百分位数大。

对第 i 百分位数的严格定义如下：第 i 百分位数是这样一个值，它使得至少有 $i\%$ 的数据项小于或等于这个值，且至少有 $(100-i)\%$ 的数据项大于或等于这个值。

三、数值平均数

数值平均数（Arithmetic Mean）又称为均值（Mean），是用于测定数量数据的集中趋势的指标。算术平均数是最常用的数值平均数，由算术平均数又引申出了调和平均数和几何平均数。

（一）算术平均数（均值）

算术平均数又称均值，是统计数据高低相互抵消后的结果，表现了数据的集中趋势和代表性水平。从统计思想看，均值削弱了数据中的偶然性，揭示了蕴涵在偶然性当中的必然性，是统计数据集中趋势的一个最重要特征值，而且本身具有良好的数学性质。

1. 基本形式

$$算术平均数 = \frac{总体标志总量}{总体单位总数} \tag{3.15}$$

算术平均数的计算条件：算术平均数是同质总体的标志总量和单位总数的比率关系，它要求基本公式的分子（总体标志总量）与分母（总体单位总量）必须是同一总体，并且分子与分母在数量上存在着直接的一一对应关系，即其分子数值要随着分母数值的变动而变动。如100个职工所组成的总体，其工资总额为130 000元，则平均工资就是$\frac{130\ 000}{100} = 1\ 300$（元）；现在假设其中的职工甲离开了该总体，甲的工资是1 500元，则新总体的相关情况改变为：单位数99人，标志总量128 500，平均工资$\frac{128\ 500}{99} = 1\ 297.98$（元）。

在实际工作中，由于数据不同，算术平均数有简单算术平均数和加权算术平均数两种计算形式。

2. 简单算术平均数。简单算术平均数主要用于未分组数据，用总体各单位标志值简单加总得到的标志总量除以单位总量而得。计算公式如下：

$$\bar{x} = \frac{x_1 + x_2 + \cdots + x_n}{n} = \frac{\sum_{i=1}^{n} x_i}{n} \tag{3.16}$$

式中，$\bar{x}$代表算术平均数，x_i表各单位标志值，n代表总体单位数。

【例3-11】 例3-5中，日产零件数分别为17、19、20、22、23、23、24、25（件/人），8名工人的日产零件的平均数为

$$\bar{x} = \frac{\sum_{i=1}^{n} x_i}{n} = \frac{17 + 19 + 20 + 22 + 23 + 23 + 24 + 25}{8} = 21.625(件 / 人)$$

3. 加权算术平均数。加权算术平均数主要用于数据已经分组并编制出次数分布的条件下。这时必须先将各组标志值乘以相应的次数，得到各组的标志总量，然后再相加得到总体标志总量。加权算术平均数的计算公式为

$$\bar{x} = \frac{x_1 f_1 + x_2 f_2 + \cdots + x_n f_n}{f_1 + f_2 + \cdots + f_n} = \frac{\sum_{i=1}^{n} x_i f_i}{\sum_{i=1}^{n} f_i} = \sum_{i=1}^{n} x_i \frac{f_i}{\sum_{i=1}^{n} f_i} \tag{3.17}$$

【例3-12】 利用表3-2的数据计算算术平均数。

$$\bar{x} = \frac{\sum_{i=1}^{n} x_i f_i}{\sum_{i=1}^{n} f_i} = \frac{207}{85} = 2.4353(门)$$

或按照频率计算：$\bar{x} = \sum_{i=1}^{n} x_i \dfrac{f_i}{\sum_{i=1}^{n} f_i} = 2.4353$（门）

说明该院教师该学年平均开课门数为 2.44 门。

如果是组距式分组，在假定各组内的变量值均匀分布的条件下，用各组的组中值代表各组的平均值，以各组组中值乘以各组次数作为各组的标志总量，再计算总平均数。

表 3-7　　　　　　　　　　　教师平均开课门数

开课门数 x_i	教师数 f_i	$x_i f_i$	$\dfrac{f_i}{\sum_{i=1}^{n} f_i}$ (%)	$x_i \times \dfrac{f_i}{\sum_{i=1}^{n} f_i}$
1	15	15	17.65	0.1765
2	30	60	35.29	0.7058
3	28	84	32.94	0.9882
4	12	48	14.12	0.5648
合计	85	207	100.00	2.4353

【例 3-13】　利用表 3-3 的数据计算算术平均数。

$$\bar{x} = \dfrac{\sum_{i=1}^{n} x_i f_i}{\sum_{i=1}^{n} f_i} = \dfrac{4\,788\,000}{3\,000} = 1\,596（元）$$

这 3 000 户农民家庭平均年人均纯收入是 1 596 元。

表 3-8　　　　　　　　　农民家庭平均年人均纯收入计算表

按年人均纯收入分组（元）	x_i	农民家庭数（户）f_i	$x_i f_i$
1 000 ~ 1 200	1 100	240	264 000
1 200 ~ 1 400	1 300	480	624 000
1 400 ~ 1 600	1 500	1 050	1 575 000
1 600 ~ 1 800	1 700	600	1 020 000
1 800 ~ 2 000	1 900	270	513 000
2 000 ~ 2 200	2 100	210	441 000
2 200 ~ 2 400	2 300	120	276 000
2 400 ~ 2 600	2 500	30	75 000
合　计	—	3 000	4 788 000

计算加权算术平均数需要注意的问题：

（1）加权算术平均数的大小受两个因素的影响：一是变量值的大小；二是各组次数占总次数比重即频率。加权算术平均数中的权数指的就是标志值出现的次数或各组次数占总次数的比重。在计算平均数时,各组次数具有权衡各组变量值轻重的作用,出现次数多的标志值对平均数的形成影响大些,出现次数少的标志值对平均数的形成影响小些。即在一个数列中,当标志值较大的单位数居多时,平均数就会趋近标志值大的一方;当标志值较小的单位数居多时,平均数就趋近标志值小的一方;当标志值较大的单位数与标志值较小的单位数基本平分时,平均数居中。可见,各组标志值的单位数(频数)的多少对平均数的大小有权衡轻重的作用,所以称各组单位数为权数,用权数乘以各组标志值叫加权,由此计算的平均数叫加权算术平均数。

权数对算术平均数大小的影响程度并不取决于权数本身数值(f_i)的大小,而取决于作为权数的各组单位数占总体单位数比重的大小,即频率$\left(\dfrac{f_i}{\sum\limits_{i=1}^{n} f_i}\right)$的大小。

(2)在分组数列的条件下,当各组标志值出现的次数或各组次数所占比重均相等时,权数就失去了权衡轻重的作用,这时用加权算术平均数计算的结果与用简单算术平均数计算的结果相同,因此可以把简单算术平均数理解为加权算术平均数当$f_1 = f_2 = \cdots = f_n$时的特例。

加权算术平均数:$\bar{x} = \dfrac{\sum\limits_{i=1}^{n} x_i f_i}{\sum\limits_{i=1}^{n} f_i} = \dfrac{\sum\limits_{i=1}^{n} x_i}{n} = \bar{x} \rightarrow$ 简单算术平均数

(3)加权算术平均数的权数选择原则:

$$各组标志值 \times 各组单位数 = 各组标志总量$$

该等式必须有实际经济意义,即权数必须是标志值的直接承担者,权数与标志值的乘积要具有标志总量的意义。只有当三个量之间存在着客观的数量对等关系时,各组单位数才是加权算术平均数的合适权数。

【例3-14】 某公司所属20个企业资金利润率及有关资料如表3-9所示,要求计算该公司20个企业的平均利润率。

表3-9 某公司资金利润率资料

资金利润率(%)	组中值(%)	企业数(家)	企业资金平均占用额(万元)
-10~0	-5	10	80
0~10	5	5	100
10~20	15	3	500
20以上	25	2	800
合计	—	20	1 480

本例的平均数是各企业的资金利润率,表中的企业数虽然是次数,但却不能作为本问题的权数。因为各企业平均占用资金不同,利润多少也有差别。要正确计算公司20家企业的平均利润率,需要用企业资金来加权,因为资金利润率是资金创造的,只有资金才是资金利润率的直接承担者,资金与资金利润率的乘积是利润,这才是标志总量,

利润总额和企业资金平均占用总额对比则可以得到平均资金利润率。

$$\bar{x} = \frac{\sum_{i=1}^{n} x_i f_i}{\sum_{i=1}^{n} f_i} = \frac{-5\% \times 80 + 5\% \times 100 + 15\% \times 500 + 25\% \times 800}{1\ 480} = \frac{276}{1\ 480} = 18.65\%$$

均值是统计学中非常重要的内容之一,几乎任何统计推断和分析都离不开均值。从统计思想看,均值减弱了数据中的偶然性,揭示了蕴涵在偶然性当中的必然性,是统计数据集中趋势的一个最重要的特征值。但是,均值是一个容易受到极端值影响的代表值,这个弱点有时会影响均值的代表性。在组距分组特别是开口式分组条件下计算加权算术平均数,假设性比较大,也会影响均值的代表性。

4. 是非标志的平均数。以上的算术平均数计算应用都是针对数量数据的,在统计实践中还会遇到被平均的是品质数据的情况。这时,通常通过给品质数据赋值的方式,把品质数据过渡为数量上的变异,然后计算平均数。

例如,人口按性别分为男、女两组;学生视力分为有近视和没有近视两组;企业生产的产品分为合格和不合格两组等。由于这些反映单位属性或特征的标志都是品质标志,且只有"是"与"非"两类,所以称之为"是非标志",或"交替标志"。

例如,在一批学生中,将近视看做"是"的属性,那么没有近视具有"非"的属性。设近视率为 p,非近视率为 q,以 1 作为"是"(近视)的单位的标志值,以 0 作为"非"(没有近视)的单位的标志值,这样就把以文字表示的品质标志转化为数量标志。按加权算术平均数公式计算,可以得到

$$\bar{x} = \frac{\sum_{i=1}^{n} x_i f_i}{\sum_{i=1}^{n} f_i} = \frac{1 \times p + 0 \times q}{p + q} = p \tag{3.18}$$

p 也称为总体中具有某种属性的单位成数,所以成数是一种特殊的平均数——是非标志的平均数。

【例 3 – 15】 某产品 102 万件,其中合格品 84.26 万件,不合格品 15.74 万件,求该产品的合格率。

$$\bar{x} = p = \frac{84.26}{102} = 82.61\%$$

5. 算术平均数的数学性质。算术平均数是最重要的平均数形式,有一些非常重要的数学性质,其中最重要的数学性质为:

(1)算术平均数与标志值个数的乘积等于各标志值的总和。

简单算术平均数:
$$n\bar{x} = \sum_{i=1}^{n} x_i \tag{3.19}$$

$$\because \bar{x} = \frac{\sum_{i=1}^{n} x_i}{n}$$

$$\therefore n\bar{x} = \sum_{i=1}^{n} x_i$$

$$\sum_{i=1}^{n} f_i \bar{x} = \sum_{i=1}^{n} x_i f_i \tag{3.20}$$

$$\therefore \bar{x} = \frac{\sum_{i=1}^{n} x_i f_i}{\sum_{i=1}^{n} f_i}$$

$$\therefore \sum_{i=1}^{n} f_i \bar{x} = \sum_{i=1}^{n} x_i f_i$$

（2）各个标志值与算术平均数离差之和等于零。

简单算术平均数：

$$\sum_{i=1}^{n} (x_i - \bar{x}) = 0$$

$$\because n\bar{x} = \sum_{i=1}^{n} x_i$$

$$\therefore \sum_{i=1}^{n} (x_i - \bar{x}) = \sum_{i=1}^{n} x_i - n\bar{x} = 0$$

加权算术平均数：

$$\because \sum_{i=1}^{n} f_i \bar{x} = \sum_{i=1}^{n} x_i f_i$$

$$\therefore \sum_{i=1}^{n} (x_i - \bar{x}) f_i = \sum_{i=1}^{n} x_i f_i - \sum_{i=1}^{n} f_i \bar{x} = 0$$

（3）各标志值与算术平均数离差的平方和为最小值。

$$\sum_{i=1}^{n} (x_i - \bar{x})^2 = \min \tag{3.21}$$

设 x_0 为任意值，$x_0 \neq \bar{x}$ 时，

$$\sum_{i=1}^{n} (x - x_0)^2 = \sum_{i=1}^{n} (x - \bar{x} + \bar{x} - x_0)^2$$

$$= \sum_{i=1}^{n} [(x - \bar{x}) + (\bar{x} - x_0)]^2$$

$$= \sum_{i=1}^{n} [(x - \bar{x})^2 + 2(x - \bar{x})(\bar{x} - x_0) + (\bar{x} - x_0)^2]$$

$$= \sum_{i=1}^{n} (x - \bar{x})^2 + n(\bar{x} - x_0)^2$$

$$\because n(\bar{x} - x_0)^2 > 0$$

$$\therefore \sum_{i=1}^{n} (x - x_0)^2 > \sum_{i=1}^{n} (x - \bar{x})^2$$

（二）调和平均数

调和平均数（Harmonic Mean）是集中趋势的另一种测定指标，它是总体中各单位标志值倒数的算术平均数的倒数，又称"倒数平均数"。在统计实践中，调和平均数常常被作为算术平均数的变形来使用：当因为数据的原因而不能采用算术平均数的方法计算均值时，可以考虑采用调和平均数的形式。调和平均数也有简单调和平均数和加权调和平均数两种形式。

1. 简单调和平均数。简单调和平均数是各个标志值倒数的算术平均数的倒数。计算公式如下：

$$H = \frac{1}{\frac{\frac{1}{x_1}+\frac{1}{x_2}+\cdots+\frac{1}{x_n}}{n}} = \frac{n}{\frac{1}{x_1}+\frac{1}{x_2}+\cdots+\frac{1}{x_n}} = \frac{n}{\sum_{i=1}^{n}\frac{1}{x_i}} \quad (3.22)$$

式中，H 代表调和平均数。

【例 3-16】 某种蔬菜早市、午市和晚市的价格分别为每斤 0.7 元、0.68 元和 0.74 元，各买 1 斤，求其平均价格。

$$H = \frac{n}{\sum_{i=1}^{n}\frac{1}{x_i}} = \frac{1+1+1}{\frac{1}{0.7}+\frac{1}{0.68}+\frac{1}{0.74}} = \frac{3}{4.25} = 0.71（元/斤）$$

简单调和平均数的应用场合是：各标志值对应的标志总量相等。当各标志值对应的标志总量不相等时，就要用加权调和平均数。

2. 加权调和平均数。加权调和平均数的计算公式为

$$H = \frac{m_1+m_2+\cdots+m_n}{\frac{m_1}{x_1}+\frac{m_2}{x_2}+\cdots+\frac{m_n}{x_n}} = \frac{\sum_{i=1}^{n}m_i}{\sum_{i=1}^{n}\frac{m_i}{x_i}} \quad (3.23)$$

式中，m 表示各单位或各组的标志值对应的标志总量。

【例 3-17】 某种蔬菜价格和成交量资料如表 3-10 所示，求该种蔬菜一天的平均价格。

表 3-10　　　　　　　　　蔬菜价格和成交量资料

时间	批发价（元）x_i	成交量（公斤）f_i	成交额（元）$x_i f_i = m_i$
早市	0.70	4 000	2 800
午市	0.68	2 000	1 360
晚市	0.74	3 000	2 220
合计	—	9 000	6 380

如果已知资料是批发价和成交量，采用算术平均数方法：

$$\bar{x} = \frac{\sum_{i=1}^{n}x_i f_i}{\sum_{i=1}^{n}f_i} = \frac{0.7 \times 4\,000 + 0.68 \times 2\,000 + 0.74 \times 3\,000}{4\,000 + 2\,000 + 3\,000} = \frac{6\,380}{9\,000} = 0.71（元/斤）$$

如果已知资料是批发价和成交额，则要采用调和平均数方法：

$$H = \frac{\sum_{i=1}^{n} m_i}{\sum_{i=1}^{n} \frac{m_i}{x_i}} = \frac{2\,800 + 1\,360 + 2\,200}{\frac{2\,800}{0.7} + \frac{1\,360}{0.68} + \frac{2\,200}{0.74}} = \frac{6\,380}{4\,000 + 2\,000 + 3\,000} = 0.71(元/斤)$$

不难看出，加权调和平均数实际上是加权算术平均数的变形。

$$\frac{\sum_{i=1}^{n} m_i}{\sum_{i=1}^{n} \frac{m_i}{x_i}} = \frac{\sum_{i=1}^{n} x_i f_i}{\sum_{i=1}^{n} \frac{x_i f_i}{x_i}} = \frac{\sum_{i=1}^{n} x_i f_i}{\sum_{i=1}^{n} f_i}$$

当各组标志总量相等，即 $m_1 = m_2 = m_3 = \cdots = m_n = m$ 时，加权调和平均数可化简成为简单调和平均数形式。

$$\frac{\sum_{i=1}^{n} m_i}{\sum_{i=1}^{n} \frac{m_i}{x_i}} = \frac{nm}{m \sum_{i=1}^{n} \frac{1}{x_i}} = \frac{n}{\sum_{i=1}^{n} \frac{1}{x}}$$

所以，简单调和平均数是加权调和平均数的特例。

调和平均数易受极端数值的影响，并且当数据中有标志值为 0 时，调和平均数就无法计算。

（三）几何平均数

几何平均数（Geomatric Mean）也称几何均值或对数平均数，是一种有特定作用的平均数。几何平均数是 N 个变量值（比率）连乘积的 N 次方根，通常用于时间上有联系或有先后顺序关系的比率求平均，凡是度量值的连乘积等于总比率或总速度的现象都必须使用几何平均法计算均值。

几何平均数根据掌握的数据资料不同，有简单几何平均数和加权几何平均数两种方法。

1. 简单几何平均数

$$G = \sqrt[n]{x_1 x_2 \cdots x_n} = \left(\prod x_i\right)^{\frac{1}{n}} \tag{3.24}$$

式中，G 表示几何平均数，x_i 表示各项标志值。

简单几何平均数适用于计算未分组数列的平均比率或平均速度。

若将变量值取对数，几何平均数就变成均值形式。

$$\log G = \frac{\sum_{i=1}^{n} \log x_i}{n} \tag{3.25}$$

【例 3-18】 某产品需经四道工序加工，已知第一道工序加工合格率为 97%，第二道工序加工合格率为 95%，第三道工序加工合格率为 96%，第四道工序加工合格率为 94%，求四道工序平均加工合格率。

$$G = \sqrt[4]{x_1 x_2 x_3 x_4}$$
$$= \sqrt[4]{97\% \times 95\% \times 96\% \times 94\%} = \sqrt[4]{83.156\%} = 95.49\%$$

2. 加权几何平均数。当计算几何平均数的各个标志值的次数不相同时,应采用加权几何平均数。加权几何平均数是各标志值 f_i 次方的连乘积的 $\sum_{i=1}^{n} f_i$ 次方根,计算公式为

$$G = \sqrt[\sum_{i=1}^{n} f_i]{x_1^{f_1} x_2^{f_2} \cdots x_n^{f_n}} = \sqrt[\sum_{i=1}^{n} f_i]{\prod x_i^{f_i}} \quad (3.26)$$

【例 3-19】 某企业 1990—2001 年增加值发展速度如表 3-11 所示,试计算其 1990—2001 年增加值平均发展速度。

表 3-11　　　　　　　　　某企业增加值发展速度

环比发展速度（%）	时期	次数 f
102	1990—1993 年	3
104	1993—1998 年	5
98	1998—1999 年	1
103	1999—2001 年	2

$$G = \sqrt[\sum_{i=1}^{n} f_i]{x_1^{f_1} x_2^{f_2} x_3^{f_3} \cdots x_n^{f_n}}$$
$$= \sqrt[11]{1.02^3 \times 1.04^5 \times 0.98^1 \times 1.03^2}$$
$$= \sqrt[11]{1.3423}$$
$$= 102.71\%$$

几何平均数也是算术平均数的变形,也受极端变量值的影响,适合于反映特定现象的平均水平——现象的总标志值是各单位标志值的连乘积。但是,如果数列中有一个标志值等于 0,或者数列中有一个标志值是负值,又要开偶次方根,就无法计算几何平均数。在统计实践中,几何平均数的应用较算术平均数和调和平均数少。

（四）幂平均数

幂平均数是标志值 k 次方的平均数的 k 次方根。设有一组变量 $x_1, x_2, x_3, \cdots, x_n$,求各变量 k 次方的和:

$$x_1^k + x_2^k + x_3^k + \cdots + x_n^k = \sum_{i=1}^{n} x_i^k$$

因为平均数是各变量一般水平的代表值,以幂平均 $\bar{x}_k$ 代替各具体变量 x_i,其数值总和不变,因而有

$$\sum_{i=1}^{n} x_i^k = \sum_{i=1}^{n} (\bar{x}_k)^k = n(\bar{x}_k)^k$$

$$\bar{x}_k = \left(\frac{\sum_{i=1}^{n} x_i^k}{n} \right)^{\frac{1}{k}} \quad (3.27)$$

式（3-27）就是幂平均数的计算公式。$\bar{x}_k$ 称为 k 阶幂平均数，它是以变量 x 的 k 次方的算术平均数的 k 次方根来计算的。当 k 取不同的整数值时，幂平均数就给出不同的数值平均数计算公式。

当 $k=1$ 时，幂平均数 $\bar{x}_k = \bar{x}_1 = \left(\dfrac{\sum x^1}{n}\right)^{\frac{1}{1}} = \dfrac{\sum x}{n}$ 为算术平均数。

当 $k=-1$ 时，幂平均数 $\bar{x}_k = \bar{x}_{-1} = \left(\dfrac{\sum x^{-1}}{n}\right)^{\frac{1}{-1}} = \left(\dfrac{\sum \frac{1}{x}}{n}\right)^{-1}$ 为调和平均数。

当 $k \to 0$ 时，$\lim\limits_{k \to 0}\bar{x}_k = \lim\limits_{k \to 0}\left(\dfrac{\sum x^k}{n}\right)^{\frac{1}{k}} \to \sqrt[n]{x_1 x_2 x_3 \cdots x_n}$，幂平均数趋于几何平均数。

注意：当 $k=0$ 时，平均数 $\bar{x}_k$ 为不定式。

由于幂平均数的 $\bar{x}_k = \left(\dfrac{\sum x^k}{n}\right)^{\frac{1}{k}}$ 是关于 k 阶的递增函数，即幂平均数随着 k 的增大而增大，随着 k 的减少而减少，当 $k_1 < k_2$ 时，就有

$$\left(\dfrac{\sum x^{k_1}}{n}\right)^{\frac{1}{k_1}} \leqslant \left(\dfrac{\sum x^{k_2}}{n}\right)^{\frac{1}{k_2}} \tag{3.28}$$

因为算术平均数、几何平均数、调和平均数都是或近似幂平均数的 k 阶数由 1 递减为 0 又减为 -1 的特例，由此可知它们的一般数量关系为：

调和平均数小于几何平均数小于算术平均数；

当各变量相等即 $x_1 = x_2 = x_3 = \cdots = x_n$ 时，调和平均数等于几何平均数等于算术平均数。

（五）集中趋势测定指标的关系

1. 众数、中位数和算术平均数的关系。作为集中趋势测定值的常用指标，众数、中位数和均值三者之间存在着一定的数量关系。其数量关系的体现取决于资料的次数分布。

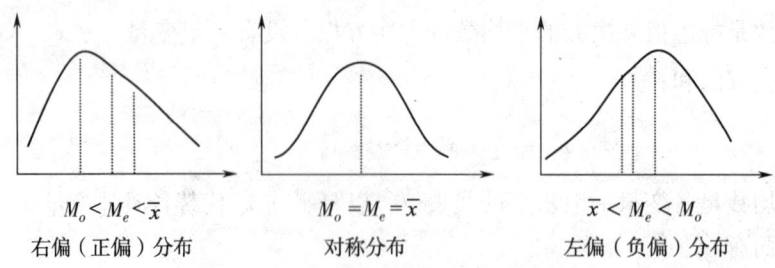

图 3-3　中位数、众数和平均数的位置

在对称的正态分布条件下，算术平均数等于众数等于中位数：$\bar{x} = M_o = M_e$。在非对称正态分布的情况下，众数、中位数和平均数三者的差别取决于偏斜的程度。偏斜的程度越大，它们之间的差别越大；偏斜的程度越小，它们之间的差别越小。

当次数分配呈右偏（正偏）时，算术平均数受极大值的影响，一般地有 $\bar{x} > M_e > M_O$。

当次数分配呈左偏（负偏）时，算术平均数受极小值的影响，一般地有 $M_O > M_e > \bar{x}$，中位数介于众数和平均数之间。

英国统计学家皮尔森提出，在存在轻微偏斜的情况下，众数、中位数和算术平均数数量关系的经验公式为：算术平均数和众数的距离约等于算术平均数与中位数距离的3倍，即

$$\bar{x} - M_O \approx 3(\bar{x} - M_e) \tag{3.29}$$

利用这个关系式，可以从已知的两个平均指标来推算另一个平均指标。

由对众数、中位数和算术平均数三者关系的分析，可得出如下启示：

在数量数据中，当数据呈现对称分布或近似对称分布时，以算术平均数作为集中趋势的代表值最好；当分布的偏斜程度较大时，算术平均数容易受到极端值的影响，不能很好地反映数据集中趋势，就有必要考虑使用中位数或众数。

2. 算术平均数、调和平均数和几何平均数的关系。在相同的数据中，算术平均数、调和平均数和几何平均数在数值上的关系如下：$H \leqslant G \leqslant \bar{x}$。

证明：设有两个不等的数值 x_1、x_2，则

$$\because (\sqrt{x_1} - \sqrt{x_2})^2 = x_1 + x_2 - 2\sqrt{x_1 x_2} \geqslant 0$$

$$\therefore \frac{x_1 + x_2}{2} \geqslant \sqrt{x_1 x_2}$$

则 $\bar{x} \geqslant G$

又 $\because \dfrac{x_1 + x_2}{2} \geqslant \sqrt{x_1 x_2} = \dfrac{x_1 x_2}{\sqrt{x_1 x_2}}$

$$\therefore \sqrt{x_1 x_2} \geqslant \frac{2 x_1 x_2}{x_1 + x_2} = \frac{2}{\dfrac{1}{x_1} + \dfrac{1}{x_2}}$$

则 $G \geqslant H$

计算和应用集中趋势测定指标应注意的问题如下：

（1）集中趋势的测定指标只能应用于同质总体。集中趋势是总体中的所有数据向中心靠拢的程度，位置平均数和数值平均数作为总体的特征值，反映的是总体各单位的一般水平和集中趋势，因而只有在同质总体中应用才有意义，否则就会失真。

（2）用组平均数和分配数列补充说明总平均数。平均数是一个高度概括性的数值，它抽象了总体中各数据的差异。为使总体信息既综合又保真，可以用分配数列和各组的平均数来说明总体的具体情况，以显示被平均数抽象掉的各单位差异及其分布。

（3）集中趋势指标与离散程度指标及具体分析相结合。总体除了集中趋势特征外，还具有与集中趋势相反的特征——离散程度。研究中对总体不同层面、不同方向的特征值都进行剖析，相互补充，会使分析更透彻、全面。此外，集中趋势指标还要与典型事例相结合，具体问题具体分析。

第二节 统计变量离散程度的测定

一、测定离散程度的意义

对数据的分析,除了要反映其分布的集中趋势外,还要反映数据的离散程度,以达到对数据变动规律的全面描述。另一方面,从统计分析指标来看,由于集中趋势的测定指标将总体各单位之间的差异抽象化了,而实际上总体各单位的差异仍然客观存在。因此,为了达到对总体的全面认识,必须从通过计算其他指标,来反映总体各单位存在的差异,以补充平均指标本身存在的不足。

在实践中,测定离散程度有重大作用。

1. 反映现象总体中变量分布的离散程度。总体各单位的标志值存在差异,标志变动度表明总体各单位标志值的分散程度。变量值的差异越大,离散程度也越大;反之,离散程度就越小。

2. 衡量均值的代表性。均值作为总体数量标志的代表值,其代表性取决于总体各数据的差异程度。总体中各数据的变异程度越大,均值的代表性就越小;反之,总体中各数据的变异程度越小,均值的代表性就越大。

3. 测定现象变动的均匀性或稳定性程度。离散程度能够表明生产过程的节奏性和其他活动的均衡性,可作为企业产品质量控制和评价经济管理工作的依据。

二、极差、四分位差和平均差

1. 极差。又称全距,是离散程度的最简单测度值,等于最大和最小观测值之间的距离。

$$R = x_{max} - x_{min} \text{ 或 } R = U_{max} - L_{min} \tag{3.30}$$

式中,U_{max}代表最高组的上限;L_{min}代表最低组的下限。

【例 3 - 20】 利用表 3 - 3 的数据计算极差。

$$R = U_{max} - L_{min} = 2\,600 - 1\,000 = 1\,600 \text{ (元)}$$

这 3 000 户农民家庭平均年人均纯收入的最大差距是 1 600 元。

用极差描述资料的离散程度简单明了,但它仅仅测度了两个端点数值,没有考察中间位置上的数值,也没有考虑数据的分布特征,不能反映观察值的整个离散程度。特别是当总体存在极端数值时,极差就完全受极端数值的影响,缺乏全面性。

2. 四分位差。分位差是极差的一种改进,它是从分配数列中剔除了一部分极端数值后确定的反映数据之间差异情况的指标。经常使用的分位差有四分位差、八分位差、十六分位差、三十二分位差以及百分位差等,以四分位差最为多见。

四分位差是在数列中剔除最大和最小各四分之一的数据,是第一个和第三个四分位数之间的差,也称为四分位点内距。它实际上是总体中在中间的 50% 数据的距离,四分位差可以作为说明中位数代表性高低的测量值。

计算公式为

$$Q_D = Q_3 - Q_1 \tag{3.31}$$

式中，Q_D 表示四分位差，Q_3、Q_1 分别为第三个、第一个四分位数。

【例 3 – 21】 对应于例 3 – 20，表 3 – 3 数据的四分位差计算如下：

$$Q_D = Q_3 - Q_1 = 23 - 19.25 = 3.75(元)$$

四分位差以中位数 Q_2 为中心点，表示 Q_2 到 Q_1 或 Q_2 到 Q_3 之间的距离。四分位差克服了极差的不足，不受极端值影响。四分位差与中位数结合应用，四分位差越小，中位数对数据集中趋势的代表性越低。

3. 平均差。平均差是分配数列中各单位标志值与其算术平均数之间离差绝对值的平均数，一般用 MD 表示。

由于掌握的数据不同，平均差的计算可分为简单平均差和加权平均差两种形式。

（1）未分组数列：

$$MD = \frac{\sum_{i=1}^{n} |x_i - \bar{x}|}{n} \tag{3.32}$$

（2）分组数列：

$$MD = \frac{\sum_{i=1}^{n} |x_i - \bar{x}| f_i}{\sum_{i=1}^{n} f_i} \tag{3.33}$$

平均差反映总体各单位标志值的平均差异（离散）程度。

平均差考虑了数列中各个标志值的变异程度对整个数列变异程度的影响，因此，比较全面、客观地反映了数列的变异程度。但是在平均差的计算中，为了保证正、负总体中各变量值与算术平均数的离差和不至于在计算中相互抵消为零，对离差取了绝对值，这在数学处理上有困难，不符合代数方法演算，具有局限性，实际中，平均差并不常用。

三、方差与标准差

方差与标准差是测定离散程度最常用的指标。标准差是方差的平方根，也称均方差。方差与标准差利用了算术平均数 $\sum_{i=1}^{n}(x_i - \bar{x})^2 = \min$ 的数学性质，因此是反映离散程度最灵敏的指标，实践中应用十分广泛。

方差和标准差的思路与平均差基本相同，只是在数学处理方法上与平均差不同。对于总体中各变量值与算术平均数的正负离差相互抵消为零的问题，平均差采用取绝对值的方法来避免；而方差则采用平方的方法来避免，然后再对离差的平方计算算术平均数，并开方取其正根，求出标准差。方差和标准差的处理方法得到了数学支持。

1. 数量标志的方差与标准差

未分组数列的计算公式：

$$\sigma^2 = \frac{\sum_{i=1}^{n}(x_i - \bar{x})^2}{n} \qquad \sigma = \sqrt{\frac{\sum_{i=1}^{n}(x_i - \bar{x})^2}{n}} \qquad (3.34)$$

分组数列的计算公式：

$$\sigma^2 = \frac{\sum_{i=1}^{n}(x_i - \bar{x})^2 f_i}{\sum_{i=1}^{n} f_i} \qquad \sigma = \sqrt{\frac{\sum_{i=1}^{n}(x_i - \bar{x})^2 f_i}{\sum_{i=1}^{n} f_i}} \qquad (3.35)$$

式中，σ^2 表示方差；σ 表示标准差。

方差和标准差一般用于定序数据和定比数据。

【例 3-22】 两种不同水稻品种在不同的田块上试种，产量资料如表 3-12 所示。要求：（1）分别计算两品种的单位面积产量；（2）计算两品种亩产量的方差和标准差。

表 3-12　　　　　　　　　两种水稻品种产量资料

甲品种		乙品种	
田块面积（亩）	产量（公斤）	田块面积（亩）	产量（公斤）
1.2	600	1.5	840
1.1	495	1.4	770
1.0	445	1.2	540
0.9	540	1.0	520
0.8	420	0.9	450

$$\bar{x}_\text{甲} = \frac{\sum xf}{\sum f} = \frac{2\,500}{5} = 500(\text{公斤})$$

$$\bar{x}_\text{乙} = \frac{3\,120}{6} = 520(\text{公斤})$$

$$\sigma_\text{甲} = \sqrt{\frac{\sum(x-\bar{x})^2 f}{\sum f}} = \sqrt{\frac{15\,275}{5}} = 55.3(\text{公斤})$$

$$\sigma_\text{乙} = \sqrt{\frac{9\,900}{6}} = 40.6(\text{公斤})$$

表 3–13　　　　　　　　　　　　　计算表　　　　　　　　　单位：亩、公斤

甲品种					乙品种				
x_i	f_i	$x_i f_i$	$x_i - \bar{x}$	$(x_i - \bar{x})^2 f_i$	x_i	f_i	$x_i f_i$	$x_i - \bar{x}$	$(x_i - \bar{x})^2 f_i$
500	1.2	600	0	0	560	1.5	840	40	2 400
450	1.1	495	−50	2 750	550	1.4	770	30	1 260
445	1.0	445	−55	3 025	520	1.0	520	0	0
600	0.9	540	100	9 000	450	1.2	540	−70	5 880
525	0.8	420	25	500	500	0.9	450	−20	360
合计	5.0	2 500	—	15 275	合计	6.0	3 120	—	9 900

计算结果说明，甲品种水稻的平均亩产量为 500 公斤，平均误差 55.3 公斤；乙品种水稻的平均亩产量为 520 公斤，平均误差 40.6 公斤。

2．是非标志的方差和标准差

用"1"表示"是"的变量值，用"0"表示"非"的变量值，则

$$\sigma^2 = \frac{\sum_{i=1}^{n}(x_i - \bar{x})^2 f_i}{\sum_{i=1}^{n} f_i} = (1-p)^2 p + (0-p)^2 q$$

$$= q^2 p + p^2 q = pq(q+p) = pq \tag{3.36}$$

$$\sigma = \sqrt{\frac{\sum_{i=1}^{n}(x_i - \bar{x})^2 f_i}{\sum_{i=1}^{n} f_i}} = \sqrt{pq} \tag{3.37}$$

当 $p = q = 0.5$ 时，是非标志的方差、标准差取得最大值，方差最大值为 0.25，标准差最大值为 0.5。也就是说，此时是非标志的变异程度最大。

【例 3–23】　求例 3–15 数据中的标准差。

$$\sigma = \sqrt{pq} = \sqrt{82.61\% \times 17.39\%} = 37.9\%$$

3．方差与标准差的数学性质

（1）变量的方差等于变量平方的平均数减去变量平均数的平方，即

$$\sigma^2 = \overline{x^2} - (\bar{x})^2 \tag{3.38}$$

$$\sigma^2 = \frac{\sum_{i=1}^{n}(x_i - \bar{x})^2}{n}$$

$$= \frac{\sum_{i=1}^{n}[x_i^2 - 2x_i \bar{x} + (\bar{x})^2]}{n}$$

$$= \frac{\sum_{i=1}^{n} x_i^2 - 2\bar{x}\sum_{i=1}^{n} x_i + n(\bar{x})^2}{n}$$

$$= \overline{x^2} - 2(\bar{x})^2 + (\bar{x})^2$$

$$= \overline{x^2} - (\bar{x})^2 \tag{3.39}$$

根据这个关系,可以进行方差或标准差的简化计算。

(2) 变量对算术平均数的方差小于对任意常数的方差。

$$\because \sum_{i=1}^{n}(x-\bar{x})^2 = \min,$$

$$\therefore \frac{\sum_{i=1}^{n}(x_i - \bar{x})^2}{n} \leqslant \frac{\sum_{i=1}^{n}(x_i - x_0)^2}{n} \quad 当 \bar{x} \neq x_0(x_0 为任意常数) 时$$

(3) n 个同性质独立变量和的方差等于各个变量方差的和。

设:$x = x_1 + x_2 + \cdots + x_n$

则有
$$\sigma_x^2 = \sigma_{x_1}^2 + \sigma_{x_2}^2 + \sigma_{x_3}^2 + \cdots + \sigma_{x_n}^2 \tag{3.40}$$

(4) n 个同性质独立变量平均数的方差等于各变量方差平均数的 $\frac{1}{n}$。

设:$\bar{x} = \frac{x_1 + x_2 + x_3 + \cdots + x_n}{n}$

则有 $\sigma_{\bar{x}}^2 = \frac{\sigma_1^2 + \sigma_2^2 + \sigma_3^2 + \cdots + \sigma_n^2}{n^2} = \frac{1}{n}\overline{\sigma_i^2} \tag{3.41}$

(5) 变量线性变换的方差等于变量的方差乘以变量系数的平方。

设:$y = a + bx$ 则有

$$\sigma_y^2 = b^2 \sigma_x^2 \tag{3.42}$$

四、离散系数与异众比率

1. 离散系数。上述的离散程度指标都是有量纲的量,它们的大小不仅取决于总体数据的差异程度,而且还与标志值的大小有关。当分析比较不同现象或具有不同水平数据的变异程度时,采用绝对误差无法说明问题,必须采用离散程度的相对数,即离散系数。

离散系数是一个无量纲的量,它适于比较不同现象或具有不同水平数据的变异程度情况。

离散系数又称为变异系数,是数量数据的各离散程度指标与其算术平均数的比值。例如,将极差与其平均数对比得到极差系数;将平均差与其平均数对比得到平均差系数;将标准差与其平均数对比,得到标准差系数。

$$变异系数 = \frac{变异程度(\sigma 或 DM 或 R)}{算术平均数(\bar{x})} \tag{3.43}$$

最常用的变异系数是标准差系数:

$$V = \frac{\sigma}{\bar{x}} \times 100\% \tag{3.44}$$

【例 3-24】 在例 3-22 中，假定生产条件相同，确定哪一品种具有较大稳定性，宜于推广？

$$V_甲 = \frac{\sigma_甲}{\bar{x}_甲} = \frac{55.3}{500} \times 100\% = 11.06\%$$

$$V_乙 = \frac{\sigma_乙}{\bar{x}_乙} = \frac{40.6}{520} \times 100\% = 7.8\%$$

计算结果说明，乙品种的平均亩产量高于甲品种，离散系数低于甲品种，所以乙品种较高产且具有较大的稳定性，宜于推广。

2. 异众比率。异众比率又称离异比率或变差比，是指非众数的次数与全部变量值总次数的比率。异众比率是描述数据离散程度的测定值之一，在对数据数量变动规律进行研究时，与众数结合使用。其计算公式为

$$v_r = \frac{\sum_{i=1}^{n} f_i - f_m}{\sum_{i=1}^{n} f_i} = 1 - \frac{f_m}{\sum_{i=1}^{n} f_i} \tag{3.45}$$

式中，v_r 是异众比率，$\sum_{i=1}^{n} f_i$ 是变量值的总次数，f_m 是众数组的次数。

事实上异众比率是一个相对数，具体地讲是一个比例相对数。它所描述的是非众数的数据次数占数据总次数的比重，它与众数的数据次数占总体总次数的比重之和为1。异众比率可用于定类数据。

【例 3-25】 表 3-1 中的异众比率为

$$v_r = 1 - \frac{f_m}{\sum_{i=1}^{n} f_i} = 1 - \frac{71.7}{100} = 28.3\%$$

第三节 变量分布偏度与峰度的描述

集中趋势和离中趋势是数据分布的两个重要特征，要全面了解数据分布的特点，还要知道数据分布的形态特征。

一、矩

统计中，还用矩来反映数据分布的形态特征。矩也称为动差，它是总体中所有变量值与任意常数离差 k 次方的算术平均数。

1. 基本形式

未分组数据：

$$\omega_k = \frac{\sum_{i=1}^{n}(x_i - a)^k}{n} \quad (3.46)$$

分组数据：

$$\omega_k = \frac{\sum_{i=1}^{n}(x_i - a)^k f_i}{\sum_{i=1}^{n} f_i} \quad (3.47)$$

式中，k 为任意正整数，a 为常数。

2. 原点矩

若 $a = 0$，即变量 x 是关于原点的 k 阶矩——k 阶原点矩。

未分组数据：

$$\mu_k = \frac{\sum_{i=1}^{n} x_i^k}{n} \quad (3.48)$$

分组数据：

$$\mu_k = \frac{\sum_{i=1}^{n} x_i^k f_i}{n} \quad (3.49)$$

显然，一阶原点矩就是变量的算术平均数，二阶原点矩就是变量平方的算术平均数。

3. 中心矩

若 $a = \bar{x}$，就得到变量 x 关于分布中心 $\bar{x}$ 的 k 阶矩——k 阶中心矩。

未分组数据：

$$v_k = \frac{\sum_{i=1}^{n}(x_i - \bar{x})^k}{n} \quad (3.50)$$

分组数据：

$$v_k = \frac{\sum_{i=1}^{n}(x_i - \bar{x})^k f_i}{\sum_{i=1}^{n} f_i} \quad (3.51)$$

可见，一阶中心矩为 0，二阶中心矩就是方差。

中心矩有两个重要性质：（1）分布对称时，必有：$v_1 = v_3 = v_5 = \cdots = v_{2k-1} = 0$，$k$ 为任意常数。（2）当分布为正态分布时：$v_{2k} = 1 \times 3 \times 5 \times \cdots \times (2k-1)\sigma^2 = (2k-1)!\,\sigma^{2k}$。

可见，正态分布的所有偶数阶中心矩都是由方差决定的。由此可得

$$v_2 = \sigma^2; \quad v_4 = 3\sigma^4; \quad v_6 = 15\sigma^6; \cdots$$

理论上说，一个分布在各方面的特征可以由其所有各阶矩予以完整描述。但在实际上，一般分布的前四阶中心矩或原点矩就足以刻画分布的主要特征了。统计中，常常应用三阶矩或四阶矩来刻画分布的形态特征。

二、偏度

偏度指分布不对称的方向和程度。偏度指标是三阶中心矩除以标准差三次方。其计算公式为

$$\alpha = \frac{v_3}{\sigma^3} = \frac{v_3}{v_2^{\frac{3}{2}}} \tag{3.52}$$

当 $\alpha = 0$ 时，数列分布为正态分布。

当 $\alpha \neq 0$ 时，数列分布有偏斜，且偏斜程度随着 α 绝对值的增大而增大。

当 $\alpha > 0$ 时，表示大于平均数的标志值分布较分散，分布曲线右边拉长尾巴——正（右）偏分布。

当 $\alpha < 0$ 时，表示小于平均数的标志值分布较分散，分布曲线左边拉长尾巴——负（左）偏分布。

三、峰度

峰度又称峭度，是指分布图形的尖峭程度或峰凸程度。峰度是分布集中趋势高峰的形状。在画到同一方差时，若分布的形状比正态分布更瘦更高，则称为尖峰分布；若比正态分布更矮更胖，则称为平峰分布。

峰度指标是四阶中心动差除以标准差四次方再减去3。整个分布图形的尖峭程度与偶数阶中心矩的数值大小有关。在一般情况下，偶数阶中心矩数值越大，分布图形越平坦；数值越小，分布图形越尖峭。如果将分布的四阶中心矩与标准差的四次方对比，得到的数值大小与峰度的高低能够保持一致，同时又恰好消除了计量单位对计算结果的影响，这就是峰度的计算思路。

计算公式为

$$\beta = \frac{v_4}{\sigma^4} - 3 = \frac{v_4}{(v_2)^2} - 3 \tag{3.53}$$

$\beta = 0$ 时，频率分布的峰度为正态分布的峰度。

$\beta > 0$ 时，频率分布的峰度比正态分布的峰度高——尖态峰，表明集中趋势显著，离中趋势低。

$\beta < 0$ 时，频率分布的峰度比正态分布的峰度低——平坦峰，表明离中趋势显著，集中趋势低。

如果一个总体在众数周围的集中程度很高，其分布的图形就会比较陡峭；反之，如果总体在众数周围的集中程度较低，其分布就会比较平坦。见图3-4。

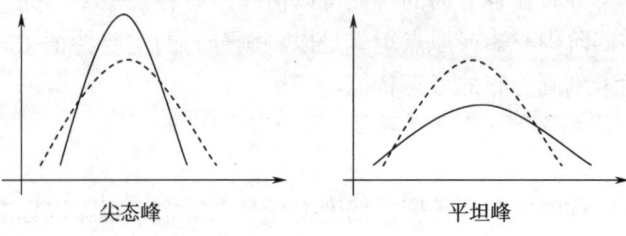

图 3-4 峰度图示

思考与练习

一、选择题

1. 有 5 辆汽车在同一距离的公路上行驶的速度资料,确定汽车平均每小时行驶速度的平均数公式是（　　）。

   A. $\dfrac{\sum x}{n}$　　B. $\dfrac{\sum xf}{\sum f}$　　C. $\dfrac{n}{\sum \dfrac{1}{x}}$　　D. $\dfrac{\sum m}{\sum \dfrac{m}{x}}$

2. 加权算术平均数的大小取决于（　　）。

   （甲）频数绝对量的大小；（乙）频数之间的比率；（丙）变量值的大小。

   A. 甲丙　　B. 乙　　C. 甲乙　　D. 乙丙

3. 假如各个标志值都增加 5 个单位,那么算术平均数会（　　）。

   A. 增加到 5 倍　　　　　　B. 增加 5 个单位

   C. 不变　　　　　　　　　D. 不能预测平均数的变化

4. 某地区 1 月份一级大米每公斤 3.6 元,二级大米每公斤 3.0 元;2 月份大米销售价格不变。但一级大米销售量增加 8%,二级大米销售量增加 10%,2 月份大米的平均销售价格（　　）。

   A. 不变　　B. 提高　　C. 下降　　D. 无法确定

5. 用标准差比较分析两个同类总体平均指标的代表性,其基本的前提条件是（　　）。

   A. 两个总体的标准差应相等　　　　B. 两个总体的平均数应相等

   C. 两个总体的单位数应相等　　　　D. 两个总体的离差之和应相等

6. 计算加权算术平均数,在选定权数时,应具备的条件是（　　）。

   A. 权数与标志值相乘能够构成标志总量

   B. 权数必须是总体单位数

   C. 权数必须表现为标志值的直接承担者

   D. 权数必须是单位数比重

   E. 权数与标志值相乘具有经济意义

7. 现有两种蔬菜，一种每元买4斤，一种每元买5斤，求各买1斤和各买1元的总体（　　）。

   A. 各买1斤的总体是2斤蔬菜 　　B. 各买1元的总体是2元钱
   C. 各买1斤的总体是0.45元　　　D. 各买1元的总体是9斤蔬菜
   E. 各买1斤和各买1元的总体是该种蔬菜

8. 在数据离散程度的测量值中，不受极端值影响的测度值是（　　）。

   A. 极差　　　　B. 异众比率　　　C. 四分位差　　　D. 标准差
   E. 离散系数

9. 对离散程度几个测量值的不同特点描述正确的是（　　）。

   A. 在有开口组的次数分布中，也能计算全距
   B. 异众比率一般只适用于分组数据
   C. 异众比率主要用于定类尺度的分析
   D. 四分位差越小，说明全部数据的分布越集中
   E. 标准差也有计量单位

10. 在组距数列中，均值大小不仅受组中值大小的影响，也受权数的影响，因此（　　）。

    A. 当组中值较大且权数较大时，均值接近组中值大的一方
    B. 当组中值较小且权数较小时，均值接近组中值小的一方
    C. 当组中值较大而权数较小时，均值接近组中值大的一方
    D. 当组中值较小而权数较大时，均值接近组中值小的一方
    E. 当各组的权数相同时，权数对均值的大小没有影响

二、计算题

1. 某集贸市场上市的5种活鱼的价格分别为4元，5元，8元，9元，11元，试计算：

   （1）5种活鱼各买一斤，平均每斤多少钱？
   （2）5种活鱼各买10元，平均每斤多少钱？

2. 某企业工人完成生产定额的资料如下：

按完成定额程度分组（％）	工人数比重（％）
80～90	10
90～100	15
100～110	35
110～120	25
120～130	15

试计算:(1)均值;(2)众数;(3)中位数;(4)平均差;(5)标准差;(6)离散系数;(7)异众比率;(8)四分位差。

3. 某商场出售某种商品的价格和销售资料如下表:

等级	单价(元/公斤)	销售额(万元)
一级	20	216
二级	16	115.2
三级	12	72

试求该商品的平均销售价格。

4. 某工业集团公司工人工资情况如下表:

按月工资(元)分组	企业个数	各组工人所占比重(%)
400~500	3	20
500~600	6	25
600~700	4	30
700~800	4	15
800以上	5	10
合计	22	100

计算该集团工人的平均工资。

5. 1990年某月甲、乙两农贸市场某农产品价格、成交量和成交额资料如下:

品种	价格(元/斤)	甲市场成交额(万元)	乙市场成交量(万斤)
甲	1.1	1.2	2
乙	1.4	2.8	1
丙	1.5	1.5	1
合计	—	5.5	4

试问哪一个市场农产品的平均价格较高?并说明原因。

第四章

对比分析与指数分析

第一节 对比分析

一、对比分析的概念

对比分析就是利用相对数来研究现象之间的数量对比关系,包括现象总体内部的数量对比,现象总体在时间、空间上的数量对比,以及现象总体的实际水平与计划水平的数量对比等。

相对数是由现象间的数量对比得来的。根据对比对象的不同,相对数可分为结构相对数、比例相对数、比较相对数、强度相对数、动态相对数和计划完成相对数。不同的相对数说明不同的问题。

二、相对数的计算

1. 结构相对数。结构相对数是表明总体内部各个组成部分在总体中所占比重的相对指标,也叫结构比重指标,用来分析现象总体的内部构成状况。计算公式为

$$结构相对数 = \frac{总体内部部分数值}{总体总量数值} \tag{4.1}$$

结构相对数一般用百分数或系数表示,其计算公式的分子和分母既可以是单位总量指标,也可以是标志总量指标。计算结构相对数事先要将总体进行分组,然后再分别由各组总量与总体总量对比计算出各组的结构相对数。

结构相对数的特点是:(1)各组的结构相对数大于0,小于1(100%);(2)各组结构相对数之和等于1(100%)。

2. 比例相对数。比例相对数是反映总体内部各个组成部分之间的数量对比关系的指标。计算公式为

$$比例相对数 = \frac{总体内某一部分数值}{总体内另一部分数值} \tag{4.2}$$

比例相对数能够反映事物内部各部分之间的数量联系程度和比例关系。社会经济现象中的许多重大比例关系，诸如人口性别比、积累与消费比、农轻重之比等都可以通过计算比例相对指标予以反映，有助于发现并研究社会经济的发展变化规律。

3. 比较相对数。比较相对数是同类现象在不同地区、部门、单位之间的对比，用以表现同类现象在不同空间条件下的数量对比关系。计算公式为

$$比较相对数 = \frac{甲总体的指标数值}{乙总体同类指标数值} \tag{4.3}$$

比较相对数所对比的指标可以是总量指标，也可以是相对指标或平均指标。它既可用于不同国家、地区、单位之间的比较，也可用于先进与落后的比较，还可用于和标准水平或平均水平的比较。通过对比，可以揭示同类现象之间发展的不均衡程度。根据分析说明的目的和方式不同，比较相对指标的分子与分母可以互换位置。

4. 强度相对数。强度相对数是两个性质不同，但有一定联系的总量指标数值之比，用来说明一种现象在另一种现象中发展的强度、密度和普遍程度。计算公式为

$$强度相对数 = \frac{某一总量指标数值}{另一性质不同但有联系的总量指标数值} \tag{4.4}$$

强度相对数的数值表现形式一般为有名数，其单位为复合单位，由分子指标和分母指标原有的计量单位组成。如人均国内生产总值用"万元/人"，人口密度用"人/平方公里"来表示等。当分子指标与分母指标的计量单位相同时，也可以用无名数表示，即系数、倍数、百分数或千分数等表示。如货币流通速度用货币流通次数表示，流通费用率用百分数表示，人口出生率用千分数表示等。

有些强度相对数的分子、分母可以互换，这时就有正指标和逆指标两种形式。一般来说，正指标越大越好，逆指标越小越好。如

$$\frac{每千人口拥有}{的医院床位数} = \frac{某地区医院床位总数（张）}{某地区总人口（千人）}，此为正指标$$

$$\frac{每张医院床位}{负担的人口数} = \frac{某地区总人口（千人）}{某地区医院床位总数（张）}，此为逆指标$$

此外，必须指出的是，强度相对数与平均数很相似，运用中容易混淆。两者的本质区别在于各自的分子与分母的关系不一样。平均数是同一总体内的标志总量与单位总量之比，分母中的每个单位都是分子的标志值的承担者；而强度相对数不存在各个标志值与各个单位相对应的关系，它是两个有联系的总量指标的对比，作为分子的总量指标数值的大小并不受作为分母的总量指标数值大小的影响。

5. 动态相对数。动态相对数是某现象在不同时间的两个指标数值之比，用来反映现象在不同时间的发展变化情况。动态相对指标又称为发展速度，计算公式为

$$动态相对数 = \frac{报告期水平}{基期水平} \tag{4.5}$$

报告期是指统计研究中所要分析计算的时期，亦称计算期；基期就是作为对比的基础时期。根据统计研究的任务和需要，基期可以是前期、上年同期或者是某个具有历史意义的固定时期。

6. 计划完成相对数。计划完成相对数是计划管理的特有指标，它是用来检查、监督计划执行情况的相对指标。计划完成相对数是现象的实际完成数与其计划任务数之比，基本计算公式为

$$\text{计划完成相对数} = \frac{\text{实际完成数}}{\text{计划任务数}} \tag{4.6}$$

计划完成相对数通常用百分数表示，其分子是计划执行结果的实际数值，分母则是下达的计划任务指标数。因此，要求分子、分母在指标含义、计算方法、计量单位以及时间长度等方面完全相应。同时，由于计划任务数是作为衡量计划完成情况的标准，分子、分母不可互换。

由于计划任务数可以是绝对数，也可以是平均数或相对数，因此，计划完成相对数在计算形式上有所不同。

（1）计划数为绝对数时，计划完成相对数的计算公式为

$$\text{计划完成相对数} = \frac{\text{实际完成绝对数}}{\text{计划任务绝对数}} \tag{4.7}$$

该指标适用于考核社会经济现象的规模或水平的计划完成情况。

（2）计划数为平均数时，计划完成相对数的计算公式为

$$\text{计划完成相对数} = \frac{\text{实际完成的平均水平}}{\text{计划任务的平均水平}} \tag{4.8}$$

该指标适用于考核以平均水平表示的技术经济指标的计划完成情况。

（3）计划数为相对数时，计划完成相对数的计算公式为

$$\text{计划完成相对数} = \frac{\text{实际完成百分数}}{\text{计划任务百分数}}$$

$$= \frac{1 \pm \text{实际}\substack{\text{增加}\\\text{减少}}\text{百分数}}{1 \pm \text{计划}\substack{\text{增加}\\\text{减少}}\text{百分数}} \tag{4.9}$$

其实，式 (4.9) 与式 (4.7) 是等价的，即

$$\text{计划完成相对数} = \frac{\text{实际完成绝对数}}{\text{计划任务绝对数}}$$

$$= \frac{\text{上期实际完成数} \times \text{本期实际完成百分数}}{\text{上期实际完成数} \times \text{本期计划完成百分数}}$$

$$= \frac{\text{本期实际完成百分数}}{\text{本期计划完成百分数}}$$

【例 4-1】 某企业计划规定 2010 年的产值要比 2009 年提高 4%，实际产值提高了 5%，求该企业产值的计划完成相对数。

$$\text{计划完成相对数} = \frac{100\% + 5\%}{100\% + 4\%} = 100.96\%$$

说明该企业产值的执行结果比计划高出了 0.96 个百分点。

第二节 指数的概念和种类

一、统计指数的概念

一般的相对数是用来反映"简单现象总体"数量对比关系的。所谓"简单现象总体",是指构成总体的项目是单一的,总体内部的数量可加总,相应的相对数只需直接将用来比较的指标数值相除即可,如研究不同时期苹果销售量的对比关系,只需将两个时期的苹果销量直接对比求得相对数。与"简单现象总体"相比,大部分社会经济现象都属于"复杂现象总体",即构成总体的项目不是唯一的,总体内部的数量大都不能直接加总。如社会零售商品是由成千上万种性质不同、计量单位不一的商品组成的,是一个"复杂现象总体",要研究不同时期零售商品销售量总的变动情况,则不能简单地把各种商品的销量直接相加再对比,这就面临着如何将各种商品的销量进行综合再比较的问题。可见,一般的相对数工具已难以解决"复杂现象总体"的数量对比问题,这就需要制定和运用专门的方法,统计指数法应运而生。与一般的相对数相比,指数已形成一种统计分析方法体系。

统计指数的含义有广义和狭义两种。广义的指数是指一切说明社会经济现象数量变动的相对数,包括一般相对数中的动态相对数、比较相对数和计划完成相对数在内。狭义的指数是一种特殊的相对数,即用来说明不能直接相加的复杂社会经济现象综合变动程度的相对数。指数理论和分析方法通常指狭义的指数,本章所要介绍的统计指数也主要是指狭义的指数。

统计指数是一种常用且重要的统计指标。它最早用于测定物价变动,其后,随着指数理论与分析方法的不断完善与发展,应用范围不断扩大,举凡经济分析的各个领域,指数方法都得到了广泛应用。如通过生产指数可以反映经济增长的实际水平;通过股价指数可以显示股票行情;通过购买力平价指数可以进行经济水平的国际对比等。因此,统计指数也常被称为经济指数。

统计指数具有以下几个基本性质和特点:

第一,相对性。指数通常是不同时间的现象水平的对比,也可以是不同空间(如国家、地区、部门、企业等)的现象水平的对比,或是现象的实际水平与计划水平的对比,具有相对数的表现形式。

第二,综合性。它综合地反映了复杂现象总体的数量变化关系。复杂现象总体中各个项目的数量变化往往是不一致的,例如,社会零售商品中各种商品价格的变动有的上涨,有的下跌,而且上涨与下跌的幅度也不一样。商品价格总指数就反映了各种商品价格综合变动的结果。

第三,平均性。指数所表示的综合变动是所研究现象中每个项目共同变动的一般水平,也可以说是平均的变动水平。如某年度社会零售商品价格指数为103%,说明各种商品价格有涨有跌，但平均来说涨了 3%。因此，指数也是一种平均的数值。

二、统计指数的种类

统计指数的主要分类有：

（一）按反映的现象范围不同，分为个体指数和总指数

1. 个体指数，用 k 表示，是反映总体中个别事物数量变动情况的相对数。例如，某种商品销售量指数、个别商品的价格指数、单个产品的成本指数等都是个体指数。个体指数实质上就是一般的相对数，包括动态相对数、比较相对数和计划完成相对数。这些相对数的计算和分析没有形成专门的指数方法，因而仅仅属于广义的指数概念；狭义的指数概念不包括这种个体指数，通常专指总指数。

2. 总指数，用 $\bar{K}$ 表示，是反映由许多个别事物构成的复杂现象总体数量综合变动的相对数。例如，工业生产指数反映各种工业品产量总的变动情况，商品零售价格指数反映各种零售商品价格总的变动情况，社会商品零售量指数、股票价格指数等都是总指数。

总指数考察的是整个总体现象的数量对比关系，它常常面临着总体中个别现象的数量不能直接加总或不能简单综合对比的问题，因此，总指数与个体指数的区别不仅在于考察范围不同，而且还在于研究方法不同。个体指数的计算与一般的相对数相同，只要将个别事物变动前后的数值直接对比求得相对数即可。编制总指数的方法则较复杂，一般有两种：一种是先综合，后对比，称为综合指数法；另外一种是先对比，后平均，称为平均指数法。本章第三节和第四节将分别介绍这两种总指数的编制方法。

此外，在总体分组的情形下，常常还需要编制组指数（或类指数）。组指数是介于个体指数与总指数之间的概念，其考察范围比总指数窄，但比个体指数宽，其计算方法和分析性质则与总指数相似。

（二）按指数化指标的性质不同，分为数量指标指数与质量指标指数

所谓指数化指标，就是利用指数形式反映其数量变化或对比关系的那个指标或变量。例如，物价指数的指数化指标就是商品或产品的价格，销售量指数的指数化指标就是商品的销售量，成本指数的指数化指标就是单位产品成本，工业生产指数的指数化指标就是工业品的产量，而股价指数的指数化指标就是股票价格等。

1. 数量指标指数，如果一个指数的指数化指标具有数量指标的特征（即表现为总量或绝对数的形式），其对比所得的相对数就属于数量指标指数。如销售量指数和生产指数等都是数量指标指数。

（1）数量指标个体指数，用 k_q 表示，反映个别事物数量变动的对比相对数。如某种商品的销售量指数，某工业产品的产量指数等。

（2）数量指标总指数，用 $\bar{K}_q$ 表示，综合反映多种数量总变动的对比相对数。如某商店的商品销售量指数，某工厂的工业产品产量指数等。

2. 质量指标指数，如果一个指数的指数化指标具有质量指标的特征（即表现为平均数或相对数的形式），它就属于质量指标指数。如物价指数、股价指数和成本指数等都

是质量指标指数。

（1）质量指标个体指数，用 k_p 表示，反映个别事物质量指标变动的对比相对数。如某种商品的价格指数，某工业产品的单位成本指数，某只股票的股价指数等。

（2）质量指标总指数，用 $\overline{K}_p$ 表示，综合反映许多个别事物质量指标总变动的对比相对数。如某商店的商品销售价格指数，某工厂的工业产品成本指数等。

需要特别指出的是，诸如商品的销售额指数、产品的总成本指数或总产值指数等，它们所对比的现象虽然都属于数量指标，却具有价值总额的特殊形式，这些价值总额通常可以分解为一个数量指标与一个质量指标的乘积，故而这种价值总额指数也就同时反映了两个因子共同变化的影响。因此，在指数分析中，它们既不属于数量指标指数，也不属于质量指标指数，可以单独列为一个类别，通常称之为总值指数，用 $\overline{K}_{pq}$ 表示。总值指数作为一类特殊的指数，其考察范围与总指数一致，但计算方法和分析性质则与个体指数相同（它们都属于一般相对数的范畴）。因此，总值指数既可以视为总指数（就考察范围而言），也可以视为个体指数（就计算分析而言），这两种理解其实并不矛盾。

（三）按指数的对比性质不同，分为动态指数与静态指数

1. 动态指数，又称时间指数，它是将不同时间的同类现象水平（时期或时点指标）进行比较的结果，反映现象在时间上的变化过程和程度。按计算指数时所采用的对比基期的不同，动态指数又可分为定基指数和环比指数。在一个动态指数数列中，如果各期指数都以某一固定时期作为基期，就称为定基指数。环比指数的基期是随报告期的变化而变化的，一般以报告期的上一年（期）作为基期。常见的动态指数有零售物价指数、消费价格指数、股票价格指数、工业生产指数等。

2. 静态指数，又包括空间指数和计划完成情况指数两种。空间指数是将不同空间（如不同国家、地区、部门、企业等）的同类现象水平进行比较的结果，反映现象在空间上的差异程度，如购买力平价指数就是反映各国货币购买力差异程度的空间指数。计划完成情况指数则是将某种现象的实际水平与计划目标水平对比的结果，反映实际执行结果对计划的差异程度。

动态指数是出现最早、应用最多的指数，也是理论上最为重要的统计指数，其他指数则是动态指数方法原理的拓展与推广。

三、统计指数的作用

1. 反映复杂现象总体数量综合变动的方向及程度，这是总指数最基本的作用。例如，在统计实践中，经常要研究许多不同商品或产品的价格总变动、销售量或产量的总变动情况以及多种股票价格的综合变动情况等，由于各种商品或产品的使用价值不同、各种股票价格涨跌幅度和成交量不同，因而这些总体中各个个体不能直接相加或不能直接对比，必须通过编制统计指数使它们过渡到可以相加、可以对比，从而反映其总体的变动方向和程度。

2. 分析复杂现象总体变动中各种因素变动的影响程度和实际效果，这是借助指数因素分析来实现的。复杂现象总体的变动是各种因素综合影响的结果，而各种因素自身变

动的幅度和变动方向常常不一致，对总体变动的影响也不同。例如，某地区 2010 年零售商品销售额对比 2009 年为 112.5%，说明 2010 年该地区商品销售额的增长幅度为 12.5%。这个变动是销售量与价格两个因素共同作用的结果，利用指数体系进行指数因素分析，可以深入分析和测定这两个因素变动对销售额变动的影响程度和影响绝对额。

3. 对社会经济现象进行综合评价和测定。随着指数分析法在实际应用中的发展，许多复杂经济现象都可以运用统计指数进行综合测评。例如，国际上常用 ASHA 综合指数和 PQLI 综合指数来评价一个国家的发展水平和生活质量水平等。

4. 分析研究复杂经济现象总体的长期变化趋势。利用连续编制的动态指数数列，可以进行长时间的现象发展趋势分析，还可以对相互联系的指标的指数数列进行分析比较，进一步认识复杂现象总体之间数量上的变动关系。如通过从居民收入指数数列和零售消费品价格指数数列的联系中进行动态比较分析，可以深入了解居民实际生活水平在较长时期内的发展变化情况。

第三节　综合指数

一、数量指标综合指数

（一）综合指数的编制原理

综合指数是通过"先综合，后对比"的方式编制得到的总指数。其基本原理是：由于复杂现象总体的指数化指标通常是不能直接加总的，要使得不同度量的指数化指标具有可加性，就必须寻找一个适当的媒介因素，称为同度量因素，通过这个同度量因素，将不同度量的指数化指标转换为具有相同度量的指标，从而解决复杂现象总体内部指数化指标的加总综合问题；为了单纯反映指数化指标的变动程度，在综合对比过程中把同度量因素的水平加以固定，则最后得到的对比结果就反映了指数化指标的综合变动程度。用这样的方法编制的总指数就称为综合指数。

（二）数量指标综合指数的编制

【例 4-2】　假设某商店三种商品的销售资料如表 4-1 所示，试计算这三种商品的销售量总指数。

表 4-1　　　　　　　　　某商店三种商品销售资料

商品名称	计量单位	销售量 q		价格（元）p		销售额（万元）pq			
		基期 q_0	报告期 q_1	基期 p_0	报告期 p_1	$p_0 q_0$	$p_1 q_1$	$p_0 q_1$	$p_1 q_0$
甲	公斤	40 000	60 000	20	22	80	132	120	88
乙	台	800	1 000	5 000	4 800	400	480	500	384
丙	件	4 000	4 750	800	760	320	361	380	304
合计	—	—	—			800	973	1 000	776

表中，销售量为数量指标，用字母 q 表示，价格为质量指标，用 p 表示，销售额为总值指标，用 pq 表示；下标 1 表示相应的数值为报告期的指标值，下标 0 表示相应的数值为基期的指标值。下面以表 4-1 中的资料为例来说明数量指标综合指数的编制方法：

1. 确定指数化指标的性质。在本例中，要求计算销售量总指数，则相应的指数化指标为销售量，属于数量指标 q。

2. 确定同度量因素。由于三种商品的计量单位不一致，其销售量不能直接加总综合，然而，每种商品的销售量与其价格的乘积即每种商品的销售额却是同度量的，可以加总。因此，价格就是销售量的同度量因素，而且二者的乘积销售额的变化也体现了销售量增减和价格涨跌的影响。一般而言，若指数化指标是数量指标 q，其同度量因素必须是一个与之对应的质量指标 p（本例中即为价格），两者的乘积则是与指数化指标 q 密切联系的总值指标 pq，是可以同度量的，这就解决了指数化指标的加总综合问题。

3. 确定同度量因素固定的水平。在本例中，我们研究报告期销售量对比基期销售量的变动情况，通过同度量因素价格，转化为销售额指标，如果价格不加固定，则加总得到的分别是报告期与基期的销售额，二者对比的结果不过是全部商品的销售额总值指数，即

$$\overline{K}_{pq} = \frac{\sum p_1 q_1}{\sum p_0 q_0} = \frac{973}{800} = 121.625\%$$

这里，销售额上涨了 21.625% 是销售量与价格共同变化的结果，不能单独反映出销售量的综合变动程度。因此，必须把同度量因素价格的水平加以固定，则销售额的变动就是由销售量的变动引起的，相应的销售额指数就是所需的销售量总指数。根据同度量因素固定的水平不同，可以得到不同的综合指数编制公式：

（1）拉氏数量指标指数

拉氏指数是德国经济统计学家拉斯配雷斯（E. Laspeyres）在 1864 年提出的，该指数的主要特点是将同度量因素固定在基期水平上，相应的数量指标综合指数简记为 L_q：

$$\overline{K}_q = L_q = \frac{\sum p_0 q_1}{\sum p_0 q_0} \tag{4.10}$$

将表 4-1 中的数据代入式 (4.10)，可求得拉氏销售量总指数为

$$\overline{K}_q = L_q = \frac{\sum p_0 q_1}{\sum p_0 q_0} = \frac{120 + 500 + 380}{80 + 400 + 320} = \frac{1\ 000}{800} = 125\%$$

可以看出，在 $\sum p_0 q_1$ 和 $\sum p_0 q_0$ 两个销售总额的计算中，三种商品的价格都维持基期水平不变，则两个销售额的变动就是由三种商品销售量的综合变动引起的。计算结果表明，尽管三种商品的销售量有增有减，但综合起来，其销售量平均增长了 25%。

综合指数不仅可以反映现象的相对变动程度，还可以进行绝对数变动分析，即测定指数化指标变动所引起的相应总值指标变动的绝对额。将上面拉氏销售量综合指数的分子减分母，得

$$\sum p_0q_1 - \sum p_0q_0 = \sum p_0(q_1 - q_0) = 1\,000 - 800 = 200(万元)$$

这表明，在价格保持基期水平不变的情况下，由于销售量的增长使销售额增加了200万元。

（2）帕氏数量指标指数

帕氏指数是另一位德国经济统计学家帕舍（H. Paasche）在1874年提出的。与拉氏指数不同的是，该指数公式将同度量因素固定在报告期水平上，相应的数量指标综合指数简记为 P_q：

$$\overline{K}_q = P_q = \frac{\sum p_1q_1}{\sum p_1q_0} \tag{4.11}$$

将表4-1中的数据代入式（4.11），可求得帕氏销售量总指数为

$$\overline{K}_q = P_q = \frac{\sum p_1q_1}{\sum p_1q_0} = \frac{132+480+361}{88+384+304} = \frac{973}{776} = 125.39\%$$

进行绝对数分析，可得：

$$\sum p_1q_1 - \sum p_1q_0 = \sum p_1(q_1 - q_0) = 973 - 776 = 197(万元)$$

在 $\sum p_1q_1$ 和 $\sum p_1q_0$ 两个销售总额的计算中，三种商品的价格都以报告期水平计算，则两个销售额的变动就是由三种商品销售量的综合变动引起的。计算结果表明，三种商品的销售量平均增加了25.39%；在报告期价格水平的基础上，由于销售量的增加使销售额增长了197万元。

二、质量指标综合指数

在编制质量指标综合指数时，其指数化指标为 p，根据综合指数的编制原理，其同度量因素必须是一个与之对应的数量指标 q，二者的乘积则是与指数化指标 p 密切联系的总值指标 pq，在总值指标 pq 的对比过程中，将同度量因素 q 加以固定，则所得结果为反映质量指标 p 综合变动程度的总指数。同样地，根据同度量因素 q 固定的水平不同，质量指标综合指数也有拉氏指数 L_p 与帕氏指数 P_p 之分：

拉氏质量指标指数
$$\overline{K}_p = L_p = \frac{\sum p_1q_0}{\sum p_0q_0} \tag{4.12}$$

帕氏质量指标指数
$$\overline{K}_p = P_p = \frac{\sum p_1q_1}{\sum p_0q_1} \tag{4.13}$$

【例4-3】 根据表4-1中的销售资料，试计算这三种商品的价格总指数。

例中，价格为质量指标 p，因此引入的同度量因素应为数量指标 q，在这里为商品的销售量，二者的乘积为销售额 pq，是可加总的总值指标。

将表4-1中的数据代入式（4.12），可求得拉氏价格总指数：

$$\overline{K}_p = L_p = \frac{\sum p_1 q_0}{\sum p_0 q_0} = \frac{88 + 384 + 304}{80 + 400 + 320} = \frac{776}{800} = 97\%$$

进行绝对数分析,得

$$\sum p_1 q_0 - \sum p_0 q_0 = \sum (p_1 - p_0) q_0 = 776 - 800 = -24(万元)$$

计算结果表明,综合起来,三种商品的价格平均下跌了 3%,在基期销售量的基础上,由于价格下跌使销售额下降了 24 万元。

将表 4-1 中的数据代入式 (4.13),可求得帕氏价格总指数:

$$\overline{K}_p = P_p = \frac{\sum p_1 q_1}{\sum p_0 q_1} = \frac{132 + 481 + 361}{120 + 500 + 380} = \frac{973}{1\,000} = 97.3\%$$

进行绝对数分析,得

$$\sum p_1 q_1 - \sum p_0 q_1 = \sum (p_1 - p_0) q_1 = 973 - 1\,000 = -27(万元)$$

计算结果表明,综合起来,三种商品的价格平均下跌了 2.7%,在报告期销售量的基础上,由于价格下跌使销售额下降了 27 万元。

拉氏价格指数与帕氏价格指数存在着差异,这是由同度量因素 q 固定的水平不同引起的,同时,也使二者具有不完全相同的经济分析意义:拉氏价格指数以基期商品销售量作为同度量因素,说明它是在基期商品销售量和销售结构的基础上来考察各种商品价格的综合变动程度,其分子、分母之差 $\sum p_1 q_0 - \sum p_0 q_0 = \sum (p_1 - p_0) q_0$ 能表明消费者为了维持基期的消费数量和消费结构即基期的消费水平,由于价格的变化而将增加或减少的实际开支;而帕氏价格指数将同度量因素固定在报告期,则说明它是在报告期销售量和销售结构的基础上来考察各种商品价格的综合变动程度,其分子、分母之差 $\sum p_1 q_1 - \sum p_0 q_1 = \sum (p_1 - p_0) q_1$ 表明计算期实际销售的商品由于价格变化而增减的销售额,也说明了因价格的变化使消费者为了实现报告期的消费水平而增减的实际开支。

可见,拉氏指数与帕氏指数的出发点不同,分析意义也不同。在实际编制质量指标指数时,应根据研究的目的选择相应的计算公式。由于帕氏指数考虑的是在维持报告期的数量水平下质量指标变动的程度,因此在大多数情况下较之拉氏指数有更强的现实意义,因而实际中更常用帕氏指数作为编制质量指标综合指数的基本公式。

三、其他形式的综合指数

拉氏指数与帕氏指数是两种基本的综合指数形式,由于同度量因素固定水平的不同,两者通常存在着明显差异,分析意义也不同,为了调和这种差异,经济学家和统计学家们试图对已有的指数公式进行改造,由此形成了各种新的综合指数形式。

1. 马埃指数。马埃指数简记为 E,由英国著名经济学家马歇尔(A. Marshall)和埃奇沃斯(F. Y. Edgeworth)等人于 1887—1890 年提出。该指数是对拉氏指数和帕氏指数的同度量因素进行简单平均的结果。具体公式如下

数量指标指数 $\bar{K}_q = E_q = \dfrac{\sum q_1\left(\dfrac{p_1+p_0}{2}\right)}{\sum q_0\left(\dfrac{p_1+p_0}{2}\right)} = \dfrac{\sum q_1 p_1 + \sum q_1 p_0}{\sum q_0 p_1 + \sum q_0 p_0}$ (4.14)

质量指标指数 $\bar{K}_p = E_p = \dfrac{\sum p_1\left(\dfrac{q_0+q_1}{2}\right)}{\sum p_0\left(\dfrac{q_0+q_1}{2}\right)} = \dfrac{\sum p_1 q_0 + \sum p_1 q_1}{\sum p_0 q_0 + \sum p_0 q_1}$ (4.15)

马埃指数的计算结果在拉氏指数与帕氏指数之间,它是对拉氏指数和帕氏指数计算结果差异的一种修正。

2. 费雪指数。费雪指数也称理想指数,简记为 F,最早由美国经济学家沃尔什(G. M. Walsh)和庇古(A. C. Pigou)等人于1901年和1902年先后提出,后来,统计学家费雪(Irving Fisher)比较验证了其所具有的优良性,将其命名为理想指数。理想指数是对拉氏指数和帕氏指数的简单几何平均。具体公式如下

数量指标指数 $\bar{K}_q = F_q = \sqrt{P_q \times L_q} = \sqrt{\dfrac{\sum q_1 p_1}{\sum q_0 p_1} \times \dfrac{\sum q_1 p_0}{\sum q_0 p_0}}$ (4.16)

质量指标指数 $\bar{K}_p = F_p = \sqrt{P_p \times L_p} = \sqrt{\dfrac{\sum p_1 q_1}{\sum p_0 q_1} \times \dfrac{\sum p_1 q_0}{\sum p_0 q_0}}$ (4.17)

费雪指数同样是拉氏指数和帕氏指数的一种折中方法,计算结果介于二者之间。

读者可以根据表4-1的资料和前两个例子的计算结果,分别用马埃指数和费雪指数计算销售量总指数和价格总指数,并与拉氏指数与帕氏指数的计算结果进行比较。

3. 杨格指数。杨格指数也称固定权数综合指数,是由英国经济学家杨格(A. Young)提出的。在固定加权综合指数中,同度量因素所属时期既不固定在报告期也不固定在基期,而是固定在一个特定的水平上,可以是若干时期的平均水平,也可以是某个固定时期的实际水平。公式具体形式如下

数量指标指数 $\bar{K}_q = \dfrac{\sum q_1 p_n}{\sum q_0 p_n}$ (4.18)

质量指标指数 $\bar{K}_p = \dfrac{\sum p_1 q_n}{\sum p_0 q_n}$ (4.19)

式中,p_n 或 q_n 为同度量因素的固定水平,它不因比较时期(报告期或基期)的改变而改变,因此,采用固定权数综合指数,不但便于指数的编制,而且便于进行现象长期发展变化的动态分析。杨格指数的编制方法深为美国经济学家罗威(J. Lowe)的赞同,二人曾于1812—1822年倡导并实践过按固定加权方法编制总指数的思想,因而杨格指数也常被称为罗威指数。

第四节 平均指数

一、平均指数的编制原理

平均指数也是总指数的基本形式之一，与综合指数不同的是，编制平均指数的基本方式是"先对比，后平均"。也就是说，首先计算复杂现象总体内部各个个别现象的个体指数：$k_q = \dfrac{q_1}{q_0}$ 或 $k_p = \dfrac{p_1}{p_0}$，然后再对个体指数赋予一定的权数加以平均得到总指数。用平均指数法计算总指数的思路很好理解：总指数是反映总体平均变动状况的，而总体的变动是由许许多多个体的变动组成的，因此，总指数可以由反映个体变动状况的个体指数平均得到。

由于总体中不同个体的变动对总体变动的影响程度不同，因而，在对个体指数平均的过程中，必须考虑权重的问题。个体指数是两个时期水平对比的结果，因此加入的权数应该是与所要编制的指数密切关联的价值总量 pq，这样所得的结果才有经济意义。用做权数的价值总量 pq 可以有四种不同的组合方式：p_0q_0、p_1q_1、p_0q_1、p_1q_0，考虑到资料收集的可行性，一般以基期的总值资料 p_0q_0 和报告期的总值资料 p_1q_1 作为权数。另外，根据对个体指数进行平均时所采用的计算方法不同，主要有加权算术平均数指数和加权调和平均数指数两种形式。

二、加权算术平均数指数

加权算术平均数指数利用了 $\bar{x} = \dfrac{\sum xf}{\sum f}$ 的计算形式，以个体指数 $k_q = \dfrac{q_1}{q_0}$ 或 $k_p = \dfrac{p_1}{p_0}$ 作为变量，一般以基期的总值资料 p_0q_0 作为权数对个体指数进行加权平均，相应的公式为

数量指标指数 $$\bar{K}_q = \frac{\sum k_q p_0 q_0}{\sum p_0 q_0} = \frac{\sum \dfrac{q_1}{q_0} p_0 q_0}{\sum p_0 q_0} \tag{4.20}$$

质量指标指数 $$\bar{K}_p = \frac{\sum k_p p_0 q_0}{\sum p_0 q_0} = \frac{\sum \dfrac{p_1}{p_0} p_0 q_0}{\sum p_0 q_0} \tag{4.21}$$

【例 4-4】 表 4-2 是根据表 4-1 中三种商品的销售资料计算得来的，试用算术平均数指数法计算这三种商品的销售量总指数和价格总指数。

表 4-2　　　　　　　　　　　　某商店三种商品销售资料

商品名称	计量单位	销售量 q			价格（元）p			销售额（万元）pq	
		基期 q_0	报告期 q_1	个体指数 $k_q=\dfrac{q_1}{q_0}$	基期 p_0	报告期 p_1	个体指数 $k_p=\dfrac{p_1}{p_0}$	$p_0 q_0$	$p_1 q_1$
甲	公斤	40 000	60 000	150%	20	22	110%	80	132
乙	台	800	1 000	125%	5 000	4 800	96%	400	480
丙	件	4 000	4 750	118.75%	800	760	95%	320	361
合计	—	—	—	—	—	—	—	800	973

把相关数据代入式（4.20）和式（4.21），可分别得到销售量总指数和价格总指数：

$$\overline{K}_q = \frac{\sum k_q p_0 q_0}{\sum p_0 q_0} = \frac{150\% \times 80 + 125\% \times 400 + 118.75\% \times 320}{800} = 125\%$$

$$\overline{K}_p = \frac{\sum k_p p_0 q_0}{\sum p_0 q_0} = \frac{110\% \times 80 + 96\% \times 400 + 95\% \times 320}{800} = 97\%$$

把这两个计算结果同例 4-2 和例 4-3 中拉氏销售量指数和拉氏价格指数的计算结果进行比较，是完全相同的。事实上，稍加推导不难得出，采用基期总值加权的算术平均数指数，就是拉氏综合指数的变形：

$$\overline{K}_q = \frac{\sum \dfrac{q_1}{q_0} p_0 q_0}{\sum p_0 q_0} = \frac{\sum q_1 p_0}{\sum q_0 p_0} = L_q \qquad (4.22)$$

$$\overline{K}_p = \frac{\sum \dfrac{p_1}{p_0} p_0 q_0}{\sum p_0 q_0} = \frac{\sum p_1 q_0}{\sum p_0 q_0} = L_p \qquad (4.23)$$

需要指出的是，算术平均数指数不仅仅是拉氏综合指数的变形，更是一种相对独立的总指数编制方法，具有广泛的适用性。以价格指数为例，其计算公式可变形为

$$\overline{K}_p = \frac{\sum \dfrac{p_1}{p_0} p_0 q_0}{\sum p_0 q_0} = \sum \frac{p_1}{p_0} \times \frac{p_0 q_0}{\sum p_0 q_0} = \sum k_p w \qquad (4.24)$$

上式表明算术平均数指数不仅可以用绝对数（总值）加权，也可以用相对数（总值比例）w 加权。在实际工作中，往往采用经济发展比较稳定的某一时期的总值比例作为固定的权数，一经确定，可沿用数年，这不仅可以避免每次编制指数时权数资料不全的困难，而且也便于前后不同时期的比较。

三、加权调和平均数指数

加权调和平均数指数利用了 $\bar{x} = \dfrac{\sum m}{\sum \dfrac{m}{x}}$ 的计算形式，以个体指数 $k_q = \dfrac{q_1}{q_0}$ 或 $k_p = \dfrac{p_1}{p_0}$ 作为变量，一般以报告期的总值资料 $p_1 q_1$ 作为权数对个体指数进行加权调和平均，相应的公式为

数量指标指数 $\quad \bar{K}_q = \dfrac{\sum p_1 q_1}{\sum \dfrac{1}{k_q} p_1 q_1} = \dfrac{\sum p_1 q_1}{\sum \dfrac{1}{q_1/q_0} p_1 q_1}$ （4.25）

质量指标指数 $\quad \bar{K}_p = \dfrac{\sum p_1 q_1}{\sum \dfrac{1}{k_p} p_1 q_1} = \dfrac{\sum p_1 q_1}{\sum \dfrac{1}{p_1/p_0} p_1 q_1}$ （4.26）

【例 4-5】 根据表 4-2 中三种商品的销售资料，试用加权调和平均数指数法计算这三种商品的销售量总指数和价格总指数。

把相关数据代入式（4.25）和式（4.26），得到的销售量总指数和价格总指数分别为

$$\bar{K}_q = \dfrac{\sum p_1 q_1}{\sum \dfrac{1}{k_q} p_1 q_1} = \dfrac{973}{\dfrac{1}{150\%} \times 132 + \dfrac{1}{125\%} \times 480 + \dfrac{1}{118.75\%} \times 361} = 125.39\%$$

$$\bar{K}_p = \dfrac{\sum p_1 q_1}{\sum \dfrac{1}{k_p} p_1 q_1} = \dfrac{973}{\dfrac{1}{110\%} \times 132 + \dfrac{1}{96\%} \times 480 + \dfrac{1}{95\%} \times 361} = 97.3\%$$

通过比较发现，利用调和平均数指数的计算结果和前面利用帕氏指数计算的销售量总指数与价格总指数的结果完全相同。事实上，同样可以验证，采用报告期总值加权的调和平均数指数与帕氏综合指数是等价的：

$$\bar{K}_q = \dfrac{\sum p_1 q_1}{\sum \dfrac{1}{q_1/q_0} p_1 q_1} = \dfrac{\sum p_1 q_1}{\sum p_1 q_0} = P_q \quad (4.27)$$

$$\bar{K}_p = \dfrac{\sum p_1 q_1}{\sum \dfrac{1}{p_1/p_0} p_1 q_1} = \dfrac{\sum p_1 q_1}{\sum p_0 q_1} = P_p \quad (4.28)$$

平均指数与综合指数都是总指数的基本形式，其经济内容是一致的，都是为了说明复杂现象总体数量的综合变动程度。它们的区别，除了计算方法不同、资料来源不同（综合指数一般要求采用全面的资料，有时存在资料收集的困难；而平均指数可采用抽样资料，资料收集较容易）外，还有一点重要的区别：综合指数的分子、分母之差具有一定的经济内容，即说明由于价格变动或物量变动而带来的价值总量的增减绝对额；而

平均指数的分子、分母之差却不具有这一经济内容,特别是采用固定权数的平均指数,只具有相对数的分析意义。

第五节　指数因素分析

一、指数体系的概念

指数体系是指指数之间存在的相互联系。一般地说,三个或三个以上在性质上相互联系、在数量上存在一定关系的指数便构成指数体系。如:

$$销售额指数 = 销售量指数 \times 销售价格指数$$
$$总成本指数 = 产量指数 \times 单位产品成本指数$$
$$总产量指数 = 员工人数指数 \times 劳动生产率指数$$
$$原材料消耗额指数 = 产品产量指数 \times 单位产品原材料消耗量指数$$
$$\times 单位原材料价格指数$$
$$销售利润指数 = 销售量指数 \times 销售价格指数 \times 销售利润率指数$$

显然,上述指数体系都是建立在有关指数化指标之间的经济联系基础之上的,因而具有非常实际的经济分析意义。如销售额是商品销售量和销售价格两个因素的乘积,相应地,形成销售额指数等于销售量指数和销售价格指数乘积的指数体系,即可以从销售量和销售价格两个因素的变动入手,研究销售额的总变动情况。

我们研究指数体系的目的之一就是进行指数因素分析,即研究现象总体变动中各因素的影响程度和影响方向;另外,还可以利用指数体系之间的数量关系来根据已知的指数推算未知的指数。

二、两因素指数分析

(一)总量指标变动的两因素分析

从前面列举的指数体系可以看出,社会经济现象的总量变动是由两个或两个以上的因素变动形成的,并且,在众多影响因素中,总可以分解为数量指标因素和质量指标因素。所以,进行总量指标的因素指数分析,就是研究总值指数与数量指标指数、质量指标指数之间的数量变动关系,而其中两因素指数的分析方法是多因素指数分析方法的基础。

进行总量指标变动的两因素分析,主要是考察数量指标和质量指标的变动对总量指标变动的影响程度,并从相对数和绝对数两方面测定它们的影响数值,基本步骤如下:

第一步,建立指数体系。为了使指数体系之间形成严密的数量关系,可以将总值指数分解为拉氏数量指标指数和帕氏质量指标指数之乘积或帕氏数量指标指数和拉氏质量指标指数之乘积,即

$$\overline{K}_{pq} = L_q \times P_p \Leftrightarrow \frac{\sum p_1 q_1}{\sum p_0 q_0} = \frac{\sum p_0 q_1}{\sum p_0 q_0} \times \frac{\sum p_1 q_1}{\sum p_0 q_1} \quad (4.29)$$

或

$$\overline{K}_{pq} = P_q \times L_p \Leftrightarrow \frac{\sum p_1 q_1}{\sum p_0 q_0} = \frac{\sum p_1 q_1}{\sum p_1 q_0} \times \frac{\sum p_1 q_0}{\sum p_0 q_0} \quad (4.30)$$

实践中,通常采用第一种指数体系,即根据式(4.29)进行因素分析。其分析顺序是:假定数量指标先变化,质量指标后变化,即

$$\sum p_0 q_0 \xrightarrow{q\,变化} \sum p_0 q_1 \xrightarrow{p\,变化} \sum p_1 q_1$$

第二步,利用指数体系进行因素变动的影响分析。总值指数 $\frac{\sum p_1 q_1}{\sum p_0 q_0}$ 为报告期总额对比基期总额的相对数,$\sum p_1 q_1 - \sum p_0 q_0$ 则为报告期比基期实际增长的数额,其中,$\frac{\sum p_0 q_1}{\sum p_0 q_0}$ 为 q 变化引起的总值变动的相对数,$\sum p_0 q_1 - \sum p_0 q_0$ 为 q 变化引起的总值变动的绝对数,$\frac{\sum p_1 q_1}{\sum p_0 q_1}$ 为 p 变化引起的总值变动的相对数,$\sum p_1 q_1 - \sum p_0 q_1$ 为 p 变化引起的总值变动的绝对数。

综上,总量指标变动的两因素指数分析框架为

$$\begin{cases} 相对数分析: \dfrac{\sum p_1 q_1}{\sum p_0 q_0} = \dfrac{\sum p_0 q_1}{\sum p_0 q_0} \times \dfrac{\sum p_1 q_1}{\sum p_0 q_1} \\ 绝对数分析: \sum p_1 q_1 - \sum p_0 q_0 = \left(\sum p_0 q_1 - \sum p_0 q_0\right) + \left(\sum p_1 q_1 - \sum p_0 q_1\right) \end{cases} \quad (4.31)$$

【例 4-6】 根据表 4-1 的资料,进行销售额变动的因素分析。

根据式(4.31)的指数体系和例 4-2、例 4-3 的相关计算结果,有

相对数分析:$\dfrac{\sum p_1 q_1}{\sum p_0 q_0} = \dfrac{\sum p_0 q_1}{\sum p_0 q_0} \times \dfrac{\sum p_1 q_1}{\sum p_0 q_1} \Rightarrow \dfrac{973}{800} = \dfrac{1\,000}{800} \times \dfrac{973}{1\,000}$

绝对数分析:$\sum p_1 q_1 - \sum p_0 q_0 = \left(\sum p_0 q_1 - \sum p_0 q_0\right) + \left(\sum p_1 q_1 - \sum p_0 q_1\right)$
$\Rightarrow \quad (973 - 800) = (1\,000 - 800) + (973 - 1\,000)$

进一步计算,得

$$\begin{cases} 121.625\% = 125\% \times 97.3\% \\ 173 = 200 + (-27) \end{cases}$$

计算结果表明,销售额增长了 21.625% 是由于三种商品销售量平均增加了 25% 和销售价格平均下跌了 2.7% 两个因素共同作用的结果;其中,销售量的增加使销售额增长了 200 万元,价格的下跌使销售额减少了 27 万元,二者共同作用的结果使得销售额比基期增长了 173 万元。

(二) 平均指标变动的两因素分析

指数因素分析法不仅适用于总量指标的变动分析，还适用于对平均指标的变动进行因素分析。在总体分组的情况下，平均指标数值的大小 $\bar{x} = \dfrac{\sum xf}{\sum f}$ 既受变量水平 x 的影响，又受总体结构 $\dfrac{f}{\sum f}$ 的影响，如平均工资的变动，可能是由工资水平的变动引起的，也可能是由工资水平不同的职工所占比重的变动引起的。进行平均指标变动的两因素分析，就是要分别计算上述两个因素的变动对总体平均数变动的影响程度。

总体平均数的总变动程度 $\dfrac{\bar{x}_1}{\bar{x}_0} = \dfrac{\dfrac{\sum x_1 f_1}{\sum f_1}}{\dfrac{\sum x_0 f_0}{\sum f_0}} = \dfrac{\sum x_1 \dfrac{f_1}{\sum f_1}}{\sum x_0 \dfrac{f_0}{\sum f_0}}$ 通常按下面的顺序进行因素分析：

$$\bar{x}_0 = \dfrac{\sum x_0 f_0}{\sum f_0} \xrightarrow{\dfrac{f}{\sum f}\text{变化}} \dfrac{\sum x_0 f_1}{\sum f_1} \xrightarrow{x\text{变化}} \dfrac{\sum x_1 f_1}{\sum f_1}$$

即先考察总体结构的变化，再考察各组变量水平的变化，由此可得到对总体平均指标变动进行因素分析的指数体系：

$$\dfrac{\dfrac{\sum x_1 f_1}{\sum f_1}}{\dfrac{\sum x_0 f_0}{\sum f_0}} = \dfrac{\dfrac{\sum x_0 f_1}{\sum f_1}}{\dfrac{\sum x_0 f_0}{\sum f_0}} \times \dfrac{\dfrac{\sum x_1 f_1}{\sum f_1}}{\dfrac{\sum x_0 f_1}{\sum f_1}}$$

式中，$\dfrac{\dfrac{\sum x_0 f_1}{\sum f_1}}{\dfrac{\sum x_0 f_0}{\sum f_0}}$ 为各组水平不变的情况下总体结构变动对总平均数的影响程度，称为结构变动指数，用 $\bar{K}_{结构}$ 表示；$\dfrac{\dfrac{\sum x_1 f_1}{\sum f_1}}{\dfrac{\sum x_0 f_1}{\sum f_1}}$ 为总体结构固定在报告期不变的情况下，各组水平

变动对总体平均数的影响程度,称为固定构成指数,用 $\overline{K}_{固定}$ 表示; $\dfrac{\dfrac{\sum x_1 f_1}{\sum f_1}}{\dfrac{\sum x_0 f_0}{\sum f_0}}$ 综合反映了结构和水平两个因素共同变化所引起的总平均数变动的程度,称为可变构成指数,用 $\overline{K}_{可变}$ 表示。

可变构成指数、固定构成指数和结构变动指数都是反映平均指标变动程度的指数,它们各自的分子、分母之差,可以说明有关因素变化对总平均数变动的影响绝对额,即

总平均数变动绝对额 = 结构变动影响额 + 各组平均水平变动影响额

因此,平均指标变动的两因素指数分析框架为

$$\begin{cases} 相对数分析: \dfrac{\overline{x}_1}{\overline{x}_0} = \dfrac{\dfrac{\sum x_1 f_1}{\sum f_1}}{\dfrac{\sum x_0 f_0}{\sum f_0}} = \dfrac{\dfrac{\sum x_0 f_1}{\sum f_1}}{\dfrac{\sum x_0 f_0}{\sum f_0}} \times \dfrac{\dfrac{\sum x_1 f_1}{\sum f_1}}{\dfrac{\sum x_0 f_1}{\sum f_1}} \\ \\ 绝对数分析: \overline{x}_1 - \overline{x}_0 = \dfrac{\sum x_1 f_1}{\sum f_1} - \dfrac{\sum x_0 f_0}{\sum f_0} \\ \qquad\qquad\qquad = \left(\dfrac{\sum x_0 f_1}{\sum f_1} - \dfrac{\sum x_0 f_0}{\sum f_0} \right) + \left(\dfrac{\sum x_1 f_1}{\sum f_1} - \dfrac{\sum x_0 f_1}{\sum f_1} \right) \end{cases}$$

(4.32)

【例 4 – 7】 根据表 4 – 3 的资料,进行总平均工资变动的因素分析。

表 4 – 3　　　　　　　　　　某工厂工人工资情况表

职工类别	月工资(元)		职工人数(人)		工资额(元)		
	基期 x_0	报告期 x_1	基期 f_0	报告期 f_1	基期 $x_0 f_0$	报告期 $x_1 f_1$	按基期工资水平计算的报告期工资额 $x_0 f_1$
普通工人	1 000	1 200	600	800	600 000	960 000	800 000
技术工人	1 500	1 700	400	650	600 000	1 105 000	975 000
合计	—	—	1 000	1 450	1 200 000	2 065 000	1 775 000

根据表中资料,先分别计算各有关平均指标指数:

$$\overline{K}_{可变} = \dfrac{\dfrac{\sum x_1 f_1}{\sum f_1}}{\dfrac{\sum x_0 f_0}{\sum f_0}} = \dfrac{2\,065\,000}{1\,450} \div \dfrac{1\,200\,000}{1\,000} = 1\,424 \div 1\,200 = 118.67\%$$

$$\overline{K}_{结构} = \frac{\frac{\sum x_0 f_1}{\sum f_1}}{\frac{\sum x_0 f_0}{\sum f_0}} = \frac{1\ 775\ 000}{1\ 450} \div \frac{1\ 200\ 000}{1\ 000} = 1\ 224 \div 1\ 200 = 102\%$$

$$\overline{K}_{固定} = \frac{\frac{\sum x_1 f_1}{\sum f_1}}{\frac{\sum x_0 f_1}{\sum f_1}} = \frac{2\ 065\ 000}{1\ 450} \div \frac{1\ 775\ 000}{1\ 450} = 1\ 424 \div 1\ 224 = 116.34\%$$

则根据式（4.32）进行因素分析：

$$\begin{cases} 相对数分析：\dfrac{1\ 424}{1\ 200} = \dfrac{1\ 224}{1\ 200} \times \dfrac{1\ 424}{1\ 224} \Rightarrow 118.67\% = 102\% \times 116.34\% \\ 绝对数分析：(1\ 424 - 1\ 200) = (1\ 224 - 1\ 200) + (1\ 424 - 1\ 224) \Rightarrow 224 = 24 + 200 \end{cases}$$

分析结果表明，是由于普通工人和技术工人结构的变化（工资水平高的技术工人比重上升）使得总体平均工资上涨了2%，增加了24元；在此基础上，又由于工人工资水平的普遍上涨，使得总体平均工资上又上涨了16.34%，增加了200元；两个因素共同作用的结果，使得总体平均工资上涨了18.67%，增加了224元。

三、多因素指数分析

（一）总量指标变动的多因素分析

总量指标的变动有时是由多个因素共同作用引起的，这样指数体系就要求由更多反映因素变动的指数来构成。影响总量指标变动的因素越多，分析过程就越复杂，但基本原理与两因素分析法相同，只是要注意在对总量指标进行分解时，要考虑各因素的排序，以确保相邻因素的乘积都应该具有实际经济意义。如原材料消耗额受产品产量、单位产品原材料消耗量和单位原材料价格三个因素的影响，其中，产品产量×单位产品原材料消耗量=原材料消耗量，原材料消耗量×单位原材料价格=原材料消耗额。因此，可将原材料消耗额按上述顺序分解：

原材料消耗额 = 产品产量×单位产品原材料消耗量×单位原材料价格

用 a 代表产品产量，b 代表单位产品原材料消耗量，c 代表单位原材料价格，则可按下列程序对原材料消耗额的变动进行因素分析：

$$\sum a_0 b_0 c_0 \xrightarrow{a\ 变化} \sum a_1 b_0 c_0 \xrightarrow{b\ 变化} \sum a_1 b_1 c_0 \xrightarrow{c\ 变化} \sum a_1 b_1 c_1$$

相应地，可建立多因素指数体系进行相对数分析：

$$\frac{\sum a_1 b_1 c_1}{\sum a_0 b_0 c_0} = \frac{\sum a_1 b_0 c_0}{\sum a_0 b_0 c_0} \times \frac{\sum a_1 b_1 c_0}{\sum a_1 b_0 c_0} \times \frac{\sum a_1 b_1 c_1}{\sum a_1 b_1 c_0} \quad (4.33)$$

原材料消耗额指数 = 产品产量指数 × 单位产品消耗指数 × 原材料价格指数

即可以由产品产量指数、单位产品原材料消耗量指数和单位原材料价格指数来反映各因素对原材料总消耗额的影响程度。另外,各因素指数的分子、分母之差即各影响因素对总量指标影响的绝对额,各影响因素影响绝对额之和即为总值指数的分子、分母之差,则可进行绝对数分析:

$$\sum a_1 b_1 c_1 - \sum a_0 b_0 c_0 = (\sum a_1 b_0 c_0 - \sum a_0 b_0 c_0) + (\sum a_1 b_1 c_0 - \sum a_1 b_0 c_0)$$
$$+ (\sum a_1 b_1 c_1 - \sum a_1 b_1 c_0) \qquad (4.34)$$

上述多因素分析和两因素分析的程序原理是一致的,即为测定某一因素的变动影响值,就把其他几个因素固定不变,将该因素以报告期的数值替代,并将替代前后的结果进行比较得出该因素指数即影响程度;依次将其余各个因素的基期数字顺次以报告期的数字替代,有多少因素就替代多少次;将每次替代后的结果与替代前的结果进行对比,就可从相对数和绝对数两方面分析各因素对总体总量的影响程度。这样的多因素指数分析法也称为连锁替代法。

【例4-8】 某工厂生产两种不同的产品,各自消耗不同的原材料,根据表4-4中的资料,对该厂原材料消耗总额的变动进行因素分析(表中下标1表示报告期,下标0表示基期)。

表4-4　　　　　　　　某厂生产产品原材料消耗情况

产品类别	产品产量		单位产品原材料消耗量		单位原材料价格(元)		原材料消耗额(元)			
	a_0	a_1	b_0	b_1	c_0	c_1	$a_0 b_0 c_0$	$a_1 b_0 c_0$	$a_1 b_1 c_0$	$a_1 b_1 c_1$
1	45	50	70	77	8	9	25 200	28 000	30 800	34 650
2	50	52	35	35	7	11	12 250	12 740	12 740	20 020
合计	—	—	—	—	—	—	37 450	40 740	43 540	54 670

原材料消耗总额受三个因素的影响,根据式(4.33)进行相对数分析:

$$\frac{\sum a_1 b_1 c_1}{\sum a_0 b_0 c_0} = \frac{\sum a_1 b_0 c_0}{\sum a_0 b_0 c_0} \times \frac{\sum a_1 b_1 c_0}{\sum a_1 b_0 c_0} \times \frac{\sum a_1 b_1 c_1}{\sum a_1 b_1 c_0}$$

$$\Rightarrow \frac{54\ 670}{37\ 450} = \frac{40\ 740}{37\ 450} \times \frac{43\ 540}{40\ 740} \times \frac{54\ 670}{43\ 540}$$

$$\Rightarrow 145.98\% = 108.79\% \times 106.87\% \times 125.56\%$$

根据式(4.34)进行绝对数分析,得

$$17\ 220 = 3\ 290 + 2\ 800 + 11\ 130(元)$$

分析结果表明,由于报告期产品产量平均增加了8.79%,使得原材料消耗额增长了17 220元;由于单位产品原材料消耗量平均增加了6.87%,使得原材料消耗额增长2 800元;由于原材料价格平均上涨了25.56%,使得原材料消耗额增长11 130元。三个因素共同作用的结果,使原材料消耗总额增长了45.98%,增加了17 220元。

(二)利用平均指标指数的多因素分析

利用平均指标指数进行多因素分析主要是考察平均指标的变动对总体总量变动的影

响。如要对工资总额这个总量指标进行因素分析,可以把它分解为:工资总额 = 平均工资 × 职工人数,即 $\sum xf = \bar{x}\sum f$,在此,$\bar{x}$ 为质量指标,相当于 p,$\sum f$ 为数量指标,相当于 q,则可进行工资总额变动的因素分析:

$$\begin{cases} \text{相对数分析}: \dfrac{\sum x_1 f_1}{\sum x_0 f_0} = \dfrac{\bar{x}_1 \sum f_1}{\bar{x}_0 \sum f_0} = \dfrac{\bar{x}_0 \sum f_1}{\bar{x}_0 \sum f_0} \times \dfrac{\bar{x}_1 \sum f_1}{\bar{x}_0 \sum f_1} \\ \quad \begin{array}{c}\text{工资总}\\\text{额指数}\end{array} = \begin{array}{c}\text{职工人}\\\text{数指数}\end{array} \times \begin{array}{c}\text{平均工}\\\text{资指数}\end{array} \\ \text{绝对数分析}: \sum x_1 f_1 - \sum x_0 f_0 = \bar{x}_0 \left(\sum f_1 - \sum f_0\right) + (\bar{x}_1 - \bar{x}_0)\sum f_1 \end{cases} \quad (4.35)$$

从前面介绍的平均指标两因素分析可知,平均工资指数是结构变动指数与固定构成指数的乘积,因此,引入平均指标变动的因素分析法,将式(4.32)代入式(4.35)可得

$$\begin{cases} \text{相对数分析}: \dfrac{\sum x_1 f_1}{\sum x_0 f_0} = \dfrac{\sum f_1}{\sum f_0} \times \dfrac{\dfrac{\sum x_0 f_1}{\sum f_1}}{\dfrac{\sum x_0 f_0}{\sum f_0}} \times \dfrac{\dfrac{\sum x_1 f_1}{\sum f_1}}{\dfrac{\sum x_0 f_1}{\sum f_1}} \\ \text{绝对数分析}: \sum x_1 f_1 - \sum x_0 f_0 = \bar{x}_0 \left(\sum f_1 - \sum f_0\right) \\ \qquad + \left[\left(\dfrac{\sum x_0 f_1}{\sum f_1} - \dfrac{\sum x_0 f_0}{\sum f_0}\right) + \left(\dfrac{\sum x_1 f_1}{\sum f_1} - \dfrac{\sum x_0 f_1}{\sum f_1}\right)\right]\sum f_1 \end{cases} \quad (4.36)$$

【例 4-9】 根据表 4-3 的资料,对某厂工资总额的变动进行因素分析。

根据表中数据和例 4-7 的相关计算结果,代入式(4.36),得

相对数分析:$\dfrac{2\,065\,000}{1\,200\,000} = \dfrac{1\,450}{1\,000} \times \dfrac{1\,224}{1\,200} \times \dfrac{1\,424}{1\,224}$

绝对数分析:$(2\,065\,000 - 1\,200\,000) = 1\,200 \times (1\,450 - 1\,000)$
$\qquad\qquad\qquad + [(1\,224 - 1\,200) + (1\,424 - 1\,224)] \times 1\,450$

进一步计算得

$$\begin{cases}\text{相对数分析}: 172.08\% = 145\% \times 102\% \times 116.34\% \\ \text{绝对数分析}: 865\,000 = 540\,000 + (34\,800 + 290\,000)(\text{元})\end{cases}$$

计算结果表明,由于工人数增加 45%,使工资总额增长了 540 000 元;由于普通工人和技术工人结构的变化(工资水平高的技术工人比重上升)使得总体平均工资上涨了 2%,导致工资总额增长了 34 800 元;又由于工人工资水平的普遍上涨,使得总体平均工资上又上涨了 16.34%,导致工资总额增长了 290 000 元。三个因素共同作用的结果,使得总体工资总额增加了 72.08%,增长了 865 000 元(绝对数分析等式两边的数值不完全相等是由计算过程中四舍五入引起的),其中,工人数的增加是一个重要因素,工资总额增长的一半以上是由工人数增加引起的。

第六节 几种常见的经济指数

一、工业生产指数

工业生产指数是典型的数量指标指数,概括地反映一国或一地区各种工业产品产量的综合变动程度,是衡量经济增长水平的重要指标。生产指数的编制方法有多种,以往我国采用的是固定加权综合指数法,即通过计算各种工业产品的不变价格产值来编制的。计算公式为

$$\overline{K}_q = \frac{\sum q_1 p_n}{\sum q_0 p_n}$$

式中,p_n 代表不变价格。我国先后采用过 1952 年、1957 年、1970 年、1980 年和 1990 年的不变价格标准。

采用不变价格法编制工业生产指数,需要先对各种工业产品分别制定相应的不变价格标准 p_n,再逐项计算各种产品的不变价格产值,加总起来得到不变价格总产值,最后将不同时期的不变价格总值加以对比,得到相应时期的工业生产指数,整个编制过程特别是不变价格的制定和不变价格产值的计算非常繁杂,因此要连续不断地全面开展这项工作,面临着许多实际问题。国际上较为普遍地采用算术平均数指数的形式来编制工业生产指数,公式为

$$\overline{K}_q = \frac{\sum k_q p_0 q_0}{\sum p_0 q_0} = \frac{\sum \frac{q_1}{q_0} p_0 q_0}{\sum p_0 q_0}$$

式中,k_q 为各种工业品的个体产量指数,$p_0 q_0$ 为相应产品的基期增加值。在实践中,为了简化指数的编制工作,常常以各种工业品的增加值比重为权数,并且将这些比重权数相对固定起来,运用固定加权算术平均数指数法连续地编制各个时期的工业生产指数。计算公式如下

$$\overline{K}_q = \sum k_q w$$

式中,w 往往采用经济发展比较稳定的某一时期各种工业品的增加值比重作为固定的权数。

二、物价指数

(一)居民消费价格指数

居民消费价格指数又称消费者价格指数(Consumer Price Index,CPI),是反映一定时期内城乡居民所购买的生活消费品价格和服务项目价格变动趋势和程度的相对数。利用居民消费价格指数,可以测定通货膨胀、反映居民购买力水平、测定职工的实际工资

水平等,是政府制定物价政策和工资政策的重要依据。

世界各国都在编制消费者价格指数,我国主要采用算术加权平均数指数法来编制,基本步骤如下:

首先,将各种居民消费品划分为食品、衣着、家庭设备及用品、医疗保健、交通和通讯工具、文教娱乐用品、居住项目以及服务项目等大类,下面再划分为若干个中类,如食品大类下分粮食、蛋、水产品、糕点饼干等中类,各中类下还进行基本分类,如粮食还包括大米、面粉等小类。

其次,由于社会商品的种类极其繁多,要编制包括所有商品规格的价格指数在客观上是不可能的,因此,必须从各基本分类中选择一些购销量较大的商品作为代表规格品,并利用有关对比时期的价格资料分别计算个体价格指数,用这些代表规格品的价格升降情况综合反映全部商品价格变动的趋势和程度。

再次,依据有关时期内各种商品的销售额构成比例确定各类的权重:大类权重为各大类支出额占所有大类支出总额的比重;中类权重为各中类支出额占所在大类支出额中的比重;基本分类权重为各基本分类支出额占所在中类支出额的比重。

最后,从基本分类开始,采用加权算术平均数公式,依次编制各基本分类、中类、大类的消费价格指数和消费价格总指数:

1. 计算基本分类价格指数: $k_p = \sqrt[n]{G_{t_1} \times G_{t_2} \times \cdots \times G_{t_n}} \times 100\%$

式中,k_p 表示基本分类指数; G_{t_1}, G_{t_2}, $\cdots$, G_{t_n} 分别为基本分类中第1个至第 n 个代表规格品的环比价格指数。如基本分类大米由早米、东北米和月牙米三种代表规格品组成,则大米的基本分类指数是早米、东北米和月牙米三种产品环比指数的几何平均数。

2. 计算中类价格指数: $K_{中类} = (\sum k_p w) \times 100\%$

式中,w 为各基本分类支出额占所在中类支出额的比重。如粮食中类价格指数为大米、面粉等基本分类价格指数的加权算术平均数。

3. 计算大类价格指数: $K_{大类} = (\sum K_{中类} w) \times 100\%$

式中,w 为各中类支出额占所在大类支出额的比重。如食品大类价格指数为粮食、蛋、水产品、糕点饼干等中类价格指数的加权算术平均数。

4. 计算消费价格总指数: $K_p = (\sum K_{大类} w) \times 100\%$

式中,w 为各大类支出额占所有消费品支出总额的比重。将食品、衣着、家庭设备及用品、医疗保健、交通和通讯工具、文教娱乐用品、居住项目以及服务项目等各大类价格指数加权平均就得到消费价格总指数。

(二)商品零售价格指数

商品零售价格指数是反映城乡商品零售价格变动趋势的一种经济指数。零售物价的调整变动直接影响到城乡居民的生活支出和国家的财政收入,影响居民购买力和市场供需平衡,影响消费与积累的比例。因此,计算零售价格指数,可以从一个侧面对上述经济活动进行观察和分析。商品零售价格指数和居民消费价格指数的编制程序基本相同,但二者有所区别:

首先，计算的范围不同。商品零售价格指数以零售市场商品零售价格变动为对象，因而包括了外地流入购买力，但不包括本地购买力在外地实现的购买力；而居民消费价格指数正好相反，它包括了本地购买力在外地实现的购买力，而不含外地流入购买力对本地消费价格动态的影响。

其次，二者的资料来源不同。商品零售价格指数的资料主要依据批发零售贸易统计和价格专门调查；居民消费价格指数的资料主要依据城乡住户调查资料及商品流转统计资料。

最后，最重要的不同在于，二者的观察角度和研究目的不同。商品零售价格指数是从卖方的角度反映一个国家（或地区）零售商业网点出售商品的价格变动，通过这个指数可以观察零售物价变动及其对商品购买者的货币支出和国家财政支出的影响，为国家制定和检查物价政策、加强市场物价管理提供依据；而居民消费价格指数是从买方的角度反映全社会购买消费品和服务项目的价格动态，通过这个指数，可以观察消费价格水平的变动及其对消费者货币支出产生的影响，研究实际消费水平的变动情况，为制定消费政策、安排好积累与消费的比例提供依据。

（三）其他物价指数

1. 农产品收购价格指数。该指数是反映国有商业、集体商业、个体商业、外贸部门、国家机关、社会团体等各种经济类型的商业企业和有关部门收购农产品价格的变动趋势和程度的相对数。通过农产品收购价格指数可以观察和研究农产品收购价格总水平的变化情况以及对农民货币收入的影响，作为制定和检查农产品价格政策的依据。

2. 工业品出厂价格指数。该指数是反映全部工业产品出厂价格总水平变动趋势和程度的相对数，包括工业企业售给本企业以外所有单位的各种产品和直接售给居民用于生活消费的产品。通过工业品出厂价格指数能观察出厂价格变动对工业总产值的影响。

3. 固定资产投资价格指数。该指数是反映固定资产投资额价格变动趋势和程度的相对数。固定资产投资额是由建筑安装工程投资完成额、设备、工器具购置投资完成额和其他费用投资完成额三部分组成的。编制固定资产投资价格指数应首先分别编制上述三部分投资的价格指数，然后采用加权算术平均法求出固定资产投资价格总指数。编制固定资产投资价格指数可以准确地反映固定资产投资中涉及的各类商品和服务项目价格变动趋势与变动幅度，消除按现价计算的固定资产投资指标中的价格变动因素，真实地反映固定资产投资的规模、速度、结构和效益，为国家科学地制定、检查固定资产投资计划并提高宏观调控水平、完善国民经济核算体系提供科学、可靠的依据。

三、股票价格指数

股票价格指数是反映股票市场中股票价格变动总体水平的重要尺度，更是分析、预测发展趋势进而决定投资行为的主要依据。股价指数通常以过去某一时刻（基期）部分有代表性的或全部上市公司的股票价格状况为参照标准（100%），来衡量报告期股票价格的变动状况。股票价格指数的编制方法有多种，综合指数法是其中重要的一种，其计算公式为

$$\overline{K}_p = \frac{\sum p_t q}{\sum p_0 q}$$

式中，p_t 和 p_0 分别为报告期和基期有代表性的或全部上市公司的股票价格；q 为相应的股票发行量，通常固定在基期的发行量上。

（一）我国的上证股价指数和深证股价指数

上证股价指数最初是中国工商银行上海市分行信托投资公司静安证券业务部根据上海股市的实际情况编制而成的，它以 1990 年 12 月 19 日为基期，以上海股市的全部股票为计算对象，采用综合指数法求得。因此，上证指数可以较为贴切地反映上海股价的变化情况。深证股价指数由深圳证券交易所编制，它以 1991 年 4 月 3 日为基期，以在深圳证券交易所上市交易的全部股票为计算对象，用每日各种股票的收盘价分别乘以其发行量后求和得到的市价总值，除以基期市价总值后求得，是反映深证股价变动的有效统计数字。

（二）香港恒生指数

恒生指数是香港股市历史最久的一种股价指数，由香港恒生银行于 1969 年 11 月 24 日公布使用。现行恒生指数以 1996 年 7 月 31 日为基期，根据各行业在香港上市股票中 33 种具有代表性的股票价格用综合指数法编制而成。因为这 33 家公司的股票总值占全部在香港上市股票总值的 65% 以上，所以恒生指数是目前香港股票市场最具权威性和代表性的股票价格指数。

（三）美国标准普尔指数（S&P500）

标准普尔指数由美国标准普尔公司于 1923 年开始编制发表，当时主要编制两种指数，一种是包括 90 种股票每日发表一次的指数，另一种是包括 480 种股票每月发表一次的指数。现行的标准普尔指数是以 1941—1943 年为基期，根据 500 种采样股票通过综合指数法计算得出的，通常记为 S&P500，在开市时间每半小时公布一次。由于该指数根据纽约证券交易所上市股票的绝大多数普通股票的价格计算而得，能够灵活地对认购新股权、股份分红和股票分割等引起的价格变动作出调节，指数数值较精确，并且连续性好，具有较强的代表性和广泛的影响力。

四、其他经济指数

（一）产品成本指数

产品成本指数概括反映一个部门或企业各种产品成本的综合变动，它是衡量综合成本水平的指标。产品成本指数有以下几种形式：

1. 帕氏形式的以基期成本为比较基准的成本综合指数：$P_p = \dfrac{\sum p_1 q_1}{\sum p_0 q_1}$

该指数表示报告期单位成本对比基期单位成本的综合变动程度，分子、分母之差表示由于单位成本的降低或提高使得按报告期的产量结构生产产品的总成本降低或增加的绝对额。

2. 帕氏形式的以计划成本为比较基准的成本综合指数：$P_p = \dfrac{\sum p_1 q_1}{\sum p_n q_1}$

式中，p_n 为计划规定的单位成本水平。该指数表示报告期单位成本对比计划单位成本的综合变动程度，分子、分母之差说明在计划执行过程中，由于单位成本的降低或提高使得按报告期的产量结构生产产品的总成本降低或增加的绝对额。

3. 拉氏形式的以计划成本为比较基准的成本综合指数：$L_p = \dfrac{\sum p_1 q_n}{\sum p_n q_n}$

该指数公式的同度量因素不是报告期产量而是计划产量 q_n，所以该指数分子、分母之差表示的是由于单位成本比计划降低或提高使得按照计划规定的产量结构生产产品的总成本降低或提高的绝对额。该指数可以避免由于片面追求成本计划而破坏了产量计划的现象发生，但在按市场需求组织生产、没有产量计划的情况下，上述的拉氏成本指数就失效了。

（二）空间价格指数

空间价格指数概括反映同一时间不同国家或不同地区各种商品价格水平的差异，也称区域价格指数。不同地区之间价格水平的比较是经济领域里最敏感的现象，空间价格指数也是进行国际对比或地区对比的重要指标。与动态指数不同，空间价格指数是一种静态指数，而它的编制和分析也有一些特殊的要求，即互换基准后指数的结论应保持一致。假设对 A、B 两个地区进行价格比较，以 B 地区为比较基准，计算出的价格指数为 2，说明 A 地的价格水平是 B 地的 2 倍；则若以 A 地区为对比基准，则用相同的方法计算出的价格指数应为 1/2，只有满足这种特性的指数公式才适于进行空间价格比较。即空间价格指数 K_p 应满足 $K_p^{\frac{A}{B}} = \dfrac{1}{K_p^{\frac{B}{A}}}$ 或 $K_p^{\frac{A}{B}} \times K_p^{\frac{B}{A}} = 1$。

要达到这个要求，编制空间价格指数应采用马埃公式或理想公式，因为：

$$E_p^{\frac{A}{B}} \times E_p^{\frac{B}{A}} = \dfrac{\sum p_A \left(\dfrac{q_A + q_B}{2}\right)}{\sum p_B \left(\dfrac{q_A + q_B}{2}\right)} \times \dfrac{\sum p_B \left(\dfrac{q_A + q_B}{2}\right)}{\sum p_A \left(\dfrac{q_A + q_B}{2}\right)} = 1$$

$$F_p^{\frac{A}{B}} \times F_p^{\frac{B}{A}} = \sqrt{\dfrac{\sum p_A q_B}{\sum p_B q_B} \times \dfrac{\sum p_A q_A}{\sum p_B q_A}} \sqrt{\dfrac{\sum p_B q_A}{\sum p_A q_A} \times \dfrac{\sum p_B q_B}{\sum p_A q_B}} = 1$$

读者可以自己验证，拉氏公式和帕氏公式都不满足编制空间价格指数的要求。

思考与练习

一、选择题

1. 某企业生产三种产品，1996 年的实际产量与计划产量的比为 105%，这个指数是

（   ）。

A. 个体指数 B. 总指数
C. 数量指标指数 D. 质量指标指数
E. 静态指数

2. 某农户今年的小麦播种面积是去年的120%，这个指数是（   ）。

A. 个体指数 B. 总指数
C. 数量指标指数 D. 质量指标指数
E. 动态指数

3. 某企业三种产品的单位成本指数为101%，其绝对影响额为+5.3万元，这表明（   ）。

A. 三种产品单位成本平均增长1%
B. 由于产品单位成本增长，总成本增长1%
C. 由于产品单位成本增长，总成本增加5.3万元
D. 由于产品单位成本增长，每件产品成本增加5.3万元
E. 报告期总成本比基期总成本多5.3万元

4. 某公司报告期产品销售额为210万元，比基期多10万元，产品的出厂价格指数为102%，则下列结果正确的有（   ）。

A. 产品销售额指数为105% B. 因出厂价上升，销售额增加4.12万元
C. 产品销售量指数为102.94% D. 因销量上升，销售额增加5.88万元
E. 产品销售量指数101.33%

二、计算题

1. 已知三种产品的有关统计资料如下：

产品名称	计量单位	产量			出厂价格		
		基期	报告期	k_q	基期	报告期	k_p
A	件	4 000	5 000	*125%*	50	54	*108%*
B	打	780	820	*105.1%*	84	92.4	*110%*
C	套	250	260	*104%*	120	144	*120%*

根据上述资料（表中斜体部分为计算结果）计算：

(1) 三种产品的产量个体指数和价格个体指数；
(2) 三种产品的产值总指数；
(3) 三种产品的产量总指数；
(4) 三种产品的出厂价格总指数；
(5) 分析产量和出厂价格变动对产值的影响程度和影响绝对值。

2. 某企业生产三种产品的有关资料如下：

商品名称	计量单位	产量		基期产值（万元）q_0p_0	$k_q = \dfrac{q_1}{q_0}$	$k_q q_0 p_0$
		基期 q_0	报告期 q_1			
甲	万张	15	16.2	180	*1.08*	*194.4*
乙	万把	30	31.5	750	*1.05*	*787.5*
丙	台	900	1 080.0	135	*1.20*	*162.0*
合 计	—	—	—	1 065	—	*1 143.9*

根据上述资料（表中斜体部分为计算结果）计算：

（1）三种产品的产量总指数及其经济效果；

（2）若已知该企业报告期的实际产值较基期增加 85.2 万元，则三种产品的价格总指数是多少？

（3）由于价格变动使企业增加（或减少）多少产值？

3. 某农副产品收购站向当地农民收购某农产品的统计资料如下：

农产品等级	收购价格（元/担）		收购量（担）		收购额（元）		
	基期	报告期	基期	报告期	基期	报告期	假定期
	p_0	p_1	q_0	q_1	$q_0 p_0$	$q_1 p_1$	$q_1 p_0$
一级品	75	84	80	150	*6 000*	*12 600*	*11 250*
二级品	56	70	120	200	*6 720*	*14 000*	*12 200*
三级品	40	48	200	150	*8 000*	*7 200*	*6 000*
合 计	—	—	400	500	*20 720*	*33 800*	*28 450*

根据表中资料（表中斜体部分为计算结果）计算：

（1）平均各等级的收购价格指数、收购价格固定指数、收购价格结构指数；

（2）分析由于收购价格提高和收购等级的结构变动，对平均收购价的影响程度和影响绝对值；

（3）单纯由于收购价格的提高，农民增加的收入是多少？

4. 利用指数体系中各因素之间的关系计算：

（1）某企业 2000 年与 1999 年相比，各种产品的产量总的增长了 10%，总的生产成本增长了 12%，该企业 2000 年的单位成本指数是多少？

（2）某市 1999 年社会商品零售额为 120 亿元，2000 年增加了 36 亿元；同时，2000 年较 1999 年零售物价指数提高 4%。试从相对数和绝对数两方面分析该市社会商品零售量与零售价格变动对零售额变动的影响。

第五章

概率基础

第一节 概率的基本概念

一、随机试验与随机事件

在自然界和日常生活中存在着许多不确定现象，如每天的天气都可能不同，抛硬币的结果也不可预测，工厂领导者所作出的决策是否可以给工厂带来利润等，即使在同样的条件下，也有可能出现不同的结果。就以抛硬币来说，在周围环境和条件不变的情况下，可能会得到两种截然不同的情况，即正面和反面。我们把这类在相同条件下重复同样的试验所得结果不确定的现象称为随机现象。曾经有许多学者做过这样的试验，最后发现，如果一枚硬币抛的次数足够多，出现正面和反面的次数是差不多的。这说明，在不确定的表象下还是有规律性的。我们利用随机试验来研究这种内在的规律性。

（一）样本空间

从总体中随机抽取一个单位并把结果记录下来称为一次试验。举一个最简单的例子，从 0~9 这 10 个数字中随机抽取出一个，并记录下所抽到的数字，即完成一次试验，抽到的数字可能是：0，1，2，3，4，5，6，7，8，9，共 10 种情况，每种情况对应着一个样本点，总体中共有 10 个样本点。以全部样本点为元素的集合称为样本空间 Ω，记为

$$\Omega = \{0,1,2,3,4,5,6,7,8,9\}$$

如果样本空间 Ω 中样本点的数目是有限的，则 Ω 是一个有限的样本空间。如果 Ω 中可能包括无限个样本点，则 Ω 是一个无限的样本空间，如观察一小时中落在地球上某一区域的粒子数，则样本空间取为 $\Omega = \{0, 1, 2, \cdots\}$。

可以看出，随着问题的不同，样本空间可以复杂，也可以变得简单。应该指出，样本空间的界定会随着研究目的和样本设计不同而有差异。如上面数字抽取的例子，我们所关心的是数字的出现，因此样本点有 10 种情况。如果我们关心的仅是"出现的数字为质数"，则得到的样本点集合为 $\{2,3,5,7\}$。又如，要求的是"6 的倍数"，则得

到的是 {6} 这样一个样本空间。而如果进行多次试验，则得到的结果会有不同的表示，可能要用多维的方式来表示。例如，掷一次铜币，可能有面向上或背向上两种结果；如果连续掷两次铜币，则两次试验的联合结果形成样本空间为

$$\Omega = \{(面,面),(面,背),(背,面),(背,背)\}$$

（二）事件

一般地，样本空间 Ω 的特定子集 A 称为事件，当且仅当 A 中的某个样本点 ω 出现（注意，在每次试验中，样本点出现一个并且只出现一个）时 A 发生。在一个试验中，我们首先关心的是所有可能出现的基本结果，它们是试验中最简单的随机事件，称为基本事件。基本事件是指对应样本空间 Ω 中一个样本点的事件，它是不可再分的。例如数字抽取的例子中的 $A = \{4\}$ 和连续两次抛硬币中的 $B = \{(面,面)\}$ 都是基本事件，因为它们都是所属样本空间的一个样本点，不可再分了。而复合事件是可以由若干个基本事件结合而成的。例如定义 C 为出现偶数的情况，$C = \{0,2,4,6,8\}$，则 C 是样本空间 $\Omega = \{0,1,2,3,4,5,6,7,8,9\}$ 的一个复合事件。因为 C 是由样本点 0，2，4，6，8 点的简单事件构成的，当出现这些点时，称事件 C 发生。

如果一个事件在每次试验中都必定发生，则称该事件为必然事件。由于样本空间 Ω 本身作为一个事件，每个样本点都属于它，因此每次试验它都会发生，Ω 就是一个必然事件。一个事件如果是零集或空集，就称为不可能事件，通常用 Φ 来表示。

下面我们就来看看事件间的关系和运算：

(1) 包含关系　$A \subset B$ 表示事件 A 发生则事件 B 发生。

(2) 相等关系　$A = B$ 表示 $A \subset B$ 且 $B \supset A$。

(3) 互不相容　$AB = \Phi$，表示 A 与 B 不可能同时发生。

(4) 逆　A 与 B 有且只能有一个发生，也就是说，不是 A 发生就是 B 发生，则称 B 是 A 的逆事件，记作 $\bar{A}$。

(5) 交（∩）　$A \cap B = AB = \{A 和 B 同时发生\}$

一般地，可以将此公式推广为

$$\bigcap_{i=1}^{\infty} A_i = A_1 \cap A_2 \cap \cdots \cap A_n \cap \cdots = \{A_1, A_2, \cdots 同时发生\}$$

(6) 并（∪）　给定两个事件 A 和 B 构成一个新的事件 $C = A \cup B = \{A 和 B 至少发生一个\}$，也可记为 $A + B$。

同样地可以将此公式推广为

$$\bigcup_{i=1}^{\infty} A_i = A_1 \cup A_2 \cup \cdots \cup A_n \cup \cdots = \{A_1, A_2, \cdots 至少发生一个\}$$

(7) 差（-）　$A - B = \{A 发生且 B 不发生\}$。

【例 5-1】 仍以抽取数字为例，$\Omega = \{0,1,2,3,4,5,6,7,8,9\}$，记 $A = \{抽到的为偶数\}$，$B = \{抽到的为质数\}$，$C = \{抽到的是 3 的倍数\}$，试求：

(1) $A \cap B$；(2) $A \cup B \cup C$；(3) $\bar{A}$；(4) $B - C$

解：$A = \{0,2,4,6,8\}$　$B = \{1,2,3,5,7\}$　$C = \{3,6,9\}$

$A \cap B = \{2\}$

$A \cup B \cup C = \{0, 1, 2, 3, 4, 5, 6, 7, 8, 9\}$
$\bar{A} = \{1, 3, 5, 7, 9\}$
$B - C = \{1, 2, 5, 7\}$

二、概率

（一）概率的定义

前面已经提到，一切随机现象都有其内在的规律性，一切事件的发生都有其可能性，我们就用概率这个概念来衡量一个事件发生的可能性的大小。在公理化结构中，概率是针对事件定义的，即对应于事件域 F 中的每一个元素 A 有一个实数 $P(A)$ 与之对应，一般把这种从集合到实数的映射称为集合函数。因此，概率是定义在事件域 F 上的一个集合函数。

定义 5.1 定义在事件域 F 上的一个集合函数 P 称为概率，如果它满足如下三个条件：

（ⅰ）$P(A) \geq 0$，对一切 $A \in F$；

（ⅱ）$P(\Omega) = 1$；

（ⅲ）若 $A_i \in F$，$i = 1, 2, \cdots$ 且两两不相容，则

$$P\left(\sum_{i=1}^{\infty} A_i\right) = \sum_{i=1}^{\infty} P(A_i) \tag{5.1}$$

这就是概率的可列可加性或完全可加性。

利用概率的基本性质可以推出概率的另外一些重要性质：

性质 1 不可能事件的概率为 0，即 $P(\Phi) = 0$。 (5.2)

性质 2 必然事件的概率为 1，即 $P(\Omega) = 1$。 (5.3)

性质 3 概率具有有限可加性。即若 $A_i A_j = \Phi$ ($i \neq j$)，则

$$P(A_1 + A_2 + \cdots + A_n) = P(A_1) + P(A_2) + \cdots + P(A_n) \tag{5.4}$$

（二）概率的基本运算

1. 概率具有有限可加性。即若 $A_i A_j = \Phi$ ($i \neq j$)，则

$$P(A_1 + A_2 + \cdots + A_n) = P(A_1) + P(A_2) + \cdots + P(A_n) \tag{5.5}$$

2. 对任何事件 A，有 $P(\bar{A}) = 1 - P(A)$。 (5.6)

3. 如果 $A \supset B$，则 $P(A - B) = P(A) - P(B)$。 (5.7)

推论 如果 $A \supset B$，则 $P(A) \geq P(B)$

4. （一般加法公式）若 $A_1, A_2, \cdots, A_n$ 为 n 个事件，则

$$P(A_1 + A_2 + \cdots + A_n) = \sum_{i=1,\cdots,n} P(A_i) - \sum_{\substack{i<j \\ i,j=1,2,\cdots,n}} P(A_i A_j) + \sum_{\substack{i<j<k \\ i,j,k=1,\cdots,n}} P(A_i A_j A_k)$$
$$+ \cdots + (-1)^{n-1} P(A_1 A_2 \cdots A_n) \tag{5.8}$$

特别地，当 $n = 2$ 时，有

$$P(A + B) = P(A) + P(B) - P(AB) \tag{5.9}$$

【例5-2】 $P(A)=0.15$，$P(B)=0.35$，$P(C)=0.3$，设 $A\cap B\cap C=\Phi$ 且 $A\cap B=A$，求：(1) $P(\bar{A})$；(2) $P(A+B+C)$；(3) $P(B-A)$。

解：(1) $P(\bar{A})=1-P(A)=1-0.15=0.85$

(2) 因为 $A\cap B\cap C=\Phi$

所以 $P(A+B+C)=P(A)+P(B)+P(C)$
$=0.15+0.35+0.3=0.8$

(3) 由于 $A\cap B=A$，即 $A\subset B$，则

$P(B-A)=P(B)-P(A)=0.35-0.15=0.2$

(三) 古典概型与几何概型

1. 古典概型。在我们研究的随机现象中有一类最简单的随机现象，这种随机现象的全部可能结果只有有限个，这些事件是两两互不相容的，而且它们发生的概率都相等，我们把这类随机现象的数学模型称为古典概型。

记这些事件为 X_1，X_2，…，X_n，若事件 A 包含的样本点的个数为 m 个，则其概率为

$$P(A)=\frac{A\text{包含样本点的数目}}{\text{样本点总数}}=\frac{m}{n} \tag{5.10}$$

古典概型有着多方面的应用，产品抽样检查就是其中之一。

【例5-3】 设袋中有 a 个白球和 b 个红球，现按无放回抽样，依次把球一个个取出来，求第 k 次取出的球是红球的概率（$1\leq k\leq a+b$）。

解：该实验是从 $a+b$ 个球中，无放回地把球一个个取出来，相当于排队，求第 k 个位置排的是红球的概率。因为 $a+b$ 个球共有 $(a+b)!$ 种排法，故样本点总数 $n=(a+b)!$。设 $A=\{$第 k 次取出的球是红球$\}$，则对事件 A 包含的样本点的个数为：先从 b 个红球中任取一个放在第 k 个位置，然后把其余 $a+b-1$ 个球排在剩下的位置上，总共有 $\binom{b}{1}(a+b-1)!$。所以

$$P(A)=\frac{m}{n}=\frac{\binom{b}{1}(a+b-1)!}{(a+b)!}=\frac{b}{a+b}$$

可以看到，最终得到的结果与 k 无关，这个实际上就是"抽签原理"，也就是抽签与顺序无关。

2. 几何概型。古典概型所能计算的只是有限场合的情况，那些有无限多结果的场合又如何呢？下面我们就用几何方法来解决这个问题。

我们先看一些具体的问题。(1) 开往某市的汽车开车时间为每个正点一趟，某人到车站乘车，求他等车短于10分钟的概率；(2) 一片面积为 S 的树林中有一块面积为 S_0 的空地，由空中向空地投掷物品，求投中的概率；(3) 在10毫升的自来水中有1个大肠杆菌，现在从中随机取出2毫升自来水在显微镜下观察，试求大肠杆菌的概率。

在上述问题中，其样本空间分别是一维、二维、三维，分别用长度、面积和体积来衡量。则事件 A 的概率 $P(A)$ 与 A 的位置与形状均无关，而与其长度（或面积、体积）成正比，也就是

$$P(A) = \frac{m(A)}{m(\Omega)} \tag{5.11}$$

式中，$m(\cdot)$ 表示长度（或面积、体积）。

【例 5-4】 两人相约于早晨 8 时至 9 时之间在某地相见，并约定先到者等候另一人 30 分钟后就可以离开，试求两人能会面的概率。

解：设 x，y 分别表示两人到达某地的时刻，因为两人到达的时间是随机的，故 x，y 都分别等可能地在 $[0, 60]$ 上取值，那么点 (x, y) 就是平面区域 $\Omega = \{(x, y) | 0 \leq x \leq 60, 0 \leq y \leq 60\}$ 等可能的样本点。记事件 A 为 "两人能见面"，其区域为 $D = \{(x, y) | |x - y| \leq 30\}$，其面积为 $60^2 - 30^2 = 2700$，而 Ω 的面积为 $60^2 = 3600$，于是两人能会面的概率为

$$P(A) = \frac{2700}{3600} = \frac{3}{4}$$

（四）事件的独立性与条件概率

1. 事件的独立性。若两个随机事件 A、B 的发生与否不会相互影响，则称它们相互独立，其定义如下：

定义 5.2 对于任意两个事件 A、B，如果等式

$$P(AB) = P(A)P(B) \tag{5.12}$$

成立，则称事件 A 和事件 B 相互独立。

2. 条件概率。条件概率研究的是在某一事件发生的条件下，另一事件发生是否会受到影响，影响有多大？这实际上就是将原有的概率空间缩小。其一般的定义如下：

定义 5.3 给定一个随机试验，Ω 是它的样本空间，对于任意两个事件 A、B，其中 $P(B) > 0$，称

$$P(A | B) = \frac{P(AB)}{P(B)} \tag{5.13}$$

为在已知事件 B 发生的条件下事件 A 的条件概率。

3. 两个重要公式

全概率公式 $$P(B) = \sum_{i=1}^{\infty} P(A_i) P(B | A_i) \tag{5.14}$$

贝叶斯公式 $$P(A_j | B) = \frac{P(A_j) P(B | A_j)}{\sum_{i=1}^{\infty} P(A_i) P(B | A_i)} \tag{5.15}$$

【例 5-5】 设有来自三个地区的各 10 名、15 名、25 名考生的报名表，其中女生的报名表分别为 3 份、7 份和 5 份。随机地取一个地区的报名表，从中先后抽出两份。若已知后抽到的一份是男生表，求先抽到的一份是女生表的概率。

解：记 D_i 表示 "报名表是第 i 区考生的"，A_j 表示 "第 j 次抽到的报名表是男生

表"，则先抽到的一份是女生表的概率是

$$P = P(\bar{A}_1) = P(D_1)P(\bar{A}_1 \mid D_1) + P(D_2)P(\bar{A}_1 \mid D_2) + P(D_3)P(\bar{A}_1 \mid D_3)$$
$$= P(D_1)[1 - P(A_1 \mid D_1)] + P(D_2)[1 - P(A_1 \mid D_2)] + P(D_3)[1 - P(A_1 \mid D_3)]$$
$$= \frac{1}{3} \times \left(1 - \frac{7}{10}\right) + \frac{1}{3} \times \left(1 - \frac{8}{15}\right) + \frac{1}{3} \times \left(1 - \frac{20}{25}\right) = \frac{29}{90}$$

根据全概率公式（5.14），有

$$P(A_2 \mid D_1) = \frac{7}{10}, \quad P(A_2 \mid D_2) = \frac{8}{15}, \quad P(A_2 \mid D_3) = \frac{20}{25}$$

$$P(\bar{A}_1 A_2 \mid D_1) = \frac{7}{30}, \quad P(\bar{A}_1 A_2 \mid D_2) = \frac{8}{30}, \quad P(\bar{A}_1 A_2 \mid D_3) = \frac{5}{30}$$

$$P(A_2) = \sum_{i=1}^{3} P(D_i) P(A_2 \mid D_1) = \frac{1}{3}\left(\frac{7}{10} + \frac{8}{15} + \frac{20}{25}\right) = \frac{61}{90}$$

$$P(\bar{A}_1 A_2) = \sum_{i=1}^{3} P(D_i) P(\bar{A}_1 A_2 \mid D_1) = \frac{1}{3}\left(\frac{7}{30} + \frac{8}{30} + \frac{5}{30}\right) = \frac{2}{9}$$

因此，$P(\bar{A}_1 \mid A_2) = P(\bar{A}_1 A_2) \mid P(A_2) = \frac{20}{61}$

第二节 随机变量及其分布

一、随机变量与随机分布的概念

在随机现象中，有很大一部分问题与数值发生关系，例如在产品检验问题中，我们关心的是抽样中出现的废品数；在车间供电问题中我们关心的是某时刻正在工作的车床数；在电话问题中关心的是某段时间中的话务量，它与呼叫的次数及每次呼叫占用交换设备的时间长短有关。此外，如测量时的误差，气体分子运动的速度，信号接收机所收到的信号（用电压表示或数字表示）的大小，也都与数值有关。在上一节中我们给出了随机试验与概率的概念，而试验的目的也是为了研究随机现象的规律，了解这一随机现象中所有可能出现的结果及每个结果的概率。为了更好地描述这一问题，最直接明了的方法就是用数量与结果对应。例如，买彩票时，用 0 表示"未中奖"，用 1 表示"中一等奖"，2 表示"中二等奖"，3 表示"中三等奖"。将每个结果对应于一个数，也就等价于在样本空间 Ω 上定义了一个"函数"，对于试验的每一个结果 ω，都可以用一个实数 $X(\omega)$ 来表示，这个量就称为随机变量。

本书中将用大写字母 X，Y，Z，…来表示随机变量。正如对随机事件一样，我们关心的不仅是试验会出现什么结果，更重要的是要知道这些结果将以怎样的概率出现。也就是说，对随机变量，不但要知道它取什么数值，而且要知道它取这些数值的概率。这样，了解随机现象的规律就变成了解随机变量的所有可能取值及随机变量取值的概率，而这两个特征可以通过随机变量分布表现出来。

二、概率分布的类型

（一）离散型随机变量分布

从随机变量可能出现的结果来看，其至少有两种不同的类型。一种是试验结果 X 可能取的值为有限个或至多可列个，能够一一列举出来，这种类型的随机变量称为离散型随机变量。在日常生活中经常碰到离散型随机变量，例如废品数、电话呼叫数、人口调查等。其随机变量分布就称为离散型随机变量分布。

如果随机变量 X 的取值可以一一列出，记为 $x_1, x_2, \cdots$，而相对于 x_i 所取的概率为 p_i，即 $p_i = P(X = x_i)$，$\{p(x_i), i = 1, 2, 3, \cdots\}$ 称为随机变量 X 的概率分布，它应满足下面关系：

$$p_i \geq 0, i = 1, 2, 3, \cdots \tag{5.16}$$

$$\sum_{i=1}^{\infty} p_i = 1 \tag{5.17}$$

则当 x_i 和 p_i 已知时，这两组值就完全描述了随机变量的规律，此时把如下的表示方法称为该随机变量的分布列：

$$\begin{pmatrix} x_1 & x_2 & \cdots \\ p_1 & p_2 & \cdots \end{pmatrix} \tag{5.18}$$

对于集合 $\{x_i, i = 1, 2, \cdots\}$ 中任何一个子集 A，事件"X 在 A 中取值"即"$X \in A$"的概率为

$$P(X \in A) = \sum_{x_i \in A} p_i \tag{5.19}$$

如前面提到的抽数字的例子，就是一个离散型随机变量的例子，其样本点的取值就是 0~9 这 10 个数字，而取到每个数字的概率都相等，也就是 10%，它的概率分布可以表示为

$$p_i = P\{X = i\} = \frac{1}{10}, \quad i = 0, 1, 2, \cdots, 9$$

或者用如下的分布列来表示：

$$\begin{pmatrix} 0 & 1 & 2 & 3 & 4 & 5 & 6 & 7 & 8 & 9 \\ 0.1 & 0.1 & 0.1 & 0.1 & 0.1 & 0.1 & 0.1 & 0.1 & 0.1 & 0.1 \end{pmatrix}$$

（二）连续型随机变量的概率密度

与离散型随机变量有所不同，一些随机现象出现的试验结果 X 的取值不可列。例如测量误差、分子运动速度、候车时的等待时间、降水量、风速、洪峰值等皆是。考虑市场上对某种商品的需求量不可能具体地一一列出，只能列出大概的范围，如 [2 000, 5 000]。这时，用来描述试验结果的随机变量还是样本点 ω 的函数，即 $X(\omega)$，其中 $\omega \in \Omega$。但是这个随机变量能取某个区间 $[c, d]$ 或 $(-\infty, +\infty)$ 的一切取值。假如

想用描述离散型随机变量的方法（简单地罗列所取的值及相应的概率）来描述这后一类随机变量，则会碰到很大的困难。一是这类随机变量的取值不能一一列出；二是我们下面将会看到，取连续值的随机变量，它取某个特定值的概率常常是0，因此用这种描述方法不行。

对于取连续值的随机变量，我们所关心的也不是它取某个特定值的概率。例如在测量误差中，我们感兴趣的是测量误差小于某个数的概率；在降雨问题中，我们重视的是雨量在某一个量级，例如在100毫米到120毫米之间的概率。总之，对于取连续值的随机变量 $X(\omega)$，我们感兴趣的是 $X(\omega)$ 取值于某个区间 (a, b) 的概率，或取值于若干个这种区间的概率。因此，应当要求 $\{a \leq X(\omega) < b\}$ 或 $\{X(\omega) < b\}$ 或一般地 $\{X(\omega) \in A\}$（其中 A 是由区间经并、交等运算而得到的直线上的某一个点集）有概率可言，既然只对概率空间 (Ω, F, P) 的事件域 F 中的集合才定义概率，我们自然要求上述集合属于 F，即都是事件。

为此引进如下定义：

定义5.4 $X(\omega)$ 是定义于概率空间 (Ω, F, P) 上的单值实函数，如果对于直线上任一点集 B，有

$$\{\omega: X(\omega) \in B\} \in F$$

则称 $X(\omega)$ 为随机变量，而 $P\{\omega: X(\omega) \in B\}$ 称为随机变量 $X(\omega)$ 的概率分布。

定义5.5 对于随机变量 X，如果存在一个非负可积函数 $f(x)$，$-\infty < X < +\infty$，使对于任意两个实数 a，b $(a < b)$ 都有 $P(a \leq X \leq b) = \int_a^b f(x) \mathrm{d}x$，则称 X 为连续型随机变量，$f(x)$ 就称为随机变量 X 的密度函数，满足性质：

(1) $f(x) \geq 0 \quad x \in (-\infty, +\infty)$ (5.20)

(2) $\int_{-\infty}^{+\infty} f(x) \mathrm{d}x = 1$ (5.21)

【例5-6】 已知连续型随机变量 X 的密度函数为

$$f(x) = \begin{cases} ax + b, & 0 < x < 2 \\ 0, & \text{其他} \end{cases}$$

且 $P\{1 < X < 3\} = 0.25$。确定常数 a 和 b；求 $P\{X > 1.5\}$。

解：由概率密度的性质及其定义，有

$$\int_{-\infty}^{\infty} f(x) \mathrm{d}x = \int_0^2 (ax + b) \mathrm{d}x = 2a + 2b = 1$$

$$P\{1 < X < 3\} = \int_1^3 f(x) \mathrm{d}x$$

$$= \int_1^2 (ax + b) \mathrm{d}x$$

$$= 1.5a + b = 0.25$$

即得到联立方程为

$$\begin{cases} 2a + 2b = 1 \\ 1.5a + b = 0.25 \end{cases}$$

得到 $a = -0.5, b = 1$

从而
$$f(x) = \begin{cases} -0.5x + 1, & 0 < x < 2 \\ 0, & 其他 \end{cases}$$

那么 $P\{X > 1.5\} = \int_{1.5}^{+\infty} f(x)\mathrm{d}x = \int_{1.5}^{2}(-0.5x + 1)\mathrm{d}x = 0.0625$

(三) 一般场合的分布函数

在上面的讨论中，我们给出了随机变量的概念。按定义，随机变量是样本点的函数，因此在试验前我们只知道它可能取哪些值，而不能确切知道它将取何值，这就是随机性。但是试验之后，它的取值就明确了。为了计算概率，要求随机变量必须具有可测性，而分布函数则把对随机变量的概率计算化为对分布函数的数值运算。这样一来，随机变量不仅有严格的定义，同时又具备了方便的研究分析工具。

除了前面得到的离散型和连续型的随机变量外，其他类型的随机变量不能用离散型随机变量的分布列或者连续型随机变量的密度函数来描述，于是引入分布函数的概念。这是概率论中重要的研究工具，可以用于描述包括离散型和连续型在内的一切类型的随机变量。

定义 5.6 设 X 是一个随机变量，$f(x)$ 是它的分布密度函数，则称函数

$$F(x) = P\{X \leq x\} = \int_{-\infty}^{x} f(t)\mathrm{d}t, \quad -\infty < x < +\infty \tag{5.22}$$

为随机变量 X 的分布函数。

根据定义，$F(x)$ 具有如下性质：

1. $P\{a < X \leq b\} = F(b) - F(a)$ (5.23)

   $P\{X > a\} = 1 - P\{X \leq a\} = 1 - F(a)$

   针对连续型的随机变量有 $P\{X = a\} = 0$

2. $0 \leq F(x) \leq 1, \quad -\infty < x < +\infty$

3. $F(x)$ 是关于 x 的单调非减函数

4. $F(-\infty) = \lim\limits_{x \to -\infty} F(x) = 0$ (5.24)

   $F(+\infty) = \lim\limits_{x \to +\infty} F(x) = 1$

5. 左连续性：$F(x - 0) = F(x)$

6. $F'(x) = f(x) \quad -\infty < x < +\infty$ (5.25)

【例 5 - 7】 已知随机变量 X 的密度函数为

$$f(x) = \begin{cases} x, & 0 \leq x \leq 1 \\ 2 - x, & 1 < x \leq 2 \\ 0, & 其他 \end{cases}$$

求相应的分布函数 $F(x)$。

解：根据分布函数的定义知，$F(x) = P\{X \leq x\} = \int_{-\infty}^{x} f(t)\mathrm{d}t$

所以，当 $x < 0$ 时，$F(x) = \int_{-\infty}^{x} 0\mathrm{d}t = 0$

当 $0 < x \leq 1$ 时,$F(x) = \int_{-\infty}^{0} 0 \mathrm{d}t + \int_{0}^{x} t \mathrm{d}t = \dfrac{x^2}{2}$

当 $1 < x \leq 2$ 时,$F(x) = \int_{-\infty}^{0} 0 \mathrm{d}t + \int_{0}^{1} t \mathrm{d}t + \int_{1}^{x} (2-t) \mathrm{d}t$

$\qquad\qquad\qquad\quad = -\dfrac{x^2}{2} + 2x - 1$

当 $x > 2$ 时,$F(x) = \int_{-\infty}^{0} 0 \mathrm{d}t + \int_{0}^{1} t \mathrm{d}t + \int_{1}^{2} (2-t) \mathrm{d}t + \int_{2}^{x} 0 \mathrm{d}t = 1$

综上可得随机变量 X 的分布函数为

$$F(x) = \begin{cases} 0, & x < 0 \\ \dfrac{x^2}{2}, & 0 < x \leq 1 \\ -\dfrac{x^2}{2} + 2x - 1, & 1 < x \leq 2 \\ 1, & x > 2 \end{cases}$$

三、随机变量的数字特征

一个随机变量的分布包括了关于这个随机变量的全部信息,是对此随机变量最完整的刻画,但它并没有使我们对随机变量有一种概括性的认识。在很多情况下,为了突出随机变量在某个侧面的重点,我们常用由这个随机变量分布所决定的一些常数,对该随机变量给出简单明了的特征刻画,这些常数被称为随机变量的数字特征。随机变量的数字特征是指能集中反映随机变量概率分布基本特点的数字,常用的随机变量数字特征有数学期望和方差两种。

(一) 数学期望

1. 离散型场合

现有 A、B 两个选手比赛投篮,他们的投球技术用下表列出:

A 选手

投中分数	1	2	3
概　率	0.3	0.3	0.4

B 选手

投中分数	1	2	3
概　率	0.2	0.5	0.3

试问哪一个选手的投篮技术较好?

这个问题的答案不是一眼就能看出来,这说明分布列虽然完整地描述了随机变量,但是却不够"集中"地反映其变化情况。因此,我们有必要找出一个新的指标来更集中、更概括地描述随机变量,这就是数学期望。

那么,如何计算数学期望呢?

求平均值是大家都很熟悉的一种运算。例如,一堆西瓜中有 2 个 4 公斤重,3 个 2 公斤重,4 个 6 公斤重,则这些西瓜的平均重量为

$$\dfrac{4 \times 2 + 2 \times 3 + 6 \times 4}{2 + 3 + 4} = 4 \times \dfrac{2}{9} + 2 \times \dfrac{3}{9} + 6 \times \dfrac{4}{9} = 4.2(\text{公斤})$$

上式的计算思路是：瓜的各种重量乘以其所占的百分比然后求和。

同样，也可以随机变量的各个取值为权数计算加权平均数作为该变量的数学期望。

定义 5.7 设离散型随机变量 X 的分布为

$$\begin{pmatrix} x_1 & x_2 & \cdots & x_n \\ p_1 & p_2 & \cdots & p_n \end{pmatrix}$$

记 X 的数学期望为 $E(X)$，则

$$E(X) = x_1 p_1 + x_2 p_2 + \cdots + x_n p_n \tag{5.26}$$

在上面的问题中，若使两个选手各投 N 次，则他们投中分数的期望值大约是

甲：$1 \times 0.3N + 2 \times 0.3N + 3 \times 0.4N = 2.1N$

乙：$1 \times 0.2N + 2 \times 0.5N + 3 \times 0.3N = 2.1N$

平均起来甲每球投中 2.1 分，乙投中 2.1 分，这就可以看出，虽然选手 A 和选手 B 投中各个分数的球的概率不相同，但最后两者的平均水平却是一样的。

当变量取值为可列个时，其数学期望定义如下：

定义 5.8 设离散型随机变量 X 的分布为

$$\begin{pmatrix} x_1 & x_2 & \cdots & x_n & \cdots \\ p_1 & p_2 & \cdots & p_n & \cdots \end{pmatrix}$$

若级数 $\sum_{i=1}^{\infty} x_i p_i$ 绝对收敛，则将其称为 X 的数学期望，简称为期望或均值，记为 $E(X)$。

【例 5-8】 （彩票问题）我们知道彩票的发行数额巨大，其实质如何呢？请看一则实例：发行彩票 10 万张，每张 1 元。设头奖 1 个，奖金 10 000 元；二等奖 2 个，奖金各 5 000 元；三等奖 10 个，奖金各 1 000 元；四等奖 100 个，奖金各 100 元；五等奖 1 000 个，奖金各 10 元。

解：这里的分布列为

$$\begin{bmatrix} 10\,000 & 5\,000 & 1\,000 & 100 & 10 & 0 \\ \dfrac{1}{10^5} & \dfrac{2}{10^5} & \dfrac{10}{10^5} & \dfrac{100}{10^5} & \dfrac{1\,000}{10^5} & 0.98887 \end{bmatrix}$$

由此可以算出其获奖金额的期望值为

$$\begin{aligned} E(X) &= 10\,000 \times \frac{1}{10^5} + 5\,000 \times \frac{2}{10^5} + 1\,000 \times \frac{10}{10^5} + \\ & \quad 100 \times \frac{100}{10^5} + 10 \times \frac{1\,000}{10^5} + 0 \times 0.98887 \\ &= 0.5 \end{aligned}$$

即大约能收回一半。

【例 5-9】 （投资之决策）投资总具有一定风险，因此在选择投资方向时，计算其期望收益经常是可考虑的决策方法之一。现某人有 10 万元现金，想投资于某项目，预估成功的机会为 30%，可得利润 8 万元；失败的机会为 70%，将损失 2 万元。若存入银行，同期的利率为 5%。问是否应做此项投资？

以 X 记投资利润，则 $E(X) = 8 \times 0.3 - 2 \times 0.7 = 1$（万元）
而存入银行的利息为 $10 \times 5\% = 0.5$（万元），因此从期望收益的角度看，应选择投资，当然这里要冒一定的风险。

2. 连续型场合

定义 5.9 设连续型随机变量 X 的密度函数为 $f(x)$，当积分 $\int_{-\infty}^{+\infty} xp(x) \mathrm{d}x$ 绝对收敛时，就称它为 X 的数学期望（或均值），记作 $E(X)$，即

$$E(X) = \int_{-\infty}^{+\infty} xp(x)\mathrm{d}x \tag{5.27}$$

【例 5-10】 已知连续型随机变量 X 的密度函数为 $f(x) = \dfrac{x}{\sqrt{2\pi}\sigma} e^{\frac{(x-\mu)^2}{2\sigma^2}}$，$(-\infty < x < +\infty)$，求随机变量 X 的数学期望。

解：根据数学期望的定义，可以得到

$$E(X) = \int_{-\infty}^{+\infty} \frac{x}{\sqrt{2\pi}\sigma} e^{\frac{(x-\mu)^2}{2\sigma^2}} \mathrm{d}x$$

令 $y = \dfrac{x-\mu}{\sigma}$，则

$$E(X) = \frac{1}{\sqrt{2\pi}} \int_{-\infty}^{+\infty} (\sigma y + \mu) e^{-\frac{y^2}{2}} \mathrm{d}y$$

$$= \frac{\sigma}{\sqrt{2\pi}} \int_{-\infty}^{+\infty} y e^{-\frac{y^2}{2}} \mathrm{d}y + \frac{\mu}{\sqrt{2\pi}} \int_{-\infty}^{+\infty} e^{-\frac{y^2}{2}} \mathrm{d}y$$

$$= 0 + \frac{\mu}{\sqrt{2\pi}} \sqrt{2\pi} = \mu$$

3. 数学期望的基本性质

设如下各变量的数学期望存在，c 为常数，可以得到关于数学期望的性质：

(1) $E(c) = c$ (5.28)

(2) $E(cX) = cEX$ (5.29)

(3) $E(X+Y) = EX + EY$ (5.30)

(4) 若 $X_1, X_2, \cdots, X_n$ 相互独立，则 $E(X_1 X_2 \cdots X_n) = EX_1 EX_2 \cdots EX_n$ (5.31)

（二）方差

前面我们讨论的数学期望是随机变量的一个重要数学特征，它表示随机变量取值的平均水平。但是有些情况下，两个变量虽然具有相同的期望值，但实际上却有着很大的差别。以前面投球的例子来说，两个选手的技术从各个分数的投中率来说是不一样的，但是其平均分数相同，那怎样才能区分这两位选手的技术水平呢？这就需要用方差这个概念，它描述的是随机变量的取值相对于它的期望的平均偏离程度。

定义 5.10 设随机变量 X 的数学期望为 $E(X)$，称 $E[X-E(X)]^2$ 为 X 的方差，记作 $D(X)$，即

$$D(X) = E[X - EX]^2 \tag{5.32}$$

称 $\sqrt{DX}$ 为 X 的标准差（或标准偏差）。

根据期望的性质，可以得到方差的另一个定义式。

$$D(X) = E[X - E(X)]^2$$
$$= E\{X^2 - 2XE(X) + [E(X)]^2\}$$
$$= E(X^2) - 2E[XE(X)] + E[(EX)^2]$$
$$= E(X^2) - 2E(X)E(X) + (EX)^2$$
$$= E(X^2) - (EX)^2 \tag{5.33}$$

因此，也可以得到方差的几个基本性质：

(1) $Dc = 0$，其中 c 为常数   (5.34)

(2) $D(cX) = c^2 DX$ (5.35)

(3) $D(X + c) = DX$ (5.36)

(4) n 个独立随机变量平均值的方差等于各个变量方差平均值的 $1/n$，即

$$D\left(\frac{1}{n}\sum_{i=1}^{n} X_i\right) = \frac{1}{n^2}\sum_{i=1}^{n} D(X_i) = \frac{1}{n}\left[\frac{1}{n}\sum_{i=1}^{n} D(X_i)\right] \tag{5.37}$$

采用这个计算公式，上面那个问题中选手 A 射中分数的方差为

$$E_A(X^2) = 1^2 \times 0.3 + 2^2 \times 0.3 + 3^2 \times 0.4 = 5.1$$
$$D_A(X) = E_A(X^2) - (E_A(X))^2 = 5.1 - (2.1)^2 = 0.69$$

同理，可以算出选手 B 投中分数的方差为 0.49，比选手 A 的方差小，可以看出选手 A 的投中分数分散度较大，可见技术不如选手 B 来得稳定。这样就把两者的技术区分开来了。

【例 5-11】 设 10 只同一种电器元件中有 2 只废品，装配仪器时，从这批元件中任取 1 只，若是废品，则扔掉重新任取 1 只，直到取到正品为止。求出现的废品数 X 的概率分布、数学期望及方差。

解：依题意，10 只元件中有 2 只废品，所以 X 的可能取值为 0，1，2。

$X = 0$ 表示 "第一次抽到的就是正品"

$X = 1$ 表示 "第一次抽到的是废品，第二次抽到的是正品"

$X = 2$ 表示 "第一次和第二次抽到的都是废品，而第三次抽到的是正品"

于是可以计算

$$P\{X = 0\} = \frac{\binom{8}{1}}{\binom{10}{1}} = \frac{4}{5}$$

$$P\{X = 1\} = \frac{\binom{2}{1}}{\binom{10}{1}} \times \frac{\binom{8}{1}}{\binom{9}{1}} = \frac{2}{10} \times \frac{8}{9} = \frac{8}{45}$$

$$P\{X = 2\} = 1 - P\{X = 1\} - P\{X = 0\} = 1 - \frac{4}{5} - \frac{8}{45} = \frac{1}{45}$$

那么得到 X 的概率分布为

$$\begin{Bmatrix} 0 & 1 & 2 \\ \frac{4}{5} & \frac{8}{45} & \frac{1}{45} \end{Bmatrix}$$

所以

$$E(X) = \sum_{i=0}^{2} x_i p_i = 0 \times \frac{4}{5} + 1 \times \frac{8}{45} + 2 \times \frac{1}{45} = \frac{10}{45} = \frac{2}{9}$$

$$E(X^2) = \sum_{i=0}^{2} x_i^2 p_i = 0^2 \times \frac{4}{5} + 1^2 \times \frac{8}{45} + 2^2 \times \frac{1}{45} = \frac{12}{45} = \frac{4}{15}$$

则 $D(X) = E(X^2) - (EX)^2 = \frac{4}{15} - \left(\frac{2}{9}\right)^2 = \frac{88}{405}$

（三）协方差与相关系数

前面我们讨论的都是一个随机变量的数字特征，下面转到多维随机变量之间的关系。两个随机变量的相关性是概率论和数理统计的重要概念，是统计相关性最简单的形式之一，二维随机变量之间的一个重要特征就是相关系数。随机变量相关性分析就是相关分析，在经济问题中有重要应用。

定义 5.11 设两个随机变量 X 和 Y 的期望和方差都存在，则称

$$\begin{aligned} \text{cov}(X,Y) &= E(X-EX)(Y-EY) \\ &= E(XY) - E(X)E(Y) \end{aligned} \tag{5.38}$$

为 X 和 Y 的协方差。

下面是协方差的一些性质（假设下面各随机变量的协方差存在，且为常数）

(1) cov (X, Y) 与 X, Y 的顺序无关，即 cov (X, Y) = cov (Y, X)

(2) 若 X 和 Y 独立，则 cov $(X, Y) = 0$

证明：由于 cov $(X, Y) = E(XY) - E(X)E(Y)$

如果 X 和 Y 独立，则 $E(XY) = E(X)E(Y)$

于是有 cov $(X, Y) = 0$

(3) cov $(X, c) = 0$

(4) cov $(aX+b, cY+d) = ac\,\text{cov}(X, Y)$

(5) cov $(X_1 + X_2, Y)$ = cov (X_1, Y) + cov (X_2, Y)

定义 5.12 设随机变量 X 和 Y 的方差都存在，且都不为 0，则称

$$\rho_{XY} = \frac{\text{cov}(X,Y)}{\sqrt{DX}\sqrt{DY}} = \frac{E(X-EX)(Y-EY)}{\sqrt{DX}\sqrt{DY}} \tag{5.39}$$

为 X 和 Y 的相关系数。

同样我们可以列出相关系数的一些性质：

(1) $-1 \leq \rho_{XY} \leq 1$

(2) $|\rho_{XY}| = \pm 1$ 的充要条件是 $P(Y = aX + b) = 1$，a, b 为常数。

关于相关系数的内容，我们将在后面的章节中详细介绍。

第三节 几种常见的概率分布

一、离散型分布

下面介绍几个常用的离散型随机变量及其概率分布。

（一）两点分布

在生活中有一些简单的试验，其结果只有两个，例如，掷一枚硬币（正面与反面）、检查一个产品（合格与不合格）、买一张彩票（中与不中）等。我们把这样的试验称为伯努利试验。

在一次试验中，事件 A 出现的概率为 p，不出现的概率为 $q = 1 - p$，若以 X 记事件 A 出现的次数，则 X 仅取 0，1 两个值，相应的概率分布为 $p_k = P\{X = k\} = p^k q^{1-k}$（$k = 0, 1$），这个分布称为两点分布，也称为伯努利分布。

两点分布的数学期望为

$$EX = 0 \times q + 1 \times p = p \tag{5.40}$$

由于

$$EX^2 = 0^2 \times q + 1^2 \times p = p$$

则其方差为

$$DX = EX^2 - (EX)^2 = p - p^2 = p(1-p) = pq \tag{5.41}$$

（二）二项分布

二项分布是离散型分布中较为重要的一种，是上述伯努利试验重复进行的结果。在 n 重独立的伯努利试验中，重复进行 n 次试验，若记事件 A 为"试验成功"，其概率为 p，以 X 记事件 A 出现的次数，则它是一个随机变量，X 可能取的值为 $0, 1, 2, \cdots, n$，其对应的二项分布给出：

$$b(k;n,p) = P\{X = k\} = \binom{n}{k} p^k q^{n-k} \qquad k = 0, 1, 2, \cdots, n \tag{5.42}$$

简记作 $X \sim B(n, p)$。

可以看出，前面提到的伯努利分布就是 $n = 1$ 情况下的二项分布，也就相当于一次实验的结果。

利用二项式的展开式及方差的性质可以计算出分布的期望值及方差如下：

$$E(X) = \sum_{k=0}^{n} k \binom{n}{k} p^k q^{n-k} = \sum_{k=1}^{n} k \frac{n!}{k!(n-k)!} p^k q^{n-k}$$

$$= \sum_{k=1}^{n} \frac{np(n-1)!}{(k-1)![n-1-(k-1)]!} p^{k-1} q^{n-1-(k-1)}$$

令 $k' = k - 1$

则上式可以化为

$$np\sum_{k'=1}^{n}\binom{n-1}{k'}p^{k'}q^{n-1-k'} = np(p+q)^{n-1} = np$$

这样可知 $E(X) = np$

由于

$$EX^2 = \sum_{k=0}^{n} k^2 \binom{n}{k} p^k q^{n-k}$$

$$= \sum_{k=1}^{n} \frac{kn!}{(k-1)!(n-k)!} p^k q^{n-k}$$

$$= \sum_{k=1}^{n}(k-1)\frac{n!}{(k-1)!(n-k)!}p^k q^{n-k} + \sum_{k=1}^{n}\frac{n!}{(k-1)!(n-k)!}p^k q^{n-k}$$

$$= \sum_{k=2}^{n}\frac{n(n-1)p^2(n-1)!}{(k-2)![n-2-(k-2)]!}p^{k-2}q^{n-2-(k-2)} + np$$

$$= n(n-1)p^2 + np$$

从而

$$D(X) = E(X^2) - (EX)^2 = n(n-1)p^2 + np - (np)^2 = npq$$

【例5-12】 一名射手打靶,命中率为0.9。在6次打靶中他命中靶的次数 X 是一个服从二项分布 $B(6, 0.9)$ 的随机变量。求该射手至少命中5次的概率。

解:依题意得,X 的概率分布为

$$P\{X = k\} = \binom{6}{k} 0.9^k 0.1^{n-k} \quad k = 0, 1, \cdots, 6$$

则该射手至少命中5次的概率为

$$P\{X \geq 5\} = P\{X = 5\} + P\{X = 6\}$$

$$= \binom{6}{5}0.9^5 0.1 + \binom{6}{6}0.9^6 0.1^0$$

$$= 6 \times 0.9^5 \times 0.1 + 0.9^6 = 0.3543 + 0.5314$$

$$= 0.8857$$

(三)超几何分布

在统计检验中常常用到的方法就是抽样,例如产品的抽样检查就是经常遇到的一类实际问题,要对 N 件产品进行无放回抽样检查,若这批产品中有 M 件次品,现从整批产品中随机抽出 n 件产品,则在 n 件产品中出现的次品数 X 是随机变量,它取值 $0, 1, 2, \cdots, n$,其概率分布为超几何分布。

$$p_k = P\{X = k\} = \frac{\binom{M}{k}\binom{N-M}{n-k}}{\binom{N}{n}} \quad \begin{array}{l} 0 \leq k \leq n \leq N \\ k \leq M \end{array} \tag{5.43}$$

这种抽样的方法就相当于抽样检查中的无放回抽样。而当我们采取有放回抽样时,就等

价于 n 重伯努利试验,即 n 件被检查产品中不合格品数 $X \sim B(n, p)$,其中 $p = \dfrac{M}{N}$。可以得到如下几何分布与二项分布的关系:

对于固定的 n,当 $N \to \infty$,$\dfrac{M}{N} \to p$ 时,有

$$P\{X = k\} = \dfrac{\binom{M}{k}\binom{N-M}{n-k}}{\binom{N}{n}} \longrightarrow \binom{n}{k} p^k q^{n-k} \tag{5.44}$$

在实际应用中,只要 $N \geq 10n$,就可以用二项分布近似地描述产品抽样的不合格品数。

【例 5-13】 从积累的资料看,某工厂生产的产品中,一级品率为 85%。现在从某天生产的 1 000 件产品中,随机抽取 20 件作检验,试求:

(1) 恰有 18 件一级品的概率;

(2) 一级品不超过 18 件的概率。

解:设 X 表示 "1 000 件产品中一级品的个数",由于 $1\,000 \gg 10 \times 20$,因此可以近似地认为 $X \sim B(20, 0.85)$

则 $P\{X = 18\} = \binom{20}{18} \times 0.85^{18} \times 0.15^2$

$\qquad\qquad\qquad = \dfrac{20 \times 19}{2} \times 0.85^{18} \times 0.15^2 = 0.2294$

而 $P\{X \leq 18\} = 1 - P\{X = 19\} - P\{X = 20\}$

$\qquad\qquad\qquad = 1 - \binom{20}{19} \times 0.85^{19} \times 0.15 - \binom{20}{20} \times 0.85^{20} \times 0.15^0$

$\qquad\qquad\qquad = 1 - 0.1368 - 0.0388 = 0.8244$

(四) 泊松分布

实践证实,泊松分布对某一类随机现象有很贴切的描述,这类现象称为"泊松试验",它具有两个重要特征:

1. 所考察的事件在任意两个长度相等的区间里发生一次的机会均等。

2. 所考察的事件在任何一个区间里发生与否和在其他区间里发生与否不相互影响,即是独立的。

针对任何符合上述条件的泊松试验,人们可以定义一个只取非负整数的随机变量 X,它表示"一定时间段或一定空间区域或其他特定单位内某一事件出现的次数",这往往是人们希望估计的。例如,一定时间段内,某个航空公司接到的订票电话数;一匹布上发现的疵点数;一定页数的书刊上出现的错别字个数等。这种只取非负整数的随机变量服从的概率分布为泊松分布。

定义 5.13 若随机变量 X 可取一切非负整数值,且

$$P\{X = k\} = \dfrac{\lambda^k}{k!} e^{-\lambda}, k = 0, 1, 2, \cdots \tag{5.45}$$

其中 $\lambda > 0$，称 X 服从泊松分布，简记为 $X \sim P(\lambda)$。

可以证明，λ 是一定区间单位内随机变量 X 的数学期望或均值，$e = 2.71828$。

【例 5–14】 实验器皿中产生 A、B 两类细菌的机会是相等的，且产生的细菌 X 服从参数为 λ 的泊松分布。试求产生 B 类细菌但没有产生 A 类细菌的概率。

解：依题意知 X 的分布率为

$$P\{X = k\} = e^{-\lambda}\frac{\lambda^k}{k!}, \quad k = 0, 1, 2\cdots$$

而这 k 个细菌全是 B 类的概率为 $e^{-\lambda}\frac{\lambda^k}{k!} \cdot \left(\frac{1}{2}\right)^k$，所以所求的概率为

$$p = \sum_{k=1}^{\infty} e^{-\lambda}\frac{\lambda^k}{k!} \cdot \left(\frac{1}{2}\right)^k = e^{-\lambda}(e^{\frac{\lambda}{2}} - 1)$$

二、连续型分布

由于密度函数刻画了一个连续型随机变量取值的统计规律性，因此随机变量按其密度不同可以是多种多样的。下面举一些常见的连续型分布的例子。

（一）均匀分布

对于只在区间 $[a, b]$ 内取值的随机变量，其密度函数常用均匀分布来描述。

定义 5.14 如果随机变量 X 具有如下的密度函数：

$$f(x) = \begin{cases} \dfrac{1}{b-a}, & a \leq x \leq b \\ 0, & 其他 \end{cases} \tag{5.46}$$

则称 X 服从区间 $[a, b]$ 上的均匀分布，记为 $X \sim U[a, b]$。

【例 5–15】 已知随机变量 X 服从 $[0, b]$ 上的均匀分布，且 $P\{X \leq 2\} = 0.5$，试确定常数 b 并求出概率 $P\{1 \leq X \leq 3\}$。

解：依题意得，X 的密度函数为

$$f(x) = \begin{cases} \dfrac{1}{b}, & 0 \leq x \leq b \\ 0, & 其他 \end{cases}$$

根据密度函数的定义，可以得

$$P\{X \leq 2\} = \int_0^2 f(x)\mathrm{d}x = \int_0^2 \frac{1}{b}\mathrm{d}x = \frac{2}{b} = 0.5$$

所以

$$b = 4$$

于是

$$P\{1 \leq X \leq 3\} = \int_1^3 \frac{1}{4}\mathrm{d}x = 0.5$$

则该分布的期望及方差如下：

$$EX = \int_a^b x \frac{1}{b-a}\mathrm{d}x = \frac{b+a}{2}$$

$$EX^2 = \int_a^b x^2 \frac{1}{b-a} dx = \frac{b^2 + ab + a^2}{3}$$

那么

$$\begin{aligned} D(X) &= E(X)^2 - (EX)^2 \\ &= \frac{b^2 + ab + a^2}{3} - \left(\frac{a+b}{2}\right)^2 \\ &= \frac{(b-a)^2}{12} \end{aligned}$$

（二）正态分布

正态分布是连续型分布中十分重要的一个。大量实践经验和理论分析表明，测量误差及很多产品的物理指标，如某种产品的长度、强度、强力等，都可以看做服从或近似服从正态分布，因此，正态分布在概率论与数理统计乃至随机过程的理论及应用中都占有特别重要的地位。

定义5.15 若随机变量 X 的密度函数为

$$f(x) = \frac{1}{\sqrt{2\pi}\sigma} e^{\frac{(x-\mu)^2}{2\sigma^2}}, \quad -\infty < x < \infty \tag{5.47}$$

式中，$\sigma > 0$，μ 与 σ 均为常数，称随机变量 X 服从参数为 μ，σ^2 的正态分布，简记为 $N(\mu, \sigma^2)$。

我们在例 5-10 给出了关于正态分布的期望，即 $E(X) = \mu$。正态分布的方差为

$$D(X) = \int_{-\infty}^{\infty} (x-\mu)^2 \frac{1}{\sqrt{2\pi}\sigma} e^{-(x-\mu)^2/2\sigma^2} dx$$

令 $z = \frac{x-\mu}{\sigma}$，则

$$\begin{aligned} D(X) &= \frac{\sigma^2}{\sqrt{2\pi}} \int_{-\infty}^{\infty} z^2 e^{-z^2/2} dz = \frac{\sigma^2}{\sqrt{2\pi}} \left[(-ze^{-z^2/2}) \Big|_{-\infty}^{\infty} + \int_{-\infty}^{\infty} e^{-z^2/2} dz \right] \\ &= \frac{\sigma^2}{\sqrt{2\pi}} \sqrt{2\pi} = \sigma^2 \end{aligned} \tag{5.48}$$

这样我们知道，随机变量 $X \sim N(\mu, \sigma^2)$，其随机变量的标准差为 σ。

由上述的理论可以看出，不同的 μ 值和不同的 σ 值，对应不同的正态分布。正态分布密度函数的图形如图 5-1 所示。

（1）正态曲线的图形是关于 $x = \mu$ 的对称钟形曲线，且峰值在 $x = \mu$ 处。

（2）正态分布的两个参数均值 μ 和标准差 σ 一旦确定，正态分布的具体形式也就唯一确定，不同参数取值的正态分布构成一个完整的正态分布族。

（3）正态分布的均值 μ 可以是实数轴上的任意数值，它决定正态曲线的具体位置，标准差 σ 相同而均值不同的正态曲线在坐标轴上体现为水平位置的不同。

（4）正态分布的标准差 σ 为大于零的实数，它决定正态曲线的"陡峭"或"扁平"程度。σ 越大，正态曲线越扁平；σ 越小，正态曲线越陡峭。

（5）当 X 的取值向横轴左右无限延伸时，正态曲线的左右两个尾端也无限渐近横

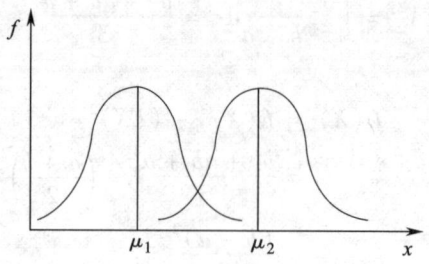

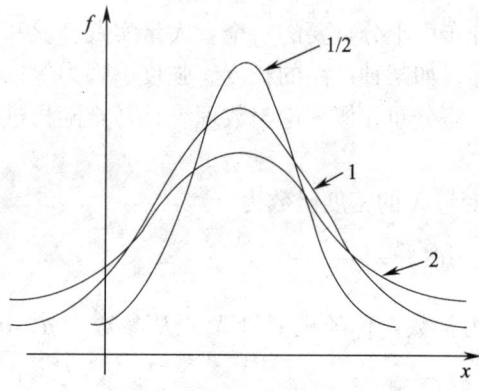

图 5-1

轴,但理论上永远不会与之相交。

(6) 与其他连续型随机变量相同,正态随机变量在特定区间上的取值概率由正态曲线下的面积给出,而且其曲线下的总面积等于 1。

特别地,当 $\mu=0$,$\sigma=1$ 时,分布称为标准正态分布,记为 $N(0,1)$,相应的密度函数和分布函数分别记为 $\varphi(x)$ 和 $\Phi(x)$。

$$\varphi(x) = \frac{1}{\sqrt{2\pi}} e^{-\frac{x^2}{2}}, -\infty < x < \infty \tag{5.49}$$

$$\Phi(x) = \frac{1}{\sqrt{2\pi}} \int_{-\infty}^{x} e^{-\frac{y^2}{2}} dy, -\infty < x < \infty \tag{5.50}$$

服从标准正态分布的随机变量在某一区间上取值的概率可以通过书后所附的标准正态分布概率表查得。

有了标准正态分布后,就可以将任意一个服从一般正态分布的随机变量 $X \sim N(\mu, \sigma^2)$ 转化成标准正态分布 $N(0,1)$,转换公式为

$$Z = \frac{X - \mu}{\sigma} \tag{5.51}$$

Z 是一个标准正态分布的随机变量,即 $Z \sim N(0,1)$。

一般地,对于服从标准正态分布的随机变量 Z,其变量在任何一个区间上的概率可以表示为

$$P(a \leq Z \leq b) = \Phi(b) - \Phi(a) \tag{5.52}$$

$$P(|Z| \leq a) = 2\Phi(a) - 1 \tag{5.53}$$

对于负的 z，可以由下式得到

$$\Phi(-z) = 1 - \Phi(z) \tag{5.54}$$

同样，对于服从一般正态分布的随机变量 X，取值在某一个区间上的概率都可以通过标准正态分布求得。

$$P(a \leq X \leq b) = \Phi(\frac{b-\mu}{\sigma}) - \Phi(\frac{a-\mu}{\sigma}) \tag{5.55}$$

$$P(X \leq b) = \Phi(\frac{x-\mu}{\sigma}) \tag{5.56}$$

【例 5-16】 设 $X \sim N(0, 1)$，求以下概率。

(1) $P(X < 1.5)$；　　　　(2) $P(X > 2)$；

(3) $P(-1 < X \leq 3)$；　　(4) $P(|X| \leq 2)$。

解：(1) $P(X < 1.5) = \int_{-\infty}^{1.5} \varphi(t) dt = \Phi(1.5) = 0.9332$

(2) $P(X > 2) = 1 - P(X \leq 2) = 1 - \Phi(2) = 1 - 0.9773 = 0.0227$

(3) $P(-1 < X \leq 3) = P(X \leq 3) - P(X \leq 1)$

$= \Phi(3) - \Phi(-1)$

$= \Phi(3) - [1 - \Phi(1)]$

$= 0.9987 - (1 - 0.8413) = 0.84$

(4) $P(|X| \leq 2) = P(-2 \leq X \leq 2) = \Phi(2) - \Phi(-2)$

$= \Phi(2) - [1 - \Phi(2)]$

$= 2\Phi(2) - 1 = 0.9545$

【例 5-17】 设 $X \sim N(5, 3^2)$，求以下概率。

(1) $P(X \leq 10)$；　　(2) $P(2 < X < 10)$。

解：由于 $X \sim N(5, 3^2)$，那么

(1) $P(X \leq 10) = \Phi(\frac{10-5}{3}) = \Phi(1.67) = 0.9525$

(2) $P(2 < X < 10) = \Phi(\frac{10-5}{3}) - \Phi(\frac{2-5}{3})$

$= \Phi(1.67) - \Phi(-1)$

$= 0.9525 - [1 - \Phi(1)] = 0.7938$

【例 5-18】 某种零件的长度服从正态分布，平均长度为 10 毫米，标准差为 0.2 毫米。试求：

(1) 从该批零件中随机抽取一件，其长度不到 9.4 毫米的概率；

(2) 为了保证产品质量，要求以 95% 的概率保证该零件的长度在 9.5~10.5 毫米之间，这一要求能否得到保证？

解：已知 $X \sim N(10, 0.2^2)$

(1) $P(X<9.4) = \Phi\left(\dfrac{9.4-10}{0.2}\right) = \Phi(-3) = 0.0013$

(2) $P(9.5<X<10.5) = \Phi\left(\dfrac{10.5-10}{0.2}\right) - \Phi\left(\dfrac{9.5-10}{0.2}\right)$

$= \Phi(2.5) - \Phi(-2.5)$

$= 2\Phi(2.5) - 1 = 2 \times 0.9938 - 1 = 0.9876$

即可以用98.76%的概率保证该批零件的长度在9.5~10.5毫米,也就是说该批零件的质量要求可以得到保证。

第四节 大数定律与中心极限定理

一、大数定律

人们在长期实践中发现,事件发生的频率具有稳定性。也就是说,随着试验次数的增多,事件发生的频率将稳定于一个确定的常数。另外,人们还从实践中认识到大量测量值的算术平均值也具有稳定性,即平均结果的稳定性。这表明无论随机现象的个别结果如何,或者它们在进行过程中的个别特征如何,大量随机现象的平均结果实际上不受随机现象个别结果的影响,并且几乎不再是随机的。大数定律以数学形式表达并证明了在一定条件下大量重复出现的随机现象的统计规律性,即频率的稳定性与平均结果的稳定性,这就是大数定律的意义。

大数定律:设 $X_1, X_2, \cdots, X_n$ 为独立同分布的随机变量,其期望为 μ,方差为 σ^2,即 $E(X_i) = \mu$,$D(X_i) = \sigma^2$,$i=1, 2, \cdots$则对任意的正数 $\varepsilon > 0$,有

$$\lim_{n \to \infty} P\left\{\left|\frac{1}{n}\sum_{i=1}^{n}X_i - \mu\right| < \varepsilon\right\} = 1 \tag{5.57}$$

大数定律说明,当 n 充分大时,独立同分布的一系列随机变量,其平均数与它们共同的期望值之间的偏差可以有很大的把握被控制在任意给定的范围之内。由于从总体中抽出的样本是独立且与总体同分布的,因此,当样本容量 n 很大时,样本平均数与总体平均数之间的误差可以有很大的把握被控制在任意给定的要求之内,这就是人们用样本平均估计总体平均的理论依据。

如果我们对一个随机变量重复独立地观测 n 次(例如对某个物体的未知重量做 n 次测量),则其频率的稳定也可以由大数定律来描述,即设 m 是 n 次伯努利试验中事件 A 出现的次数,而 p 是事件 A 在每次试验中出现的概率,则对任意 $\varepsilon > 0$,都有

$$\lim_{n \to \infty} P\left\{\left|\frac{m}{n} - p\right| < \varepsilon\right\} = 1 \tag{5.58}$$

该结论称为伯努利大数定律,它提供了用频率代替概率的理论依据。

这里需要明确大数定律的重要意义。在随机试验中,现象是连同一切个别的特性来观察的,这些个别的特性往往蒙蔽了事物的规律性。但是,在大量的观察中,个别因素

的影响将相互抵消而使总体稳定。这种规律性正是通过大数表现出来的。

同时,在现实生活中,人们所积累的经验表明,概率很接近于 1 的事件在一次实验中几乎一定要发生,而概率接近于 0 的事件几乎不可能发生。因此,这类事件具有很重要的意义。大数定律就是要建立关于这类事件,尤其是大量独立试验中事件发生概率的规律性。伯努利大数定律就是建立了其概率的稳定性,从而使概率的概念有了客观的意义。而且,可以通过这一定律做试验确定某事件发生的频率,并把它作为相应概率的估计。这类方法就是参数估计,它是统计中的重要方法之一。

二、中心极限定理

正态分布在概率论中处于中心位置,具有很重要的地位和作用,自然现象和社会现象中很多随机变量都服从或近似服从正态分布。那前面所研究的大量独立随机变量之和在什么条件下会服从或近似服从正态分布呢?下面我们所要讨论的中心极限定理就是研究这一问题的。

中心极限定理:设随机变量序列 X_1, X_2, $\cdots$, X_n 相互独立且同分布,该分布存在有限的期望和方差,即 $E(X_i) = \mu$, $D(X_i) = \sigma^2$, $i = 1, 2, \cdots$。则当 n 趋于无穷大时,$\bar{X} = \frac{1}{n}\sum_{i=1}^{n}X_i$ 近似服从正态分布,即 $\bar{X} \sim N(\mu, \frac{\sigma^2}{n})$。

从以上的结论,我们可以得到这样的推论,即设随机变量 $X \sim B(n, p)$,当 n 趋于无穷大时,则 X 近似服从 $N(np, np(1-p))$。这样在大样本下,服从二项分布的随机变量可以借助正态分布的有关理论来解决。

【例 5 - 19】 某保险公司的老年人寿保险共有 10 000 人参加,每人每年交 200 元。若老人在该年内死亡,公司付给家属 1 万元。设老年人死亡率为 0.017,试求保险公司在一年的这项保险中亏本的概率。

解:设 X 为一年中投保老年人的死亡数,则易知 $X \sim B(n, p)$,其中 $n = 10\ 000$,$p = 0.017$,所以

$$E(X) = np = 10\ 000 \times 0.017 = 170$$
$$D(X) = np(1-p) = 10\ 000 \times 0.017 \times 0.983 = 167.11$$

利用中心极限定理,有保险公司亏本的概率为

$$P\{10\ 000X > 10\ 000 \times 200\} = P\{X > 200\}$$
$$= P\left\{\frac{X - np}{\sqrt{np(1-p)}} > \frac{200 - 170}{\sqrt{167.11}}\right\}$$
$$= P\left\{\frac{X - np}{\sqrt{np(1-p)}} > 2.321\right\}$$
$$= 1 - \Phi(2.321) = 0.01$$

思考与练习

一、选择题

1. 对于任意事件 A 和事件 B，与 $A \cup B = B$ 不等价的是（　　）。
   A. $A \subset B$ B. $\bar{B} \subset \bar{A}$ C. $A\bar{B} = \varnothing$ D. $\bar{A}B = \varnothing$

2. 设 $P(A) = a$，$P(B) = b$，$P(A+B) = c$，则 $P(A\bar{B})$ 为（　　）。
   A. $a - b$ B. $c - b$ C. $a(1-b)$ D. $a(1-c)$

3. 设 $0 < P(A) < 1$，$0 < P(B) < 1$，$P(A|B) + P(\bar{A}|\bar{B}) = 1$。则（　　）。
   A. 事件 A 与事件 B 互不相容
   B. 事件 A 与事件 B 互相对立
   C. 事件 A 和事件 B 互不独立
   D. 事件 A 和事件 B 互相独立

4. 设 A、B、C 三个事件两两独立，则 A、B、C 相互独立的充分必要条件是（　　）。
   A. A 与 BC 独立
   B. AB 与 $A \cup C$ 独立
   C. AB 与 AC 独立
   D. $A \cup B$ 与 $A \cup C$ 独立

5. n 张奖券中含有 m 张有奖的，k 人购买，每人 1 张，其中至少有 1 个人中奖的概率是（　　）。
   A. $1 - \dfrac{C_{n-m}^{k}}{C_{n}^{k}}$ B. $\dfrac{m}{C_{n}^{k}}$ C. $\dfrac{C_{m}^{1} C_{n-m}^{k-1}}{C_{n}^{k}}$ D. $\sum_{r=1}^{k} \dfrac{C_{m}^{r}}{C_{n}^{k}}$

6. 设 X 为连续型随机变量，$F(x)$ 为 X 的分布函数，则 $F(x)$ 在其定义域内一定为（　　）。
   A. 非阶梯间断函数
   B. 可导函数
   C. 连续但不一定可导
   D. 阶梯函数

7. $P(X=k) = c\lambda^{k}e^{-\lambda}/k!$（$k = 0,2,4\cdots$）是随机变量 X 的概率分布，则 λ, c 一定满足（　　）。
   A. $\lambda > 0$ B. $c > 0$ C. $c\lambda > 0$ D. $c > 0$ 且 $\lambda > 0$

8. X、Y 相互独立，且都服从区间 $[0,1]$ 上的均匀分布，则服从区间上的均匀分布的随机变量是（　　）。
   A. (X, Y) B. $X + Y$ C. X^{2} D. $X - Y$

9. 设 X 的密度函数是 $\varphi(x)$，而 $\varphi(x) = \dfrac{1}{\pi(1+x^{2})}$，则 $Y = 2X$ 的概率密度是（　　）。
   A. $\dfrac{1}{\pi(1+4x^{2})}$ B. $\dfrac{2}{\pi(4+x^{2})}$ C. $\dfrac{1}{\pi(1+x^{2})}$ D. $\dfrac{1}{\pi}\arctan x$

10. 设 $P(X=n) = \dfrac{1}{2n(n+1)}$，$(n = 1, 2\cdots)$，则 $E(X) = $（　　）。

A. 0　　　　　B. 1　　　　　C. 0.5　　　　　D. 不存在

11. 设随机变量 X、Y 服从正态分布，$X \sim N(\mu,16)$，$Y \sim N(\mu,25)$，记 $P_1 = P\{X \leq \mu - 4\}$，$P_2 = P\{Y \geq \mu + 5\}$，则（　　）。

　　A. 对任何 μ 都有 $P_1 = P_2$　　　　B. 对任何实数 μ 都有 $P_1 < P_2$
　　C. 只有 μ 的个别值，才有 $P_1 = P_2$　　D. 对任何实数 μ 都有 $P_1 > P_2$

12. 设随机变量 X、Y，则下列等式中正确的是（　　）。

　　A. $E(X+Y) = E(X) + E(Y)$　　　　B. $D(X+Y) = D(X) + D(Y)$
　　C. $E(XY) = E(X)E(Y)$　　　　　　D. $D(XY) = D(X)D(Y)$

13. 现在有10张奖券，其中8张为2元，2张为5元，某人从中随机地无放回抽取3张，则此人得奖金额的期望是（　　）。

　　A. 6　　　　　B. 12　　　　　C. 7.8　　　　　D. 9

14. 设随机变量 X 的数学期望是 $E(X) = \mu$，方差是 $D(X) = \sigma^2$，则由切比雪夫不等式有 $P\{|X - \mu| \geq 3\sigma\} \leq$（　　）。

　　A. 1/8　　　　B. 1/7　　　　C. 1/9　　　　D. 1/10

二、计算题

1. $P(A) = 0.15$，$P(B) = 0.35$，$P(C) = 0.3$，设 $A \cap B \cap C = \phi$ 且 $A \cap B = A$，求：(1) $P(\bar{A})$；(2) $P(A+B+C)$；(3) $P(B-A)$。

2. 设袋中有 a 个白球和 b 个红球，现按无放回抽样，依次把球一个个取出来，求第 k 次取出的球是红球的概率（$1 \leq k \leq a+b$）。

3. 设有来自三个地区的各10名、15名、25名考生的报名表，其中女生的报名表分别为3份、7份和5份。随机地取一个地区的报名表，从中先后抽出两份。若已知后抽到的一份是男生报名表，求先抽到的一份是女生报名表的概率。

4. 已知连续型随机变量 X 密度函数为
$$f(x) = \begin{cases} ax + b, & 0 < x < 2 \\ 0, & \text{其他} \end{cases}$$
且 $P\{1 < X < 3\} = 0.25$。确定常数 a 和 b；求 $P\{X > 1.5\}$。

5. 已知随机变量 X 的密度函数为
$$f(x) = \begin{cases} x, & 0 \leq x \leq 1 \\ 2-x, & 1 < x \leq 2 \\ 0, & \text{其他} \end{cases}$$
求相应的分布函数 $F(x)$。

6. 设10只同一种电器元件中有2只废品，装配仪器时，从这批元件中任取1只，若是废品，则扔掉重新任取1只，直到取到正品为止。求已出的废品数 X 的概率分布、数学期望及方差。

7. 某种零件的长度服从正态分布，平均长度为10毫米，标准差为0.2毫米。试问：

(1) 从该批零件中随机抽取 1 件,其长度不到 9.4 毫米的概率;

(2) 为了保证产品质量,要求以 95% 的概率保证该零件的长度在 9.5~10.5 毫米,这一要求能否得到保证?

8. 某保险公司的老年人寿保险共有 10 000 人参加,每人每年交 200 元。若老人在该年内死亡,公司付给家属 10 000 元。设老年人死亡率为 0.017,试求保险公司在一年的这项保险中亏本的概率。

第六章

参数估计

第一节 抽样分布

总体参数的值是一个常数。尽管这个常数对我们来说通常是未知的,但它并不会随着所抽取样本的不同而变化。与此相反,样本统计量的值高度依赖于所抽取的样本。正是由于样本统计量是依据样本而变化的,所以根据统计量来推断总体的参数必然具有某种不确定性。但是,样本统计量的分布具有某种确定的性质,这些性质反映在它的抽样分布之中,这对我们来说是已知的。本节主要介绍样本统计量的分布,简称抽样分布。

一、抽样的基本概念

抽样的基本概念涉及有:总体与样本、样本容量与样本个数、总体参数与样本统计量、回置抽样与无回置抽样。总体与样本的概念在第一章已经介绍,这里只就其他概念进行介绍。

(一) 样本容量与样本个数

1. 样本容量。样本是从总体中抽出的部分单位的集合,这个集合的大小称为样本容量,一般用 n 表示,指一个样本中所包含的单位数。样本容量大,抽样误差会较小;反之,样本容量过小,将导致抽样误差增大,甚至失去抽样推断的价值。因此,在抽样设计中应该根据调查目的认真考虑合适的样本容量。

2. 样本个数。样本个数又称为样本可能数目,它是指从一个总体中可能抽取多少个样本。样本个数的多少与抽样方法有关。

(二) 总体参数与样本统计量

1. 总体参数。总体分布的数量特征就是总体参数,也是抽样统计推断的对象。常见的总体参数有:总体的平均数指标,总体成数(比重)指标,总体分布的方差、标准差等。它们都是反映总体分布特征的重要指标,已经在第三章中介绍。本书中,总体参数一般用希腊字母来表示。

2. 样本统计量。样本是从总体中随机抽出来的,而样本统计量是样本的一个函数,

因此，它是随机变量。我们利用样本统计量来估计和推断总体的有关参数。常见的统计量有：

样本均值 $\bar{X} = \dfrac{\sum_{i=1}^{n} X_i}{n}$

样本成数 $P = \dfrac{n_1}{n}$

样本方差 $S^2 = \dfrac{1}{n-1} \sum_{i=1}^{n} (X_i - \bar{X})^2$

样本标准差 $S = \sqrt{S^2}$

式中，X_1，X_2，…，X_n 为样本，n 是样本容量，n_1 是样本中具有某种特征的单位数目。这里应该注意，本书中，样本统计量一般用大写英文字母来表示。

（三）回置抽样与无回置抽样

简单抽样的方式可分为回置抽样和无回置抽样。

1. 回置抽样。回置抽样是指从总体中抽出一个样本单位，记录其标志值后，又将其放回总体中继续参加下一轮样本单位的抽取。回置抽样的特点是：（1）有 n 个样本单位的样本是由 n 次试验的结果构成的。（2）每次试验是独立的，即其试验结果与前次、后次的结果无关。（3）每次试验是在相同条件下进行的，每个单位在多次试验中选中的概率是相同的。在重复试验中，样本可能的个数是 N^n，N 为总体单位数，n 为样本容量。

2. 无回置抽样。无回置抽样是指从总体抽出一个单位，登记后不放回原总体，即不参加下一轮抽样，下一次继续从总体中余下的单位抽取样本。其特点是：（1）包含 n 个样本单位的样本由 n 次试验的结果构成，但由于每次抽取后不放回，所以实质上相当于从总体中同时抽取 n 个样本单位。（2）每次试验结果不是独立的，上次抽选情况影响下一次抽选结果。（3）每个单位在多次试验中选中的概率是不等的。在无回置抽样中，如果考虑顺序，其样本可能数为 $\dfrac{N!}{(N-n)!}$；如果不考虑顺序，其样本可能数为 $\dfrac{N!}{(N-n)!\,n!}$。

二、抽样分布

（一）样本平均数的抽样分布

在回置抽样的情形下，设从总体中抽出的样本为 X_1，X_2，…，X_n，它们之间是相互独立的，且与总体同分布。我们设总体的平均数为 μ，方差为 σ^2，则样本平均数的期望值与方差分别为

$$E(\bar{X}) = E\left(\dfrac{X_1 + X_2 + \cdots + X_n}{n}\right) = \dfrac{1}{n}[E(X_1) + E(X_2) + \cdots + E(X_n)] = \mu$$

$$\sigma_{\bar{X}}^2 = D\left(\dfrac{X_1 + X_2 + \cdots + X_n}{n}\right) = \dfrac{1}{n^2}[D(X_1) + D(X_2) + \cdots + D(X_n)] = \dfrac{\sigma^2}{n}$$

从以上的式子我们知道，样本平均数分布的中心与总体的分布中心完全相同，方差是总体分布方差的 $1/n$。因此，样本平均数分布集中趋势优于总体分布自身的集中趋势。由于样本平均数能"集中"分布于总体平均数附近，因此可以考虑用样本平均数估计总体平均数。用样本统计量去估计总体参数难免有误差，样本变量的离散程度越大，产生误差的可能性也越大。我们用抽样平均数的标准差来反映抽样平均数与总体平均数的平均误差程度，称其为抽样平均误差，记为

$$\sigma_{\bar{X}} = \frac{\sigma}{\sqrt{n}} \tag{6.1}$$

抽样平均误差是总体标准差的 $\frac{1}{\sqrt{n}}$，通常比总体标准差小得多。

【例 6-1】 某个车间的工作班组有 5 个工人，他们的单位工时工资分别为 4 元、6 元、8 元、10 元、12 元，现用回置抽样方式从 5 个工人中抽取 2 人，计算样本的平均工时工资的抽样平均误差。

解：总体分布的平均数与方差分别是

$$\mu = \frac{\sum_{i=1}^{N} X_i}{N} = \frac{4+6+8+10+12}{5} = 8(元)$$

$$\sigma^2 = \frac{\sum_{i=1}^{N}(X_i - \mu)^2}{N}$$

$$= \frac{(4-8)^2 + (6-8)^2 + (8-8)^2 + (10-8)^2 + (12-8)^2}{5} = 8$$

那么，抽样平均误差为

$$\sigma_{\bar{X}} = \frac{\sigma}{\sqrt{n}} = \frac{\sqrt{8}}{\sqrt{2}} = 2$$

在无回置抽样的情形下，以例 6-1 的资料，所有样本平均数如表 6-1 所示。从表 6-1 中可以整理出样本平均数的分布，如表 6-2 所示。

表 6-1　　　　　　　　　　　　样本工时平均工资

样本变量	4	6	8	10	12
4	—	5	6	7	8
6	5	—	7	8	9
8	6	7	—	9	10
10	7	8	9	—	11
12	8	9	10	11	—

表6-2　　　　　　　　　　样本工时平均工资分布

平均工资	5	6	7	8	9	10	11	合计
频数	2	2	4	4	4	2	2	20
频率	2/20	2/20	4/20	4/20	4/20	2/20	2/20	1

根据表6-2的分布数据，可计算样本平均工资与其标准差：

$$E(\bar{X}) = \frac{\sum \bar{X}f}{\sum f} = \frac{1}{20}(5 \times 2 + 6 \times 2 + 7 \times 4 + 8 \times 4 + 9 \times 4 + 10 \times 2 + 11 \times 2)$$

$$= 8(元)$$

$$\sigma_{\bar{X}}^2 = \frac{\sum [\bar{X} - E(\bar{X})]^2 f}{\sum f} = \frac{1}{20}[(5-8)^2 \times 2 + (6-8)^2 \times 2 + (7-8)^2 \times 4$$

$$+ (8-8)^2 \times 4 + (9-8)^2 \times 4 + (10-8)^2 \times 2 + (11-8)^2 \times 2]$$

$$= 3$$

计算结果表明，在无回置抽样情形下，样本平均数分布的中心还是总体的中心，而抽样平均误差比回置抽样要小。

无回置抽样的平均误差比回置抽样小的原因是很直观的，无回置抽样排除了"每次抽出的都是极端值"的可能，这显然对降低抽样误差有利。数学上可以证明，在无回置抽样条件下

$$\sigma_{\bar{X}} = \sqrt{\frac{\sigma^2}{n}\left(\frac{N-n}{N-1}\right)} \tag{6.2}$$

无回置抽样与回置抽样相比多了一个系数 $\sqrt{\frac{N-n}{N-1}} \approx \sqrt{1-\frac{n}{N}}$，这个系数称为无回置抽样的修正系数。由于该系数在0~1，因此，无回置抽样平均误差比回置抽样小。当 N 远大于 n 时，修正系数近似1，修正与否对平均误差几乎没有影响，这时可以不考虑抽样方式差异，都按回置抽样处理。

（二）样本成数的抽样分布

总体成数 ρ 是指具有某种特征的单位在总体中所占的比重。成数是一种特殊平均数。设总体单位总数目是 N，总体中有某种特征的单位数是 N_1。设 X 是0，1变量，即总体单位有该特征，则 X 取1，否则取0，于是有

$$\rho = \frac{N_1}{N} = \mu$$

现在从总体中抽出 n 个单位，如果其中有相应特征的单位数是 n_1，则样本成数是

$$P = \frac{n_1}{n}$$

P 也是一个随机变量，利用样本平均数分布的性质，针对回置抽样方式，有

$$E(P) = \rho \tag{6.3}$$

$$\sigma_P = \frac{\sigma_{\bar{X}}}{\sqrt{n}} = \frac{\sqrt{\rho(1-\rho)}}{\sqrt{n}} = \sqrt{\frac{\rho(1-\rho)}{n}} \tag{6.4}$$

【例 6-2】 已知一批产品的合格率为 90%，现采用回置抽样方式从中取出 400 件，求样本合格率的抽样平均误差。

解：根据上面的结论，有

$$\sigma_P = \sqrt{\frac{\rho(1-\rho)}{n}} = \sqrt{\frac{0.9 \times 0.1}{400}} = 1.5\%$$

由于样本容量大，样本成数的平均误差就大大减小。

在无回置抽样条件下，则用修正系数加以修正，即

$$E(P) = \rho \tag{6.5}$$

$$\sigma_P = \sqrt{\frac{\rho(1-\rho)}{n}\left(\frac{N-n}{N-1}\right)} \tag{6.6}$$

这里应该注意到，对于无限总体进行无回置抽样时，可以按照回置抽样来处理。此时样本成数的方差仍可以按式（6.4）计算。对于有限总体，当 N 很大，而抽样比 $\frac{n}{N} \leq 5\%$ 时，其修正系数 $\left(\frac{N-n}{N-1}\right)$ 趋于 1，这时样本成数的方差也可以用式（6.4）来计算。

（三）样本方差的抽样分布

要用样本方差 S^2 去推断总体的方差 σ^2，必须知道样本方差的抽样分布。那么，作为估计量的样本方差是如何分布的呢？统计证明，对于来自正态总体的简单随机样本，其统计量 $\frac{(n-1)S^2}{\sigma^2}$ 的抽样分布服从自由度为 $(n-1)$ 的 χ^2 分布，即

$$\chi^2 = \frac{(n-1)S^2}{\sigma^2} \sim \chi^2(n-1)$$

χ^2 分布由阿贝（Abbe）于 1863 年首先给出，后来由海尔默特（Hermert）和皮尔森分别于 1875 年和 1900 年推导出来。

第二节 点估计与估计量的评价标准

一、点估计

点估计就是设总体随机变量 X 的分布函数形式为已知，但它的一个和多个参数未知，若从总体中抽取一个样本 $X_1, X_2, \cdots, X_n$，并用该组数据来估计总体的参数，称参数的点估计。

点估计的方法有矩估计、顺序统计量法、最大似然法、最小二乘法等，我们这里主要介绍矩估计法和顺序统计量法，最小二乘法将在第九章相关与回归分析中介绍。

(一) 矩估计法

对总体参数进行估计，最容易想到的方法就是矩估计法。它是用样本的矩去估计总体的矩，从而获得有关参数的估计量。

在统计学中，矩是以期望为基础而定义的数字特征，例如数学期望、方差、协方差等。根据前面的介绍，矩可以分为原点矩和中心矩两种。

设 X 为随机变量，对任意正整数 k，称 $E(X^k)$ 为随机变量 X 的 k 阶原点矩，记为

$$m_k = E(X^k) \tag{6.7}$$

当 $k=1$ 时

$$m_1 = E(X) = \mu$$

可见一阶原点矩为随机变量 X 的数学期望。

我们把

$$C_k = E[X - E(X)]^k \tag{6.8}$$

称为以 $E(X)$ 为中心的 k 阶中心矩。

显然，当 $k=2$ 时，

$$C_2 = E[X - E(X)]^2 = \sigma^2$$

可见二阶中心矩为随机变量 X 的方差。

【例 6-3】 已知某种灯泡的寿命 $X \sim N(\mu, \sigma^2)$，其中 μ，σ^2 都是未知的，今随机抽取 4 只灯泡，测得寿命（以小时计）为 1 502，1 453，1 367，1 650，试估计 μ 和 σ。

解：因为 μ 是全体灯泡的平均寿命，$\bar{X}$ 为样本的平均寿命，很自然地会想到用 $\bar{X}$ 去估计 μ；同理用 S 去估计 σ。

由于

$$\bar{X} = \frac{1}{4}(1\,502 + 1\,453 + 1\,367 + 1\,650) = 1\,493(\text{小时})$$

$$S^2 = [(1\,502 - 1\,493)^2 + (1\,453 - 1\,493)^2 + (1\,367 - 1\,493)^2 +$$
$$(1\,650 - 1\,493)^2]/(4-1) = 14\,069$$

$$S = 118.61(\text{小时})$$

故 μ 及 σ 估计值分别为 1 493 小时和 118.61 小时。

矩估计法简便、直观，比较常用。但是也有局限性：首先，它要求总体的 k 阶原点矩存在，若不存在则无法估计；其次，矩估计法不能充分利用估计时已掌握的有关总体分布形式的信息。

通常设 θ 为总体 X 的待估计参数，一般用样本 $X_1, X_2, \cdots, X_n$ 构成一个统计量 $\hat{\theta} = \hat{\theta}(X_1, X_2, \cdots, X_n)$ 来估计 θ，则 $\hat{\theta}$ 为 θ 的估计量。对应于样本的一组数值 $x_1, x_2, \cdots, x_n$，估计量 $\hat{\theta}$ 的值 $\hat{\theta}(x_1, x_2, \cdots, x_n)$ 称为 θ 的估计值。点估计即为待估计参数 θ 寻找一个估计值 $\hat{\theta}(x_1, x_2, \cdots, x_n)$ 的问题。必须注意的是，对于不同的样本，估计值可能是不相同的。

(二) 顺序统计量法

所谓顺序统计量法，即用样本中位数 M_e 或样本极差 R 来估计总体的数学期望 μ 或总体的均方差 σ 的方法。

样本中位数 M_e：定义为样本 $X_1, X_2, \cdots, X_n$ 的函数。即对样本中各样本单位的取值按大小顺序排列，位于中间位置的那个数值（若 n 为偶数时，则取位于中间的两个数值的平均数）。记为

$$M_e = \begin{cases} X_{k+1}, & \text{当 } n = 2k + 1 \\ \dfrac{X_k + X_{k+1}}{2}, & \text{当 } n = 2k \end{cases} \quad (6.9)$$

样本极差 R：定义为样本 $X_1, X_2, \cdots, X_n$ 的函数。即对样本中各样本单位的取值按大小顺序排列，取最大值与最小值之差。记为

$$R = \max(X_1, X_2, \cdots, X_n) - \min(X_1, X_2, \cdots, X_n) \quad (6.10)$$

由于 M_e 与 R 都是将样本的一组数值按大小次序排列而确定的，所以都叫顺序统计量。

如以例 6-3 为例，样本的一组数值为：1 367, 1 453, 1 502, 1 650，即

$$M_e = (1\ 453 + 1\ 502)/2 = 1\ 477.5$$

$$R = 1\ 650 - 1\ 367 = 283$$

顺序统计量的共同特点是计算简单，其中，M_e 的数值还不受样本中过大或过小的观测值的影响。例如，设总体 X 的一组样本观测值按大小排列为：20, 70, 88, 88, 88, 88, 88, 88, 95，则 $M_e = 88$。

当总体 X 为连续型随机变量，且概率密度函数对称时，为方便起见，常用样本中位数 M_e 来估计总体数学期望 μ，即

$$\hat{\mu} = M_e \quad (6.11)$$

样本极差 R 本身就是衡量总体离散程度的一个尺度，由于其计算很简单，所以可以用来估计正态总体标准差 σ。$\hat{\sigma}$ 和 R 有下列关系

$$\hat{\sigma} = \frac{1}{d_n} R \quad (6.12)$$

d_n 的数值见表 6-3。

表 6-3　　　　　　　　系数 d_n 表

n	d_n	$1/d_n$	n	d_n	$1/d_n$
2	1.128	0.886	7	2.704	0.369
3	1.693	0.591	8	2.847	0.351
4	2.059	0.486	9	2.970	0.337
5	2.326	0.429	10	3.078	0.325
6	2.534	0.395			

用样本极差 R 来估计 σ，其缺点是不如用 S 可靠（当 $n > 2$ 时），n 愈大，两者可靠程度差别就愈大。当 $n > 10$ 时，如果要用 R 来估计 σ，可将数据分成若干个数相等的组

（比如 5 个一组）并求出各组数据的极差，然后用这些样本极差的平均值 $\bar{R}$ 作为式 (6.12) 中的 R（此时 d_n 为 d_5），即得 σ 的估计 $\hat{\sigma}$。

二、估计量的优良标准

前面，我们介绍了总体参数两种常见的估计方法，即矩估计法和顺序统计量法。对于同一参数，用不同的方法估计可能得到不同的估计量。但究竟采用哪种方法为好呢？这就涉及用什么标准来评价估计量的问题。

判别点估计优良性包括三条标准：无偏性、有效性和一致性。

1. 无偏性。若估计量 $\hat{\theta}$ 的数学期望等于未知参数的真值，即

$$E(\hat{\theta}) = \theta \tag{6.13}$$

则称 $\hat{\theta}$ 为 θ 的满足无偏性准则的估计量。

【例 6-4】 样本均值 $\bar{X}$ 是总体均值 μ 的一个无偏估计量，但样本方差 S_n^2 不是总体方差的无偏估计量。

解：因为 $X_1, X_2, \cdots, X_n$ 表示 n 次观测结果的 n 个独立随机变量，且这 n 个独立随机变量是来自同一总体，因而有相同的分布律，从而有相同的期望值和方差。故

$$E(X_1) = E(X_2) = \cdots = E(X_n) = \mu$$
$$D(X_1) = D(X_2) = \cdots = D(X_n) = \sigma^2$$

因此

$$E(\bar{X}) = E\left[\frac{1}{n}(X_1 + X_2 + \cdots + X_n)\right]$$
$$= \frac{1}{n}[E(X_1) + E(X_2) + \cdots + E(X_n)]$$
$$= \frac{1}{n}nE(X)$$
$$= \mu$$

所以，样本均值 $\bar{X}$ 是总体均值 μ 的一个无偏估计量。

又因为

$$E(S_n^2) = E\left[\frac{1}{n}\sum_{i=1}^{n}(X_i - \bar{X})^2\right]$$
$$= \frac{1}{n}\left\{\sum_{i=1}^{n}E[(X_i - \mu) - (\bar{X} - \mu)]^2\right\}$$
$$= \frac{1}{n}E\left\{\sum_{i=1}^{n}(X_i - \mu)^2 - 2\sum_{i=1}^{n}(X_i - \mu)(\bar{X} - \mu) + n(\bar{X} - \mu)^2\right\}$$
$$= \frac{1}{n}\left\{\sum_{i=1}^{n}E(X_i - \mu)^2 - 2nE(\bar{X} - \mu)^2 + nE(\bar{X} - \mu)^2\right\}$$
$$= \frac{1}{n}\left\{\sum_{i=1}^{n}E(X_i - \mu)^2 - nE(\bar{X} - \mu)^2\right\}$$

$$= \frac{1}{n}\left\{n\sigma^2 - n\left(\frac{\sigma^2}{n}\right)\right\}$$

$$= \frac{n-1}{n}\sigma^2$$

由于 $E(S_n^2) \neq \sigma^2$

所以 S_n^2 不是 σ^2 的无偏估计量。

通常我们用

$$S_{n-1}^2 = \frac{1}{n-1}\sum_{i=1}^{n}(X_i - \overline{X})^2$$

来计算样本方差,这是因为 S_{n-1}^2 是 σ^2 的无偏估计量。

$$E(S_{n-1}^2) = E\left[\frac{1}{n-1}\sum_{i=1}^{n}(X_i - \overline{X})^2\right]$$

$$= \frac{1}{n-1}\left\{n\sigma^2 - n\left(\frac{\sigma^2}{n}\right)\right\}$$

$$= \sigma^2$$

2. 有效性。无偏性只考虑估计值的平均结果是否等于待估参数的真值,而不考虑每个估计值与待估参数真值之间偏差的大小和离散程度。我们在解决实际问题时,不仅希望估计是无偏的,更希望这些估计值的偏差尽可能地小。通常我们用偏差的平方的期望值来衡量估计量偏差的大小,称之为均方误差,并记为

$$MSE(\hat{\theta}) = E(\hat{\theta} - \theta)^2 \tag{6.14}$$

若 $\hat{\theta}$ 为 θ 的无偏估计量,其均方误差等于其方差

$$MSE(\hat{\theta}) = D(\hat{\theta})$$

设 $\hat{\theta}_1$、$\hat{\theta}_2$ 为 θ 的两个无偏估计量,若 $\hat{\theta}_1$ 的方差小于 $\hat{\theta}_2$ 的方差,即

$$D(\hat{\theta}_1) < D(\hat{\theta}_2) \tag{6.15}$$

则称 $\hat{\theta}_1$ 是较 $\hat{\theta}_2$ 有效的估计量。

3. 一致性。设 $\hat{\theta}(X_1, X_2, \cdots, X_n)$ 为未知参数 θ 的估计量,当 $n \to \infty$ 时,要求 $\hat{\theta}$ 按概率收敛于 θ。即

$$\lim_{n \to \infty} P(|\hat{\theta} - \theta| < \varepsilon) = 1 \quad (\varepsilon \text{ 为任意小正数}) \tag{6.16}$$

则称 $\hat{\theta}$ 为 θ 的满足一致性标准要求的估计量。

一致性标准说明,当样本单位数(或样本容量)n 越来越大时,估计量 $\hat{\theta}$ 接近于被估计量 θ 的概率也越来越大。

样本平均数 $\overline{X}$ 作为总体数学期望 μ 的一个估计量就满足一致性准则要求。

这里应该注意到,一致性准则要求是从极限性质来说的,这个性质只在样本容量较大时才起作用。

以上两段所讲参数的点估计,可以说是单纯用样本平均数 $\overline{X}$ 作为总体数学期望 μ 的估计值,或用样本修正方差 S_{n-1}^2 作为总体方差 σ^2 的估计值。注意,即使 $\overline{X}$ 或 S_{n-1}^2 是无偏有效的估计量,但由于一次只能随机抽取一个样本,而不同的样本可能会有不同的估计

值,所以要用一次随机抽样所得估计值完全准确地估计出总体参数几乎不可能。点估计的主要缺点是没有解决参数估计的可靠问题,而区间估计能解决参数估计的可靠性问题。

第三节 简单随机抽样的区间估计

所谓区间估计,就是估计总体参数的区间范围,并要求给出区间估计成立的概率值。设 $\hat{\theta}_1$ 和 $\hat{\theta}_2$ 是两个统计量 ($\hat{\theta}_1 < \hat{\theta}_2$),分别作为总体参数 θ 区间估计的下限和上限,则要求有

$$P(\hat{\theta}_1 \leq \theta \leq \hat{\theta}_2) = 1 - \alpha \tag{6.17}$$

式中,α ($0 < \alpha < 1$) 是区间估计的显著性水平,其取值大小由实际问题确定,通常人们取 1%、5% 和 10%,$1 - \alpha$ 称为置信度,$[\hat{\theta}_1, \hat{\theta}_2]$ 是置信度为 $1 - \alpha$ 的 θ 的置信区间。区间估计的特点是,给出总体参数的一个估计区间,总体参数恰好在这个区间内的概率不要求达到 1,可放低要求,减去一个小概率的显著性水平,即达到 $1 - \alpha$ 就行了。

置信区间表达了区间估计的准确性(或精确性),置信度表达了区间估计的可靠性,它是区间估计的可靠概率。而显著性水平表达了区间估计的不可靠概率。例如 $\alpha = 0.01$ 或 1%,是说所估计的置信区间平均每 100 次有 1 次会产生错误,即所估计的置信区间并不包含总体参数。

我们应该注意,在进行区间估计时,必须同时考虑置信度和置信区间两个方面。置信度定得愈大(即估计的可靠性愈大),则置信区间相应也愈大(即估计准确性愈小),所以,可靠性和准确性要结合具体问题、具体要求全面考虑。

一、总体均值的置信区间

(一)σ^2 已知时总体均值 μ 的置信区间

当 $X \sim N(\mu, \sigma^2)$ 时,可以证明抽自该总体的简单随机样本 $X_1, X_2, \cdots, X_n$ 的样本均值服从数学期望为 μ、方差为 $\dfrac{\sigma^2}{n}$ 的正态分布,即

$$\bar{X} \sim N(\mu, \frac{\sigma^2}{n})$$

当总体方差 σ^2 已知时,建立置信区间所用的统计量是 Z 统计量

$$Z = \frac{\bar{X} - \mu}{\sigma/\sqrt{n}} \sim N(0,1) \tag{6.18}$$

根据前面区间估计的定义,我们可以构造均值 μ 的置信区间,对于给定的显著性水平 α,可以令

$$P\{-Z_{\alpha/2} < Z < Z_{\alpha/2}\} = 1 - \alpha$$

$$P\left\{-Z_{\alpha/2} < \frac{\bar{X} - \mu}{\sigma/\sqrt{n}} < Z_{\alpha/2}\right\} = 1 - \alpha \tag{6.19}$$

从而有
$$P\left\{\bar{X} - Z_{\alpha/2}\frac{\sigma}{\sqrt{n}} < Z < \bar{X} + Z_{\alpha/2}\frac{\sigma}{\sqrt{n}}\right\} = 1 - \alpha \tag{6.20}$$

即在给定显著性水平 α 下，总体均值 μ 在 $1-\alpha$ 的置信水平下的置信区间为

$$\left(\bar{X} - Z_{\alpha/2}\frac{\sigma}{\sqrt{n}},\ \bar{X} + Z_{\alpha/2}\frac{\sigma}{\sqrt{n}}\right) \tag{6.21}$$

式中，临界值 $Z_{\alpha/2}$ 可以查正态分布表得到。

【例 6-5】 某种零件的长度服从正态分布，从该批产品中随机抽取 9 件，测得它们的平均长度为 21.4 毫米。已知总体标准差 $\sigma = 0.15$ 毫米，试建立该种零件平均长度的置信区间，给定置信水平为 0.95。

解：已知 $X \sim N(\mu, 0.15^2)$
$$\bar{X} = 21.4,\ n = 9,\ 1 - \alpha = 0.95,\ Z_{\alpha/2} = 1.96$$

其中 $Z_{\alpha/2}$ 是在 $\alpha = 0.05$ 时，查标准正态分布表所得。当 $\alpha = 0.05$ 时，$Z_{\alpha/2} = 1.96$ 是一个常用的值，希望读者记住。

根据式（6.21），总体均值 μ 的置信区间为

$$\left(\bar{X} - Z_{\alpha/2}\frac{\sigma}{\sqrt{n}},\quad \bar{X} + Z_{\alpha/2}\frac{\sigma}{\sqrt{n}}\right)$$

$$= \left(21.4 - 1.96\frac{0.15}{\sqrt{9}},\ 21.4 + 1.96\frac{0.15}{\sqrt{9}}\right)$$

即 (21.302, 21.498)。

我们可以 95% 的概率保证该种零件的平均长度在 21.302 毫米及 21.498 毫米之间。

当总体为非正态总体时，可以证明，当样本容量 n 足够大时，样本均值 $\bar{X}$ 近似地服从数学期望为 μ、方差为 σ^2/n 的正态分布。一般认为 $n > 30$ 就是样本容量足够大了。

【例 6-6】 某大学从该校学生中随机抽取 100 人，调查到他们平均每天参加体育锻炼的时间为 26 分钟。试以 95% 的置信水平估计该大学全体学生平均每天参加体育锻炼的时间（已知总体方差为 36）。

解：总体 X 的分布形式未知，但总体方差已知，$\sigma^2 = 36$，且 $n = 100 > 30$，为大样本。故可以认为 $\bar{X}$ 近似服从 $N(\mu, \sigma^2/n)$，$1 - \alpha = 0.95$，$\alpha = 0.05$，$Z_{\alpha/2} = 1.96$，$\bar{X} = 26$。

总体均值 μ 的置信区间为

$$\left[\bar{X} - Z_{\alpha/2}\frac{\sigma}{\sqrt{n}},\quad \bar{X} + Z_{\alpha/2}\frac{\sigma}{\sqrt{n}}\right]$$

$$= \left[26 - 1.96\frac{6}{\sqrt{100}},\ 26 + 1.96\frac{6}{\sqrt{100}}\right]$$

$$= [26 - 1.176,\ 26 + 1.176]$$

即 [24.824, 27.176]。

可以 95% 的概率保证该校全体学生平均每天参加体育锻炼的时间在 24.824 分钟到 27.176 分钟之间。

(二) σ^2 未知时总体均值 μ 的置信区间

当总体服从正态分布，但总体方差 σ^2 未知时，要用样本方差 S_{n-1}^2 代替 σ^2 来建立置信区间。这时，新的统计量不服从标准正态分布，而是服从自由度为 $n-1$ 的 t 分布，记为

$$t = \frac{\overline{X} - \mu}{S_{n-1}/\sqrt{n}} \sim t(n-1) \tag{6.22}$$

t 分布是一种连续型的对称分布，当 $n < 30$ 时，t 分布的分散程度比标准正态分布大，密度函数曲线较为平缓。随着 n 的增大，t 分布逐渐逼近标准正态分布。在给定显著性水平 α 及自由度时，t 统计量的临界值可查 t 分布表获得。

当总体为正态总体而方差 σ^2 未知时，要用式 (6.22) 给的 t 统计量来构造总体均值 μ 的置信区间。此时，总体均值 μ 的置信区间为

$$\left(\overline{X} - t_{\alpha/2}\frac{S_{n-1}}{\sqrt{n}}, \overline{X} + t_{\alpha/2}\frac{S_{n-1}}{\sqrt{n}}\right) \tag{6.23}$$

【例 6 - 7】 在例 6 - 6 中，假定 $X \sim N(\mu, \sigma^2)$，但总体方差未知，已知样本方差 $S_{n-1}^2 = 34$，试以 95% 的置信水平估计全校学生平均每天参加体育锻炼的时间。

解：已知 $X \sim N(\mu, \sigma^2)$，σ^2 未知，$S_{n-1}^2 = 34$，$n = 100$，$\overline{X} = 26$

在 $\alpha = 0.05$ 时，$t_{\alpha/2}(n-1) = t_{0.025}(99) \approx 1.984$

总体均值 μ 的置信区间为

$$\left[\overline{X} - t_{\alpha/2}\frac{S_{n-1}}{\sqrt{n}}, \quad \overline{X} + t_{\alpha/2}\frac{S_{n-1}}{\sqrt{n}}\right]$$

$$= \left[26 - 1.984\frac{\sqrt{34}}{\sqrt{100}}, \quad 26 + 1.984\frac{\sqrt{34}}{\sqrt{100}}\right]$$

$$= [26 - 1.16, \quad 26 + 1.16]$$

即为 $[24.84, 27.16]$。

故该校学生平均每天参加体育锻炼的时间，可以 95% 的概率保证在 24.84 分钟到 27.16 分钟之间。

当总体为非正态总体且 σ^2 未知时，只要样本足够大，一般当 $n > 30$ 时，仍可以用式 (6.23) 来近似地建立总体均值 μ 的置信区间。

二、总体成数的置信区间

在前面我们已经介绍了有关样本成数的抽样分布，可以证明，在大样本下，若 $nP > 5$，$n(P-1) > 5$，则可以把二项分布问题转化为正态分布问题近似地求解，根据式 (6.3) 和式 (6.4)，因而有

$$P \sim N\left(\rho, \frac{1}{n}\rho(1-\rho)\right) \tag{6.24}$$

即样本成数 P 服从期望值为 ρ、方差为 $\frac{1}{n}\rho(1-\rho)$ 的正态分布。因而，可以用 Z 统计

量来构造总体成数 ρ 的置信区间

$$Z = \frac{P - \rho}{\sqrt{\frac{\rho(1-\rho)}{n}}} \sim N(0,1) \tag{6.25}$$

在估计 ρ 时，由于 ρ 未知，因此在式（6.25）中用样本成数 P 代替 ρ 计算估计量的标准误差。在 $1-\alpha$ 的置信水平下，总体成数 ρ 的置信区间为

$$\left(P - Z_{\alpha/2}\sqrt{\frac{P(1-P)}{n}}, \; P + Z_{\alpha/2}\sqrt{\frac{P(1-P)}{n}}\right) \tag{6.26}$$

【例 6-8】 某地区教育部门欲了解高中生视力状况。随机抽查了 100 名高中生，其中有 70 人近视。试以 95% 的置信度估计该地区高中生近视率的置信区间。

解：已知 $n = 100$，$P = 0.7$，$nP = 70 > 5$，$n(1-P) = 30 > 5$，当 $\alpha = 0.05$ 时，$Z_{\alpha/2} = 1.96$，有

$$\left(P - Z_{\alpha/2}\sqrt{\frac{P(1-P)}{n}}, \; P + Z_{\alpha/2}\sqrt{\frac{P(1-P)}{n}}\right)$$

$$= \left(0.7 - 1.96\sqrt{\frac{0.7 \times 0.3}{100}}, \; 0.7 + 1.96\sqrt{\frac{0.7 \times 0.3}{100}}\right)$$

$$= (0.610, 0.790)$$

故该地区高中生近视率的置信区间为 61.0% ~ 79.0%。

三、两个总体均值及两个总体成数之差的置信区间

（一）两个总体均值之差的置信区间

在实际中，经常遇到需要比较两个总体均值的问题。例如，某化工厂需要比较两个供应商提供的原材料所带来的产量；某百货商店在两个可供选择的郊区设一个店，为了确定应该设在何处，该商店应该根据两个郊区居民的平均收入的比较来确定等。这通常要对两个总体的均值之差作出估计。

1. 两个总体的方差 σ_1^2、σ_2^2 已知情况下的估计

当两个总体服从正态分布，或两个总体的分布形式未知但抽自它们的两个样本为大样本，且已知两个总体的方差 σ_1^2、σ_2^2 时，可以证明，由两个独立样本算出的 $\overline{X}_1 - \overline{X}_2$ 的抽样分布服从正态分布，标准差为

$$\sigma_{\overline{X}_1 - \overline{X}_2} = \sqrt{\frac{\sigma_1^2}{n_1} + \frac{\sigma_2^2}{n_2}} \tag{6.27}$$

$\mu_1 - \mu_2$ 在 $1-\alpha$ 置信水平下的置信区间为

$$(\overline{X}_1 - \overline{X}_2) \pm Z_{\alpha/2}\sqrt{\frac{\sigma_1^2}{n_1} + \frac{\sigma_2^2}{n_2}} \tag{6.28}$$

【例 6-9】 一个银行负责人想知道储户存入两家银行的钱数之差，他从两家银行各抽取了一个由 25 个储户组成的随机样本。样本平均值如下：银行 A 为 4 500 元，银行 B 为 3 250 元。设已知两个总体方差分别为 $\sigma_A^2 = 2\,500$ 和 $\sigma_B^2 = 3\,600$，且储户存入两家银

行的钱数均服从正态分布。试求 $\mu_A - \mu_B$ 的区间估计：（1）置信度95%；（2）置信度99%。

解：根据题意知

$$\overline{X}_A \sim N(\mu_A, 2\,500)$$
$$\overline{X}_B \sim N(\mu_B, 3\,600)$$
$$\overline{X}_A = 4\,500,\quad \overline{X}_B = 3\,250,\quad n_A = n_B = 25$$

从而 $\mu_A - \mu_B$ 的置信度为 $1-\alpha$ 的置信区间为

$$(\overline{X}_A - \overline{X}_B) \pm Z_{\alpha/2} \sqrt{\frac{\sigma_A^2}{n_A} + \frac{\sigma_B^2}{n_B}}$$

式中，$\sigma_A^2 = 2\,500$，$\sigma_B^2 = 3\,600$

（1）当置信度为95%时，$Z_{\alpha/2} = 1.96$，故此时的置信区间为

$$(4\,500 - 3\,250) \pm (1.96)\sqrt{\frac{2\,500}{25} + \frac{3\,600}{25}}$$

即 $1\,250 \pm 30.62 = (1\,219.38,\ 1\,280.62)$。

（2）当置信度为99%时，$Z_{\alpha/2} = 2.58$，故此时的置信区间为

$$(4\,500 - 3\,250) \pm (2.58)\sqrt{\frac{2\,500}{25} + \frac{3\,600}{25}}$$

即 $1\,250 \pm 40.30 = (1\,209.7,\ 1\,290.3)$。

从所得的结果看出，置信度越高，相应的估计精度就越差。

2. 两个总体的方差 σ_1^2、σ_2^2 未知情况下的估计

（1）两个总体均服从正态分布，且 $\sigma_1^2 = \sigma_2^2$

当 σ_1^2、σ_2^2 均未知时，此时的区间估计中仍有未知参数需要估计。设 $\sigma_1^2 = \sigma_2^2 = \sigma^2$，将两个样本中关于 σ^2 的信息联合起来估计 σ^2，这个联合估计量为

$$S_P^2 = \frac{(n_1 - 1)S_1^2 + (n_2 - 1)S_2^2}{n_1 + n_2 - 2} \tag{6.29}$$

这时估计量 $\overline{X}_1 - \overline{X}_2$ 的标准误差为

$$\sqrt{\frac{S_P^2}{n_1} + \frac{S_P^2}{n_2}} = S_P \sqrt{\frac{1}{n_1} + \frac{1}{n_2}} \tag{6.30}$$

可以证明

$$t = \frac{(\overline{X}_1 - \overline{X}_2) - (\mu_1 - \mu_2)}{S_P \sqrt{\frac{1}{n_1} + \frac{1}{n_2}}} \tag{6.31}$$

服从自由度为 $n_1 + n_2 - 2$ 的 t 分布。因此，当两个总体服从正态分布，它们的方差未知但相等时，两个总体均值之差 $\mu_1 - \mu_2$ 的 $1-\alpha$ 置信水平的置信区间为

$$(\overline{X}_1 - \overline{X}_2) \pm t_{\alpha/2}(n_1 + n_2 - 2) S_P \sqrt{\frac{1}{n_1} + \frac{1}{n_2}} \tag{6.32}$$

【例 6-10】 为了比较两位银行职员为新顾客办理个人结算账目的平均时间长度，

分别给两位职员随机安排了10位顾客,并记录下为每位顾客办理账单所需要的时间(分钟)。两位职员办理账单的样本均值和方差为:$\bar{X}_1 = 22.2$,$S_1^2 = 16.36$;$\bar{X}_2 = 28.5$,$S_2^2 = 18.92$。假定每位职员办理账单所需时间均服从正态分布,且方差相等。试求两位职员办理账单服务时间之差的95%的置信区间。

解:依题意知两个总体均为正态分布,方差相等但未知。$\mu_1 - \mu_2$ 的置信度为 $1-\alpha$ 的置信区间为

$$(\bar{X}_1 - \bar{X}_2) \pm t_{\alpha/2}(n_1 + n_2 - 2) S_P \sqrt{\frac{1}{n_1} + \frac{1}{n_2}}$$

式中,$\bar{X}_1 = 22.2$,$\bar{X}_2 = 28.5$,$S_1^2 = 16.36$,$S_2^2 = 18.92$,$n_1 = n_2 = 10$。

$$S_P = \sqrt{\frac{(n_1 - 1)S_1^2 + (n_2 - 1)S_2^2}{n_1 + n_2 - 2}}$$

$$= \sqrt{\frac{(10-1)(16.36) + (10-1)(18.92)}{10 + 10 - 2}}$$

$$= 4.2$$

$$t_{\alpha/2}(n_1 + n_2 - 2) = t_{0.025}(18) = 2.1$$

从而所求置信区间为

$$(22.2 - 28.5) \pm (2.1)(4.2)\sqrt{\frac{1}{10} + \frac{1}{10}}$$

即 -6.3 ± 3.90,从而置信区间为 $(-10.2, -2.4)$。该结果显示在95%的可靠程度下,第一个职员办理账单的平均时间比第二个职员少2.4分钟到10.2分钟之间。

(2)两个总体均服从正态分布,且 $\sigma_1^2 \neq \sigma_2^2$

当 σ_1^2、σ_2^2 未知且不相等时,自然用 S_1^2 和 S_2^2 分别估计 σ_1^2 和 σ_2^2,从而得到 $\sigma^2_{(\bar{x}_1 - \bar{x}_2)}$ 的估计为 $\left(\frac{S_1^2}{n_1} + \frac{S_2^2}{n_2}\right)$,但此时 $[(\bar{X}_1 - \bar{X}_2) - (\mu_1 - \mu_2)] / \sqrt{S_1^2/n_1 + S_2^2/n_2}$ 的抽样分布不服从自由度为 $(n_1 + n_2 - 2)$ 的 t 分布,而近似服从自由度为 f 的 t 分布。f 的计算公式为

$$f = \frac{\left(\frac{S_1^2}{n_1} + \frac{S_2^2}{n_2}\right)^2}{\frac{(S_1^2/n_1)^2}{n_1} + \frac{(S_2^2/n_2)^2}{n_2}} \tag{6.33}$$

如 f 不是整数,则取与 f 最接近的整数作为自由度的取值,也可用插值法求 t 分布分位数值。

这样 $\mu_1 - \mu_2$ 的置信度为 $(1-\alpha)$ 的近似区间估计为

$$(\bar{X}_1 - \bar{X}_2) \pm t_{\alpha/2}(f)\sqrt{\frac{S_1^2}{n_1} + \frac{S_2^2}{n_2}} \tag{6.34}$$

【例 6-11】 继续考虑例 6-10,假定两个总体的方差不等。此时,为了求出 $\mu_1 - \mu_2$ 的置信区间,首先计算出自由度如下

$$f = \frac{\left(\frac{16.36}{10} + \frac{18.92}{10}\right)^2}{\left(\frac{16.36}{10}\right)^2 \frac{1}{10} + \left(\frac{18.92}{10}\right)^2 \frac{1}{10}} = 19.9 \approx 20$$

则 $t_{0.025}(20) = 2.086$，从而所求 $\mu_1 - \mu_2$ 的近似的 95% 区间估计为

$$(22.2 - 28.5) \pm (2.086)\sqrt{\frac{16.36}{10} + \frac{18.92}{10}}$$

即 $(-10.2, -2.4)$。

从计算结果知所求近似区间估计与例 6-10 相同。

当两个总体不服从正态分布，且总体方差不相等时，若 n_1 和 n_2 很大，可运用中心极限定理，并将 S_1 和 S_2 分别作为 σ_1 和 σ_2 的估计值，构造 $\mu_1 - \mu_2$ 在 $(1-\alpha)$ 置信水平下的近似置信区间为

$$(\bar{X}_1 - \bar{X}_2) \pm Z_{\alpha/2}\sqrt{\frac{S_1^2}{n_1} + \frac{S_2^2}{n_2}} \tag{6.35}$$

（二）两个总体成数之差的置信区间

在社会经济问题的研究中，我们常常需要了解两个总体成数之差。例如，对两大企业、两个社会经济团体的某个经济指标的比例进行比较等。

设两个总体的成数分别为 ρ_1 和 ρ_2，为了估计 $\rho_1 - \rho_2$，分别从两个总体中各随机抽取容量为 n_1 和 n_2 的两个随机样本，并计算两个样本的成数 P_1 和 P_2。这样就可以按通常的方式构造一个区间估计值。可以证明，当 n_1 和 n_2 都很大，而且总体成数不太接近 0 或 1 时，$P_1 - P_2$ 的抽样分布近似服从正态分布，且

$$\mu = \rho_1 - \rho_2 \tag{6.36}$$

$$\sigma = \sqrt{\frac{\rho_1(1-\rho_1)}{n_1} + \frac{\rho_2(1-\rho_2)}{n_2}} \tag{6.37}$$

从而 $\rho_1 - \rho_2$ 的置信度为 $(1-\alpha)$ 的置信区间为

$$(P_1 - P_2) \pm Z_{\alpha/2}\sqrt{\frac{\rho_1(1-\rho_1)}{n_1} + \frac{\rho_2(1-\rho_2)}{n_2}} \tag{6.38}$$

但由于 ρ_1、ρ_2 均未知，故上述区间中的 ρ_1 和 ρ_2 需要用 P_1 和 P_2 代替，此时，ρ_1 和 ρ_2 的置信度为 $(1-\alpha)$ 的近似置信区间为

$$(P_1 - P_2) \pm Z_{\alpha/2}\sqrt{\frac{P_1(1-P_1)}{n_1} + \frac{P_2(1-P_2)}{n_2}} \tag{6.39}$$

【例 6-12】 某饮料公司对其所做的报纸广告在两个城市的效果进行了比较，该公司从两个城市中分别随机调查了 1 000 个成年人，其中看过该广告的成数分别为 $P_1 = 0.18$ 和 $P_2 = 0.14$，试求两个城市成年人中看过该广告的成数之差的 95% 的置信区间。

解：由于样本容量 $n_1 = n_2 = 1 000$，属于大样本容量

$$P_1 = 0.18, \quad 1 - P_1 = 0.82, \quad 1 - \alpha = 0.95$$
$$P_2 = 0.14, \quad 1 - P_2 = 0.86, \quad Z_{\alpha/2} = 1.96$$

故置信区间为

$$(0.18 - 0.14) \pm 1.96 \sqrt{\frac{(0.18)(0.82)}{1\,000} + \frac{0.14(0.86)}{1\,000}}$$

即 (0.0079, 0.0721)。而我们以 95% 的把握估计两个城市成年人中看过该广告的成数差在 0.79% 和 7.21% 之间。

四、样本容量的确定

在前面的讨论中，我们都假定样本容量 n 是已知的，但是在实际问题中，需要自己动手设计调查方案，这时，如何决定样本容量大有学问。如果 n 选得过大，会增加成本；如果 n 选得过小，会使抽样误差增大。样本容量的大小主要取决于两个考虑：第一，我们要求多高的精度，就是希望估计值与真值接近到什么程度，即想构造多宽的区间；第二，我们想要多大的置信度，即想要多大的可靠度。

（一）估计总体均值时，样本容量的确定

在总体均值的区间估计里，对于正态总体和大样本时的非正态总体，其置信区间是由下式确定的

$$\overline{X} \pm Z_{\alpha/2} \frac{\sigma}{\sqrt{n}}$$

在一定的置信水平 α 下，用样本均值估计总体均值时所允许的最大绝对误差，称为允许误差，用 Δ 表示。显然，若以 X 的取值为原点，则允许误差 Δ 可以表示为

$$\Delta = Z_{\alpha/2} \frac{\sigma}{\sqrt{n}} \qquad (6.40)$$

式（6.40）反映了允许误差 Δ、可靠性系数 $Z_{\alpha/2}$、总体标准差 σ 与样本容量之间的相互制约关系。只要这四个因素中的任意三个因素确定，另一个因素也就确定了。

那么，若已知可靠性系数 $Z_{\alpha/2}$ 和总体标准差 σ，并给出了允许误差 Δ，必要样本容量可由下式给出

$$n = Z_{\alpha/2}^2 \frac{\sigma^2}{\Delta^2} \qquad (6.41)$$

由式（6.41）可以看到必要样本容量 n 与允许误差、可靠性系数、总体标准差有以下关系：

（1）总体方差越大，必要的样本容量 n 越大。即必要样本容量 n 与总体方差成正比。

（2）必要的样本容量 n 反比例于允许误差 Δ^2。即在给定置信水平下，允许误差越大，样本容量就越小；允许误差越小，样本容量就越大。

（3）必要的样本容量 n 与可靠性系数成正比。也就是说，我们要求的可靠程度越高，样本容量就应该越大；我们要求的可靠程度越低，样本容量就可以越小。

【例 6-13】 某企业想估计其职工上个月上下班花在路途上的平均时间。经验表明，总体标准为 4.3 分钟。以置信度 95% 的置信区间进行估计，并使估计值处在真正平

均值附近 1 分钟的误差范围之内。该企业应抽取多大的样本？

解：已知 $\sigma = 4.3$，$\alpha = 0.05$，$Z_{\alpha/2} = 1.96$，$\Delta = 1$

$$n = Z_{\alpha/2}^2 \frac{\sigma^2}{\Delta^2} = \frac{(1.96)^2 \times (4.3)^2}{1^2} = 71.03 \approx 72$$

该企业应抽取 72 名职工为样本。

（二）估计总体成数时，样本容量的确定

估计总体成数时，允许误差为

$$\Delta = Z_{\alpha/2} \sqrt{\frac{1}{n} \rho (1-\rho)} \tag{6.42}$$

与估计总体均值唯一不同的是用 $\rho(1-\rho)$ 代替 σ^2。由式（6.42）可得出估计总体成数时确定必要样本容量的公式。由于总体成数 ρ 是未知的，因此需要用样本成数 P 代替

$$n = Z_{\alpha/2}^2 \frac{\rho(1-\rho)}{\Delta^2} \approx Z_{\alpha/2}^2 \frac{P(1-P)}{\Delta^2} \tag{6.43}$$

【例 6-14】 一家市场调研公司想估计某地区有彩色电视机的家庭所占的比例。该公司希望对 ρ 的估计误差不超过 0.05，要求可靠程度为 95%，应取多大容量的样本？没有可以利用的 P 估计量。

解：对于服从二项分布的随机变量，当 $P = 0.5$ 时，其方差达到最大值。因此，在无法得到 P 值时，可以用 $P = 0.5$ 计算。这样得出的必要样本容量虽然可能比实际需要的容量大一些，但可以充分保证有足够高的置信水平和尽可能小的置信区间。

已知 $\alpha = 0.05$，$Z_{\alpha/2} = 1.96$，$\Delta = 0.05$。由于 P 的估计值未知，我们可以采用 $P = 0.5$，计算必要的样本容量

$$n = Z_{\alpha/2}^2 \frac{P(1-P)}{\Delta^2} \approx \frac{(1.96)^2 (0.5)(1-0.5)}{(0.05)^2} = 385$$

故为了以 95% 的置信度保证估计误差不超过 0.05，应取 385 户进行调查。

思考与练习

一、选择题

1. 不重复抽样平均误差（　　）。
   - A. 总是大于重复抽样平均误差
   - B. 总是小于重复抽样平均误差
   - C. 总是等于重复抽样平均误差
   - D. 以上情况都可能发生

2. 抽样平均误差的实质是（　　）。
   - A. 总体标准差
   - B. 抽样总体的标准差
   - C. 抽样误差的标准差
   - D. 样本平均数的标准差

3. 抽样平均误差与极限误差间的关系是（　　）。
   - A. 抽样平均误差大于极限误差

B. 抽样平均误差小于极限误差

C. 抽样平均误差等于极限误差

D. 抽样平均误差可能大于、等于或小于极限误差

4. 用样本指标估计总体指标，要求当样本单位数充分大时，抽样指标也充分地靠近总体指标，称为抽样估计的（　　）。

A. 无偏性　　　　B. 一致性　　　　C. 有效性　　　　D. 充分性

5. 在重复的简单随机抽样中，当概率保证程度（置信度）从68.27%提高到95.45%时（其他条件不变），必要的样本容量将会（　　）。

A. 增加1倍　　　B. 增加2倍　　　C. 增加3倍　　　D. 减少一半

6. 影响类型抽样误差的大小主要是（　　）。

A. 组间方差　　　B. 组内方差　　　C. 总体方差　　　D. 样本方差

7. 类型抽样一般运用于（　　）。

A. 总体各单位在某标志上的分布比较均匀的场合

B. 总体各单位标志值变异很大的场合

C. 总体各单位可以进行编号的场合

D. 具有抽样框的场合

8. 在其他条件不变的情况下，抽样单位数增加一半，则抽样平均误差（　　）。

A. 缩小为原来的81.6%　　　　　　B. 缩小为原来的50%

C. 缩小为原来的25%　　　　　　　D. 扩大为原来的4倍

9. 在类型抽样分组时，应尽量做到（　　）。

A. 缩小总体方差　　　　　　　　　B. 扩大总体方差

C. 扩大组间方差，缩小组内方差　　D. 缩小组间方差，扩大组内方差

10. 整群抽样分组的作用在于（　　）。

A. 扩大群内，缩小群间差异程度　　B. 缩小群内，扩大群间差异程度

C. 扩大总体方差　　　　　　　　　D. 缩小总体方差

11. 抽样推断中，常用的总体参数有（　　）。

A. 统计量　　　B. 总体均值　　　C. 总体成数　　　D. 总体方差

E. 总体标准差

12. 影响抽样误差大小的因素有（　　）。

A. 样本各单位标志值的差异程度　　B. 总体各单位标志值的差异程度

C. 样本单位数　　　　　　　　　　D. 抽样方法

E. 抽样调查的组织形式

13. 总体参数的区间估计必须同时具备的三个要素是（　　）。

A. 样本单位数　　　　　　　　　　B. 抽样指标——总体指标的估计值

C. 抽样误差范围　　　　　　　　　D. 概率保证程度

E. 抽样平均误差

14. 抽样估计的抽样平均误差（　　）。

A. 是不可避免要产生的　　B. 是可以通过改进调查方法消除的
C. 是可以事先计算的　　　D. 只有调查结束之后才能计算
E. 其大小是可以控制的

15. 对于总体、样本及其指标的认识：（　　）。

A. 总体是唯一确定的，样本是随机的　　B. 总体指标是确定不变的
C. 抽样指标是样本变量的函数　　　　　D. 抽样指标也是随机变量
E. 抽样指标是确定不变的

16. 在抽样推断中，样本就是（　　）。

A. 抽样框　　　　　　　　　　　　B. 推断对象的总体
C. 子样　　　　　　　　　　　　　D. 样本个数
E. 代表总体的那部分单位的集合体

17. 确定样本容量时，一般采用（　　）的方法取得近似的总体方差估计值。

A. 参考以往调查的经验资料
B. 以试点调查的样本方差来估计
C. 在做成数估计时，用成数方差最大值 0.25 来代替
D. 根据总体的分布及其数学性质加以推算
E. 假定总体不存在标志变异，方差为零

二、证明题

1. 以样本估计方差 $s^2 = \dfrac{\sum (X - \bar{X})^2}{n-1}$ 作为总体方差 σ^2 的估计量，为什么分母是 $n-1$，而不是 n？说明理由。

2. 设总体 X 具有在区间 $[a,b]$ 上的均匀分布，其分布密度函数为

$$f(X) = \begin{cases} \dfrac{1}{b-a}, & a \leq X \leq b \\ 0, & 其他 \end{cases}$$

其中 a,b 是未知参数，试用矩估计法求 a 与 b 的估计量。

三、计算题

1. 随机地从一批钉子中抽取 16 枚，测得其长度（单位：cm）为 2.14，2.10，2.13，2.15，2.13，2.12，2.13，2.10，2.15，2.12，2.14，2.10，2.13，2.11，2.14，2.11。设钉长分布为正态分布，试求总体平均数 μ 的置信水平为 90% 的置信区间：(1) 已知 $\sigma = 0.01$（cm）；(2) 若 σ 未知。

2. 从一批电子管中抽取 100 支，若抽取的电子管的平均寿命为 1 000 小时，标准差 σ 为 40 小时，试求整批电子管的平均寿命的置信区间（置信水平为 95%）。

3. 在一项家计调查中，我们欲了解居民拥有某一品牌的空调情况。今随机抽取 200 户居民，调查发现拥有该品牌空调的家庭占到 23%。求总体比例的置信区间，置信水平

分别为 90% 和 95%。

4. 从两个总体中分别抽取两个独立的随机样本，它们的均值和标准如下表：

来自总体 1 的样本	来自总体 2 的样本
$n_1 = 14$	$n_2 = 7$
$\overline{X}_1 = 53.2$	$\overline{X}_2 = 43.4$
$s_1^2 = 96.8$	$s_2^2 = 102.0$

试求 $\mu_1 - \mu_2$ 分别在 90% 和 95% 置信水平下的置信区间。

5. 某一个居民小区共有居民 500 户，小区管理者准备采取一项新的供水措施，想了解居民是否赞成。采取重复抽样的方式随机抽取了 50 户，其中有 32 户赞成，18 户反对。求：（1）总体中赞成该项改革的户数比例的置信区间，置信水平为 95%；（2）如果小区管理者预计赞成的比例能达到 80%，应该抽取多少户进行调查？

6. 从两个总体中各抽取 $n_1 = n_2 = 250$ 的独立随机样本，来自总体 1 的样本成数为 $P_1 = 40\%$，来自总体 2 的样本成数为 $P_2 = 30\%$。试求总体 $\rho_1 - \rho_2$ 分别在 90% 和 95% 置信水平的置信区间。

7. 对于方差 σ^2 为已知的正态总体，问抽取容量 n 为多大的样本，才能使得总体平均数 μ 的置信水平为 $1-\alpha$ 的置信区间的长度不大于 L？

8. 测得一批钢件 20 个样品的屈服点如下表：

单位：吨/cm²

4.98	5.11	5.20	5.20	5.11	5.00	5.61	4.88	5.27	5.38
5.46	5.27	5.23	4.96	5.35	5.15	5.35	4.77	5.38	5.54

设屈服点服从正态分布，试求 μ 和 σ^2 置信水平为 95% 的置信区间。

第七章

假设检验

第一节 假设检验的基本原理

一、假设检验的基本原理

假设检验是统计推断的另一项重要组成部分，是参数估计的延续，是对参数估计在统计上的验证与补充。它首先对考察总体的分布形式或总体的某些未知参数事先作出某些假设，然后根据检验对象构造合适的检验统计量并经过数理统计分析，确定在假设下该检验统计量的抽样分布；在给定的显著性水平下，从抽样分布中得出鉴别对原先假设的拒绝域和接受域的临界值；之后由所抽取的样本资料计算样本统计量，并将样本统计量与临界统计量进行比较，从而对所提出的原假设作出统计判断：是接受还是拒绝原假设，也就是从样本中所蕴涵的信息对总体情况进行判断。

假设检验遵循的推断依据是统计中的小概率原理：小概率事件在一次试验中几乎是不会发生的。举个例子来说，在 10 000 件产品中，如果只有 1 件是次品，那么可以得知，在一次试验中随机抽取 1 件产品，它为次品的概率就为 0.01%，此概率是非常小的。或者是说，在一次随机抽样试验中，次品几乎是不会被抽到的。反过来，如果从这批产品中随机抽取 1 件，恰好是次品，那么，我们就有理由怀疑该批产品的次品率不是很小，否则就不会那么容易地抽到次品。因此，有足够的理由否认该批产品的次品率很低的假设。

通常概率要多大才能算得上是小概率呢？假设检验中把这个小概率称为显著性水平 α，其取值的大小与我们能否作出正确判断有着相当大的关系。然而，α 的取值并没有固定的标准，只能根据实际需要来确定。一般地，α 取 0.05（5%），对于一些比较严格的情况，例如在一些高精密质量检验的假设检验中，它可以取 0.01 或者更小。α 越小，所作出的拒绝原假设的判断的说服力就越强。当然，不管 α 有多么小，也不能代表小概率事件没有发生的可能，这也正是假设检验与数学上"反证法"的不同之处。所以，拒绝或者接受都只是就统计意义而言，并不是完全意义上的拒绝或接受。这一点在学习假设检验过程中是容易被疏忽的。

事先建立假设是假设检验中的一项关键工作，它包括原假设和备选假设两部分。原假设建立在假定原来总体没有发生变化的基础之上，也就是总体参数没有显著变化。备选假设是原假设的对立，是在否认原假设之后所要接受的内容，通常是我们真正感兴趣的一个判断。例如在上面的例子中，如果想确认次品率是否为 0.01%，我们可以分别建立原假设和备选假设为：$H_0: \rho_0 = 0.01\%$，$H_1: \rho_0 \neq 0.01\%$；如果我们想确认次品率是否大于（小于）0.01%，那么对应的备选假设为：$H_1: \rho_0 > 0.01\%$（或 $\rho_0 < 0.01\%$），原假设与前面相同。由此可见，备选假设与原假设的建立不是随意的，而是根据研究需要来确定。

应当指出，在假设检验中，相对而言，当原假设被拒绝时，我们能够以较大的把握肯定备选假设的成立；而当原假设不能被拒绝时，我们并不能断定原假设确实成立。例如，当给定的 α 为 0.01 时，如果检验统计量的取值落入其发生概率不超过 0.04 但又大于 0.01 的区域时，我们不能拒绝原假设。但事实上，在原假设成立的前提下，其发生的概率最多只有 0.04，因此难以断定原假设成立。如果将显著水平定为 0.05，则原假设就会被拒绝。

假设检验按照检验内容的不同，可以分为参数检验和非参数检验。对已知总体分布的某个未知参数进行的检验，称为参数检验；对总体的分布形式进行的检验，称为非参数检验。本章将分别对这两类检验进行介绍。

二、假设检验的规则与两类错误

（一）假设检验的规则

综合上面假设检验的原理分析，给出假设检验的步骤：

1. 根据实际应用问题，确定合适的原假设 H_0 和备选假设 H_1；
2. 确定检验统计量，通过数理统计分析确定该统计量的抽样分布；
3. 给定检验的显著性水平 α，在原假设成立的条件下，结合备选假设的定义，由检验统计量的抽样分布情况求出相应的临界值，该临界值为原假设的接受域与拒绝域的分界值；
4. 从样本资料计算检验的样本统计量，并将其与临界值进行比较，判断是否接受或拒绝原假设。

在上面的步骤中，对检验统计量抽样分布的确认属于高深的概率数理统计内容，此处我们不作探讨。

从检验程序我们可以看出，统计量的取值范围可以分为接受域和拒绝域两个区域。拒绝域正就是统计量取值的小概率区域。按照我们将这个拒绝域安排在所检验统计量的抽样分布的某一侧还是两端，可以将检验分为单侧检验和双侧检验；单侧检验中，又可以根据拒绝域是在左侧还是在右侧而分为左侧检验和右侧检验。如图 7-1 所示。

图中的阴影部分为拒绝域，对应的分别是双侧、左单侧、右单侧检验。

实际应用中，是采用双侧检验还是单侧检验？单侧检验中，是采用左单侧还是右单

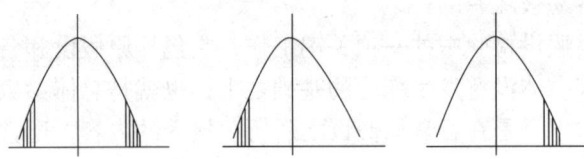

图 7-1 双侧检验与单侧检验

侧呢？例如，某公司采取了新的销售方案，我们想检验新方案下销售收入是否与实施前的有差异，即是否等同于原来的销售收入水平，对该情况的检验就是双侧检验。如果我们想检验新方案下的销售收入水平是否有所提高，此时检验就转化为单侧检验了，而且是右侧检验。同理，如果想检验收入水平是否低于实施前的收入水平，就要采用单侧检验中的左侧检验。也就是说，选用双侧、左侧或右侧检验时，要结合备选假设来考虑。又如，前面提到的次品率的例子中，如果备选假设为 $H_1: \rho_0 \neq 0.01\%$，就是双侧检验；如果备选假设为 $H_1: \rho_0 <$（或 $>$）0.01%，就属于左（右）单侧检验。

在检验规则中，我们经常碰到两种重要的检验方法：Z 检验与 t 检验。

1. Z 检验。又称为正态分布检验，该检验认为所检验的统计量服从正态分布。例如，从正态分布总体中抽取一个样本，则样本均值 $\overline{X}$ 服从正态分布 $N(\mu, \sigma_{\bar{x}}^2)$；从一般非正态分布总体中抽样，当样本容量 n 很大时，样本均值 $\overline{X}$ 近似地服从正态分布 $N(\mu, \sigma_{\bar{x}}^2)$，其中 $\overline{X} = \dfrac{\sum X}{n}$，$\sigma_{\bar{x}} = \dfrac{\sigma}{\sqrt{n}}$，$\sigma$ 为总体标准差。因为统计量 $Z = \dfrac{\overline{X} - \mu}{\sigma/\sqrt{n}} \sim N(0,1)$，所以我们可以利用标准正态分布来进行检验。根据给定的显著性水平，从标准正态分布的临界表中查得临界值 $Z_{\alpha/2}$ 或 Z_α，将 Z 统计量的取值与临界值进行比较以判断能否拒绝原假设。

2. t 检验。在检验中，当总体的标准差 σ 未知时，需要用样本标准差 $S = \sqrt{\dfrac{\sum(X-\overline{X})^2}{n-1}}$ 来代替，从而构成统计量 $t = \dfrac{\overline{X}-\mu}{s/\sqrt{n}} \sim t_{\alpha/2}(n-1)$。同样，从 t 分布的临界表中查得临界值 $t_{\alpha/2}$ 或 t_α，并将样本统计量的 t 值与其比较作出判断。

（二）p 值检验

在上面的检验步骤中，判断最后是接受原假设还是拒绝原假设的依据是，计算的样本统计量的数值与检验统计量的临界值的大小比较。此外，我们也可以根据计算的概率值 p 来判断能否拒绝原假设，这就是 p 值检验。现在在众多流行的统计计量软件中（如 SAS，SPSS，Excel 等），最后的结果表中都给出了 p 值。

p 值检验的原理：建立原假设后，在假定原假设成立的情况下，参照备选假设，可以计算出检验统计量超过或者小于（还要依照分布的不同、单侧检验、双侧检验的差异而定）由样本所计算出的检验统计量的数值的概率，这便是 p 值。而后将此 p 值与事先给出的显著性水平 α 进行比较，如果 p 值小于 α，也就是说，原假设对应的为小概率事件，根据上述的小概率原理，我们就可以否定原假设，而接受对应的备选假设；如果 p

值大于 α，我们就不能否定原假设。

例如，对应上面的 Z 检验中，如果是双侧检验，根据上面的说明，可以计算 $p = P\left\{\left|\dfrac{\overline{X}-u}{\sigma/\sqrt{n}}\right| > Z_{\alpha/2}\right\}$，若 $p \leqslant \alpha$，那么我们就可以否认原假设，反之不能否定原假设。p 值检验与前面介绍的方法得出的结论是一致的。

(三) 两类错误

在假设检验中，对假设的检验判断是根据按样本实际资料所计算的统计量的值与临界值的比较作出的。由于样本的随机性、样本信息的分散性等原因，这种合理的"以偏概全"式的假设检验，总是无法让我们百分百地肯定所作出结论的正确性。也就是说，我们有可能会作出错误的判断，这种风险是客观存在的。

例如，实际上依据真实总体情况，我们应该接受原假设 H_0，但根据样本信息，却作出拒绝 H_0 的错误结论，这种错误被称为"弃真"错误；此外，我们也可能犯这样的错误：实际的总体情况是应该拒绝原假设，而我们却接受了它，称此为"纳伪"错误。

对于上述两类错误，我们都希望尽量减少其发生的概率，因此，需要对它们的概率进行简要分析。在假设中，我们给出了显著性水平 α（概率值），在"小概率事件是几乎不会发生的"原理上，如果样本资料的信息与总体信息之间的差异出现的概率小于等于 α，那么可以认为在一次试验中该事件不会发生（发生的可能性 α 很小），从而我们就拒绝了原假设。这就是说，有 α 的可能性发生原假设是真实的却被拒绝的情况。所以，显著性水平 α 就是我们犯"弃真"错误的可能性大小。α 越小，犯"弃真"错误的可能性就越小。因而，可以根据实际需要对显著性水平 α 加以控制，一般取 $\alpha = 0.05$（或者 $\alpha = 0.1$），这就保证犯"弃真"错误的可能性不超过 5%（或者 1%）。如果要求更加严格，α 可取更小的数值。

通常记 β 为犯"纳伪"错误的可能性大小。由于两类错误是一对矛盾，在其他条件不变的情况下，减少犯"弃真"错误的可能性 (α)，势必增大犯"纳伪"错误的可能性 (β)，也就是说，β 的大小和显著性水平 α 的大小呈相反方向变化。

两类错误发生的概率 α、β 的相对关系可由下面的图形来表示：

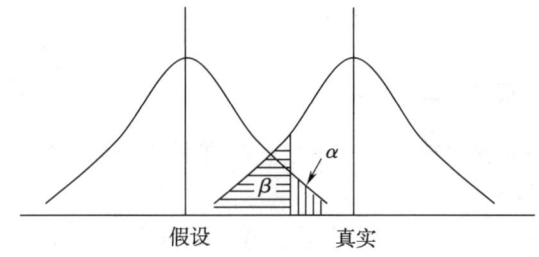

图 7-2 两类错误

从图 7-2 中我们也可以看出，当真实分布与待判别分布越远离时，在 α 一定的情况下，β 将越小。也就是说，当差别比较明显时，我们犯错误的可能性会更小；反之则反是。

表7-1 假设检验两类错误

	接 受	拒 绝
原假设为真	正确的结论（1-α）	"弃真"错误（α）
原假设为假	"纳伪"错误（β）	正确的结论（1-β）

三、检验功效

由于 β 为犯"纳伪"错误的可能性大小，或者说 β 表示出现接受不真实的原假设的结论的概率，那么 $1-\beta$ 就是指出现拒绝不真实的原假设的概率。若 $1-\beta$ 的数值越接近于1，表明不真实的原假设几乎都能够被拒绝。诚然，如果 $1-\beta$ 的数值接近于0，表明犯"纳伪"错误的可能性很大。因此，$1-\beta$ 可以用来表明所做假设检验工作好坏的一个指标，我们称之为检验功效，它的数值表明我们作出正确决策的概率为 $1-\beta$。

一个好的检验法则总是希望犯两类错误的可能性 α 与 β 都很小，但是这在一般场合下是很难实现的。要使得 α 小，必然导致 β 大；若要使 β 小，必导致 α 增大。

在实际检验中，一般首先控制犯"弃真"错误的概率，也就是事先给出的显著性水平 α 的数值尽量地小，在其他条件不变的情况下，增加犯"纳伪"错误的可能性，即 β 增大，从而使得检验功效（$1-\beta$）减弱。在此情况下，如何增强检验功效？解决的唯一办法是增大样本容量，这样既能保证满足取得较小的 α，又能取得较小的 β 值，一举两得。然而，实际上样本容量的取得是有限制的，只能根据实际来确定。

第二节 总体参数假设检验

总体参数假设检验就是检验已知分布形式（本节主要考虑正态分布）的总体的某些参数（例如均值或者方差）是否与事先所做的假设存在显著性差异，又称为显著性检验。主要包括对总体均值和总体方差的假设检验。本节分各种情况对这两方面的检验进行介绍。

一、总体均值的假设检验

总体均值的假设检验就是检验由样本信息所推断的当前总体均值是否与事先假设的总体均值存在显著性差异。

设样本 $X_1, X_2, \cdots, X_n$ 来自于正态总体 $N(\mu, \sigma^2)$，样本均值为 $\overline{X}$，样本的标准差为 S^2，考虑均值 μ 的检验问题。

（一）总体方差 σ^2 已知

对于双侧检验，建立的假设为

$$H_0: \mu = \mu_0, \qquad H_1: \mu \neq \mu_0$$

式中，μ_0 为一个给定已知的常数。

对于左（右）单侧检验来说，建立的假设为

$$H_0: \mu = \mu_0, \qquad H_1: \mu < （或 >）\mu_0$$

可以利用上面介绍过的 Z 检验法，构造检验统计量

$$Z = \frac{\overline{X} - \mu_0}{\frac{\sigma}{\sqrt{n}}} \tag{7.1}$$

在原假设成立的条件下，该统计量的分布为：$Z \sim N(0, 1)$。

从而在给定的显著性水平 α 下，我们可从标准正态分布表中查得临界值 $Z_{\alpha/2}$（对应于左、右单侧检验的临界值分别为 $-Z_\alpha$ 和 Z_α）。

根据样本资料及假设，计算出样本统计量的值 Z。这样，我们便可以得出原假设的拒绝域为

$$|Z| > Z_{\alpha/2}（对双侧检验而言）$$
$$Z < -Z_\alpha（对于左单侧检验而言）$$
$$Z > Z_\alpha（对于右单侧检验而言）$$

当 Z 值处于拒绝域中时，我们就可拒绝原假设，否则不能拒绝原假设。

（二）**总体方差 σ^2 未知**

总体方差 σ^2 未知时，均值 μ 的假设检验类似上面方差 σ^2 已知时的做法。

对于双侧检验，建立的假设为

$$H_0: \mu = \mu_0, \qquad H_1: \mu \neq \mu_0$$

对于左（右）单侧检验来说，建立的假设为

$$H_0: \mu = \mu_0, \qquad H_1: \mu < （或 >）\mu_0$$

只是在构造检验统计量时，不是利用 Z 检验法，而是在原假设成立的条件下，利用 t 检验法，构造检验统计量

$$t = \frac{\overline{X} - \mu_0}{\frac{S}{\sqrt{n}}} \sim t(n-1) \tag{7.2}$$

式中，$S = \sqrt{\sum_{i=1}^{n} \frac{(X_i - \overline{X})^2}{n-1}}$，为样本标准差。$t$ 统计量就是用样本标准差 S 来代替 Z 统计量中未知的总体标准差 σ。

对于临界值，在 t 分布表中查得临界值 $t_{\alpha/2}(n-1)$（双侧检验）、$-t_\alpha(n-1)$（左单侧检验）、$t_\alpha(n-1)$（右单侧检验）。

根据样本资料及假设，计算出样本统计量的值 t。这样，可以得出对原假设的拒绝域为：样本统计量的值 t 满足

$$|t| > t_{\alpha/2}(n-1)（双侧检验）$$
$$t < -t_\alpha(n-1)（左单侧检验）$$
$$t > t_\alpha(n-1)（右单侧检验）$$

当 t 值落入拒绝域,就拒绝原假设,否则不能拒绝原假设。

这里应该注意的是,在实际中不能够确定总体是否满足正态分布,但是样本容量 n 很大。根据中心极限定理,该总体分布近似服从正态分布,对该总体均值的检验可以依据上面总体方差未知的程序来进行。对于小样本情况,我们也根据上面的 t 检验来进行。

【例 7-1】 为了考察某种类型电子元件的使用寿命情况,假定该电子元件使用寿命的分布为正态分布。而且根据历史记录得知该分布的参数为:平均使用寿命 μ 为 100(小时),标准差 $\sigma = 10$(小时)。现在随机抽取 100 个该类型的元件,测得平均寿命为 102(小时),给定显著性水平 $\alpha = 0.05$,问该类型电子元件的使用寿命是否有明显的提高。

解:此题为单侧检验,且是右单侧检验。

以 μ 表示元件的平均使用寿命(小时),则

(1) 建立假设

$H_0: \mu = 100$,即平均使用寿命无明显变化;

$H_1: \mu > 100$,即使用寿命有明显提高。

(2) 确定检验统计量及其分布

$$Z = \frac{\overline{X} - \mu}{\frac{\sigma}{\sqrt{n}}} \sim N(0,1)$$

(3) 确定临界值

右单侧检验的临界值为 Z_α。由于给定的显著性水平 $\alpha = 0.05$,那么双侧概率水平为 $2 \times 0.05 = 0.1$,则 $F(Z_\alpha) = 1 - 0.1 = 0.9$,查正态分布概率表得到 $Z_\alpha = 1.645$,即为临界值。

(4) 计算样本统计量并判断

根据样本资料,计算样本统计量:

$$Z = \frac{\overline{X} - \mu}{\frac{\sigma}{\sqrt{n}}} = \frac{102 - 100}{\frac{10}{\sqrt{100}}} = 2$$

由于计算的样本统计量 $Z > 1.645$,所以拒绝原假设 H_0,可以认为该类型电子元件的使用寿命确实有所提高。

【例 7-2】 在上例中,如果抽出 100 个样本元件,测得其平均使用寿命为 98(小时),其余条件相同,试问该类型元件的使用寿命是否有显著性下降。

解:此例为左单侧检验问题。

(1) 建立的假设检验为

$H_0: \mu = 100$,无明显变化; $H_1: \mu < 100$,有显著性下降。

(2) 确定检验统计量及其分布

在原假设成立的条件下,检验统计量为

$$Z = \frac{\overline{X} - \mu}{\frac{\sigma}{\sqrt{n}}} \sim N(0,1)$$

(3) 确定临界值

此时左侧临界值为 $-Z_\alpha$，根据上面的结果，得到临界值为 $-Z_\alpha = -1.645$

(4) 计算样本统计量并作出判断：

样本统计量为

$$Z = \frac{\overline{X} - \mu}{\frac{\alpha}{\sqrt{n}}} = \frac{98 - 100}{\frac{10}{\sqrt{100}}} = -2$$

由于 $-2 < -1.645$，所以拒绝原假设 H_0，说明该类型元件的使用寿命有显著性下降。

【例 7-3】 某糖果生产基地，生产的标准是每袋糖果净重为 500（克）。今从一批产品中抽出 10 袋，实际测得每袋糖果的净重（克）为：

512 503 498 507 496 489 499 501 496 506

给定显著性水平 $\alpha = 0.01$，试问该批糖果的生产是否正常。

解：该例中，检验的问题是糖果净重是否符合 500 克的标准，属于双侧检验问题。

(1) 建立假设

$$H_0: \mu = 500, H_1: \mu \neq 500$$

(2) 确定临界值

由于是双侧检验，所以应该有两个临界值：上临界值、下临界值。又因总体的标准差 σ 未知，需要用样本标准差 S 来代替，因此，统计量服从的是自由度 $\nu = n - 1$ 的 t 分布，而非正态分布。此例中 $n = 10$，$\alpha = 0.01$，则自由度 $\nu = 10 - 1 = 9$，查 t 分布表得到，上临界值 $t_{\alpha/2}(\nu) = t_{0.005}(9) = 3.25$，由于分布的对称性，下临界值为 $-t_{\alpha/2}(\nu) = -t_{0.005}(9) = -3.25$。

(3) 计算样本统计量

在计算样本统计量之前，需要先计算样本均值和样本标准差：

样本均值：$\overline{X} = \frac{\sum X}{n} = \frac{5\,007}{10} = 500.7$（克）

样本标准差：$S = \sqrt{\frac{\sum (X - \overline{X})^2}{n-1}} = \sqrt{\frac{392.1}{10-1}} = 6.601$（克）

检验的样本统计量：$t = \frac{\overline{X} - \mu}{S/\sqrt{n}} = \frac{500.7 - 500}{6.601/\sqrt{10}} = 0.335$

(4) 判断

根据样本计算的统计量 $t = 0.335 \in [-3.25, 3.25]$，所以不能拒绝原假设，也即在 99% 的置信度下，可以认为该批生产正常。

【例 7-4】 承上例，假定所要检验的是该批生产是否显著地高于标准。

解：这样检验问题就变为单侧检验了，而且是右单侧问题。

(1) 建立假设
$$H_0: u \leq 500, \quad H_1: u > 500$$

(2) 确定临界值

由于是单侧检验,所以只有一个临界值;$n=10$,$\alpha=0.01$,查表得到该临界值为 $t_\alpha(\nu) = t_{0.01}(9) = 2.821$。

(3) 计算样本统计量

跟上例的计算一样,此处略,得到样本统计量 $t = 0.335$。

(4) 判断

由于实际的样本统计量 $t = 0.335 <$ 临界值 $t_{0.001}(9) = 2.821$,所以不能拒绝原假设,可以认为该类生产没有显著地高于标准。该结论与上例的结论相符。

二、两个总体均值之差的检验

两个总体均值之差的检验就是对两个不同总体的均值之间的差异性是否显著所进行的检验。为了分析的简化与方便,我们假定 x 是取自于均值为 μ_x、方差为 σ_x^2 的正态总体 X 的一个样本,y 是取自于均值为 μ_y、方差为 σ_y^2 的正态总体 Y 的一个样本,样本容量分别为 n_1、n_2,且假定此两样本相互独立。$\bar{X}$、$\bar{Y}$、S_x^2、S_y^2 为对应的样本均值与样本方差,显著性水平为 α。下面我们分总体方差已知和未知两种情况,来分析总体均值的差异显著性检验。

(一) 两总体方差 σ_x^2、σ_y^2 已知

(1) 双侧检验

原假设为 $H_0: \mu_x = \mu_y$,备选假设为 $H_1: \mu_x \neq \mu_y$

根据上面的假定和抽样分布理论,我们可以得到

$$Z = \frac{(\bar{X} - \bar{Y}) - (\mu_x - \mu_y)}{\sqrt{\frac{\sigma_x^2}{n_1} + \frac{\sigma_y^2}{n_2}}} \sim N(0,1) \tag{7.3}$$

所以在原假设成立下,构造的检验统计量为

$$Z = \frac{\bar{X} - \bar{Y}}{\sqrt{\frac{\sigma_x^2}{n_1} + \frac{\sigma_y^2}{n_2}}} \sim N(0,1) \tag{7.4}$$

在显著性水平 α 下,我们查标准正态分布表得到临界值 $Z_{\alpha/2}$。将样本资料代入所构造的检验统计量,得到样本统计量 Z。若 $|Z| > Z_{\alpha/2}$,则拒绝原假设;反之,则不能拒绝原假设。

(2) 左单侧检验

原假设为 $H_0: \mu_x = \mu_y$,备选假设为 $H_1: \mu_x < \mu_y$

此时从标准正态分布表查得的临界值为 Z_α。检验的拒绝域为 $Z < -Z_\alpha$。

(3) 右单侧检验

原假设为 $H_0: \mu_x = \mu_y$,备选假设变为 $H_1: \mu_x > \mu_y$

此时的临界值也为 Z_α。检验的拒绝域为 $Z > Z_\alpha$。

(二) 两总体方差 σ_x^2、σ_y^2 未知但相等

在两方差未知但相等的情况下,我们根据抽样分布理论可知:

$$\frac{(\overline{X}-\overline{Y})-(\mu_x-\mu_y)}{\sqrt{\frac{(n_1-1)S_x^2+(n_2-1)S_y^2}{n_1+n_2-2}} \times \sqrt{\frac{1}{n_1}+\frac{1}{n_2}}} \sim t(n_1+n_2-2) \tag{7.5}$$

对于双、单侧检验,原假设都是相同的,均为 $H_0: \mu_x = \mu_y$。只是在双侧检验时,备选假设 $H_1: \mu_x \ne \mu_y$;在左单侧检验时,备选假设为 $H_1: \mu_x < \mu_y$;在右单侧检验时,备选假设为 $H_1: \mu_x > \mu_y$。

在原假设成立的情况下,根据上面的公式,我们可以构造如下的检验统计量:

$$t = \frac{\overline{X}-\overline{Y}}{\sqrt{\frac{(n_1-1)S_x^2+(n_2-1)S_y^2}{n_1+n_2-2}} \times \sqrt{\frac{1}{n_1}+\frac{1}{n_2}}} \sim t(n_1+n_2-2) \tag{7.6}$$

可以根据样本资料的数据,计算样本检验统计量的数值。

对于双侧检验,可以从 t 分布表中查得临界值 $t_{\alpha/2}(n_1+n_2-2)$,此时原假设的拒绝域为: $|t| > t_{\alpha/2}$。反之,就不能拒绝原假设。

对于左、右单侧检验,从 t 分布表中查得临界值 $t_\alpha(n_1+n_2-2)$;左单侧检验拒绝原假设的范围是: $t < -t_\alpha(n_1+n_2-2)$。右单侧检验拒绝原假设的范围为: $t > t_\alpha(n_1+n_2-2)$。若 t 在拒绝域之外,则不能拒绝原假设。

【例 7-5】 将某小学一年级学生随机分为两组,对其中一组运用新型的教学方式,称为新型组;另一组按照传统的教学方式教学称为传统组。经过六个月后,对该年级学生进行成绩测试。假设两组成绩的总体标准差相同。从新型组抽取 31 名学生,求得其平均成绩为 78.06,标准差为 9.36;同样,从传统组抽取 31 名,求得的平均成绩为 76.30,标准差为 10.12。假设两组成绩的总体标准差相同。比较两组学生的平均成绩是否有显著性差异。

解:此题属于在两总体方差未知(但是假定两方差相等)下,检验两组均值是否有差异的问题。

依题意有,$\overline{X} = 76.30$,$\overline{Y} = 78.06$,$S_x = 10.12$,$S_y = 9.36$,$n_1 = n_2 = 31$。

(1) 建立假设 $H_0: \mu_x = \mu_y$,备选假设 $H_1: \mu_x \ne \mu_y$;

(2) 构造检验统计量为

$$t = \frac{\overline{X}-\overline{Y}}{\sqrt{\frac{(n_1-1)S_x^2+(n_2-1)S_y^2}{n_1+n_2-2}} \times \sqrt{\frac{1}{n_1}+\frac{1}{n_2}}} \sim t(n_1+n_2-2)$$

其中由于相等的标准差 σ 未知,我们用 $\sqrt{\frac{(n_1-1)S_x^2+(n_2-1)S_y^2}{n_1+n_2-2}}$ 来估计。

(3) 确定临界值,从 t 分布表中查得临界值 $t_{0.025}(60) = 2.00$。

(4) 计算样本统计量及判断,将样本资料代入检验统计量得到

$$t = \frac{76.30 - 78.06}{\sqrt{\frac{(31-1) \times 10.12^2 + (31-1) \times 9.36^2}{31 + 31 - 2}} \times \sqrt{\frac{1}{31} + \frac{1}{31}}} = -0.711$$

因而有 $|t| = 0.711 < 2.00$，不能拒绝原假设，即两组的均值没有显著性差异。

三、总体成数的假设检验

成数是反映现象数量结构的指标，例如就业率、升学率、产品合格率等。要考察总体成数是否发生显著性变化，可以通过样本成数对其进行假设检验。与对总体均值的假设检验类似，总体成数的假设检验包括单样本和多样本（本处只考虑两样本情况）总体成数检验。

（一）单样本成数检验

当样本容量比较大时，按照中心极限定理，分布以正态分布为极限。因而，对总体成数的假设检验可以借助正态分布来进行。

建立假设：$H_0: \rho = \rho_0$，$H_1: \rho \neq \rho_0$

构建的检验统计量为

$$Z = \frac{P - \rho_0}{\sqrt{\frac{\rho_0(1-\rho_0)}{n}}} \tag{7.7}$$

服从标准正态分布，即 $Z \sim N(0, 1)$。

式中，P 代表样本的成数，ρ 代表总体的成数。

对于显著性水平 α，可以通过查标准正态分布表，得到临界值 $Z_{\alpha/2}$。从样本数据中计算得出样本成数 P 代入检验统计量，得到样本统计量 Z。将样本统计量与临界值进行比较，若 $|Z| > Z_{\alpha/2}$，则拒绝原假设；反之，则不能拒绝原假设。

当然，如果对应的原假设是单边的，即 $H_0: \rho \geq$（或 $\leq$）ρ_0，则对应的临界值是 Z_α。若 $|Z| > Z_\alpha$，则拒绝原假设；反之，则不能拒绝原假设。

我们以例子来说明单样本成数检验的过程。

【例 7-6】 某牌子的冰箱生产商声明，其产品在该地区的市场占有率为 60%。为了检验该说法的正确与否，我们在该地区随机调查了 100 名购买冰箱的消费者，其中有 57 人购买的是该牌子的冰箱，试问该生产商的声明是否可靠？（$\alpha = 0.05$）

解：经分析，本例属于双侧检验。样本市场占有率 $P = \frac{57}{100} = 57\%$

（1）建立假设：$H_0: \rho = 60\%$ $H_1: \rho \neq 60\%$

（2）检验统计量：$Z = \frac{P - \rho_0}{\sqrt{\frac{\rho_0(1-\rho_0)}{n}}} \sim N(0, 1)$

（3）计算临界值：在 5% 的显著性水平下，从标准正态分布表中可以查得临界值为：$Z_{0.025} = 1.96$

(4) 计算样本统计量及判断：

$$样本统计量 Z = \frac{57\% - 60\%}{\sqrt{\frac{60\% \times (1 - 60\%)}{100}}} = -0.612$$

$|Z| = 0.612 < 1.96$，因而，我们不能拒绝原假设，即生产商的声明是可靠的。

(二) 两个样本总体成数差的检验

如果要考察两个总体的成数之间是否有显著性差异，可以用两样本总体成数差检验。

假定对应两总体的样本容量分别为 n_1、n_2，当 n_1、n_2 都比较大时，我们可以构造如下的检验统计量，该检验统计量服从标准正态分布。

$$Z = \frac{(P_1 - P_2) - (\rho_1 - \rho_2)}{\sqrt{\frac{P_1(1-P_1)}{n_1} + \frac{P_2(1-P_2)}{n_2}}} \sim N(0,1) \quad (7.8)$$

若建立的原假设为 $H_0: \rho_1 = \rho_2$，相应的临界值为 $Z_{\alpha/2}$；若建立的原假设为 $H_0: \rho_1 \geq$（或 $\leq$）ρ_2，则相应的临界值为 Z_α。能否拒绝原假设的判断规则如前面所述。

【例 7-7】 考察专业股票分析师和普通股民对整个股票市场走势的判断是否存在显著性差异。在 100 名专业股票分析师中，有 55% 的人认为股票市场将上升；在 150 名普通股民中，有 48% 的人持相同观点。试问，专业分析师和普通股民的观点是否存在显著性差异（$\alpha = 0.05$）。

解：根据题设，已知 $n_1 = 100$，$n_2 = 150$，$P_1 = 55\%$，$P_2 = 48\%$。

建立原假设 $H_0: \rho_1 = \rho_2$，备选假设 $H_1: \rho_1 \neq \rho_2$

根据样本资料计算检验统计量的值

$$Z = \frac{55\% - 48\%}{\sqrt{\frac{55\%(1-55\%)}{100} + \frac{48\%(1-48\%)}{150}}} = \frac{0.07}{\sqrt{0.004139}} = \frac{0.07}{0.0643} = 1.089$$

从标准正态分布表查出 $\alpha = 0.05$ 时的临界值为 $Z_{0.025} = 1.96$。因为，$Z = 1.089 < 1.96$，所以不能拒绝原假设。

四、正态总体方差的假设检验

方差是反映现象在数量上变异程度的指标，反映变化的均衡程度。对于正态总体方差的检验主要有两种：一是检验总体方差是否显著等于某一给定的确定值；二是检验总体方差是否显著性地在某个给定的范围内。

在参数估计中，我们已经知道，可以用样本方差 $S^2 = \frac{\sum(X - \bar{X})^2}{n-1}$ 作为总体方差 σ^2 的无偏估计。样本方差计算公式中的 $(n-1)$ 为自由度，说明样本中有 $(n-1)$ 个样本单位的取值是可以独立确定的，这是由于分子中 $\bar{X}$ 的约束使得独立的样本单位少了一个。

所建立的原假设为 $H_0: \sigma^2 = \sigma_0^2$，备选假设为 $H_1: \sigma^2 \neq$（> 或者 <）σ_0^2

检验统计量为

$$\chi^2 = \frac{(n-1)S^2}{\sigma^2} \tag{7.9}$$

或者是
$$\chi^2 = \frac{\sum(X_i - \bar{X})^2}{\sigma^2} \tag{7.10}$$

在原假设成立的条件下，该统计量服从自由度为 $n-1$ 的 χ^2 分布，即

$$\chi^2 = \frac{(n-1)S^2}{\sigma^2} \sim \chi^2_{n-1} \tag{7.11}$$

χ^2 分布曲线全部处于第一象限，其中唯一的参数是自由度。当自由度大于 30 时，分布曲线接近于正态分布。图 7-3 为 χ^2 分布曲线的演示图。

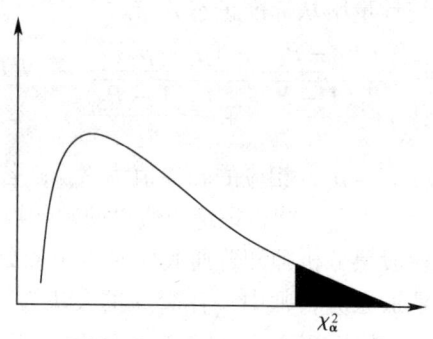

图 7-3　χ^2 分布图

如图 7-3 所示，有 $P(\chi^2 \geq \chi^2_\alpha) = \alpha$。根据显著性水平 α 和自由度 $n-1$，查 χ^2 分布表可以得到临界值 $\chi^2_{\alpha(n-1)}$。若检验统计量 $\chi^2 > \chi^2_{\alpha(n-1)}$，则拒绝原假设；反之，不能拒绝原假设。

【例 7-8】 已知生产某型号的螺钉厂，在正常条件下，其螺钉长度服从正态分布 $N(4.0, 0.04)$（单位为厘米）。现在我们对某日生产的螺钉随机抽取 6 个，测得其长度为 4.1，3.6，3.8，4.2，4.1，3.9，试问该日生产的螺钉总体标准差是否正常（$\alpha = 0.05$）？

解：可以计算出样本标准差 $S = 0.226$，该假设检验的过程如下：

(1) 建立假设：H_0：$\sigma^2 = 0.2$，H_1：$\sigma^2 \neq 0.2$；

(2) 检验统计量：$\chi^2 = \frac{(n-1)S^2}{\sigma^2} \sim \chi^2_{(n-1)}$；

(3) 临界值：从 χ^2 分布表可得到临界值 $\chi^2_{0.05}(5) = 11.07$；

(4) 计算样本统计量及其判断。

$$\chi^2 = \frac{(6-1) \times 0.226^2}{0.05} = 5.108 < \chi^2_{0.05}(5) = 11.07$$

所以，不能拒绝原假设，可以认为该日生产的螺钉总体标准差正常。

五、两个正态总体方差比的检验

假定有两个样本，分别为 $X_i \sim N(\mu_x, \sigma_x^2)$，$Y_j \sim N(\mu_y, \sigma_y^2)$，两样本容量分别为

n_1 和 n_2，且相互独立。其中 μ_x，μ_y，σ_x^2，σ_y^2 分别为两正态分布总体的均值和方差。又 S_x^2，S_y^2 分别为两样本方差，下面分两情况对方差比 $\dfrac{\sigma_x^2}{\sigma_y^2}$ 进行检验。

（一）两总体均值 μ_x、μ_y 已知

在两总体均值已知的情况下，我们用样本方差去估计两总体的方差 σ_x^2，σ_y^2。此时样本方差的计算公式如下：

$$S_x^2 = \frac{1}{n_1}\sum_{i=1}^{n_1}(X_i - \mu_x)^2 \text{ 和 } S_y^2 = \frac{1}{n_2}\sum_{i=1}^{n_2}(Y_i - \mu_y)^2$$

式中，两个样本方差的分母（自由度）都为各自的样本容量。

根据抽样分布理论可知：$\dfrac{n_1 S_x^2}{\sigma_x^2} \sim \chi^2(n_1)$，$\dfrac{n_2 S_y^2}{\sigma_y^2} \sim \chi^2(n_2)$，且统计量

$$F = \frac{S_x^2/\sigma_x^2}{S_y^2/\sigma_y^2} \sim F(n_1, n_2) \tag{7.12}$$

即统计量 F 服从 F 分布。

建立假设：$H_0: \sigma_x^2 = \sigma_y^2$。

对于双侧检验，$H_1: \sigma_x^2 \neq \sigma_y^2$。在原假设成立下，检验统计量为

$$F = \frac{S_x^2}{S_y^2} \sim F(n_1, n_2) \tag{7.13}$$

根据显著性水平 α 和自由度，查 F 分布表可以得到两个临界值：$F_{\alpha/2}(n_1, n_2)$、$F_{1-\alpha/2}(n_1, n_2)$。若样本统计量 F 满足：$F < F_{\alpha/2}(n_1, n_2)$ 或 $F > F_{1-\alpha/2}(n_1, n_2)$，那么就可在 $(1-\alpha)\%$ 概率水平下拒绝原假设。反之，如果计算的样本统计量值在区域 $[F_{\alpha/2}(n_1, n_2), F_{1-\alpha/2}(n_1, n_2)]$ 之中，那么我们就不能拒绝原假设。

对于左单侧检验，建立的备选假设为 $H_1: \sigma_x^2 \geq \sigma_y^2$，据以判断的临界值为 $F_\alpha(n_1, n_2)$，拒绝域为样本统计量 $F < F_\alpha(n_1, n_2)$。

对于右单侧检验，建立的备选假设为 $H_1: \sigma_x^2 \leq \sigma_y^2$，据以判断的临界值为 $F_{1-\alpha}(n_1, n_2)$，拒绝域为样本统计量 $F > F_{1-\alpha}(n_1, n_2)$。

（二）两样本均值 μ_x、μ_y 未知

在两总体均值未知下，我们用如下计算公式的样本方差去估计两总体的方差 σ_x^2，σ_y^2：

$$S_x^2 = \frac{1}{n_1-1}\sum_{i=1}^{n_1}(X_i - \overline{X})^2 \text{ 和 } S_y^2 = \frac{1}{n_2-1}\sum_{i=1}^{n_2}(Y_i - \overline{Y})^2$$

式中，$\overline{X}$，$\overline{Y}$ 分别为两样本平均值，两个样本方差的分母（自由度）都为各自的样本容量减去 1。

由于 $\dfrac{(n_1-1)S_x^2}{\sigma_x^2} \sim \chi^2(n_1-1)$，$\dfrac{(n_2-1)S_y^2}{\sigma_y^2} \sim \chi^2(n_2-1)$，有统计量

$$F = \frac{S_x^2/\sigma_x^2}{S_y^2/\sigma_y^2} \sim F(n_1-1, n_2-1) \tag{7.14}$$

从而可将其作为检验统计量。

建立的原假设为 $H_0: \sigma_x^2 = \sigma_y^2$，在原假设成立的情况下，检验统计量

$$F = \frac{S_x^2}{S_y^2} \sim F(n_1 - 1, n_2 - 1) \tag{7.15}$$

对于双侧检验，备选假设为 $H_1: \sigma_x^2 \neq \sigma_y^2$，当样本统计量 $F < F_{\alpha/2}(n_1 - 1, n_2 - 1)$ 或 $F > F_{\alpha/2}(n_1 - 1, n_2 - 1)$ 时，拒绝原假设；反之，则不能拒绝原假设。

对于左单侧检验，备选假设为 $H_1: \sigma_x^2 \geqslant \sigma_y^2$，据以判断的临界值为 $F_\alpha(n_1 - 1, n_2 - 1)$，拒绝域为样本统计量 $F < F_\alpha(n_1 - 1, n_2 - 1)$。

对于右单侧检验，备选假设为 $H_1: \sigma_x^2 \leqslant \sigma_y^2$，据以判断的临界值为 $F_{1-\alpha}(n_1 - 1, n_2 - 1)$，拒绝域为样本统计量 $F > F_{1-\alpha}(n_1 - 1, n_2 - 1)$。

【例 7-9】 为了比较两个地区（甲、乙）居民人均月收入不平均的差异，分别在两个地区调查 8 户和 7 户居民，其人均月收入为（假设收入都服从正态分布）：

表 7-2　　　　　　　　　　各地区人均收入　　　　　　　　　　单位：元

甲地区	1 200	900	850	950	1 200	800	1 300	—
乙地区	1 500	1 650	1 450	2 100	1 850	1 650	1 500	1 400

试问甲区的人均月收入的不均衡性是否大于乙区。

解：人均月收入的不均衡性可以用方差（或者是标准差）来表征，因而问题就转化为检验两地区人均月收入方差（标准差）的差异性。

从调查的样本资料中，我们可以得到 $n_1 = 7$，$n_2 = 8$，$S_1 = 199.7$，$S_2 = 235.66$

（1）建立假设：$H_0: \sigma_1^2 = \sigma_2^2$，$H_1: \sigma_1^2 < \sigma_2^2$

（2）检验统计量：$F = \dfrac{S_1^2}{S_2^2} \sim F(n_1 - 1, n_2 - 1)$

（3）临界值：从 F 分布表中查得临界值为 $F_{1-0.05}(6, 7) = 3.87$

（4）样本统计量的计算及判断：

$$F = \frac{S_1^2}{S_2^2} = \frac{199.7^2}{235.66^2} = 0.718 < 3.87$$

所以不能拒绝原假设，即不能认为甲区的人均月收入波动较小。

第三节　非参数检验

一、非参数检验概述

前面介绍的各种假设检验都是在总体分布形式已知或者假定总体分布的前提下作出判断。但在实际问题中，可能无法获知或者不一定很了解总体的分布类型，而只能通过样本来检验关于总体分布的假设，这种检验方法称为非参数检验。

非参数检验是相对于参数检验而言的,是检验总体分布函数的统计方法。两种检验方法具有共同点:都对总体的某种数量关系、特征作出假设,都建立原假设和备选假设,都是根据实际样本统计量与临界值的比较作出对假设的判断。区别在于:参数检验需要对总体分布做某些限制性的假定,该假定要求总体的分布类型是已知的,未知的只有分布中的某些参数是否发生变动,而且大多检验是建立在高斯等人的正态分布理论上。如果对总体的分布不了解或者了解很少,那么参数检验的结果会更加不可靠,甚至会发生很大偏差。而非参数检验却不依赖于对总体分布或参数的知识,不对总体分布加以限制性的假定,亦称为自由分布检验。

由此可见,非参数检验与传统的参数检验相比有一些优缺点:对检验的限制更少,更能避免先见偏差,具有较好的稳健性;可以在更少样本资料要求的情况下进行,在一定程度上弥补有些实际中样本资料不足等缺陷;可以弥补上述参数检验中碰到的无法运用的属性资料问题,然而,同时也可能损失了其中包含的另外信息。

二、χ^2 检验

χ^2 检验是利用 χ^2 分布的原理,通过对样本数据进行分析来对样本所属的总体情况进行判断的一种检验方法。在第一节中,我们也用过 χ^2 检验,不过是在了解总体分布类型的情况下应用的。本小节中将介绍 χ^2 检验在非参数检验中的应用,包括分布拟合检验和独立性检验。

(一)分布拟合检验

在实际中,往往并非总是知道所研究总体的分布状况,但却可以得到取自于该总体的样本。那么,就期望根据来自于该总体的样本资料信息去推断、检验总体分布是否与指定分布吻合。

该检验的假设为

$$H_0: F(x) = F_0(x), H_1: F(x) \neq F_0(x)$$

式中,$F(x)$ 为总体的分布函数,$F_0(x)$ 是某个事先假定的总体分布函数。

χ^2 检验的步骤为:

(1)建立假设:$H_0: F(x) = F_0(x)$,$H_1: F(x) \neq F_0(x)$。

(2)将样本资料数据值按区间进行适当的划分:分为 m 个区间,各个区间的分界值为 X_j,其中 $1 \leq j \leq m-1$,同时应保证各个区间互不相容。

(3)计算在各个样本区间内的实际频数 f_i($1 \leq i \leq m$),也即为样本数值落在各个区间的样本个数。

当原假设 H_0 为真时,计算落在各个区间的理论概率值:$P_i = P(X_{i-1} < x \leq X_i) = F(X_i) - F(X_{i-1})$,从而计算出各个区间的理论频率数为 nP_i。其中,n 为样本容量。

(4)调整区间:由于该检验要求样本容量 n 足够大,以及 nP_i 不能太小。根据经验,一般要求 $n \geq 50$,$nP_i > 5$。如果 $nP_i \leq 5$,则将 $nP_i \leq 5$ 的样本合并。

(5)构造并计算统计量:当原假设为真时,样本实际频数 f_i 应该与理论频数 nP_i 接近,即 $|f_i - nP_i|$ 不应太大。根据皮尔森的研究,可以构造如下的检验统计量

$$\chi^2 = \sum_{i=1}^{m} \frac{(f_i - nP_i)^2}{nP_i} \sim \chi^2(m - k - 1) \tag{7.16}$$

式中，k 为待估计的参数个数。其余符号含义与上述同。

（6）计算临界值：在给定显著性水平 α 下，查 χ^2 分布表得到临界值 $\chi_\alpha^2(m-k-1)$。这样就得到拒绝原假设的值域：$\chi^2 > \chi_\alpha^2(m-k-1)$。

（7）进行判断：如果计算的样本统计量 χ^2 确实大于 $\chi_\alpha^2(m-k-1)$，那么就可以拒绝原假设；否则，不能拒绝原假设。

【例 7 – 10】 欲检验某个骰子是否均匀，可以通过检验各个点数的出现是否随机进行判断。我们随机投出骰子 102 次，将得到的点数记录下来，出现各种点数的次数见表 7 – 3。

表 7 – 3　　　　　　　　骰子出现各种点数的次数

点　　数	1	2	3	4	5	6	合计
出现的次数	19	16	20	15	14	18	102

解：记各个点数出现的次数为 X，其分布未知，依据题意我们可以对其分布建立假设，即

H_0：X 服从均匀分布，也即 X 的分布满足 $P(X=i) = \frac{1}{6}$，$i = 1, \cdots, 6$；

H_1：X 不服从均匀分布。

在原假设下，各个点数出现的期望频数均为 $102 \times \frac{1}{6} = 17$（次）。根据式（7.16）可以得到：

$$\chi^2 = \frac{(19-17)^2}{17} + \frac{(16-17)^2}{17} + \frac{(20-17)^2}{17} +$$

$$\frac{(15-17)^2}{17} + \frac{(14-17)^2}{17} + \frac{(18-17)^2}{17}$$

$$\approx 1.647$$

查表得到临界值为 $\chi_{0.05}^2(6-0-1) = 11.070$，$\chi^2 = 1.647 < \chi_{0.05}^2(5) = 11.070$。因而，我们不能拒绝原假设，可以认为该骰子是均匀的。

（二）独立性检验

顾名思义，该检验主要是考察多个变量之间是否有关联，如果变量之间没有关联性，那么就说变量之间是相互独立的。这里的变量主要是指定类、定序资料。为了分析变量之间的关联性，需要将资料整理成列联表的形式。

列联表是多行多列、纵横交错的一个表体。我们以例子说明列联表的形式以及如何将独立性检验化为列联表并进行检验分析的程序。

【例 7 – 11】 抽样调查某地区 500 名待业人员，这些人员中文化程度为高中及以上的有 104 人（男 44 人），初中的有 96 人（男 36 人），小学及以下的有 300 人（男 140 人）。问此调查结果能否说明待业人员中的文化程度与性别是相互独立的。

解：根据调查结果，我们可将数据整理成列联表，见表7-4。

表7-4　　　　　　　　　待业人员文化程度与性别列联表　　　　　　　　　单位：人

性别＼文化程度	高中及以上	初中	小学及以下	合计	比重
男	44（46）	36（42）	140（132）	220	0.440
女	60（58）	60（54）	160（168）	280	0.560
合计	104	96	300	500	—
比重	0.208	0.192	0.600	—	1

列联表中，括号内的数值为该处的期望值，其计算方法为：该格子所对应的行合计与列合计的乘积，再除以总合计。例如，性别为男且文化程度为高中及以上所对应的期望值为 $\frac{220 \times 104}{500}=46$，其他各个格子对应的期望值也如此计算得到。

得出对应的期望值后，就可以应用 χ^2 检验了。

$$\chi^2 = \sum_{i,j} \left(\frac{f_{ij} - nP_{ij}}{nP_{ij}} \right)^2$$

$$= \frac{(44-46)^2}{46} + \frac{(36-42)^2}{42} + \frac{(140-132)^2}{132} + \frac{(60-58)^2}{58}$$

$$+ \frac{(60-54)^2}{54} + \frac{(160-168)^2}{168}$$

$$= 2.546$$

从 χ^2 分布表可查到临界值为 $\chi^2_{0.05}(2) = 5.991$，其中的自由度为 $(2-1) \times (3-1) = 2$。比较可得到样本 χ^2 值小于临界值，所以我们不能否定原假设，也就是待业人员中的文化程度与性别关联不显著。

三、符号检验

符号检验是非参数检验中最简单又最常用的方法之一，既适用于单样本，又适用于配对样本。

（一）单样本的符号检验

在单样本的情况下，符号检验适用于检验总体中位数是否在某一指定的位置。反映一个总体分布位置的参数主要有均值和中位数。均值反映的是分布数列的重心位置；而中位数则反映分布数列中上下两边次数相等的中央位置，也就是说在数列中，有一半的数值在此中位数之上，而另一半在中位数之下。当分布为对称时，中位数上下两边数值的位置是一致的；当分布不对称时，两者就有差异。在偏斜度较大时，检验中位数往往比检验均值更有实际意义。因为均值对离群值的敏感性较大，而中位数相对而言敏感性较小，从而更能客观地反映样本数据的分布情况。中位数检验的基本原理是，假设总体中位数的真值 $M_e = A$，然后在实际抽取的容量为 n 的样本中，将每个观测值 x_i（$1 \leq i \leq n$）均减去 A，并只记录其差值的符号，即为

$$sign(x_i - A) = \begin{cases} + & \text{当 } x_i > A \\ - & \text{当 } x_i < A \end{cases} \tag{7.17}$$

若 $x_i = A$，就略去不计。接着分别计算"+"的个数（用 n^+ 表示）和"-"的个数（用 n^- 表示）。

理论上，当中位数 $M_e = A$ 为真时，得到的正负号个数应该接近相等，即 $n^+ \approx n^-$。若从样本中得到的 n^+ 和 n^- 相差较远，那么就有理由拒绝 $M_e = A$。该检验中所用的判别标准是由二项分布临界值提供的，在大样本下，可由正态分布来逼近。下面用例子来说明检验的具体过程。

【例 7-12】 从大学某系男女新生中随机抽取 20 名，测得体重数据如下：

表 7-5　　　　　　　　某大学新生体重数据表　　　　　　　　单位：公斤

53	60	47	61	57	45	55	51	58	48
48	64	53	58	51	56	49	60	62	52

给定显著性水平 $\alpha = 0.1$，用符号检验判定中位数是否与 55（公斤）有显著性差异。

解：

（1）建立假设：$H_0: M_e = 55$，$H_1: M_e \neq 55$。

（2）将各个数据均减去原假设所设定的中位数 55，并把各个正负号记录下来。如果数据与中位数一致，则略去。得到：$n^+ = 9$，$n^- = 10$，因此 $n = n^+ + n^- = 19$。

（3）计算临界值：由于是双侧检验，检验水平为 $\alpha = 0.05$，查二项分布临界值表，当 $n = 18$ 时，临界值为 13。

（4）进行判断：由于 $\max(n^+, n^-) = 10 < 13$，所以不能拒绝原假设，即可以认为总体体重的中位数为 55（公斤）。

（二）配对样本的符号检验

上面的检验是针对单个总体情况的，实际中，有可能要同时对两个总体的分布进行比较。

假定 X、Y 分别为从总体 $F_1(X)$、$F_2(Y)$ 中抽取的样本，它们的样本容量均为 n，且两个样本的观测值是一一对应的。

建立的假设为 $H_0: F_1(X) = F_2(Y)$，$H_1: F_1(X) \neq F_2(Y)$。

在原假设成立的条件下，样本中 X_i 大于相对应的 Y_i 的个数应该与 X_i 小于相对应的 Y_i 的个数大致相等，这些个数满足二项分布。因而，可以利用此特征进行检验，或者说，利用此特征来设立检验的统计量。

设配对样本 X_i、Y_i 序列中，$X_i > Y_i$ 的个数为 r^+，$X_i < Y_i$ 的个数为 r^-，不考虑 $X_i = Y_i$ 的个数，所以有 $r^+ + r^- \leq n$。

取 $r = \max(r^+, r^-)$，在显著性水平 α 下，有 $P\{r \geq r(\alpha)\} = \alpha$。

临界值 $r(\alpha)$ 是根据二项分布原理求得的，也可以从临界值表查得。如果 $r \geq r(\alpha)$，我们就拒绝原假设，否则就不能拒绝原假设。

【例7–13】 假定在某项比赛中，某两位裁判（A，B）分别对该项赛事中10位选手在场上的综合表现给出评分，分数为0~10分，数据如下：

表7–6　　　　　　　　　　两裁判的裁定分数表　　　　　　　　　　单位：分

	1	2	3	4	5	6	7	8	9	10
裁判A	8.2	9.0	8.8	9.3	7.9	9.1	8.6	8.8	8.4	9.0
裁判B	7.9	8.8	8.6	9.4	8.4	9.0	8.9	8.7	8.0	9.3
差值的符号	+	+	+	−	−	+	−	+	+	−

试用符号检验法检验这两位裁判裁定的成绩是否有显著性差异（$\alpha=0.05$）。

解：

首先提出假设：H_0：两位裁判的判定成绩无显著性差异，H_1：两位裁判的判定成绩有显著性差异。

根据上面所述的方法，将两位裁判判定的成绩之间差值的符号列在表7–6的最后一行。从而有

$$r^+ = 6, \quad r^- = 4, \quad r = \max(r^+, r^-) = 6$$

在$\alpha=0.05$，$n=10$时，从二项分布表或者是符号检验表中可以查得临界值$r_{(10,0.05)}=9$，由于$r=6<r_{(10,0.05)}=9$，所以不能拒绝原假设，即不能认为两位裁判的裁定成绩有显著性差异。

（三）非配对样本的符号检验

与上面介绍的配对样本的情况类似，不同的只是从所考察的两总体中分别抽取的样本的容量不一定相等。假定两样本X，Y的容量分别为n_1，n_2，此时原假设仍为H_0：$F_1(X)=F_2(Y)$。

对于该检验，可以将资料转化成列联表的形式，并利用上面介绍的χ^2检验来进行分析。具体的方法为：

将所抽取的两组样本资料混合在一起，将此(n_1+n_2)个观测值按照递增或递减的顺序进行排序，求得中位数M_e。分别将两样本中大于或小于中位数M_e的个数（频数）以列联表的形式列出。这样我们就可利用前面的χ^2检验。此处不重述，仅以例子说明。

【例7–14】 某商品销售人员甲、乙每月的销售额数据如表7–7所示，只是两组数据并不成对出现，甲有10个样本值，而乙只有8个样本值。现要求用符号检验法对这两位销售人员的销售额的分布是否一致进行检验（$\alpha=0.05$）。

表7–7　　　　　　　　　　商品销售人员月销售数据　　　　　　　　　　单位：元

	1	2	3	4	5	6	7	8	9	10
甲	2 563	2 600	2 230	1 986	3 000	2 800	3 130	2 023	1 869	1 896
乙	1 999	2 980	3 404	2 567	2 479	2 581	3 022	1 880	—	—

解：由于两组销售额分布形式无法得知，不能用上节所介绍的参数检验方法，只能用非参数检验方法进行检验。

依据题意，建立假设：H_0：两组销售额的分布一致，H_1：两组销售额的分布有显著性差异。

将两组数据合在一起，求得中位数 $M_e = 2\,565$，从而将每组销售额分为大于和小于中位数两部分，得到列联表（见表7-8）。

表7-8　　　　　　　　　　　转化的列联表

	大于中位数	小于中位数	合计
甲	4	6	10
乙	5	3	8
合计	9	9	18

根据 χ^2 的计算公式得到

$$\chi^2 = \frac{(4 - \frac{10 \times 9}{18})^2}{\frac{10 \times 9}{18}} + \frac{(6 - \frac{10 \times 9}{18})^2}{\frac{10 \times 9}{18}} + \frac{(5 - \frac{8 \times 9}{18})^2}{\frac{8 \times 9}{18}} + \frac{(3 - \frac{8 \times 9}{18})^2}{\frac{8 \times 9}{18}}$$

$$= 0.9$$

查表得到临界值 $\chi^2_{0.05}(1) = 3.841$。$\chi^2 = 0.9 < \chi^2_{0.05}(1) = 3.841$，所以不能拒绝原假设，两组销售额分布没有显著性差异。

四、秩和检验

秩和检验是一种用样本秩代替样本值的检验方法，用该法可以检验两个总体的分布函数是否相等的问题。

所谓秩，就是样本观测值在序列中的排序号。具体的检验步骤为：

1. 建立假设 H_0：$F_1(X) = F_2(X)$；H_1：$F_1(X) \neq F_2(X)$。

2. 从这两个总体 X、Y 中分别抽取样本容量为 n_1、n_2 的两个样本，$n_1 + n_2 = n$。不失一般性，我们假定 $n_1 < n_2$。将两组样本混合，并将所有的样本单位值按从小到大排序，每个样本单位对应的序号称为该样本单位的秩。对于相同数值的样本单位，它们具有相同的秩，且都等于它们的次序平均值。

3. 计算取自总体 X 的样本的秩和 T，即将该样本的所有样本单位的秩加总。T 取可能的最小值是当 X 的样本单位都排在 Y 的样本单位的前面时，即 $T_{\min} = 1 + 2 + \cdots + n_1 = \frac{n_1(n_1+1)}{2}$；$T$ 取可能的最大值是在当 X 的样本单位都排在 Y 的样本单位的后面时，此时有 $T_{\max} = (n_2+1) + (n_2+2) + \cdots + (n_2+n_1) = n_1 n_2 + \frac{n_1(n_1+1)}{2}$。如果两个总体的分布没有显著性差异，则 T 值不会太大或太小，而是靠近最大值和最小值的中间，即为 $\frac{T_{\min} + T_{\max}}{2}$。因此，可以将 T 作为秩和检验的统计量。当 T 的实际值超过临界值时，就可以拒绝两总体的分布没有显著性差异的原假设。

这里应该注意，由于 T 的分布与 n_1、n_2 的大小有关，所以临界值的确定可以分为小样本和大样本两类。对于小样本（n_1、n_2 都未超过 10），临界值的数值可以通过查秩和检验值表求得上、下限；对于大样本（n_1、n_2 都超过 10），此时变量 T 近似服从正态分布，该分布的均值 $\bar{T}$、标准差 σ_T 分别为

$$\bar{T} = \frac{T_{\min} + T_{\max}}{2} = \frac{n_1(n+1)}{2} \tag{7.18}$$

$$\sigma_T = \sqrt{\frac{n_1 n_2 (n+1)}{12}} \tag{7.19}$$

此时，可以将 T 标准化为 Z 统计量

$$Z = \frac{T - \bar{T}}{\sigma_T} \tag{7.20}$$

然后通过查找正态分布表来确定临界值。

【**例 7 – 15**】 设 (25, 23, 22, 23, 21, 23, 19, 20) 和 (28, 26, 24, 25, 23, 20, 18, 21, 15) 为两个简单随机样本，试用秩和检验法判断这两组数据是否来自于同一总体。

解：依据所述步骤有：

(1) 建立假设：H_0：两组数据来自同一总体，H_1：两组数据来自不同总体。

(2) 将两组数据混合并按照由小到大的顺序排序，得到各组对应于每个数值的排序号分别为：(14.5, 10.5, 8, 10.5, 6.5, 10.5, 3, 4.5) 和 (17, 16, 13, 14.5, 10.5, 4.5, 2, 6.5, 1)，其中如果有多个数值是一致的，我们取其序号的平均值。

(3) 由题知 $n_1 = 8$，$n_2 = 9$，所以取第一组数据的秩和为统计量，即有检验统计量 $T = 14.5 + 10.5 + 8 + \cdots + 4.5 = 68$。

(4) 判断。由于两组样本容量都小于 10，所以我们可以从秩和检验值表查得上、下限的临界值。临界值为 $T_1(0.05) = 54$，$T_2(0.05) = 90$。由于检验统计量介于两个临界值之间，所以不能拒绝原假设，即可以认为两组样本是来自于同一总体。

五、游程检验

游程检验用来检验样本是否随机地取自于总体。如果样本所具有的某个特征的分布越无序，越无规律性，就越能说明样本的随机性。我们通过游程的概念来表征这种分布的特征，并根据对游程的分析来加以判断。

所谓游程，是指依时间或其他顺序排列的有序数列中，具有相同的事件或符号的连续部分。对应地，同类游程出现的次数则称为该类的游程数，通俗地讲，就是连成一片的事件或字符的片数。不同类游程数的总和，称为总游程数，记为 R。

【**例 7 – 16**】 设有一序列为 1 1 1 1 2 2 2 2 2 1 1 2 2 1 1 1 1 1 1 2 1。在序列中，共出现了两类的字符："1"、"2"。那么就有对应于"1"的游程和对应于"2"的游程。我们将序列中具有同一字符的加下画线，即有：<u>1 1 1 1</u> <u>2 2 2 2 2</u> <u>1 1</u> <u>2 2</u> <u>1 1 1 1 1 1</u> <u>2</u> <u>1</u>。

可以看出对应于"1"游程的个数为4,对应于"2"游程的个数为3,总的游程数 $R = 3+4=7$（个）。

该例子中,根据序列字符的各种可能排列次序可知：当序列为 1 1 1 1 1 1 1 1 1 1 1 1 2 2 2 2 2 2 2 2 时,总游程数 R 取得可能的最小值2；当序列为 1 2 1 2 1 2 1 2 1 2 1 2 1 2 1 2 1 1 1 1 1 时,总游程数 R 取得可能的最大值17（$2 \times 8 + 1 = 17$）。R 取最大值或最小值时,序列具有规律性。然而,当 R 取 2 至 17 之间的数值时,序列就比较"紊乱"了,规律性较弱。因此,我们就可以将 R 作为检验样本随机性的统计量。

根据数理分析,可知统计量 R 的分布。当序列中各类事件或字符出现的个数均较小时（一般小于20）,可以直接从游程表得出临界值。在大样本场合（各类事件或字符出现的个数大于20）,总游程数 R 近似服从正态分布,因而可以用正态分布统计量来确定临界值。R 的均值及方差为

$$E(R) = \frac{2n_1 n_2}{n_1 + n_2} + 1 \tag{7.21}$$

$$\sigma^2(R) = \frac{2n_1 n_2 (2n_1 n_2 - n_1 - n_2)}{(n_1 + n_2)^2 (n_1 + n_2 - 1)} \tag{7.22}$$

构造 Z 统计量：

$$Z = \frac{R - E(R)}{\sigma(R)} \tag{7.23}$$

Z 服从标准正态分布。

【**例 7-17**】 在某一段时间内,按顺序记录下 12 辆经过一个 T 字形路口处车辆的转向情况：左、左、右、左、右、左、右、右、右、左、右、右。试用游程检验法检验该段时间内,车辆的转向是否是随机的。

解：给出的转向情况有两个："左"、"右"。依据所介绍的求游程数的方法,我们可以得到对应的游程数为："左"的游程数为4,"右"的游程数也为4,总的游程数 $R = 4+4=8$。

由于事件"左"出现的个数5、"右"出现的个数7均小于20,所以可以直接通过计算好的游程表查得临界值。当 $\alpha = 0.05$ 时,本例查得的上、下临界值分别为 3 和 11。由于 $3 < R < 11$,因而可以认为这个路口处车辆的转向是随机的。

六、等级相关

这里介绍斯皮尔曼等级相关系数及其检验。在前面所介绍的检验中,对样本值使用的是定距或定比的测量尺度。然而,在实际应用中,我们可能会碰到要分析的是定序尺度描述的数据类型的情况。对于该类型数据的两个配对序列之间的相关关系,可以应用斯皮尔曼提出的公式计量。此关系系数称为斯皮尔曼秩相关系数（r_s）,即

$$r_s = 1 - \frac{6 \sum_{i=1}^{n} d_i^2}{n(n^2 - 1)} \tag{7.24}$$

式中，n 为样本容量，d_i 为第 i 个配对观测值之间的秩序差。秩序就是该观测值在所在序列中，按由小到大顺序排列时对应的序号。

系数 r_s 的取值范围为 $|r_s| \leq 1$，如果 $r_s > 0$，表示正相关关系；$r_s < 0$，表示负相关关系；当 $r_s = 1$（或 -1）时，表明该配对序列之间呈完全正（负）相关关系；$r_s = 0$ 时，表示该配对序列之间完全不相关。在实际中，一般不会是完全相关关系，也就是说通常 $|r_s| < 1$。

根据公式计算出斯皮尔曼相关关系 r_s 后，我们要对该系数进行检验。此时的原假设为：$r_s = 0$。

接下来这里分两种情况分析：当样本容量 n 较小（一般情况为 $n < 30$）时，可以直接从斯皮尔曼相关关系检验的临界值表中查得临界值 $r_s(\alpha)$，再将其与计算的样本相关关系 r_s 进行比较，当 $r_s > r_s(\alpha)$，就拒绝原假设 $r_s = 0$；反之，则不能拒绝原假设。

当样本容量 n 较大（$n > 30$）时，可以应用下面的统计量进行检验。

$$Z = r_s \sqrt{n-1} \sim N(0,1) \tag{7.25}$$

或者

$$t = \frac{r_s}{\sqrt{1-r_s^2}} \sqrt{n-2} \sim t(n-1) \tag{7.26}$$

此时的检验方法转化为参数检验思路。

【例 7–18】 对 10 个大学生进行 A 和 B 两种类型的测验，其分数如下：

表 7–9　　　　　　　　　　大学生测验得分表　　　　　　　　　　单位：分

A 测验分数	95	90	86	84	75	70	62	60	57	50
B 测验分数	92	93	83	80	55	60	45	72	62	70

求关于这两种测验分数之间的斯皮尔曼等级相关系数，并在 0.05 的显著性水平下对其进行检验。

解：（1）每个学生的测验分数的秩以及两种测验分数的秩之差如下表：

表 7–10　　　　　　　　　　大学生测验得分的秩

A 测验秩	1	2	3	4	5	6	7	8	9	10
B 测验秩	2	1	3	4	9	8	10	5	7	6
秩的差 d	-1	1	0	0	-4	-2	-3	3	2	4

计算秩差的平方和：

$$\sum d_i^2 = 1 + 1 + 16 + 4 + 9 + 9 + 4 + 16 = 60$$

由题知 $n = 10$，计算得斯皮尔曼相关系数为

$$\rho = 1 - \frac{6\sum d_i^2}{n(n^2-1)} = 1 - \frac{6 \times 60}{10^3 - 10} = 0.64$$

即等级相关系数为 0.64。

（2）对相关系数进行检验：

H_0：两种测验分数不相关；　　H_1：两种测验分数相关

查斯皮尔曼相关关系检验的临界值表，查到 $n=10$，$\rho=0.64$ 时的右尾概率 $p=0.027$，小于 0.05，所以拒绝原假设，即两种测验分数是相关的。

思考与练习

一、选择题

1. 若一项假设规定显著性水平 $\alpha=0.05$，下面表述中正确的是（　　）。
   A. 接受 H_0 时的可靠性为 95%
   B. 接受 H_1 时的可靠性为 95%
   C. H_1 为真时被拒绝的概率为 5%
   D. H_0 为假时被接受的概率为 5%

2. 若假设形式为 $H_0:\mu=\mu_0$，$H_1:\mu\neq\mu_0$，当随机抽取一个样本时，其均值 $\bar{x}=\mu_0$，则（　　）。
   A. 肯定接受原假设
   B. 有 $1-\alpha$ 的可能接受原假设
   C. 有可能接受原假设
   D. 有可能拒绝原假设

3. 若假设形式为 $H_0:\mu\geq\mu_0$，$H_1:\mu<\mu_0$，当随机抽取一个样本时，其均值大于 μ_0，则（　　）。
   A. 有可能接受原假设，但有可能犯第一类错误
   B. 有可能接受原假设，但有可能犯第二类错误
   C. 肯定接受原假设，但有可能犯第一类错误
   D. 肯定接受原假设，但有可能犯第二类错误

4. 在一次假设检验中，当显著性水平 $\alpha=0.01$，原假设被拒绝时，则用 $\alpha=0.05$ 时，（　　）。
   A. 一定会被拒绝
   B. 一定不会被拒绝
   C. 有可能拒绝原假设
   D. 需要重新检验

5. 下列场合中，（　　）适合用 t 检验统计量（　　）。
   A. 样本为小样本，且总体方差已知
   B. 样本为大样本，且总体方差已知
   C. 样本为小样本，且总体方差未知
   D. 样本为大样本，且总体方差未知

6. 在一次假设检验中，起初的假设形式为双侧检验，若将其改为单侧检验，则（　　）。
   A. 检验结果没有发生变化
   B. 检验结果由接受原假设变为拒绝原假设
   C. 检验结果由拒绝原假设变为接受原假设
   D. 以上情况均有可能发生

7. 符号检验中，(+) 号的个数与 (−) 号的个数相差较远时，意味着（　　）。
   A. 存在条件误差
   B. 存在试验误差
   C. 既有抽样误差，也有条件误差
   D. 不存在什么误差

8. 得出两总体的样本数据如下：

甲：33, 18, 40, 50, 54, 30, 39

乙：48, 17, 24, 22, 38

秩和检验中, 秩和是（　　）。

A. 34　　　　B. 27　　　　C. 25　　　　D. 32

9. 显著性水平与检验拒绝域的关系是（　　）。

A. 显著性水平提高, 意味着拒绝域缩小

B. 显著性水平降低, 意味着拒绝域扩大

C. 显著性水平提高, 意味着拒绝域扩大

D. 显著性水平降低, 意味着拒绝域缩小

E. 显著性水平提高或降低, 不影响拒绝域的变化

10. β 错误（　　）。

A. 是在原假设真实的条件下发生的

B. 是在原假设不真实的条件下发生的

C. 取决于原假设与实际值之间的差距

D. 原假设与实际值之间的差距越大, 犯 β 错误的可能性越小

E. 原假设与实际值之间的差距越小, 犯 β 错误的可能性越大

11. 以下属于非参数检验的是（　　）。

A. χ^2 检验　　B. 独立性检验　　C. 均值检验　　D. 方差检验

E. 游程检验

12. 下面对符号检验和秩和检验的描述准确的是（　　）。

A. 符号检验只考虑样本差数的符号

B. 秩和检验只考虑样本差数的顺序

C. 秩和检验除了考虑样本差数的符号, 还考虑其顺序

D. 符号检验比秩和检验利用数据信息更加充分

E. 秩和检验的检验功效比符号检验更强

二、计算题

1. 已知某苗圃中树苗高度服从正态分布, 其高度的标准差为 8.2 厘米, 根据长势估计其平均高度为 60 厘米。今从苗圃中随机抽取 64 株, 测得苗高并求得其均值 $\bar{x}=62cm$。试在显著性水平 $\alpha=0.05$ 的条件下检验所估的高度是否正确。

2. 从某乡的早稻田中随机抽取 16 亩, 测得每块的实际亩产量（单位：千克）分别为：120、122、102、114、136、145、84、96、160、124、136、108、154、113、135、150。假设早稻亩产量服从正态分布, 试问, 能否在显著性水平 $\alpha=0.01$ 下认为该乡早稻亩产量平均为 120 千克？

3. 某地调查了一种危害林木的昆虫两个世代每块卵卵粒数。第一世代调查了 128 块卵, 得 $\bar{x}_1=47.3$ 粒, $s_1=25.5$ 粒；第二世代调查了 69 块卵, 得 $\bar{x}_2=74.9$ 粒, $s_2=47.2$ 粒。试在显著性水平 $\alpha=0.05$ 条件下检验该昆虫两世代卵块卵粒数差异是否显著。

4. 从两台同类型机床生产的两批产品中,抽取容量分别为12和18的小样本,求得产品长度均值 $\bar{x}=31.2$, $\bar{y}=29.2$;样本方差 $s_x^2=0.84$, $s_y^2=0.40$,单位为毫米。试在显著性水平 $\alpha=0.05$ 下检验两台机床的性能是否一样。

5. 一个生产防水手套的厂家希望新的一批产品与前几批的产品质量一样好,至少不比前几批的质量差,以前产品不合格率大约为10%。为此,厂家从新生产的产品中抽出100双进行检测,结果发现其中有8双质量出现问题。请以0.05的显著性水平检验下列结论:

(1) 新产品的质量是否与前几批一样好?
(2) 新产品的质量是否比前几批的差?

6. 在某次民主选举中,从A区和B区中分别选取300人和200人作调查,发现支持某位候选人的比例分别为56%和48%。试在0.05的显著性水平下检验假设:

(1) 两个区对该候选人的支持率有差异;
(2) 该候选人在A区更受拥护。

7. 一个小型装置上有一精密零件,该装置对这一零件的尺寸要求非常严格,允许其长度的最大标准差为0.011毫米。该零件生产商从产品中抽出26个进行检验,样本的长度数据如下:

3.952 3.978 3.979 3.984 3.987 3.991 3.995 3.997 3.999
3.999 3.999 4.000 4.000 4.000 4.001 4.001 4.002 4.003
4.004 4.006 4.009 4.010 4.012 4.023 4.041 4.042

试在0.01的显著性水平下检验该批零件能否满足该装置的要求。

8. 有两种化学溶液,其浓度服从正态分布,经验说明两种溶液浓度的方差分别为0.4和0.6。对两种化学溶液进行随机抽样,分别抽取10个和15个样本,若样本方差分别为0.7和0.5,试分别在0.01和0.05的显著性水平下检验两种溶液浓度的方差是否相同。

9. 农业实验站为了研究一种新化肥对某种农作物的效力,在若干小区进行试验,其产量结果如下表所示,假设该农作物的产量服从正态分布。试由此在显著性水平0.05下检验:

(1) 施肥前后农作物产量方差有无显著变化;
(2) 施肥前后农作物产量有无显著变化。

施肥	34	35	30	32	33	34	35
未施肥	29	27	32	31	28	32	31

10. 在数 π 的前800位小数中,数字0,1,2,…,9出现的频率如下表所示,试问在显著性水平0.05下能否认为数 π 的小数中各数字以等概率分布出现。

数字	0	1	2	3	4	5	6	7	8	9
出现频率	74	92	83	79	80	73	77	75	76	91

11. 为了确定某种药物的药效,在实验室中以白鼠为对象进行测试,对 120 只白鼠用药,另外 150 只不用药。一段时间后,发现用药的白鼠中有 15 只病情出现好转,而没有用药的白鼠中也有 16 只病情出现好转。试问,在 0.05 的显著性水平下能否说明该药物有效果。

12. 农机工厂某车间生产滚珠,按规定这种滚珠的直径的中位数应该是 10 毫米。现随机地从正在生产的生产线上选取 10 个进行检测,结果为:

9.8　10.1　9.7　9.9　9.8　10.0　9.7　10.0　9.9　9.8

试以 0.1 的显著性水平检验该批产品是否合格。

13. 人们一般认为广告对商品促销起作用,但是否对某种商品的促销起作用并无把握。为了证实这一结论,随机对 15 个均销售该种商品的商店进行调查,得到数据如下表:

商店	1	2	3	4	5	6	7	8	9	10	11	12	13	14	15
广告前	2	2	2	2	2	3	3	3	2	3	2	3	2	3	3
广告后	2	3	3	4	2	4	3	4	3	3	3	3	3	4	4

请以 0.05 的显著性水平检验广告对该种商品的促销有没有作用。

14. 为了比较吃两种不同维他命添加剂饲料的公鸡的鸡冠重量,进行了一项试验。将 28 只健康的公鸡随机分成两组。一组吃第一种饲料,另一组吃第二种饲料。研究期过后,每只公鸡的鸡冠重量(单位:微克)如下:

一组	73	130	115	144	127	126	112	76	68	101	126	49	110	123
二组	80	72	73	60	55	74	67	89	75	66	93	75	68	76

(1) 利用 t 检验法确定两种鸡冠重量分布是否有差异;

(2) 利用秩和检验法确定两种鸡冠重量分布是否有差异。

15. 某月某上市公司的股价涨跌情况如下:

涨、跌、跌、跌、涨、涨、跌、跌、跌、涨、涨、涨、跌、跌、涨、

涨、涨、跌、涨、跌、跌、跌、涨、跌、跌、涨、涨、涨

请检验该公司当月的股价涨跌是否随机。

16. 某机器加工某型钢管的长度服从标准差 $\sigma = 2.4$ 公分的正态分布,经技术调整后,选出新生产的 25 根钢管的一个随机样本,求出样本标准差 $S = 2.1$ 公分。试以显著性水平 1% 判断该机器生产的钢管长度的变异性是否已显著减少。

17. 为了比较两种不同规格的灯丝制造的灯泡使用寿命,分别从两批灯泡中独立随机地各抽取若干个灯泡进行寿命试验。测得数据(小时)如下:

甲:1 420,1 450,1 425,1 470,1 465,1 480

乙:1 425,1 445,1 410,1 415,1 420

试在显著性水平 $\alpha = 0.05$ 下,判断两种灯泡使用寿命是否显著差异。

第八章

方差分析

第一节 方差分析方法引导

一、方差分析问题的提出

在科学试验和生产实践中，有很多因素会影响最终产品的质量，比如原料的质量、配比、工艺流程等，而且这些因素的影响程度各不相同。如何测评这些因素对产品质量的影响程度，就成为一个急需解决的问题。首先看一个医学研究的实例。

【例 8-1】 为研究某种新安眠药的效果，将 18 只试验小白鼠随机地等分成三组，各组分别注射不同剂量的这种安眠药，观察每只小白鼠从注射到入睡的时间，得到数据如表 8-1 所示。

表 8-1 小白鼠安眠药试验入睡时间数据表

组号	剂量 mg	入睡时间（分钟）					
1	0.5	21	23	19	24	25	23
2	1.0	19	21	20	18	22	20
3	1.5	15	10	13	14	11	15

可以看出，不同剂量的安眠药效果有差异，表明安眠药的剂量对入睡时间有一定的影响；同时，同一剂量下的 6 只小白鼠的入睡时间各不相同，这表明入睡时间除了受到安眠药剂量的影响之外，还有某些偶然性因素及测量误差的影响。

使用统计图表可以简明分析数据基本状况，从箱线图（见图 8-1）可以看出，除了第二组分布基本对称以外，其余两组都是左偏分布。

如果我们想检验这三个水平的平均入睡时间之间的差别，在正态总体假设前提下，即检验 $H_{01}:\mu_1-\mu_2=0$、$H_{02}:\mu_1-\mu_3=0$、$H_{03}:\mu_2-\mu_3=0$，可以采用 t 检验，但这会导致犯第一类错误的概率增大而失去检验的意义。比如在显著性水平 $\alpha=0.05$，假设这些检验相互独立时，全部假设检验都正确接受原假设的概率是 $(1-\alpha)^3=(0.95)^3=$

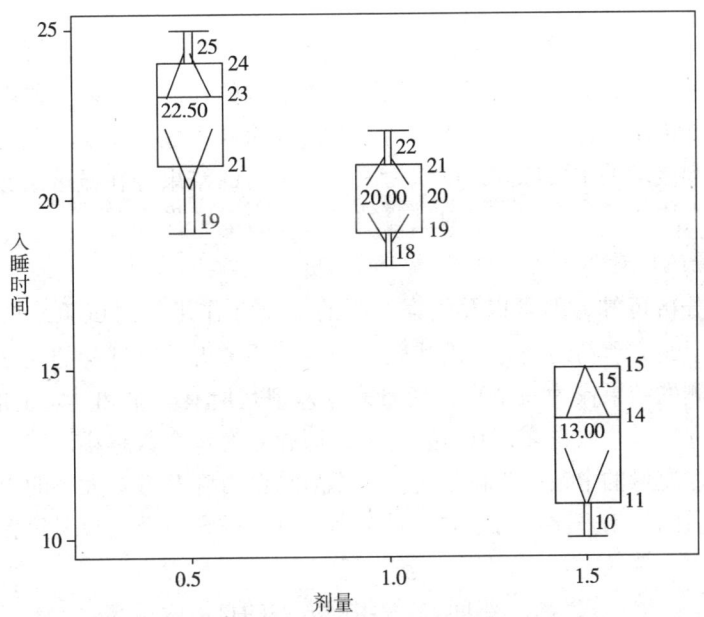

图 8-1 小白鼠安眠药试验入睡时间的箱线图

0.857375，可见犯一类错误的概率大幅增长。要正确合理地解决以上问题，就需要使用方差分析。

方差分析简称 ANOVA（Analysis of Variance），就是利用试验观测值总偏差的可分解性，将不同条件所引起的偏差与试验误差分解开来，按照一定的规则进行比较，以确定条件偏差的影响程度及相对大小。当已经确认某几种因素对试验结果有显著影响时，可使用方差分析检验确定哪种因素对试验结果的影响最为显著及估计影响程度。

在介绍方差分析之前，先要明确以下术语和概念。

1. 试验结果：在一项试验中用来衡量试验效果的特征量，也称试验指标或指标，类似函数的因变量或者目标函数。

2. 试验因素：试验中，凡是对试验指标可能产生影响的原因都称为因素，或称为因子，类似函数的自变量。试验中需要考察的因素称为试验因素，简称因素。一般用大写字母表示。

3. 因素水平：因素在试验中所处的各种状态或者所取的不同值，称为该因素的水平，简称水平。一般用下标区分。同样因素水平有时可以取得具体的数量值，有时只能取得定性值（如好，中，差等）。

二、方差分析的基本原理

（一）方差分解原理

从图 8-1 可以看出，如果剂量因素对三个分组的入睡时间没有影响，则三个分组的入睡时间差异仅由随机因素引起；而如果剂量因素对入睡时间有显著影响，则还应考虑剂量因素。

一般地，试验结果的差异性可由离差平方和表示，离差平方和又可分解为组间方差与组内方差。其中，组间方差为因素对试验结果影响的加总；组内方差则是各组内随机影响的加总。如果组间方差明显高于组内方差，说明样本数据波动的主要来源是组间方差，因素是引起波动的主要原因，则认为因素对试验的结果存在显著的影响；否则，认为波动主要来自组内方差，即因素对试验结果的影响不显著。

（二）检验统计量

由上面的分析可知，因素以及因素之间的"交互作用"对试验结果是否有显著影响，不仅要看组间方差与组内方差的比较，同时也要考虑重复试验的次数，因为如果将每一次独立观测的结果作为一个独立变量，方差则是所有变量和其均值的残差平方和。构成方差的独立变量个数越多，其方差越大；而独立变量个数越小，其方差越小。在统计中，这些独立变量的个数称为自由度。为了消除自由度对方差大小的影响，我们用方差除去自由度后的结果来比较两者的相对大小。由此得到一个检验因素影响是否显著的统计量：

$$F = \frac{\text{组间方差}/\text{组间方差的自由度}}{\text{组内方差}/\text{组内方差的自由度}}$$

F 统计量的值越大，就越能说明组间方差是离差平方和的主要来源，因素影响显著；F 统计量的值越小，就越能说明组内方差是离差平方和的主要来源，因素影响不显著。

第二节　单因素方差分析

一、单因素条件下的平方和分解公式

在试验中只考虑一个因素对试验结果影响显著性的方差分析称为单因素方差分析。为了检验该因素不同水平下的均值是否有显著差异，我们可在该因素的不同水平下进行一组重复试验（或抽样）；并将处于不同水平下的试验结果作为来自不同总体的样本，即得到多个组别的重复试验结果。一般单因素方差分析的试验结果可以记为下表。

表 8 – 2　　　　　　　　　　单因素方差分析数据表

水平＼次数	1	2	…	n	合计	均值
A_1	X_{11}	X_{12}	…	X_{1n}	$X_{1.}$	$\overline{X}_{1.}$
A_2	X_{21}	X_{22}	…	X_{2n}	$X_{2.}$	$\overline{X}_{2.}$
⋮	⋮	⋮	⋮	⋮	⋮	⋮
A_r	X_{r1}	X_{r2}	…	X_{rn}	$X_{r.}$	$\overline{X}_{r.}$
合计	—	—	—	—	$X_{..}$	$\overline{X}$

X_{ij}表示在A_i水平下,第j次试验的试验结果。

$$X_{i.} = \sum_{j=1}^{n} X_{ij} \tag{8.1}$$

$$X_{..} = \sum_{i=1}^{r} \sum_{j=1}^{n} X_{ij} \tag{8.2}$$

$$\overline{X}_{i.} = \frac{X_{i.}}{n} \tag{8.3}$$

$$\overline{X} = \frac{X_{..}}{nr} \tag{8.4}$$

总离差平方和S_T表示试验结果差异性的总和

$$S_T = \sum_{i=1}^{r} \sum_{j=1}^{n} (X_{ij} - \overline{X})^2 \tag{8.5}$$

按方差分解的原理可得

$$\begin{aligned}
\sum_{i=1}^{r} \sum_{j=1}^{n} (X_{ij} - \overline{X})^2 &= \sum_{i=1}^{r} \sum_{j=1}^{n} [(X_{ij} - \overline{X}_{i.}) + (\overline{X}_{i.} - \overline{X})]^2 \\
&= \sum_{i=1}^{r} \sum_{j=1}^{n} (X_{ij} - \overline{X}_{i.})^2 + \sum_{i=1}^{r} \sum_{j=1}^{n} (\overline{X}_{i.} - \overline{X})^2 \\
&\quad + 2 \sum_{i=1}^{r} \sum_{j=1}^{n} (X_{ij} - \overline{X}_{i.})(\overline{X}_{i.} - \overline{X}) \\
&= \sum_{i=1}^{r} \sum_{j=1}^{n} (X_{ij} - \overline{X}_{i.})^2 + \sum_{i=1}^{r} \sum_{j=1}^{n} (\overline{X}_{i.} - \overline{X})^2
\end{aligned}$$

交叉项为零,因为

$$\sum_{i=1}^{r} \sum_{j=1}^{n} (X_{ij} - \overline{X}_{i.})(\overline{X}_{i.} - \overline{X}) = \sum_{i=1}^{r} (\overline{X}_{i.} - \overline{X}) \sum_{j=1}^{n} (X_{ij} - \overline{X}_{i.}) = 0$$

同时可以得到

$$S_A = \sum_{i=1}^{r} \sum_{j=1}^{n} (\overline{X}_{i.} - \overline{X})^2 = \sum_{i=1}^{r} n(\overline{X}_{i.} - \overline{X})^2 \tag{8.6}$$

$$S_E = \sum_{i=1}^{r} \sum_{j=1}^{n} (X_{ij} - \overline{X}_{i.})^2 \tag{8.7}$$

S_A为组间方差,即不同水平下各组均值和总平均值的残差平方和;S_E是组内方差,即各组试验结果和各组均值的残差平方和。由此可得离差平方和的分解公式:

$$S_T = S_A + S_E \tag{8.8}$$

二、因素作用显著性的检验

若记各水平下的总体均值为$\mu_1, \mu_2, \cdots, \mu_r$,则检验因素对试验结果影响的显著性就是检验假设:

$$H_0: \mu_1 = \mu_2 = \cdots = \mu_r \qquad H_1: \mu_1, \mu_2, \cdots, \mu_r \text{ 不全相等} \tag{8.9}$$

或简单写成

H_0：A 对试验结果影响不显著，H_1：A 对试验结果有显著影响 (8.10)

由前所述，只要建立关于 S_A 与 S_E 的 F 统计量就可以进行假设检验。在此之前，先要推算出对应的自由度。

S_T 是所有 X_{ij} 与总均值的残差平方和，但这 nr 个 X_{ij} 需要满足的一个约束条件 $\sum_{i=1}^{r}\sum_{j=1}^{n}(X_{ij}-\overline{X})=0$，因此只有 nr-1 个独立变量，即自由度是 nr-1。S_A 是因素在不同水平下的均值 $\overline{X_{i\cdot}}$ 的残差平方和，应满足约束条件 $\sum_{i=1}^{r}n(\overline{X_{i\cdot}}-\overline{X})=0$，因此自由度是 r-1。$S_E$ 是由所有的 X_{ij} 相对于各水平下均值的残差平方和，要满足 r 个约束条件 $\sum(X_{ij}-\overline{X_{i\cdot}})=0(i=1,2,\cdots,r)$，所以 S_E 的自由度是 r(n-1)。综上，S_T、S_A 和 S_E 的自由度满足：

$$nr-1=(r-1)+r(n-1) \tag{8.11}$$

方差除去自由度后，就可以得到组间均方差 $\overline{S}_A$ 与组内均方差 $\overline{S}_E$

$$\overline{S}_A = \frac{S_A}{r-1} \tag{8.12}$$

$$\overline{S}_E = \frac{S_E}{r(n-1)} \tag{8.13}$$

进一步，可直接构造 F 统计量来检验前面提出的假设（8.9）或假设（8.10）：

$$F = \frac{\overline{S}_A}{\overline{S}_E} \sim F[r-1, r(n-1)] \tag{8.14}$$

F 值越大，越说明组间方差大于组内方差，因此组间方差构成了离差平方和的主要来源，即因素的不同水平对试验结果影响较大，应拒绝原假设；反之，说明组内方差是主要来源，不能拒绝原假设。对于给定的显著性水平 α，查 F 分布表得临界值 $F_\alpha[r-1, r(n-1)]$，当 $F > F_\alpha$ 时，拒绝原假设，认为因素对总体有显著影响；当 $F < F_\alpha$ 时，不能拒绝原假设，即不能拒绝因素对试验结果的影响不显著。

为了方便分析，通常我们把方差分析列成一张方差分析表。

表8-3　　　　　　　　　　单因素试验的方差分析表

差异源	平方和	自由度	均方差	F 统计量
组间	S_A	$r-1$	$\overline{S}_A$	$F=\dfrac{\overline{S}_A}{\overline{S}_E}$
组内	S_E	$r(n-1)$	$\overline{S}_E$	—
总计	S_T	$nr-1$	—	—

【例8-2】　请对例8-1进行单因素方差分析（显著水平 $\alpha=0.05$）。

解：这是一个等重复的单因素试验。根据题意，设在三种剂量下的入睡时间均值为 μ_1, μ_2, μ_3。检验安眠药剂量对入睡时间是否有显著影响就是建立假设检验 $H_0: \mu_1 = \mu_2 = \mu_3$，$H_1: \mu_1, \mu_2, \mu_3$ 不全相等。使用 Excel 软件中的单因素方差分析可以很方便地得到如下的分析表。

表 8-4　　　　　　　　　　Excel 得到的方差分析表

差异源	平方和	自由度	均方差	F 值	p 值	F 临界值
剂量	291	2	145.5	39.32432	1.08E-06	3.682317
误差	55.5	15	3.7	—	—	—
总计	346.5	17	—	—	—	—

从表中可以看出，p 值 = 1.08E-06，远远小于 $\alpha = 0.05$。所以安眠药剂量对入睡时间存在显著影响，应该拒绝原假设 H_0。

【例 8-3】　现有 4 种不同产地的化工原料，按照同样的工艺合成一新产品，测得新产品的熔点数据如下表。

		重复测得新产品的熔点（单位：摄氏度）			
		1	2	3	4
产地	A1	124.0	123.0	123.5	123.0
	A2	123.0	122.0	—	—
	A3	121.5	121.0	123.0	—
	A4	123.5	121.0	—	—

请分析原料产地对产品熔点的影响（显著水平 $\alpha = 0.05$）。

解：这是一个不等重复的单因素试验。由题意设原料来自四个产地的产品熔点均值为 $\mu_1, \mu_2, \mu_3, \mu_4$。可以建立假设检验 $H_0: \mu_1 = \mu_2 = \mu_3 = \mu_4$，$H_1: \mu_1, \mu_2, \mu_3, \mu_4$ 不全相等。由 Excel 软件的方差分析可以得到下表。

表 8-5　　　　　　　　　　Excel 得到的方差分析表

差异源	平方和	自由度	均方差	F 值	p 值	F 临界值
组间	4.429924	3	1.476641	1.595342	0.274499	4.34683
组内	6.479167	7	0.925595	—	—	—
总计	10.90909	10	—	—	—	—

由于 p 值 = 0.274499，大于显著水平 $\alpha = 0.05$。所以原料产地不会对新产品的熔点产生显著影响，不能拒绝原假设 H_0。

三、应注意的问题

1. 方差分析需满足的假设条件。方差分析实质上是对各总体均值相等假设进行检验，为了得到检验统计量的精确分布，要求满足的前提条件有：（1）每次试验都是独立进行的；（2）各样本都来自正态总体；（3）各总体的方差相等。只有满足这些条件，方差分析的结果才是有效的。一般地，我们总认为以上的假定条件都是满足的或近似满足的。

2. 在实际问题中，各水平下总体的试验次数可以相等也可以不等，分析过程和结论基本不变。但是当试验次数相差较大或因素较多时应该考虑采用广义线性模型分析，以消除非均衡试验设计的影响。

3. 方差分析只能判断各总体的均值是否相等，而不能判断出哪个总体的均值是大还是小，这时需要在均值不等的前提下，采用多重比较法进一步比较各个均值的大小。

第三节 双因素方差分析

在实际问题中，往往需要考察多个因素对试验结果的影响程度，这时就需要进行多因素试验的方差分析。多因素方差分析和单因素方差分析基本原理相同，但除了考虑因素对试验结果的影响之外，还需要考虑因素之间的相互影响，这种多个因素不同水平的组合对指标的影响称为因素间的交互作用。本节主要介绍双因素方差分析，多因素方差分析的原理和双因素方差分析相同，可以类推得到。先看下面的例题。

【例 8-4】 有一工业产品，在两种不同用量的催化剂（P, N）作用下产量如下表：

	$P=0$	$P=4$
$N=0$	400	450
$N=6$	430	560

这里，有两个因素 N 和 P 对产量起作用。从图形上可以清楚看到，当 $P=0$ 时和 $P=4$ 时，对应的 $N=0$ 和 $N=6$ 的产量各不相同。这就表明，因素 P 的影响程度要受因素 N 的水平影响，即存在因素之间的交互作用。而若 $P=0$ 和 $P=4$ 的两条直线平行，则可以认为 P, N 之间不存在交互作用或者交互作用不显著。

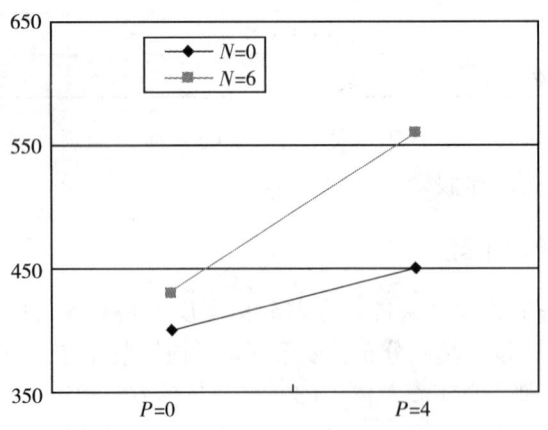

图 8-2 P, N 对产量的交互效应

对于存在交互作用的情况，必须在两个因素的各种水平组合下进行重复试验，并利用重复试验的平均值来估计该水平组合对试验结果的影响，以区分出试验误差和交互作用。交互作用不显著的情况则没有必要重复试验。

因此，双因素方差分析可以分为无交互作用的方差分析和有交互作用的方差分析。无交互作用的方差分析无须重复试验；有交互作用的方差分析需要在不同水平组合下进行重复试验，其中又有等重复的双因素方差分析和不等重复的双因素方差分析之分。本节主要介绍无交互作用的方差分析和等重复的交互作用的方差分析。

一、无交互作用的双因素方差分析

A 与 B 是待确认的是否对试验结果有显著影响的两个因素，假定 A，B 之间无交互作用，在两个因素的各种水平组合下进行重复试验可得表 8-6。

表 8-6　　　　　无交互作用的双因素方差分析数据表

		因素 B				均值
		B_1	B_2	$\cdots$	B_s	
因素 A	A_1	X_{11}	X_{12}	$\cdots$	X_{1s}	$\overline{X}_{1.}$
	A_2	X_{21}	X_{22}	$\cdots$	X_{2s}	$\overline{X}_{2.}$
	$\vdots$	$\vdots$	$\vdots$	$\vdots$	$\vdots$	$\vdots$
	A_r	X_{r1}	X_{r2}	$\cdots$	X_{rs}	$\overline{X}_{r.}$
均值		$\overline{X}_{.1}$	$\overline{X}_{.2}$	$\cdots$	$\overline{X}_{.s}$	$\overline{X}$

$\overline{X}_{i.}$（$i=1, 2, \cdots, r$）是在因素 A 的各个水平下 s 个试验结果的均值；$\overline{X}_{.j}$（$j=1, 2, \cdots, s$）是在因素 B 的各种水平下 r 个试验结果的均值。根据方差分解原理可得

$$S_T = S_A + S_B + S_E \tag{8.15}$$

依次展开有

$$S_T = \sum_{i=1}^{r} \sum_{j=1}^{s} (X_{ij} - \overline{X})^2 \tag{8.16}$$

$$S_A = \sum_{i=1}^{r} \sum_{j=1}^{s} (\overline{X}_{i.} - \overline{X})^2 = \sum_{i=1}^{r} s(\overline{X}_{i.} - \overline{X})^2 \tag{8.17}$$

$$S_B = \sum_{i=1}^{r} \sum_{j=1}^{s} (\overline{X}_{.j} - \overline{X})^2 = \sum_{j=1}^{s} r(\overline{X}_{.j} - \overline{X})^2 \tag{8.18}$$

$$S_E = \sum_{i=1}^{r} \sum_{j=1}^{s} (X_{ij} - \overline{X}_{i.} - \overline{X}_{.j} + \overline{X})^2 \tag{8.19}$$

S_A 表示的是因素 A 的各个水平下各组试验结果与该组均值的残差平方和，S_B 是因素 B 的各个水平下各组试验结果与该组均值的残差平方和，S_E 是 A，B 所有水平组合下的试验结果和均值的残差平方和。类似单因素方差分析可知，S_T 的自由度为 $rs-1$，S_A 的自由度为 $r-1$，S_B 的自由度为 $s-1$，S_E 的自由度为 $(r-1)(s-1)$。

对应的均方差为

$$\bar{S}_A = \frac{S_A}{r-1} \quad (8.20)$$

$$\bar{S}_B = \frac{S_B}{s-1} \quad (8.21)$$

$$\bar{S}_E = \frac{S_E}{(r-1)(s-1)} \quad (8.22)$$

检验因素 A 与因素 B 对试验结果的影响是否显著的 F 统计量分别为

$$F_A = \frac{\bar{S}_A}{\bar{S}_E} \sim F[r-1,(r-1)(s-1)] \quad (8.23)$$

$$F_B = \frac{\bar{S}_B}{\bar{S}_E} \sim F[s-1,(r-1)(s-1)] \quad (8.24)$$

综合以上结论可以得到方差分析表。

表8-7　　　　　　　　　无交互作用的双因素方差分析表

差异源	平方和	自由度	均方差	F 统计量
A 因素	S_A	$r-1$	$\bar{S}_A$	$F_A = \dfrac{\bar{S}_A}{\bar{S}_E}$
B 因素	S_B	$s-1$	$\bar{S}_B$	$F_B = \dfrac{\bar{S}_B}{\bar{S}_E}$
误差	S_E	$(r-1)(s-1)$	$\bar{S}_E$	—
总计	S_T	$rs-1$	—	—

【例 8-5】　为了给同规格的四种品牌的电视机鉴定评分,邀请了 5 位专家评价,结果见下表。

		专家				
		B1	B2	B3	B4	B5
品牌	A1	7	9	8	7	8
	A2	10	10	8	8	9
	A3	7	5	5	4	6
	A4	8	6	7	4	4

假设各水平搭配下总体服从正态分布且同方差,且鉴定人无法知道电视机的品牌(鉴定人与电视机品牌无交互作用),试用方差分析检验品牌和专家是否对评分有影响(显著水平 $\alpha=0.05$)。

解:设电视机品牌因素为 A,专家因素为 B,由题意建立假设检验

$$\begin{cases} H_{01}: A \text{ 对评分无显著影响} \\ H_{02}: B \text{ 对评分无显著影响} \end{cases} \quad \begin{matrix} H_{11}: A \text{ 对评分有显著影响} \\ H_{12}: B \text{ 对评分有显著影响} \end{matrix}$$

可由 Excel 软件的方差分析直接得到以下方差分析表。

表 8-8　　　　　　Excel 得到的无交互作用的双因素方差分析表

差异源	平方和	自由度	均方差	F 值	p 值	F 临界值
品牌	43.2	3	14.4	12.99248	0.000446	3.4903
专家	11.5	4	2.875	2.593985	0.089981	3.25916
误差	13.3	12	1.108333	—	—	—
总计	68	19	—	—	—	—

可以看出在品牌和专家两个因素中，专家的 p 值 = 0.089981 > 0.05，可以认为专家对评分没有显著影响。而品牌的 p 值 = 0.000446，说明电视机品牌对评分有显著影响。

【例 8-6】　在一个品酒试验中，有 9 位品酒师分别独立地对四种酒作出评价。评价结果用七分制表示：(1) 最喜欢；(2) 很喜欢；(3) 轻微喜欢；(4) 一般；(5) 轻微不喜欢；(6) 很不喜欢；(7) 最不喜欢。试验结果如下表。

请分析品酒师和酒型对得分指标的影响（显著水平 $\alpha = 0.05$）。

解：设品酒师因素为 A，酒型因素为 B，由题意建立假设检验

$\begin{cases} H_{01}: A \text{ 对得分无显著影响} & H_{11}: A \text{ 对得分有显著影响} \\ H_{02}: B \text{ 对得分无显著影响} & H_{12}: B \text{ 对得分有显著影响} \end{cases}$

		酒型			
		B_1	B_2	B_3	B_4
品酒师	1	5	2	6	6
	2	6	1	3	5
	3	6	4	4	3
	4	3	3	6	5
	5	3	3	4	5
	6	2	3	4	4
	7	5	6	5	5
	8	2	3	2	5
	9	3	4	4	5

由 Excel 软件得到表 8-9。

表 8-9　　　　　　Excel 得到的双因素无交互作用的方差分析表

差异源	平方和	自由度	均方差	F 值	p 值	F 临界值
品酒师	20.72222	8	2.5903	1.65778	0.16088	2.35508
酒型	8.75	3	2.9167	1.86667	0.16221	3.00879
误差	37.5	24	1.5625	—	—	—
总计	66.97222	35	—	—	—	—

因为品酒师因素的 p 值 $= 0.16088$，酒型因素的 p 值 $= 0.16221$，所以品酒师和酒型两个因素都对评分没有显著影响。

二、有交互作用的双因素方差分析

当因素之间存在交互作用时，为了区分随机误差和交互作用，需要在不同的水平组合下进行重复试验。设在因素 A 与因素 B 每一个水平组合下等重复试验 t 次，得到表 8 – 10。

X_{ijk} 表示在水平组合 (A_i, B_j) 下第 k 次试验的试验结果。在该组合下的试验结果的均值为

$$\overline{X}_{ij.} = \frac{1}{t} \sum_{k=1}^{t} X_{ijk} \tag{8.25}$$

进一步记

$$\overline{X}_{i..} = \frac{1}{st} \sum_{j=1}^{s} \sum_{k=1}^{t} X_{ijk} \tag{8.26}$$

$$\overline{X}_{.j.} = \frac{1}{rt} \sum_{i=1}^{r} \sum_{k=1}^{t} X_{ijk} \tag{8.27}$$

$$\overline{X} = \frac{1}{rst} \sum_{i=1}^{r} \sum_{j=1}^{s} \sum_{k=1}^{t} X_{ijk} \tag{8.28}$$

表 8 – 10　　　　　　　　有交互作用的双因素方差分析数据表

		因素 B			
		B_1	B_2	…	B_s
因素 A	A_1	X_{111} X_{112} ⋮ X_{11t}	X_{121} X_{122} ⋮ X_{12t}	…	X_{1s1} X_{1s2} ⋮ X_{1st}
	A_2	X_{211} X_{212} ⋮ X_{21t}	X_{221} X_{222} ⋮ X_{22t}	…	X_{2s1} X_{2s2} ⋮ X_{2st}
	⋮	⋮	⋮	⋮	⋮
	A_r	X_{r11} X_{r12} ⋮ X_{r1t}	X_{r21} X_{r22} ⋮ X_{r2t}	…	X_{rs1} X_{rs2} ⋮ X_{rst}

和无交互作用的方差分析类似，离差平方和可以分解为

$$S_T = S_A + S_B + S_{AB} + S_E \tag{8.29}$$

其中

$$S_T = \sum_{i=1}^{r} \sum_{j=1}^{s} \sum_{k=1}^{t} (X_{ijk} - \overline{X})^2 \tag{8.30}$$

$$S_A = st \sum_{i=1}^{r} (\overline{X}_{i..} - \overline{X})^2 \qquad (8.31)$$

$$S_B = rt \sum_{j=1}^{s} (\overline{X}_{.j.} - \overline{X})^2 \qquad (8.32)$$

$$S_{AB} = t \sum_{i=1}^{r} \sum_{j=1}^{s} (\overline{X}_{ij.} - \overline{X}_{i..} - \overline{X}_{.j.} + \overline{X})^2 \qquad (8.33)$$

$$S_E = \sum_{k=1}^{t} (X_{ijk} - \overline{X}_{ij.})^2 \qquad (8.34)$$

交叉项 S_{AB} 表示两个因素取值水平组合下的试验结果产生的因素水平组合方差，S_T、S_A、S_B、S_{AB} 和 S_E 的自由度分别是 $rst-1$、$r-1$、$s-1$、$(r-1)(s-1)$ 和 $rs(t-1)$。可计算出均方差

$$\overline{S}_A = \frac{S_A}{r-1} \qquad (8.35)$$

$$\overline{S}_B = \frac{S_B}{s-1} \qquad (8.36)$$

$$\overline{S}_{AB} = \frac{S_{AB}}{(r-1)(s-1)} \qquad (8.37)$$

$$\overline{S}_E = \frac{S_E}{rs(t-1)} \qquad (8.38)$$

则 F 统计量依次为

$$F_A = \frac{\overline{S}_A}{\overline{S}_E} \sim F[r-1, rs(t-1)] \qquad (8.39)$$

$$F_B = \frac{\overline{S}_B}{\overline{S}_E} \sim F[s-1, rs(t-1)] \qquad (8.40)$$

$$F_{AB} = \frac{\overline{S}_{AB}}{\overline{S}_E} \sim F[(r-1)(s-1), rs(t-1)] \qquad (8.41)$$

总结以上结论可以得到方差分析表 8-11。

表 8-11　　　　　　　　双因素等重复试验方差分析表

差异源	平方和	自由度	均方差	F 统计量
A 因素	S_A	$r-1$	$\overline{S}_A$	$F_A = \dfrac{\overline{S}_A}{\overline{S}_E}$
B 因素	S_B	$s-1$	$\overline{S}_B$	$F_B = \dfrac{\overline{S}_B}{\overline{S}_E}$
交互作用	S_{AB}	$(r-1)(s-1)$	$\overline{S}_{AB}$	$F_{AB} = \dfrac{\overline{S}_{AB}}{\overline{S}_E}$
误差	S_E	$rs(t-1)$	$\overline{S}_E$	—
总计	S_T	$rst-1$	—	—

【例 8 – 7】 一连锁便利店想进行抽奖销售,为此设计了三种不同的销售点展示牌类型,同时还选择了收银台和入口处两个不同的地点摆放。试验选择了 18 家分店进行,每种组合随机分配了三家分店,各分店的彩票销售数量(单位:百张)见下表。

	展示牌类型		
	A	B	C
收银台旁	433 940	393 843	576 049
便利店入口处	534 651	585 550	474 246

请在显著水平 $\alpha = 0.025$ 下,分析两种因素是否对彩票销售有显著影响。

解:这是一个有交互作用的双因素重复试验。由题意设展示牌位置因素为 A,展示牌类型因素为 B,交互作用为 AB,建立假设检验

H_{01}:A 对彩票销售无显著影响　　H_{11}:A 对彩票销售影响显著
H_{02}:B 对彩票销售无显著影响　　H_{12}:B 对彩票销售影响显著
H_{03}:AB 对彩票销售无显著影响　H_{13}:AB 对彩票销售影响显著

由 Excel 得到下表。

表 8 – 12　　　　　　　　由 Excel 得到的方差分析表

差异源	平方和	自由度	均方差	F 值	p 值	F 临界值
位置	88.8889	1	88.8889	6.66667	0.0240	4.7471
类型	71.4444	2	35.7222	2.67917	0.1092	3.8853
交互	510.111	2	255.0556	19.1292	0.0002	3.8853
内部	160	12	13.3333	—	—	—
总计	830.4444	17				

由表 8 – 12 可以得出结论:展示牌的不同位置对彩票销售量有显著影响(p 值 = 0.0240),展示牌的类型对彩票销售没有显著影响(p 值 = 0.1092),而两个因素的交互效应对彩票销售存在显著影响(p 值 = 0.0002)。

【例 8 – 8】 一商场想要分析顾客衣着和是否携带购物袋与他们在珠宝柜台前停留时间之间的关系(单位:秒)。每种组合随机选取了 2 名顾客测验,12 次随机试验的结果如下表。

		衣着		
		不讲究的	便服的	衣着考究的
是否有购物袋	是	4 139	2 429	1 419
	否	5 249	1 616	2 721

请在显著水平 $\alpha = 0.025$ 下,分析两种因素对停留时间的影响。

解:这是一个有交互作用的双因素重复试验。由题意设是否有购物袋因素为 A,衣着因素为 B,设交互作用为 AB,建立假设检验

$$\begin{cases} H_{01}: A \text{ 对停留时间无显著影响} \\ H_{02}: B \text{ 对停留时间无显著影响} \\ H_{03}: AB \text{ 对停留时间无显著影响} \end{cases} \quad \begin{matrix} H_{11}: A \text{ 对停留时间影响显著} \\ H_{12}: B \text{ 对停留时间影响显著} \\ H_{13}: AB \text{ 对停留时间影响显著} \end{matrix}$$

由 Excel 得到下表。

表 8-13　　　　　　　　　　由 Excel 得到的方差分析表

差异源	平方和	自由度	均方差	F 值	p 值	F 临界值
购物袋	18.75	1	18.75	2.2727	0.1824	5.9874
衣着	1 602.667	2	801.3333	97.1313	0.0000	5.1432
交互	258	2	129	15.6364	0.0042	5.1432
内部	49.5	6	8.25	—	—	—
总计	1 928.917	11	—	—	—	—

由表 8-13 可知，是否有购物袋不会显著影响停留时间（p 值 =0.1824），衣着因素显著地影响停留时间（p 值 =0.0000），而两者的组合也会显著影响停留时间（p 值 = 0.0042）。

思考与练习

一、选择题

1. 利用方差分析表进行方差分析时，该表不包括的项目有（　　）。
A. 方差来源　　　　　　　　　B. 原假设的统计判断
C. 各离差平方和的自由度　　　D. 离差平方和及其分解

2. 双因素方差分析有两种类型，有交互作用和无交互作用，两者区别的关键是看（　　）。
A. 两因子是否都服从正态分布　　B. 两因子是否有相同的自由度
C. 两因子的水平是否相同　　　　D. 两因子是否独立

3. 以下对方差分析叙述不正确的是（　　）。
A. 方差分析可以对若干平均值是否相等同时进行检验
B. 离差平方和能分解为组内方差与组间方差的和
C. 进行方差分析要求各水平下的样本量相同
D. 方差分析方法在社会科学领域也大有用武之地

4. 方差分析中的原假设是关于所研究因素（　　）。
A. 各水平总体方差是否相等
B. 各水平的理论均值是否相等
C. 同一水平内部数量差异是否显著
D. 各水平之间的相关关系是否密切

5. 在方差分析中，组内平方和是（   ）。
   A. 各水平下理论平均数之间的离差平方和
   B. 各水平的内部观察值与其相应平均数的离差平方和
   C. 各水平效应不同所引起的离差平方和
   D. 实验条件变化所引起的离差平方的总和
6. 在方差分析中，组间平方和主要反映的是（   ）。
   A. 各水平内部观察值之间的差异程度
   B. 各水平下理论平均数之间的差异程度
   C. 由随机波动所引起的观察值之间的差异程度
   D. 各组离差平方的总和
7. 在方差分析中，总离差平方和反映的是（   ）。
   A. 全部观察值之间的差异程度
   B. 由实验因素变化所引起的观察值之间的差异程度
   C. 由随机波动所引起的观察值之间的差异程度
   D. 各组离差平方的总和
8. 为了分析某校不同专业学生的某次统计学测试成绩是否有显著差异（假定其他条件都相同），可适用方差分析方法。在1%的显著性水平下，在10个专业中共计随机抽取50个学生进行调查，拒绝原假设的区域是（   ）。
   A. （$F_{0.01}(9,49)$，$+\infty$）　　　　B. （$F_{0.005}(9,49)$，$+\infty$）
   C. （$F_{0.01}(9,40)$，$+\infty$）　　　　D. （$F_{0.005}(9,40)$，$+\infty$）
9. 方差分析针对不同情况可以分为（   ）。
   A. 单因素方差分析　　　　　　　　B. 多因素方差分析
   C. 双因素方差分析　　　　　　　　D. 双因素无交互影响方差分析
   E. 双因素有交互影响方差分析
10. 对方差分析的基本原理描述正确的有（   ）。
    A. 通过方差的比较，检验各因子水平下的均值是否相等
    B. 方差分析比较之前应消除自由度的影响
    C. 方差比较的统计量是F统计量
    D. 方差分析的实质是对总体均值的统计检验
    E. 方差分析的因子只能是定量的，不然就无从进行量化分析
11. 进行方差分析需要满足的假设条件有（   ）。
    A. 每次试验都是独立进行　　　　　B. 各样本都来自正态总体
    C. 各总体的方差相等　　　　　　　D. 各样本的样本量相等
    E. 各总体分布相互独立
12. 若采用方差分析法来推断某个因素对所考察的指标有无显著影响，该因素有k个水平，样本容量为N，则下列表述中正确的是（   ）。
    A. 检验统计量＝组间平方和/组内平方和

B. 检验统计量 = 组间方差/组内方差
C. 组间方差 = 组间平方和/$K-1$
D. 组间方差 = 组间平方和/$N-K$
E. 检验统计量的分布为 $F(K-1, N-K)$

13. 运用单因素方差分析法,则下列表述中正确的是（　　）。
A. 组间方差显著大于组内方差时,该因素对所考察指标的影响显著
B. 组内方差显著大于组间方差时,该因素对所考察指标的影响显著
C. 拒绝原假设时,可推断各水平的效应完全没有相同的
D. 拒绝原假设时,可推断各水平的效应是不完全相同的
E. 各水平下的样本单位数可以相等,也可以不等

二、计算题

1. 现有来自四个不同供应商的同型号的铆钉,各随机选出 10 个做破坏测试,试验结果如下表:

供应商	10 次破坏测试（单位：磅）									
A1	517	484	452	502	447	481	500	485	566	463
A2	479	499	488	430	482	457	424	488	526	455
A3	435	443	480	465	435	430	465	514	463	510
A4	526	537	443	505	468	533	481	477	490	470

请写出方差分析的原假设和备择假设,并在显著水平 $\alpha = 0.01$ 下,分析不同供应商的铆钉是否存在显著差异,同时给出各水平下的均值置信区间。

2. 将 15 个 60 伏特的灯泡随机排放在三条不同线路上,第一条线路为正常电压,第二条线路电压比正常电压低 2 伏特,第三条线路比正常电压低 3 伏特。观测到这 15 个灯泡的寿命如下表（连续使用天数）:

线路	随机排放的灯泡的使用寿命（连续使用天数）				
A1	58	63	46	57	51
A2	46	59	51	46	42
A3	52	48	38	48	42

请写出方差分析的原假设和备择假设,并在显著水平 $\alpha = 0.01$ 下,分析不同线路下的灯泡使用寿命是否存在显著差异,同时给出各水平下的均值置信区间。

3. 某公司研究其下属的三个本地子公司的办公室文员的工作效率和报酬的关系,在每个子公司随机抽取若干文员并记录他们各自的报酬,结果如下表:

子公司	随机抽取文员的报酬（单位：美元）					
A1	199	236	167	263	254	
A2	108	104	153	218	210	96
A3	162	86	160	135	207	201

请写出方差分析的原假设和备择假设，并在显著水平 $\alpha = 0.05$ 下，分析三个子公司的文员工作效率是否存在显著差异，同时给出各水平下的均值置信区间。

4. 安检人员想要分析汽车载客与否和汽车速度之间的关系，随机抽取若干汽车测速如下表：

	随机抽取的汽车测速（mph）									
只有司机	64	50	71	55	67	61	80	56	59	74
至少有一个乘客	44	52	54	48	69	67	54	57	58	51	62	67

请写出方差分析的原假设和备择假设，并在显著水平 $\alpha = 0.025$ 下，分析两种载客状态是否存在显著差异，同时给出各水平下的均值置信区间。

5. 某厂商在五个地区销售产品，包装部门想要了解产品外包装对销售量的影响，现有以下销售数据：

地区 外包装	A1	A2	A3	A4	A5
B1	41	53	54	55	43
B2	45	51	48	43	39
B3	34	44	46	45	51

试在显著水平 $\alpha = 0.05$ 下，对产品外包装和地区这两个因素对销售量的影响进行分析。

6. 一政府机构为考察五位司机的驾驶技术，选择了四种不同的路面环境测试路程，并在汽车上安装了可以精确计量油耗量的仪器。试验中五位司机随机选择一辆轿车并随机选择路面环境，但每位司机必须完成所有的四种路面环境测试路程。每位司机在不同路面环境下完成测试的油耗量如下表：

		路面环境编号			
		1	2	3	4
司机编号	A	21	34	25	38
	B	23	29	20	32
	C	28	33	26	37
	D	25	28	18	24
	E	19	26	23	16

请在显著水平 $\alpha = 0.05$ 下，对司机的驾驶技术和路面环境这两个因素对油耗量的影响进行分析。

7. 一超市为提高收银台的工作效率，设计了四种结账流程，并随机选取了 3 个收银员进行重复试验，记录流程的持续时间（单位：秒），实验结果如下表：

		收银员编号		
		1	2	3
流 程	A	15, 15, 17	19, 19, 16	16, 18, 21
	B	17, 17, 17	15, 15, 15	19, 22, 22
	C	15, 17, 16	18, 17, 16	18, 18, 18
	D	18, 20, 22	15, 16, 17	17, 17, 17

请在显著水平 $\alpha = 0.05$ 下，对流程和收银员这两个因素对操作时间的影响进行分析。

第九章

相关与回归分析

第一节 相关与回归分析的基本概念

一、函数关系与相关关系

客观现象总是普遍联系和相互依存的。客观现象之间的数量联系存在着两种不同的类型：一种是函数关系，另一种是相关关系。

当一个或几个变量取一定的值时，另一个变量有确定值与之相对应，我们称这种关系为确定性的函数关系。例如，某种商品的销售收入 Y 与该商品的销售量 X 以及该商品的平均单价 P 之间的关系可用 $Y = PX$ 表示，这就是一种函数关系。一般把作为影响因素的变量称为自变量，把发生对应变化的变量称为因变量。在上例中，Y 是因变量，P 与 X 则是自变量。

当一个或几个相互联系的变量取一定数值时，与之相对应的另一变量的值虽然不确定，但它仍按某种规律在一定的范围内变化，变量间的这种相互关系称为具有不确定性的相关关系。例如，劳动生产率与工资水平的关系、投资额和国内生产总值的关系、商品流转规模与流通费用的关系等都属于相关关系。

变量之间的函数关系和相关关系在一定条件下是可以互相转化的。本来具有函数关系的变量，在存在观测误差时，其函数关系往往以相关的形式表现出来。而具有相关关系的变量之间的联系，如果我们对其有了深刻的规律性认识，并且能够把影响因变量变动的因素全部纳入方程，这时的相关关系也可能转化为函数关系。另外，相关关系也具有某种变动规律性，所以，相关关系经常可以用一定的函数形式去近似地描述。客观现象的函数关系可以用数学分析的方法研究，而研究客观现象的相关关系则必须借助于统计学中的相关与回归分析方法。

二、相关关系的种类

客观现象的相关关系可以按不同的标志加以划分。

1. 按相关的程度可分为完全相关、不完全相关和不相关。当一种现象的数量变化完全由另一个现象的数量变化所确定时，称这两种现象间的关系为完全相关。例如在价格不变的条件下，某种商品的销售总额与其销售量总是成正比例关系。在这种场合，相关关系便成为函数关系。因此，也可以说函数关系是相关关系的一个特例。当两个现象彼此互不影响，其数量变化各自独立时，称为不相关现象。例如，通常认为股票价格的高低与气温的高低是不相关的。两个现象之间的关系介于完全相关和不相关之间，称为不完全相关，一般的相关现象都是指这种不完全相关。

2. 按相关的方向可分为正相关和负相关。当一个现象的数量增加（或减少），另一个现象的数量也随之增加（或减少）时，称为正相关。例如，消费水平随收入的增加而提高。当一个现象的数量增加（或减少），而另一个现象的数量向相反方向变动时，称为负相关。例如商品流转的规模愈大，流通费用水平则愈低。

3. 按相关的形式可分为线性相关和非线性相关。当两种相关现象之间的关系大致呈现为线性关系时，称为线性相关。例如人均消费水平与人均收入水平通常呈线性关系。如果两种相关现象之间并不表现为直线的关系，而是近似于某种曲线方程的关系，则这种相关关系称为非线性相关。例如产品的平均成本与产品总产量就是一种非线性相关。

4. 按所研究的变量多少可分为单相关、复相关和偏相关。两个变量之间的相关，称为单相关。当所研究的是一个变量对两个或两个以上其他变量的相关关系时，称为复相关。例如，某种商品的需求与其价格水平以及收入水平之间的相关关系便是一种复相关。在某一现象与多种现象相关的场合，假定其他变量不变，专门考察其中两个变量的相关关系称为偏相关。例如，在假定人们收入水平不变的条件下，某种商品的需求与其价格水平的关系就是一种偏相关。

三、相关分析与回归分析

相关分析和回归分析是研究现象之间相关关系的两种基本方法。所谓相关分析，就是用一个指标表明现象间相互依存关系的密切程度。所谓回归分析，就是根据相关关系的具体形态，选择一个合适的数学模型，近似地表达变量间的平均变化关系。

相关分析和回归分析有着密切的联系，它们不仅具有共同的研究对象，而且在具体应用时常常必须互相补充。相关分析需要依靠回归分析来表明现象数量相关的具体形式，而回归分析则需要依靠相关分析来表明现象数量变化的相关程度。只有当变量之间存在着高度相关时，进行回归分析寻求其相关的具体形式才有意义。由于上述原因，回归分析和相关分析在一些统计学的书籍中被合称为相关关系分析。

但是，相关分析与回归分析之间在研究目的和方法上是有明显区别的。相关分析研究变量之间相关的方向和相关的程度，但是相关分析无法从一个变量的变化来推测另一个变量的变化情况。回归分析则研究变量之间相互关系的具体形式，它对具有相关关系的变量之间的数量联系进行测定，确定一个相关的数学表达式，根据这个数学方程式可以从已知量来推测未知量，从而为估算和预测提供一个重要的方法。因此，相关分析可以不必确定变量中哪个是自变量，哪个是因变量，其所涉及的变量可以都是随机变量；

而回归分析则必须事先研究确定具有相关关系的变量中哪个为自变量,哪个为因变量。一般地说,回归分析中因变量是随机的,而把自变量作为研究时给定的非随机变量。

相关与回归分析可以加深人们对客观现象之间相关关系的认识,因而是对客观现象进行分析的有效方法。但是,相关分析和回归分析只是定量分析的手段,通过相关与回归分析虽然可以从数量上反映现象之间的联系形式及其密切程度,但是无法准确判断现象内在联系的有无,也无法单独以此来确定何种现象为因,何种现象为果。只有以实质性科学理论为指导,并结合实际经验进行分析研究,才能正确判断事物的内在联系和因果关系。如果对本来没有内在联系的现象,仅凭数据进行相关分析和回归分析,就可能是一种"伪相关"或"伪回归",这样不仅没有实际意义,而且会导致荒谬的结论。因此,在应用这两项方法对客观现象进行研究时,一定要始终注意把定性分析和定量分析结合起来,在定性分析的基础上开展定量分析。

对于相关分析和回归分析,既可以从描述统计的角度也可以从推断统计的角度来说明。本书采用了后一种方式。这不仅是因为后者可以将前者的内容包含在内,而且还因为在有关现实经济和管理问题的定量分析中,作为推断统计的相关与回归分析更具有广泛的应用价值。

四、相关图

相关图又称散点图,它是以直角坐标系的横轴代表变量 X,纵轴代表变量 Y,将两个变量间相对应的变量值用坐标点的形式描绘出来,用来反映两变量之间相关关系的图形。相关图是研究相关关系的直观工具,一般在进行详细的定量分析之前,可以先利用它对现象之间存在的相关关系的方向、形式和密切程度进行大致的判断。

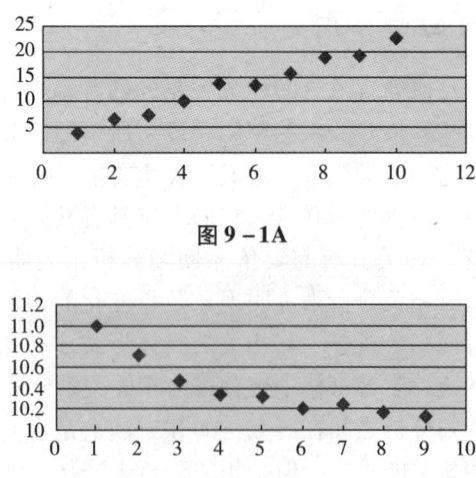

图 9-1A

图 9-1B

例如,从图 9-1A 可以看出,变量 X 和变量 Y 具有向相同方向变动的趋势,表明它们之间存在正相关。从图 9-1B 可以看出,两个变量之间的变动趋于相反的方向,表明

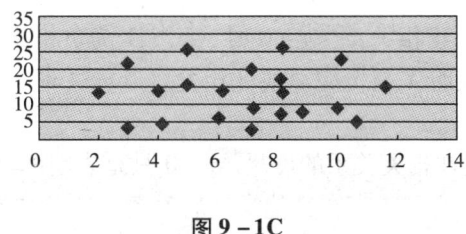

图 9-1C

它们之间存在负相关。从图 9-1C 可以看出,两个变量之间不存在变动的规律,表明二者之间不存在相关。

第二节 简单线性相关与回归分析

一、相关系数及其检验

(一) 相关系数的定义

单相关分析是对两个变量之间的线性相关程度进行分析。单相关分析采用的尺度为单相关系数,简称相关系数。

总体相关系数的定义式是

$$\gamma = \frac{Cov(X,Y)}{\sqrt{Var(X)Var(Y)}} \tag{9.1}$$

式中,$Cov(X, Y)$ 是变量 X 和变量 Y 的协方差;$Var(X)$ 和 $Var(Y)$ 分别为变量 X 和变量 Y 的方差。总体相关系数是反映两变量之间线性相关程度的一种特征值,表现为一个常数。由于实际上不可能对总体变量 X 和变量 Y 的全部数值都进行观测,所以总体相关系数一般是不知道的。通常需要从总体中随机抽取一定数量的样本,通过 X 和 Y 的样本观测值去估计样本相关系数。

样本相关系数的定义公式是

$$r = \frac{\sum (X_t - \overline{X})(Y_t - \overline{Y})}{\sqrt{\sum (X_t - \overline{X})^2 \sum (Y_t - \overline{Y})^2}} \tag{9.2}$$

式中,$\overline{X}$ 和 $\overline{Y}$ 分别是 X 和 Y 的样本平均数。

样本相关系数是根据样本观测值计算的,抽取的样本不同,其具体的数值也会有所差异。容易证明,样本相关系数是总体相关系数的一致估计量。

(二) 相关系数的特点

样本相关系数 r 有以下特点:

1. r 的取值介于 -1 与 1 之间。
2. 当 $r = 0$ 时,X 与 Y 的样本观测值之间没有线性关系。

3. 在大多数情况下，$0<|r|<1$，即 X 与 Y 的样本观测值之间存在着一定的线性关系。当 $r>0$ 时，X 与 Y 为正相关；当 $r<0$ 时，X 与 Y 为负相关。

4. 如果 $|r|=1$，则表明 X 与 Y 完全线性相关。当 $r=1$ 时，称为完全正相关；而 $r=-1$ 时，称为完全负相关。

5. r 是对变量之间线性相关关系的度量。$r=0$ 只是表明两个变量之间不存在线性关系，它并不意味着 X 与 Y 之间不存在其他类型的关系。对于二者之间可能存在的非线性相关关系，需要利用其他指标进行分析。

（三）相关系数的计算

具体计算样本相关系数时，通常利用以下公式

$$r = \frac{n\sum X_t Y_t - \sum X_t \sum Y_t}{\sqrt{(n\sum X_t^2 - (\sum X_t)^2)(n\sum Y_t^2 - (\sum Y_t)^2)}} \tag{9.3}$$

式（9.3）可由样本相关系数的定义式推导而来。

【例 9-1】 表 9-1 是 1996—2009 年我国城镇居民人均年消费性支出和人均年可支配收入的有关资料，试利用表中的数据计算人均消费性支出与人均可支配收入的样本相关系数。

表 9-1　　　　　　我国城镇居民人均年消费支出和收入情况　　　　　单位：千元

年份	人均可支配收入 X	人均消费支出 Y	X^2	Y^2	XY
1996	4.839	3.919	23.4159	15.3586	18.9640
1997	5.16	4.186	26.6256	17.5226	21.5998
1998	5.425	4.332	29.4306	18.7662	23.5011
1999	5.854	4.616	34.2693	21.3075	27.0221
2000	6.28	4.998	39.4384	24.98	31.3874
2001	6.86	5.309	47.0596	28.1855	36.4197
2002	7.703	6.03	59.3362	36.3609	46.4491
2003	8.472	6.511	71.7748	42.3931	55.1612
2004	9.422	7.182	88.7741	51.5811	67.6688
2005	10.493	7.943	110.103	63.0913	83.3459
2006	11.759	8.697	138.2741	75.6378	102.268
2007	13.786	9.997	190.0538	99.9400	137.8186
2008	15.781	11.243	249.04	126.405	177.4258
2009	17.175	12.265	294.9806	150.4302	210.6514
合计	129.009	97.228	1 402.576	771.9598	1 039.683

资料来源：《中国统计年鉴》，中国统计出版社。

解：将表 9-1 中的有关数据代入式（9.3），可得

$$r = \frac{14 \times 1\,039.683 - 129.009 \times 97.228}{\sqrt{(14 \times 1\,402.576 - 129.009^2)(14 \times 771.9598 - 97.228^2)}}$$

$$= 0.99958$$

（四）相关系数的检验

在实际的客观现象分析研究中，相关系数一般都是利用样本数据计算的，因而带有一定的随机性，样本容量越小其可信程度就越差。因此，也需要进行检验。相关系数的显著性检验问题可分为两类：一是对总体相关系数是否等于 0 进行检验；二是对总体相关系数是否等于某一个给定的不为 0 的数值进行检验。限于篇幅，这里只介绍对总体相关系数 γ 是否等于 0 进行的检验。

数学上可以证明，在 X 与 Y 都服从于正态分布，并且又有 $\gamma = 0$ 的条件下，可以采用 t 检验来确定 r 的显著性。其步骤如下：

首先，计算相关系数 r 的 t 值：

$$t = \frac{r\sqrt{n-2}}{\sqrt{1-r^2}} \tag{9.4}$$

其次，根据给定的显著性水平和自由度（$n-2$），查找 t 分布表中相应的临界值 $t_{\alpha/2}$。若 $|t| \geq t_{\alpha/2}$，表明 r 在统计上是显著的；若 $|t| \leq t_{\alpha/2}$，表明 r 在统计上是不显著的。

【例 9-2】 假设根据 6 对样本观测数据计算出某公司的股票价格与大盘指数的样本相关系数 $r = 0.60$，试问是否可以根据 5% 的显著水平认为该公司的股票与气温之间存在一定程度的线性相关关系？

解：$H_0: \gamma = 0$；$H_1: \gamma \neq 0$

将以上数据代入式（9.4），计算 r 的 t 检验值

$$t = \frac{0.6\sqrt{(6-2)}}{\sqrt{1-0.6^2}} = 1.5$$

查表可知：显著水平为 5%，自由度为 4 的临界值 $t_{\alpha/2} = 2.776$，上式中的 t 值小于 2.776，因此，r 不能通过显著性检验。这就是说，尽管根据样本观测值计算的 r 达到 0.6，但是由于样本单位过少，这一结论并不可靠，它不足以证明该公司的股票与大盘指数之间存在一定程度的线性相关关系。

二、标准的一元线性回归模型

（一）总体回归函数

当变量之间存在显著的相关关系时，可以利用一定的数学模型对其进行回归分析。在回归分析中，最简单的模型是只有一个因变量和一个自变量的线性回归模型，即一元线性回归模型，又称简单线性回归模型。

该模型假定因变量 Y 主要受自变量 X 的影响，它们之间存在着近似的线性函数关系，即有

$$Y_t = \beta_1 + \beta_2 X_t + u_t \tag{9.5}$$

式（9.5）被称为总体回归函数。式中的 β_1 和 β_2 是未知的参数，又叫回归系数；Y_t 和 X_t 分别是 Y 和 X 的第 t 个观测值；u_t 是随机误差项，又称随机干扰项，它是一个特殊的随机变量，反映未列入方程式的其他各种因素对 Y 的影响。

为了便于大家理解，我们举一个具体例子，作进一步说明。在许多经济学的入门教科书中，都可以看到以下形式的消费函数：

$$Y_t = \beta_1 + \beta_2 X_t \tag{9.6}$$

式中，Y 代表消费支出；X 代表可支配收入；β_1 是被称为基础消费水平的常数项，代表不受可支配收入影响的消费支出；β_2 是边际消费倾向，它表明可支配收入每增加一个单位时消费支出所增加的数量。这种类型的消费函数认为，可支配收入是决定消费支出的主要因素，而且它们之间的关系是线性关系。如果以 Y 为纵轴，X 为横轴，则式（9.6）可以用一条直线来表示。这种确定型的消费函数作为理论分析的一种抽象是允许的，但是，在现实经济生活中，这种确定型的消费函数却是很难成立的。试想一下，在全国亿万个家庭中，考察一下具有相同收入的家庭，他们用于消费的部分会完全相同吗？也就是说，在给定的 X 值下，Y 是否都会得到相同的结果？显而易见，这是不可能的。因为除了收入之外，还有各种影响消费的因素。一些家庭虽然收入相同，但是其消费习惯、家庭所处的地理位置和气候条件等千差万别，这都会使其消费支出发生差异。所以，我们只能说，平均来看，消费支出与可支配收入的关系能够用直线反映。如果用数学形式表示，可有

$$E(Y_t) = \beta_1 + \beta_2 X_t \tag{9.7}$$

式（9.7）表明：在 X 的值给定的条件下，Y 的期望值是 X 的严密的线性函数。式（9.7）所反映的直线被称为总体回归直线。Y 的实际观测值并不一定位于该直线上，只是散布在该直线的周围。我们把各实际观测点与总体回归线垂直方向的间隔，称为随机误差项（见图 9-2），也就是定义：

$$u_t = Y_t - E(Y_t) \tag{9.8}$$

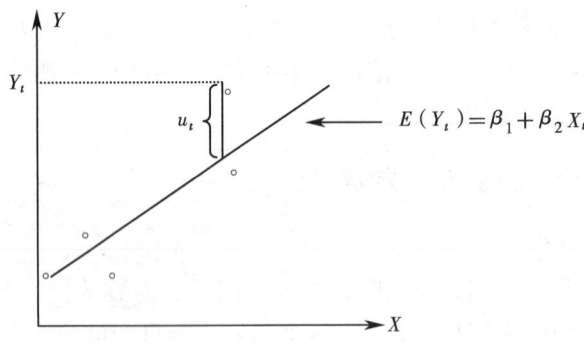

图 9-2　总体回归线与随机误差项

在反映 Y 的实际观测值与给定的 X 值的线性关系式中，引进随机误差项，就得到总体回归函数式（9.5）。

（二）样本回归函数

在现实问题研究中，由于所要研究的现象总体单位数一般是很多的，在许多场合甚至是无限的。也就是说，总体回归函数事实上是未知的，需要利用样本的信息进行

估计。

根据样本数据拟合的直线称为样本回归线。显然，样本回归线的函数形式应与总体回归线的函数形式一致。一元线性回归模型的样本回归线可表示为

$$\hat{Y}_t = \hat{\beta}_1 + \hat{\beta}_2 X_t \tag{9.9}$$

式中，$\hat{Y}_t$ 是样本回归线上与 X_t 相对应的 Y 值，可视为 $E(Y_t)$ 的估计；$\hat{\beta}_1$ 是样本回归函数的截距系数，$\hat{\beta}_2$ 是样本回归函数的斜率系数，它们是对总体回归系数 β_1 和 β_2 的估计。

实际观测到的因变量 Y_t 值并不完全等于 $\hat{Y}_t$，如果用 e_t 表示二者之差（$e_t = Y_t - \hat{Y}_t$），则有

$$Y_t = \hat{\beta}_1 + \hat{\beta}_2 X_t + e_t \quad (t = 1, 2, \cdots, n) \tag{9.10}$$

式（9.10）称为样本回归函数。式中，e_t 称为残差，在概念上，e_t 与总体误差项 u_t 相互对应；n 是样本的容量。

样本回归函数与总体回归函数之间的联系显而易见，这里需要特别指出的是它们之间的区别。（1）总体回归线是未知的，它只有一条；而样本回归线则是根据样本数据拟合的，每抽取一组样本，便可以拟合一条样本回归线。（2）总体回归函数中的 β_1 和 β_2 是未知的参数，表现为常数；而样本回归函数中的 $\hat{\beta}_1$ 和 $\hat{\beta}_2$ 是随机变量，其具体数值随所抽取的样本观测值不同而变动。（3）总体回归函数中的 u_t 是 Y_t 与未知的总体回归线之间的纵向距离，它是不可直接观测的；而样本回归函数中的 e_t 是 Y_t 与样本回归线之间的纵向距离，根据样本观测值拟合出样本回归线之后，可以计算出 e_t 的具体数值。

综上所述，样本回归函数是对总体回归函数的近似反映。回归分析的主要任务就是要采用适当的方法，充分利用样本所提供的信息，使得样本回归函数尽可能地接近于真实的总体回归函数。

（三）误差项的标准假定

随机误差项 u_t 是无法直接观测的。为了进行回归分析，通常需要对其概率分布提出一些假定。这些假定有：

假定1：误差项的期望值为0，即对所有的 t 总有

$$E(u_t) = 0 \tag{9.11}$$

假定2：误差项的方差为常数，即对所有的 t 总有

$$Var(u_t) = E(u_t^2) = \sigma^2 \tag{9.12}$$

假定3：误差项之间不存在序列相关关系，其协方差为零，即当 $t \neq s$ 时有：

$$Cov(u_t u_s) = 0 \tag{9.13}$$

假定4：自变量是给定的变量，与随机误差项线性无关。

假定5：随机误差项服从正态分布。

满足以上标准假定的一元线性模型称为标准的一元线性回归模型。

应当指出，在现实生活中，由于各种原因，上述标准假定常常不能得到满足。那么学习以标准假定为基础的回归分析理论与方法是否会失去意义呢？当然不会。同其他一

切科学研究一样，对相关现象分析方法的研究也可以从标准的理想状态出发，首先研究这一状态下的基本方法与规律，然后再以此为规范，进一步研究现实存在的非理想状态下可以采用的方法。关于非标准条件下的分析方法，属于计量经济学研究的内容，本书不作进一步的讨论。

三、一元线性回归模型的估计

(一) 回归系数的点估计

如前所述，回归分析的主要任务就是要建立能够近似反映真实总体回归函数的样本回归函数。在根据样本资料确定样本回归方程时，一般总是希望 Y 的估计值从整体来看尽可能地接近其实际观测值。这就是说，残差 e_t 的总量越小越好。可是，由于 e_t 有正有负，简单的代数和会相互抵消，因此为了便于处理，通常采用残差平方和 $\sum e_t^2$ 作为衡量总偏差的尺度。所谓最小二乘法就是根据这一思路，通过使残差平方和为最小来估计回归系数的一种方法。设

$$Q = \sum e_t^2 = \sum (Y_t - \hat{Y}_t)^2 = \sum (Y_t - \hat{\beta}_1 - \hat{\beta}_2 X_t)^2 \tag{9.14}$$

很明显，残差平方和 Q 的大小将依赖于 $\hat{\beta}_1$ 和 $\hat{\beta}_2$ 的取值。根据微积分中求极小值的原理，可知 Q 存在极小值；同时，欲使 Q 达到最小，Q 对 $\hat{\beta}_1$ 和 $\hat{\beta}_2$ 的偏导数必须等于零。

将 Q 对 $\hat{\beta}_1$ 和 $\hat{\beta}_2$ 求偏导数，并令其等于零，可得

$$-2\sum (Y_t - \hat{\beta}_1 - \hat{\beta}_2 X_t) = 0 \tag{9.15}$$

$$-2\sum X_t(Y_t - \hat{\beta}_1 - \hat{\beta}_2 X_t) = 0 \tag{9.16}$$

加以整理后有

$$n\hat{\beta}_1 + \hat{\beta}_2 \sum X_t = \sum Y_t \tag{9.17}$$

$$\hat{\beta}_1 \sum X_t + \hat{\beta}_2 \sum X_t^2 = \sum X_t Y_t \tag{9.18}$$

以上方程组称为正规方程组或标准方程组，式中的 n 是样本容量。求解这一方程组可得

$$\hat{\beta}_2 = \frac{n\sum X_t Y_t - \sum X_t \sum Y_t}{n\sum X_t^2 - (\sum X_t)^2} \tag{9.19}$$

$$\hat{\beta}_1 = \frac{\sum Y_t}{n} - \frac{\hat{\beta}_2 \sum X_t}{n} = \bar{Y} - \hat{\beta}_2 \bar{X} \tag{9.20}$$

以上两式是估计总体回归系数 β_1 和 β_2 公式。

【例 9-3】 我们利用表 9-1 中给出的我国历年城镇居民人均消费支出和人均可支配收入的数据，估计我国城镇居民的边际消费倾向和基础消费水平。

解： $Y_t = \beta_1 + \beta_2 X_t + u_t$

将表 9-1 中合计栏的有关数据代入式 (9.19) 和式 (9.20)，可得

$$\hat{\beta}_2 = \frac{14 \times 1\,039.683 - 129.009 \times 97.228}{14 \times 1\,402.576 - (129.009)^2} = 0.6724$$

$$\hat{\beta}_1 = 97.228 \div 14 - 0.6724 \times 129.009 \div 14 = 0.7489$$

样本回归方程为

$$\hat{Y}_t = 0.7489 + 0.6724 X_t$$

上式中，0.6724 是边际消费倾向，表示人均可支配收入每增加 1 千元，人均消费支出会增加 0.6724 千元；0.7489 是基本消费水平，即与收入无关的最基本的人均消费为 0.7489 千元。

（二）总体方差的估计

除了 β_1 和 β_2 外，一元线性回归模型还包括另一个未知参数，那就是总体随机误差项的方差 σ^2。σ^2 可以反映理论模型误差的大小，是检验模型时必须利用的一个重要参数。由于随机误差项本身是不能直接观测的，因此，需要用最小二乘残差代替随机误差项来估计 σ^2。数学上可以证明，σ^2 的无偏估计 S^2 可由下式给出：

$$S^2 = \frac{\sum e_t^2}{n-2} \quad (9.21)$$

式（9.21）中，分子是残差平方和，分母是自由度。n 是样本观测值的个数，2 是一元线性回归方程中回归系数的个数。在一元线性回归模型中，残差 e_t 必须满足以下两个可由式（9.15）和式（9.16）导出的约束条件：

$$\sum e_t = 0; \quad \sum e_t X_t = 0 \quad (9.22)$$

因而失去了两个自由度，所以其自由度为 $n-2$。

S^2 的正平方根又叫做回归估计的标准误差。S 越小，表明实际观测点与所拟合的样本回归线的离差程度越小，即回归线具有较强的代表性。反之，S 越大，表明实际观测点与所拟合的样本回归线的离差程度越大，即回归线的代表性较差。

直接根据式（9.21）计算 S^2，需要逐一计算出残差平方的数值。这样比较麻烦，而且计算误差较大。因此，一般采用以下公式计算残差平方和：

$$\sum e_t^2 = \sum Y_t^2 - \hat{\beta}_1 \sum Y_t - \hat{\beta}_2 \sum X_t Y_t \quad (9.23)$$

式（9.23）的推导过程如下：

$$\begin{aligned} \sum e_t^2 &= \sum (Y_t - \hat{\beta}_1 - \hat{\beta}_2 X_t) e_t \\ &= \sum Y_t e_t = \sum Y_t (Y_t - \hat{\beta}_1 - \hat{\beta}_2 X_t) \\ &= \sum Y_t^2 - \hat{\beta}_1 \sum Y_t - \hat{\beta}_2 \sum X_t Y_t \end{aligned}$$

【例 9-4】 根据例 9-1 中给出的有关数据和例 9-3 中已得到的回归系数估计值，计算我国城镇居民消费函数的总体方差 S^2 和回归估计标准差 S。

解：将例 9-1 中给出的有关数据和例 9-3 中已得到的回归系数估计值代入式（9.23），得

$$\sum e_t^2 = 771.9598 - 0.7489 \times 97.228 - 0.6724 \times 1\,039.683 = 0.0808$$

将以上结果代入式（9.21），可得

$$S^2 = 0.0808/(14-2) = 0.006732$$

进而有 $S = \sqrt{0.006732} = 0.082047$

(三) 最小二乘估计量的性质

最小二乘法是多种估计方法中的一种。按照最小二乘法求得的估计总体回归系数的数学公式 (9.19) 和式 (9.20) 是样本观测值的函数,通常称为最小二乘估计量。最小二乘估计量的形式是不变的,但根据所选取的样本不同,其具体数值即回归系数的估计值却会随之变化,因此,它是一种随机变量。可以证明,在标准假定能够得到满足的条件下,回归系数的最小二乘估计量的期望值等于其真值,即有

$$E(\hat{\beta}_1) = \beta_1; \quad E(\hat{\beta}_2) = \beta_2 \tag{9.24}$$

其方差为

$$Var(\hat{\beta}_1) = \sigma_{\hat{\beta}_1}^2 = \sigma^2 \left(\frac{1}{n} + \frac{\overline{X}}{\sum (X_t - \overline{X})^2} \right) \tag{9.25}$$

$$Var(\hat{\beta}_2) = \sigma_{\hat{\beta}_2}^2 = \frac{\sigma^2}{\sum (X_t - \overline{X})^2} \tag{9.26}$$

$\hat{\beta}_2$ 和 $\hat{\beta}_1$ 的期望值与方差的推导过程基本类似。这里只就 $\hat{\beta}_2$ 进行证明。

为了便于讨论,将 $Y_t = \beta_1 + \beta_2 X_t + u_t$ 代入估计量 $\hat{\beta}_2$,并作以下变形:

$$\begin{aligned} \hat{\beta}_2 &= \frac{n \sum X_t Y_t - \sum X_t \sum Y_t}{n \sum X_t^2 - (\sum X_t)^2} = \frac{\sum (X_t - \overline{X})(Y_t - \overline{Y})}{\sum (X_t - \overline{X})^2} \\ &= \frac{\sum (X_t - \overline{X}) Y_t}{\sum (X_t - \overline{X})^2} = \beta_2 + \frac{\sum (X_t - \overline{X}) u_t}{\sum (X_t - \overline{X})^2} \end{aligned} \tag{9.27}$$

为了推导上式,利用了以下恒等式:

$$\sum (X_t - \overline{X}) = 0$$
$$\sum (X_t - \overline{X})^2 = \sum (X_t - \overline{X}) X_t$$
$$\sum (X_t - \overline{X})(Y_t - \overline{Y}) = \sum (X_t - \overline{X}) Y_t$$

这样,回归系数的最小二乘估计量可以表现为所要估计的参数的真值与随机误差项的线性组合。由于我们已假定 X_t 是给定的变量(不是随机变量),因此,同各期误差项相乘的权数也都是确定量。为了叙述方便,令

$$W_t = \frac{(X_t - \overline{X})}{\sum (X_t - \overline{X})^2} \tag{9.28}$$

利用前面所述的关于随机误差项的标准假定和期望值运算规则,可以证明 $\hat{\beta}_2$ 的期望值为

$$\begin{aligned} E(\hat{\beta}_2) &= \beta_2 + E(\sum W_t u_t) \\ &= \beta_2 + \sum W_t E(u_t) \quad \text{(根据标准假定 4)} \\ &= \beta_2 + \sum W_t \times 0 \quad \text{(根据标准假定 1)} \\ &= \beta_2 \end{aligned} \tag{9.29}$$

$\hat{\beta}_2$ 的方差为

$$Var(\hat{\beta}_2) = Var(\beta_2 + \sum W_t u_t)$$
$$= E(\sum W_t u_t)^2$$
$$= \sum w_t^2 E(U_t^2) \quad \text{（根据标准假定4、假定3）}$$
$$= \sigma^2 \sum w_t^2 \quad \text{（根据标准假定2）}$$
$$= \frac{\sigma^2}{\sum (X_t - \bar{X})^2} \tag{9.30}$$

证毕。

由以上推导过程可知，最小二乘估计量是因变量观测值 Y_t 的线性函数，其期望值等于总体回归系数的真值。因此，最小二乘估计量是总体回归系数的线性无偏估计量。数学上还可以进一步证明，在所有的线性无偏估计量中，回归系数的最小二乘估计量的方差最小；同时随着样本容量的增大，其方差会不断缩小。也就是说，回归系数的最小二乘估计量是最优线性无偏估计量和一致估计量。

标准线性回归模型中，回归系数的最小二乘估计量所具有的上述性质首先是由数学家高斯和马尔可夫提出并证明的，因此被称为高斯—马尔可夫定理。通俗地讲，这一定理表明，在标准的假定条件下，最小二乘估计量是一种最佳的估计方式。但是应当明确，这并不意味着根据这一方式计算的每一个具体的估计值都比根据其他方式计算的具体估计值更接近真值，而只是表明如果反复多次进行估计值计算或是扩大样本的容量进行估计值计算，按最佳估计方式计算的估计值接近真值的可能性（概率）最大。

（四）回归系数的区间估计

利用以上得到的回归系数的点估计及其方差，还可以对回归系数进行区间估计。为了进行区间估计，有必要了解 $\hat{\beta}_1$ 和 $\hat{\beta}_2$ 的概率分布。因为 $\hat{\beta}_1$ 和 $\hat{\beta}_2$ 均为线性估计量，是因变量 Y_t 的线性组合。根据本节所述的标准假定，可知 Y_t 是服从正态分布的变量，所以 $\hat{\beta}_1$ 和 $\hat{\beta}_2$ 也服从正态分布。另外，以上我们已给出了 $\hat{\beta}_1$ 和 $\hat{\beta}_2$ 的期望值与方差。所以有

$$\hat{\beta}_1 \sim N(\beta_1, \sigma_{\hat{\beta}_1}^2); \hat{\beta}_2 \sim N(\beta_2, \sigma_{\hat{\beta}_2}^2) \tag{9.31}$$

在总体方差已知的情况下，利用上述正态分布便可以进行区间估计。可是，一般来说，总体方差 σ^2 是未知的，要用其无偏估计量 S^2 去代替。数学上可以证明，当样本为小样本时，回归系数估计值的标准化变换值 t 服从自由度为 $n-k$ 的 t 分布（n 是样本容量，k 是回归系数的个数，在标准的一元线性回归模型中，$k=2$）。根据第五章中介绍的关于参数区间估计的原理，可得到以下回归系数区间估计的公式：

$$\hat{\beta}_j \pm t_{\alpha/2}^{(n-2)} \times S_{\hat{\beta}_j} \quad (j=1,2) \tag{9.32}$$

式中，$S_{\hat{\beta}_j}$ 是回归系数 $\hat{\beta}_j$ 估计的样本标准误差，$t_{\alpha/2}^{(n-2)}$ 是显著水平为 α，自由度为 $(n-2)$ 的 t 分布双侧临界值。

$$S_{\hat{\beta}_1} = S \sqrt{\frac{1}{n} + \frac{\bar{X}}{\sum (X_t - \bar{X})^2}} \tag{9.33}$$

$$S_{\beta_2} = \frac{S}{\sqrt{\sum (X_t - \bar{X})^2}} \tag{9.34}$$

【例 9-5】 利用例 9-1 的有关资料和例 9-3 与例 9-4 的结果,对例 9-3 中估计的我国城镇居民边际消费倾向进行置信度为 95% 的区间估计。

解:将前面已求得的有关数据代入式 (9.34),可得

$$S_{\beta_2} = 0.082047 \div \sqrt{1\,402.576 - (129.009)^2/14} = 0.0056$$

查 t 分布表可知:显著水平为 5%,自由度为 12 的 t 分布双侧临界值是 2.1788,前面已求得 $\hat{\beta}_2 = 0.6724$,将其代入式 (9.32),可得

$$0.6724 - 2.1788 \times 0.0056 \leq \beta_2 \leq 0.6724 + 2.1788 \times 0.0056$$

即 $0.6602 \leq \beta_2 \leq 0.6846$

四、一元线性回归模型的检验

(一) 回归模型检验的种类

回归模型中的参数估计出来之后,还必须对其进行检验。如果通过检验发现模型有缺陷,则必须回到模型的设定阶段或参数估计阶段,重新选择因变量和自变量及其函数形式,或者对数据进行加工整理之后再次估计参数。

回归模型的检验包括理论意义检验、一级检验和二级检验。理论意义检验主要涉及参数估计值的符号和取值区间,如果它们与实质性科学的理论以及人们的实践经验不相符,就说明模型不能很好地解释现实的现象。例如,在前面所举的消费函数中,β_2 的取值区间应在 0 至 1 之间。如果根据样本数据估计的 $\hat{\beta}_2$ 大于 1 或小于 0,则不能通过经济意义检验。在对实际的社会经济现象进行回归分析时,常常会遇到经济意义检验不能通过的情况。造成这一结果的主要原因是:社会经济的统计数据无法像自然科学中的统计数据那样通过有控制的实验去取得,因而所观测的样本容量有可能偏小,不具有足够的代表性,或者不能满足标准线性回归分析所要求的假定条件。一级检验又称统计学检验,它是利用统计学中的抽样理论来检验样本回归方程的可靠性,具体又可分为拟合程度评价和显著性检验。一级检验是对所有现象进行回归分析时都必须通过的检验。二级检验又称经济计量学检验,它是对标准线性回归模型的假定条件能否得到满足进行检验,具体包括序列相关检验、异方差性检验、多重共线性检验等。二级检验对于社会经济现象的定量分析具有特别重要的意义。关于二级检验的问题在计量经济学教科书中有详细介绍,本书只讨论一级检验。

(二) 拟合程度的评价

所谓拟合程度,是指样本观测值聚集在样本回归线周围的紧密程度。判断回归模型拟合程度优劣最常用的数量尺度是样本决定系数(又称决定系数)。它是建立在对总离差平方和进行分解的基础之上的。

因变量的实际观测值与其样本均值的离差即总离差 $(Y_t - \bar{Y})$ 可以分解为两部分:一部分是因变量的理论回归值与其样本均值的离差 $(\hat{Y}_t - \bar{Y})$,它可以看成是能够由回归

直线解释的部分，称为可解释离差；另一部分是实际观测值与理论回归值的离差（$Y_t - \hat{Y}_t$），它是不能由回归直线加以解释的残差 e_t。对任一实际观测值 Y_t 总有

$$(Y_t - \overline{Y}) = (\hat{Y}_t - \overline{Y}) + (Y_t - \hat{Y}_t) = (\hat{Y}_t - \overline{Y}) + e_t \tag{9.35}$$

对式（9.35）两边取平方并求和，得到

$$\sum (Y_t - \overline{Y})^2 = \sum (\hat{Y}_t - \overline{Y})^2 + \sum (Y_t - \hat{Y}_t)^2 + 2(\hat{Y}_t - \overline{Y})(Y_t - \hat{Y}_t)$$

利用残差的定义与式（9.22），可以证明：

$$\sum (\hat{Y}_t - \overline{Y})(Y_t - \hat{Y}_t) = 0$$

从而有

$$\sum (Y_t - \overline{Y})^2 = \sum (\hat{Y}_t - \overline{Y})^2 + \sum (Y_t - \hat{Y}_t)^2$$

即
$$SST = SSR + SSE \tag{9.36}$$

式中，SST 是总离差平方和；SSR 是由回归直线可以解释的那一部分离差平方和，称为回归平方和；SSE 是用回归直线无法解释的离差平方和，称为残差平方和。式（9.36）的两边同除以 SST，得

$$1 = \frac{SSR}{SST} + \frac{SSE}{SST} \tag{9.37}$$

显而易见，各个样本观测点与样本回归直线靠得越紧，SSR 在 SST 中所占的比例就越大。因此，可定义这一比例为决定系数，即有

$$r^2 = \frac{SSR}{SST} = 1 - \frac{SSE}{SST} \tag{9.38}$$

决定系数是对回归模型拟合程度的综合度量。决定系数越大，模型拟合程度越高；决定系数越小，则模型对样本的拟合程度越差。

决定系数 r^2 具有如下特性：

1. 决定系数 r^2 具有非负性。① 由决定系数的定义式可知，r^2 的分子分母均是不可能为负值的平方和，因此其比值必大于零。

2. 决定系数的取值范围为 $0 \leq r^2 \leq 1$。由 r^2 的计算公式可以看出：当所有的实际观测值都位于回归直线上时，$SSE = 0$，这时 $r^2 = 1$，说明总离差可以完全由所估计的样本回归直线来解释；当实际观测值并不是全部位于回归直线上时，但又大致分布在其附近时，$SSE > 0$，这时 $r^2 < 1$；当回归直线没有解释任何离差，模型中解释变量 X 与因变量 Y 完全无关时，Y 的总离差可全部归于残差平方和，即 $SSE = SST$，这时 $r^2 = 0$。

3. 决定系数是样本观测值的函数，它也是一个统计量。

4. 在一元线性回归模型中，决定系数是单相关系数的平方。

【例 9 - 6】 利用例 9 - 4 中计算的残差平方和，计算例 9 - 2 所拟合的样本回归方程的决定系数。

---

① 但是在回归模型中不包括截距项的场合，由于总离差平方和的分解公式不成立，按该式计算的 r^2 有可能小于 0。

解：$r^2 = 1 - \dfrac{SSE}{SST} = 1 - \dfrac{0.0808}{96.7252} = 0.9992$

上式中的 SST 是利用表 9-1 中给出的数据按下式计算的：

$$SST = \sum Y_t^2 - \dfrac{(\sum Y_t)^2}{n}$$

$$= 771.9598 - 97.228^2 \div 14 = 96.7252$$

（三）显著性检验

回归分析中的显著性检验包括两方面的内容：一是对各回归系数的显著性检验；二是对整个回归方程的显著性检验。在一元线性回归模型中，由于只有一个解释变量 X，对 $\beta_2 = 0$ 的检验与对整个方程的显著性检验是等价的。因此，这里只介绍对回归系数的显著性检验，对整个回归方程的显著性检验将在下一节中介绍。

所谓回归系数的显著性检验，就是根据样本估计的结果对总体回归系数的有关假设进行检验。β_1 与 β_2 的检验方法是相同的，但 β_2 的检验更为重要，因为它表明自变量对因变量影响的程度。

下面我们以 β_2 的检验为例，介绍回归系数显著性检验的基本步骤：

1. t 检验

（1）提出假设。

对回归系数进行显著性检验，所提出的假设的一般形式是

$$H_0: \beta_2 = \beta_2^*, \quad H_1: \beta_2 \neq \beta_2^* \tag{9.39}$$

式中，H_0 表示原假设；H_1 表示备择假设；β_2^* 是假设的总体回归系数的真值。在许多回归分析的计算机程序里，常常令 $\beta_2^* = 0$，这是因为 β_2 是否为 0，可以表明 X 对 Y 是否有显著的影响。

（2）确定显著水平 α。

显著水平的大小应根据犯哪一类错误可能带来损失的大小确定。一般情况下可取 0.05。

（3）计算回归系数的 t 值。

$$t_{\beta_2} = \dfrac{\hat{\beta}_2 - \beta_2^*}{S_{\hat{\beta}_2}} \tag{9.40}$$

式（9.40）中，$S_{\hat{\beta}_2}$ 是回归系数 $\hat{\beta}_2$ 估计的标准误差。

（4）确定临界值。

t 检验的临界值是由显著水平和自由度 df 决定的。这时应该注意，原假设和备择假设设定的方式不同，据以判断的接受域和拒绝域也不相同。例如，对 $H_0: \beta_2 = 0$，$H_1: \beta_2 \neq 0$，进行的是双侧 t 检验；而对 $H_0: \beta_2 = 0.9$，$H_1: \beta_2 < 0.9$，进行的是单侧 t 检验。对此，在双侧检验的场合，依据 α 和 df，查 t 分布表所确定的临界值是 $(-t_{\alpha/2})$ 和 $(t_{\alpha/2})$；而在单侧检验的场合，所确定的临界值是 (t_α)。

（5）作出判断。

如果 t_{β_2} 的绝对值大于临界值的绝对值，就拒绝原假设，接受备择假设；反之，如果

t_{β_2} 的绝对值小于临界值的绝对值,则接受原假设。

2. p 检验

回归系数的显著性检验还可以采用 p 检验。其前三步与 t 检验相同,但 t 值计算出来之后,并不与 t 分布的临界值进行对比,而是直接计算自由度为 $n-2$ 的 t 统计量大于或小于根据样本观测值计算的 t_{β_2} 的概率即 p 值。然后将其与给定的显著水平 α 对比,如果 p 小于 α,则拒绝原假设;反之,则接受原假设。利用 Excel 进行回归分析时,计算机将直接给出回归系数估计的 p 值。

【例 9-7】 利用例 9-3 和例 9-5 的有关资料和结果,对例 9-3 中估计的我国城镇居民边际消费倾向进行显著性检验。

(1) 以 5% 的显著水平检验可支配收入是否对消费支出有显著影响。

(2) 对 $H_0: \beta_2 = 0.7, H_1: \beta_2 < 0.7$ 进行检验。

解:

(1) 首先,提出假设 $H_0: \beta_2 = 0, H_1: \beta_2 \neq 0$。

其次,利用式 (9.40) 计算 t 值

$$t_{\beta_2} = 0.6724/0.0056 = 119.82$$

查 t 分布表可知:显著水平为 5%,自由度为 12 的双侧 t 检验的临界值是 2.178。以上计算的 t 值远远大于此临界值,所以拒绝原假设,接受备择假设,即认为可支配收入对消费支出的影响是非常显著的。

(2) 利用式 (9.40) 计算 t 值

$$t_{\beta_2} = (0.6724 - 0.7)/0.0056 = -4.9210$$

查 t 分布表可知:显著水平为 5%,自由度为 12 的单侧 t 检验的临界值是 1.782。因为计算的 t 值的绝对值大于此临界值,所以否定 $\beta_2 = 0.7$ 的原假设,接受备择假设,认为我国城镇居民的平均消费倾向小于 0.7。

五、一元线性回归模型预测

(一) 回归预测的基本公式

建立回归模型的重要目的之一是进行预测。如果所拟合的样本回归方程经过检验,被认为具有经济意义,同时被证明有较高的拟合程度,就可以利用其来进行预测。简单回归预测的基本公式如下:

$$\hat{Y}_f = \hat{\beta}_1 + \hat{\beta}_2 X_f \tag{9.41}$$

式中,X_f 是给定的 X 的具体数值;$\hat{Y}_f$ 是 X_f 给定时 Y 的预测值;$\hat{\beta}_1$ 和 $\hat{\beta}_2$ 是已估计出的样本回归系数。回归预测是一种有条件的预测,在进行回归预测时,必须先给出 X_f 的具体数值。当给出的 X_f 属于样本内的数值时,利用该式去计算 $\hat{Y}_f$ 称为内插检验或事后预测。而当给出的 X_f 在样本之外时,利用该式去计算 $\hat{Y}_f$ 称为外推预测或事前预测。通常所说的预测是指事前预测。

(二) 预测误差

$\hat{Y}_f$ 是根据样本回归方程计算的，它是样本观测值的函数，因而也是一个随机变量。$\hat{Y}_f$ 与所要预测的 Y 的真值之间必然存在一定的误差。在实际的回归模型预测中，发生预测误差的原因可以概括如下：

1. 由模型本身中的误差因素所造成的误差。由于总体回归函数并未将所有影响 Y 的因素都纳入模型，同时其具体的函数形式也只是实际变量之间数量联系的近似反映，因此必然存在误差。这一误差可以用总体随机误差项的方差来评价。

2. 由于回归系数的估计值同其真值不一致所造成的误差。如前所述，样本回归系数是根据样本估计的，它与总体回归系数之间总是有一定的误差。这一误差可以用回归系数的最小二乘估计量的方差来评价。

3. 由于自变量 X 的设定值同其实际值的偏离所造成的误差。当给出的 X_f 在样本之外时，其本身也需要利用某种方法进行预测。如果 X_f 与未来时期 X 的实际值不符，将其代入式 (9.41) 求得的 Y 的预测值当然也会与其实际值有所不同。

4. 由于未来时期总体回归系数发生变化所造成的误差。在研究客观经济现象的总体回归方程时，总体回归系数是一定时期内经济结构的数量特征，随着社会经济运行机制和经济结构的变化，它也会有所变动。这时，如果仍沿用根据样本期数据拟合的样本回归方程进行预测，也会造成误差。

在以上造成预测误差的原因中，3、4 两项不属于回归方程本身的问题，而且也难以事先予以估计和控制。因此，在下面的讨论中，假定只存在 1、2 两种误差。

设 X_f 给定时 Y 的真值为 Y_f，

$$Y_f = \beta_1 + \beta_2 X_f + u_f \tag{9.42}$$

则有
$$\begin{aligned} e_f = Y_f - \hat{Y}_f &= (\beta_1 + \beta_2 X_f + u_f) - (\hat{\beta}_1 + \hat{\beta}_2 X_f) \\ &= (\beta_1 - \hat{\beta}_1) + (\beta_2 - \hat{\beta}_2) X_f + u_f \end{aligned} \tag{9.43}$$

式中，e_f 是预测的残差。利用期望值与方差的运算规则以及前面给出的回归系数最小二乘估计量的期望值和方差，可以证明：

$$E(e_f) = 0 \tag{9.44}$$

$$Var(e_f) = \sigma^2 \left(1 + \frac{1}{n} + \frac{(X_f - \overline{X})^2}{\sum (X_t - \overline{X})^2} \right) \tag{9.45}$$

在此基础上，还可以进一步证明 $\hat{Y}_f$ 是 Y_f 的最优线性无偏预测，即在标准假定能够满足的情况下，式 (9.41) 是 Y_f 的最佳预测方式。

(三) 区间预测

式 (9.41) 给出的是对 Y_f 的点估计，在许多场合，人们更为关心的是对 Y_f 的区间估计。在标准假定条件下，e_f 服从于正态分布，即

$$e_f \sim N[0, Var(e_f)] \tag{9.46}$$

由于 $Var(e_f)$ 中的 σ^2 是未知的，通常用其无偏估计 S^2 来代替。若用 Se_f 来表示预

测标准误差的估计值，则

$$Se_f = S\sqrt{1 + \frac{1}{n} + \frac{(X_f - \overline{X})^2}{\sum(X_t - \overline{X})^2}} \tag{9.47}$$

数学上可以证明：$(Y_f - \hat{Y}_f)/Se_f$ 服从于自由度为 $(n-2)$ 的 t 分布。按照确定置信区间的方法，可以得出 Y_f 的 $(1-\alpha)$ 的置信区间为

$$Y_f \pm t_{\alpha/2}^{(n-2)} \times Se_f \tag{9.48}$$

式中，$t_{\alpha/2}^{(n-2)}$ 是置信度为 $(1-\alpha)$、自由度为 $(n-2)$ 的 t 分布的临界值。

对于每一个给定的 X 值，计算相应的 Y 的置信区间，并将连接各点的曲线描绘在平面图上，便可得到图 9-3。

从置信区间和 Se_f 的计算公式以及图 9-3，可以得到以下结论：

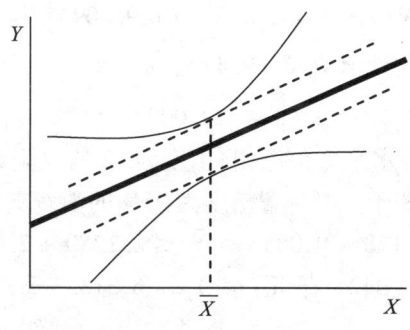

图 9-3　回归预测的置信区间

1. 置信区间的上下限对称地落在样本回归直线两边，呈中间小两头大的喇叭形。当 $X_f = \overline{X}$ 时的置信区间最窄，而当 X_f 远离 $\overline{X}$ 时，其置信区间逐渐增大。这就是说，在用回归模型进行预测时，X_f 的取值不宜离开 $\overline{X}$ 过远，否则预测精度将会降低，有可能使预测失效。

2. 在样本容量 n 保持不变时，$t_{\alpha/2}^{(n-2)}$ 的值随置信度 $(1-\alpha)$ 的提高而增加，因此，要求预测值的概率保证程度增加，在其他条件不变时，也就意味着预测精度降低。

$$\hat{Y}_f = \hat{\beta}_1 + \hat{\beta}_2 x_f$$

3. 当其他条件不变时，$t_{\alpha/2}^{(n-2)}$ 和 Se_f 的值均为样本容量 n 的减函数，即随着 n 的增加，这二者将逐渐减少。这说明随着样本容量的增加，预测精度将会提高；而样本容量过小，预测的精度就较差。

4. 当 n 足够大时，Se_f 会趋近于 S，$t_{\alpha/2}^{(n-2)}$ 会趋近于 $z_{\alpha/2}$ [$z_{\alpha/2}$ 是置信度为 $(1-\alpha)$ 的标准正态分布的临界值]。这时，可以用 S 和 $z_{\alpha/2}$ 取代 Se_f 和 $t_{\alpha/2}$ 来确定预测区间。即样本容量充分大时，Y_f 的 $(1-\alpha)$ 的置信区间为

$$Y_f \pm z_{\alpha/2} S \tag{9.49}$$

按上式确定的预测区间的上、下限在平面图上呈两条直线(参见图9-3中与样本回归线平行的两条虚线)。

【例9-8】 假定已知某居民家庭的年人均可支配收入为8千元,要求利用例9-3中拟合的样本回归方程与有关数据,计算该居民家庭置信度为95%的年人均消费支出的预测区间。

解:将有关数据代入拟合好的样本回归方程,可得

$$\hat{Y}_f = 0.7489 + 0.6724 X_f$$
$$= 0.7489 + 0.6724 \times 8$$
$$= 6.1280(千元)$$

从前面几例的结果可知: $S = 0.0820$

$$\sum X_t = 129.009, \quad n = 14,$$
$$\sum (X_t - \bar{X})^2 = 1402.576 - (129.009)^2/14 = 213.7673$$

将其代入求预测标准误差估计值的式(9.47),有

$$Se_f = 0.0820 \times \sqrt{1 + 1/14 + (8 - 129.009/14)^2/213.7673} = 0.0852 （千元）$$

查 t 分布表可知:显著水平为5%,自由度为12的双侧 t 检验的临界值是2.178。因此,当人均可支配收入为8千元时,置信度为95%的消费支出的预测区间如下:

$$6.1280 - 2.178 \times 0.0852 \leq Y_f \leq 6.1280 + 2.178 \times 0.0852$$
$$5.9424(千元) \leq Y_f \leq 6.3135(千元)$$

第三节　多元线性相关与回归分析

一、标准的多元线性回归模型

一元线性回归分析反映的是一个因变量与一个自变量之间的关系。但是,在现实中,某一现象的变动常受多种现象变动的影响。例如,消费除了受本期收入水平的影响外,还会受以往消费和收入水平的影响。这就是说,影响因变量的自变量通常不是一个,而是多个。在许多场合,仅仅考虑单个变量是不够的,还需要就一个因变量与多个自变量的联系进行考察,才能获得比较满意的结果。这就产生了测定与分析多因素之间相关关系的问题。

研究在线性相关条件下,两个和两个以上自变量对一个因变量的数量变化关系,称为多元线性回归分析,表现这一数量关系的数学公式被称为多元线性回归模型。多元线性回归模型是一元线性回归模型的扩展,其基本原理与一元线性回归模型类似,只是在计算上麻烦一些而已。限于本书的篇幅和程度,本节对于多元回归分析中与一元回归分析相类似的内容,仅给出必要的结论,不作进一步的论证,只对某些多元回归分析特有的问题作比较详细的说明。

多元线性回归模型总体回归函数的一般形式如下：

$$Y_t = \beta_1 + \beta_2 X_{2t} + \cdots + \beta_k X_{kt} + u_t \tag{9.50}$$

式（9.50）假定因变量 Y 与 $(k-1)$ 个自变量之间的回归关系可以用线性函数来近似反映。式中，Y_t 是变量 Y 的第 t 个观测值；X_{jt} 是第 j 个自变量 X_j 的第 t 个观测值（$j = 2, \cdots, k$）；u_t 是随机误差项；$\beta_1, \beta_2, \cdots, \beta_k$ 是总体回归系数。β_j 表示在其他自变量保持不变的情况下，自变量 X_j 变动一个单位所引起的因变量 Y 平均变动的数额，因而又叫做偏回归系数。该式中，总体回归系数是未知的，必须利用有关的样本观测值进行估计。

假设已给出了 n 个观测值，同时 $\hat{\beta}_1, \hat{\beta}_2, \cdots, \hat{\beta}_k$ 为总体回归系数的估计，则多元线性回归模型的样本回归函数如下：

$$Y_t = \hat{\beta}_1 + \hat{\beta}_2 X_{2t} + \cdots + \hat{\beta}_k X_{kt} + e_t \tag{9.51}$$
$$(t = 1, 2, \cdots, n)$$

式中，e_t 是 Y_t 与其估计 $\hat{Y}_t$ 之间的离差，即残差。与一元线性回归分析相类似，为了进行多元线性回归分析，也需要提出一些必要的假定。多元线性回归分析的标准假定除了包括上一节中已经提出的关于随机误差项的假定外，还要追加一条假定。这就是回归模型所包含的自变量之间不能具有较强的线性关系，同时，样本容量必须大于所要估计的回归系数的个数，即 $n > k$。我们称这条假定为标准假定 6。

二、多元线性回归模型的估计

（一）回归系数的估计

多元线性回归模型中回归系数的估计同样采用最小二乘法。设

$$\begin{aligned} Q = \sum e_t^2 &= \sum (Y_t - \hat{Y}_t)^2 \\ &= \sum (Y_t - \hat{\beta}_1 - \hat{\beta}_2 X_{2t} \cdots - \hat{\beta}_k X_{kt})^2 \end{aligned} \tag{9.52}$$

根据微积分中求极小值的原理，可知残差平方和 Q 存在极小值，欲使 Q 达到最小，Q 对 $\hat{\beta}_1, \hat{\beta}_2, \cdots, \hat{\beta}_k$ 的偏导数必须等于零。将 Q 对 $\hat{\beta}_1, \hat{\beta}_2, \cdots, \hat{\beta}_k$ 求偏导数，并令其等于零，加以整理后可得到以下 k 个方程式：

$$n\hat{\beta}_1 + \hat{\beta}_2 \sum X_{2t} + \cdots + \hat{\beta}_k \sum X_{kt} = \sum Y_t$$
$$\hat{\beta}_1 \sum X_{2t} + \hat{\beta}_2 \sum X_{2t}^2 + \cdots + \hat{\beta}_k \sum X_{2t} X_{kt} = \sum X_{2t} Y_t$$
$$\vdots$$
$$\hat{\beta}_1 \sum X_{kt} + \hat{\beta}_2 \sum X_{2t} X_{kt} + \cdots + \hat{\beta}_k \sum X_{kt}^2 = \sum X_{kt} Y_t \tag{9.53}$$

以上 k 元一次方程组称为正规方程组或标准方程组，通过求解这一方程组便可以得到 $\hat{\beta}_1, \hat{\beta}_2, \cdots, \hat{\beta}_k$。

求解多元回归方程，用矩阵形式来表达较为简便。① 记

$$Y = \begin{pmatrix} Y_1 \\ Y_2 \\ \vdots \\ Y_n \end{pmatrix} \quad X = \begin{pmatrix} 1 & X_{21} & \cdots & X_{k1} \\ 1 & X_{22} & \cdots & X_{k2} \\ \vdots & \vdots & & \vdots \\ 1 & X_{2n} & \cdots & X_{kn} \end{pmatrix} \quad U = \begin{pmatrix} u_1 \\ u_2 \\ \vdots \\ u_n \end{pmatrix}$$

$$B = \begin{pmatrix} \beta_1 \\ \beta_2 \\ \vdots \\ \beta_k \end{pmatrix} \quad \hat{B} = \begin{pmatrix} \hat{\beta}_1 \\ \hat{\beta}_2 \\ \vdots \\ \hat{\beta}_k \end{pmatrix} \quad e = \begin{pmatrix} e_1 \\ e_2 \\ \vdots \\ e_n \end{pmatrix}$$

则总体回归函数式（9.50）可以写为

$$Y = XB + U \tag{9.54}$$

样本回归函数式（9.51）可以写为

$$Y = X\hat{B} + e \tag{9.55}$$

标准方程组式（9.53）可以写为

$$(X'X)\hat{B} = X'Y \tag{9.56}$$

式中，X' 表示 X 的转置矩阵。$(X'X)$ 是一个 $k \times k$ 的对称矩阵，根据标准假定6，$(k-1)$ 个自变量之间不存在高度的线性相关，因此其逆矩阵存在。在式（9.56）的两边同时左乘 $(X'X)^{-1}$，可以得到

$$\hat{B} = (X'X)^{-1}X'Y \tag{9.57}$$

上式是回归系数最小二乘估计的一般形式。

实际中求解多元回归方程中回归系数的估计值，通常需要依靠电子计算机。在电子计算机技术十分发达的今天，多元回归分析的计算已经变得相当简单。利用现成的软件包如 Excel 等，只要将有关数据输入电子计算机，并指定因变量和相应的自变量，立刻就能得到计算结果。因此，对于从事应用研究的人们来说，更为重要的是要能够理解输入和输出之间相互对应的关系，以及对电子计算机输出的结果作出正确的解释。

【例9-9】 设已知统计资料如表9-2所示。试根据该资料，以居民的年平均收入和A商品的价格为自变量，拟合A商品的线性需求函数。

表9-2 有关A商品需求的统计数据

年份	1	2	3	4	5	6	7	8	9	10
销售量 Y（百件）	10	10	15	13	14	20	18	24	19	23
居民人均收入 X_2（千元）	5	7	8	9	9	10	10	12	13	15
单价 X_3（10元）	2	3	2	5	4	3	4	3	5	4

---

① 这里给出的矩阵形式具有一般性，对于一元线性回归模型也同样适用。尚未学过矩阵代数的读者，可以不必掌握这一部分内容。

解：假定 A 商品的销售量取决于社会对该商品的需求，即销售量可以代表需求量。[①]
则在本例中，因为

$$\hat{\boldsymbol{B}} = \begin{pmatrix} \hat{\beta}_1 \\ \hat{\beta}_2 \\ \hat{\beta}_3 \end{pmatrix} \quad X = \begin{pmatrix} 1 & 5 & 2 \\ 1 & 7 & 3 \\ \vdots & \vdots & \vdots \\ 1 & 15 & 4 \end{pmatrix} \quad Y = \begin{pmatrix} 10 \\ 10 \\ \vdots \\ 23 \end{pmatrix}$$

所以有

$$(X'X) = \begin{pmatrix} 10 & 98 & 35 \\ 98 & 1\,038 & 359 \\ 35 & 359 & 133 \end{pmatrix} \quad X'Y = \begin{pmatrix} 166 \\ 1\,743 \\ 592 \end{pmatrix}$$

进而又有

$$(X'X)^{-1} = \begin{pmatrix} 1.6416 & -0.0839 & -0.2054 \\ -0.0839 & 0.0188 & -0.0286 \\ -0.2054 & -0.0286 & 0.1389 \end{pmatrix}$$

将以上各项代入式（9.55），可得

$$\hat{\boldsymbol{B}} = \begin{pmatrix} 1.6416 & -0.0839 & -0.2054 \\ -0.0839 & 0.0188 & -0.0286 \\ -0.2054 & -0.0286 & 0.1389 \end{pmatrix} \begin{pmatrix} 166 \\ 1\,743 \\ 592 \end{pmatrix} = \begin{pmatrix} 4.58751 \\ 1.86847 \\ -1.79957 \end{pmatrix}^{[②]}$$

由此得到 A 商品需求函数的样本回归方程如下：

$$\hat{Y}_t = 4.5875 + 1.8685 X_{2t} - 1.7996 X_{3t}$$

（二）总体方差的估计

除了回归系数以外，多元线性回归模型中还包含另一个未知参数，那就是随机误差项的方差 σ^2。与一元回归分析相类似，多元线性回归模型中的 σ^2 也是利用残差平方和除以其自由度来估计的，即

$$S^2 = \frac{\sum e_t^2}{n-k} \tag{9.58}$$

式中，n 是样本观测值的个数；k 是方程中回归系数的个数；在 $(k-1)$ 元回归模型中，标准方程组有 k 个方程式，残差必须满足 k 个约束条件，因此其自由度为 $(n-k)$。数学上可以证明，S^2 是 σ^2 的无偏估计。S^2 的正平方根 S 又叫做回归估计的标准误差。S 越小，表明样本回归方程的代表性越强。

在编制计算机程序时，残差平方和一般不是按照其定义式计算，而是利用以下公式计算

[①] 为便于读者理解，这里列出求解过程，实际工作中可直接参照本书的附录一，利用 Excel 求解。
[②] 式中 $(X'X)^{-1}$ 的元素保留 4 位小数，因此按该式手算的结果与计算机输出的结果之间有一定误差。我们以计算机输出的结果为准。

$$\sum e_t^2 = e'e = Y'Y - \hat{B}'X'Y \qquad (9.59)$$

式（9.59）是残差平方和的矩阵形式。式中的"'"表示求转置；Y 是因变量样本观测值向量；X 是自变量样本观测值矩阵；$\hat{B}'$ 是回归系数估计值向量的转置向量。

【例 9-10】 根据例 9-9 给出的资料，计算总体方差 S^2 和回归估计标准误差 S。

解： $Y'Y = \sum Y_t^2 = 2\,980$。将以上结果和例 9-9 中已经计算出的 $\hat{B}'$ 和 $X'Y$ 等代入式（9.59），可得

$$\sum e_t^2 = 2\,980 - 4.58751 \times 166 - 1.86847 \times 1\,743 + 1.79957 \times 592 = 27.08$$

进而又有 $\qquad S^2 = 27.08 / (10 - 3) = 3.87$

$$S = \sqrt{3.8686} = 1.97$$

（三）最小二乘估计量的性质

与一元线性回归模型类似，多元线性回归模型中回归系数的最小二乘估计量也是随机变量。数学上可以证明，在标准假定条件可以得到满足的情况下，多元回归模型中回归系数最小二乘估计量的期望值同样等于总体回归系数的真值，即

$$E(\hat{B}) = B \qquad (9.60)$$

回归系数最小二乘估计量的方差、协方差矩阵为

$$Var(\hat{B}) = E(\hat{B} - B)(\hat{B} - B)' = \sigma^2 (X'X)^{-1} \qquad (9.61)$$

该矩阵主对角元素是各回归系数估计量的方差 $E(\hat{\beta}_j - \beta_j)^2$，其他元素是各回归系数估计量之间的协方差 $E(\hat{\beta}_j - \beta_j)(\hat{\beta}_i - \beta_i)$ $(i \neq j)$。在此基础上，还可以进一步证明回归系数的最小二乘估计量是最优线性无偏估计量和一致估计量。也就是说，在标准的多元线性回归模型中，高斯—马尔可夫定理同样成立。

三、多元线性回归模型的检验和预测

（一）拟合程度的评价

在多元线性回归分析中，总离差平方和的分解公式依然成立，因此，也可用上一节所定义的决定系数作为评价模型拟合程度的一项指标。不过，为了避免混淆，多元回归的决定系数用 R^2 表示。则

$$R^2 = 1 - \frac{\sum e_t^2}{\sum (Y_t - \bar{Y})^2} \qquad (9.62)$$

利用 R^2 来评价多元线性回归方程的拟合程度，必须注意以下问题。

由决定系数的定义可知，R^2 的大小取决于残差平方和 $\sum e_t^2$ 在总离差平方和 $\sum (Y_t - \bar{Y})^2$ 中所占的比重。在样本容量一定的条件下，总离差平方和与自变量的个数无关，而残差平方和则会随着模型中自变量个数的增加不断减少，至少不会增加。因此，R^2 是自变量个数的非递减函数。在一元线性回归模型中，所有模型包含的变量数目都相同，如果所使用的样本容量也一样，决定系数便可以直接作为评价拟合程度的尺度。然而，在

多元线性回归模型中,各回归模型所含变量的数目未必相同,以 R^2 的大小作为衡量拟合优劣的尺度是不合适的。因此,在多元回归分析中,人们更常用的评价指标是所谓的修正自由度的决定系数 $\bar{R}^2$。该指标的定义如下:

$$\bar{R}^2 = 1 - \frac{\sum e_i^2/(n-k)}{\sum (Y_t - \bar{Y})^2/(n-1)}$$

$$= 1 - \frac{(n-1)}{(n-k)}(1-R^2) \tag{9.63}$$

式中,n 是样本容量;k 是模型中回归系数的个数。$(n-1)$ 和 $(n-k)$ 实际上分别是总离差平方和与残差平方和的自由度。

修正自由度的决定系数 $\bar{R}^2$ 具有以下特点:

1. $\bar{R}^2 \leq R^2$。因为 $k \geq 1$,所以根据 $\bar{R}^2$ 和 R^2 各自的定义式可以得出这一结论。对于给定的 R^2 值和 n 值,k 值越大,$\bar{R}^2$ 越小。在进行回归分析时,一般总是希望以尽可能少的自变量去达到尽可能高的拟合程度。$\bar{R}^2$ 作为综合评价这两方面情况的一项指标,显然比 R^2 更为合适。

2. $\bar{R}^2$ 小于 1,但未必都大于 0。在拟合极差的场合,$\bar{R}^2$ 有可能取负值。

【例 9-11】 假设有 7 年的年度统计资料,现利用其对同一因变量拟合了两个样本回归方程。方程一中:$k=6$,$R^2=0.82$;方程二中:$k=2$,$R^2=0.80$。试对这两个回归方程的拟合程度作出评价。

解:如果仅从 R^2 考察,似乎方程一的拟合程度更佳。但是,由于两个方程选用的自变量个数不同,这一结论是不正确的。将上列数据代入式(9.63),可得:

方程一的 $\bar{R}^2 = 1 - [(9-1)/(9-6)](1-0.82) = 0.52$

方程二的 $\bar{R}^2 = 1 - [(9-1)/(9-2)](1-0.80) = 0.76$

由此可见,方程二的实际拟合程度远远优于方程一。

(二)显著性检验

多元线性回归模型的显著性检验同样包括两方面的内容,即回归系数的显著性检验与回归方程的显著性检验。

1. 回归系数的显著性检验。多元回归中进行这一检验的目的主要是检验与各回归系数对应的自变量对因变量的影响是否显著,以便对自变量的取舍作出正确的判断。一般来说,当发现某个自变量的影响不显著时,应将其从模型中删除,这样才能做到以尽可能少的自变量去达到尽可能高的拟合优度。

多元模型中回归系数的检验同样采用 t 检验和 P 检验,其原理和基本步骤与一元回归模型基本相同,这里不再赘述。下面仅给出回归系数显著性检验 t 统计量的一般计算公式。

$$t_{\hat{\beta}_j} = \frac{\hat{\beta}_j}{S_{\hat{\beta}_j}} \quad j=1,2,\cdots,k \tag{9.64}$$

式中,$\hat{\beta}_j$ 是回归系数的估计值,$S_{\hat{\beta}_j}$ 是 $\hat{\beta}_j$ 的标准差的估计值。$S_{\hat{\beta}_j}$ 按下式计算:

$$S_{\beta_j} = \sqrt{S^2 \times \psi_{jj}} \quad (9.65)$$

式中，ψ_{jj} 是 $(X'X)^{-1}$ 的第 j 个对角线元素，S^2 是随机误差项方差的估计值。式（9.64）的 t 统计量背后的原假设是 $H_0: \beta_j = 0$，因此 t 的绝对值越大，表明 β_j 为 0 的可能性越小，即表明相应的自变量对因变量的影响是显著的。

2. 回归方程的显著性检验。多元线性回归模型包含了多个回归系数，因此对于多元回归模型，除了要对单个回归系数进行显著性检验外，还要对整个回归模型进行显著性检验。由离差平方和的分解公式可知，回归模型的总离差平方和等于回归平方和与残差平方和的总和。回归模型总体函数的线性关系是否显著，其实质就是判断回归平方和与残差平方和之比值的大小问题。由于回归平方和与残差平方和的数值会随观测值的样本容量和自变量个数的不同而变化，因此不宜直接比较，而必须在方差分析的基础上利用 F 检验进行。其具体的方法步骤可归纳如下：

（1）假设总体回归方程不显著，即有

$$H_0: \beta_2 = \beta_3 = \cdots = \beta_k = 0$$

（2）进行方差分析，列出回归方差分析表（见表 9-3）

表 9-3 中，回归平方和的取值受 k 个回归系数估计值的影响，同时又要服从 $\sum \hat{Y}_t/n = \bar{Y}$ 的约束条件，因此其自由度是 $k-1$。残差平方和取决于 n 个因变量的观测值，同时又要服从 k 个正规方程式的约束，因此其自由度是 $n-k$。回归平方和与残差平方和各除以自身的自由度得到的是样本方差。

表 9-3　　　　　　　　　　　　回归模型方差分析表

离差名称	平方和	自由度	方差
回归平方和	$SSR = \sum (\hat{Y}_t - \bar{Y})^2$	$k-1$	$SSR/(k-1)$
残差平方和	$SSE = \sum e_t^2$	$n-k$	$SSE/(n-k)$
总离差平方和	$SST = \sum (Y_t - \bar{Y})^2$	$n-1$	

（3）根据方差分析的结果，求 F 统计量，即

$$F = \frac{SSR/(k-1)}{SSE/(n-k)} \quad (9.66)$$

数学上可以证明，在随机误差项服从正态分布，同时原假设成立的条件下，F 服从于自由度为 $(k-1)$ 和 $(n-k)$ 的 F 分布。

（4）根据自由度和给定的显著性水平 α，查 F 分布表中的临界值 F_α。当 $F > F_\alpha$ 时，拒绝原假设，即认为总体回归函数中各自变量与因变量的线性回归关系显著；当 $F < F_\alpha$ 时，接受原假设，即认为总体回归函数中自变量与因变量的线性关系不显著，因而所建立的回归模型没有意义。

（三）多元线性回归预测

在通过各种检验的基础上，多元线性回归模型可以用于预测。多元线性回归预测与一元线性回归预测的原理是一致的，其基本公式如下

$$\hat{Y}_f = \hat{\beta}_1 + \hat{\beta}_2 X_{2f} + \cdots + \hat{\beta}_k X_{kf} \tag{9.67}$$

式中，X_{jf} ($j=2, 3, \cdots, k$) 是给定的 X_j 在预测期的具体数值；$\hat{\beta}_j$ 是已估计出的样本回归系数；$\hat{Y}_f$ 是 X_j 给定时 Y 的预测值。

该方程的矩阵形式为 $\quad \hat{Y}_f = \boldsymbol{X}'_f \hat{\boldsymbol{\beta}} \tag{9.68}$

式中，

$$\boldsymbol{X}_f = \begin{pmatrix} 1 \\ X_{2f} \\ \vdots \\ X_{kf} \end{pmatrix} \quad \hat{\boldsymbol{\beta}} = \begin{pmatrix} \hat{\beta}_1 \\ \hat{\beta}_2 \\ \vdots \\ \hat{\beta}_k \end{pmatrix}$$

多元线性回归预测标准误差的计算公式如下：

$$Se_f = S\sqrt{1 + \boldsymbol{X}'_f (\boldsymbol{X}'\boldsymbol{X})^{-1} \boldsymbol{X}_f} \tag{9.69}$$

式中，S 是回归方程估计的标准误差。

多元线性回归预测 Y_f 的 ($1-\alpha$) 的置信区间可由下式给出：

$$Y_f \pm t_{\alpha/2} \times Se_f \tag{9.70}$$

式中，$t_{\alpha/2}$ 是显著水平为 α 的 t 分布双侧临界值。

【例 9-12】 试利用前面几例中的结果和资料

(1) 对例 9-9 中建立的 A 商品的需求函数进行 t 检验和 F 检验。

(2) 利用该方程预测居民年人均收入为 22 000 元、商品单价为 50 元时的 A 商品需求量，并给出置信度为 95% 的预测区间。

解：(1) 回归系数的显著性检验

由前面的计算结果已知：$S=1.97$，$\psi_{11}=1.6416$，$\psi_{22}=0.0188$，$\psi_{33}=0.1389$，$\hat{\beta}_1=4.5875$，$\hat{\beta}_2=1.8685$，$\hat{\beta}_3=-1.7996$，$n=10$，$k=3$。将上述结果代入 t 统计量的计算公式，可得

$$t_{\hat{\beta}_1} = 4.5875/(1.97\sqrt{1.6416}) = 1.82$$

$$t_{\hat{\beta}_2} = 1.8685/(1.97\sqrt{0.0188}) = 6.92$$

$$t_{\hat{\beta}_3} = -1.7996/(1.97\sqrt{0.1389}) = -2.45$$

查自由度为 7 的 t 分布表可知：显著水平为 5% 的双侧检验临界值 $t_{\alpha/2}=2.365$。将上面求得的 t 值与此对照，β_2 和 β_3 均能够通过检验，即可以认为人均收入水平与商品价格对 A 商品需求量的影响是显著的。β_1 未通过检验，表明在拟合 A 商品需求量的回归方程时，不必设置常数项。可考虑删除常数项后，再次拟合样本回归方程。

(2) 回归方程的显著性检验

由例 9-9 的资料计算结果为：$TSS=224.4$，$RSS=27.08$。利用离差平方和的分解公式，可得：$ESS=TSS-RSS=197.32$。根据上述数据可编制以下方差分析表（见表 9-4），利用该表数据计算的 F 统计量如下：

$$F = (197.31/2)/(27.08/7) = 25.50$$

查显著水平为1%、自由度为 (2, 7) 的 F 分布表，可知 $F_\alpha = 9.55$，上面求得的 F 值远超过 F_α，因此可以认为，该回归方程所描述的线性相关关系是比较显著的。

表9-4   A商品需求模型方差分析表

离差名称	平方和	自由度	方差
回归平方和	$SSE = 197.32$	$k - 1$	$SSE/(k-1)$
残差平方和	$SSR = 27.08$	$n - k$	$SSR/(n-k)$
总离差平方和	$SST = 224.2$		

(3) 预测

将以上给出的居民收入和商品单价代入前面拟合的回归方程，可得

$$\hat{Y}_f = 4.5875 + 1.8685 \times 22 - 1.7996 \times 5 = 36.70 (百件)$$

$$Se_f = S\sqrt{1 + X'_f(X'X)^{-1}X_f} = 3.4970$$

预测区间为：[28.4268, 44.9651]。

四、复相关系数和偏相关系数

在多变量的情况下，为了更好地分析变量之间的相互关系，需要计算复相关系数与偏相关系数。

(一) 复相关系数

样本复相关系数（以下简称复相关系数）的定义式如下：

$$R = \frac{\sum (Y_t - \bar{Y})(\hat{Y}_t - \bar{Y})}{\sqrt{\sum (Y_t - \bar{Y})^2 \sum (\hat{Y}_t - \bar{Y})^2}} \qquad (9.71)$$

式 (9.71) 与单相关系数的定义式十分类似，不同之处仅在于用根据 $X_2, X_3, \cdots, X_K$ 等计算的回归估计值 $\hat{Y}_t$ 代替了单相关系数定义式中的 X_t。在所涉及的变量只有两个时，因为 $\hat{Y}_t$ 是 X_t 的严密函数，所以式 (9.71) 完全等价于单相关系数的定义式。而在多元分析的场合，以上定义的复相关系数的平方实际上就是多元线性回归方程的决定系数。

实际计算复相关系数时，一般不直接使用其定义式，而是先计算出决定系数，然后再求决定系数的平方根。应当指出，在多个变量的情况下，Y 与其他多个变量之间既可能有正相关又可能有负相关，所以复相关系数只取正值。因此，复相关系数只是反映一个变量 Y 与其他多个变量 $X_2, X_3, \cdots, X_K$ 之间线性相关程度的指标，而不能反映其相互之间线性相关的方向。

复相关系数的取值区间为：$0 \leqslant R \leqslant 1$。复相关系数为1，表明 Y 与 $X_2, X_3, \cdots, X_K$ 之间存在严密的线性关系；复相关系数为0，则表明 Y 与 $X_2, X_3, \cdots, X_K$ 之间不存在任何线性相关关系。一般情况下，复相关系数的取值在0和1之间，表明变量之间存在一定程度的线性相关关系。

(二) 偏相关系数

在对其他变量的影响进行控制的条件下，衡量多个变量中某两个变量之间的线性相

关程度和相关方向的指标称为偏相关系数。偏相关系数不同于单相关系数。在计算单相关系数时，只需要掌握两个变量的观测数据，并不考虑其他变量对这两个变量可能产生的影响；而在计算偏相关系数时，需要掌握多个变量的数据，一方面考虑多个变量相互之间可能产生的影响，另一方面又采用一定的方法控制其他变量，专门考察两个特定变量的净相关关系。在多变量相关的场合，由于变量之间存在错综复杂的关系，因此偏相关系数与单相关系数在数值上可能相差很大，有时甚至符号都可能相反。单相关系数受其他因素的影响，反映的往往是表面的非本质的联系，而偏相关系数则较能说明现象之间真实的联系。例如，一种商品的需求既受收入水平的影响，又受其价格的影响。按照经济学理论，在一定的收入水平下，该商品的价格越高，商品的需求量就越小。也就是说，需求与价格之间应当是负相关。可是，在现实经济生活中，由于收入和价格常常都有不断提高的趋势，如果不考虑收入对需求的影响，仅仅利用需求和价格的时间序列数据计算单相关系数，就有可能得出价格越高、需求越大的错误结论。

在明确偏相关系数与单相关系数区别的基础上，我们再来讨论偏相关系数的定义公式。在上一节中，我们已经给出了样本单相关系数的定义公式

$$r = \frac{\sum (X_t - \bar{X})(Y_t - \bar{Y})}{\sqrt{\sum (X_t - \bar{X})^2 \sum (Y_t - \bar{Y})^2}}$$

样本相关系数的定义还可以从另一个角度给出。在进行相关分析时，对于所涉及的两个变量 X 和 Y 是同等看待的。若设

$$\hat{Y}_t = \hat{\beta}_1 + \hat{\beta}_2 X_t \tag{9.72}$$

$$\hat{X}_t = \hat{\alpha}_1 + \hat{\alpha}_2 Y_t \tag{9.73}$$

则样本单相关系数也可定义为两个样本回归系数的乘积的开方，即

$$r = \pm \sqrt{\hat{\beta}_2 \hat{\alpha}_2} \tag{9.74}$$

式（9.74）中 r 的符号应与回归系数的符号一致。回归系数为正数时，r 取正值；回归系数为负数时，r 取负值。容易证明式（9.74）与前面给出的相关系数的定义公式[式（9.2）]是完全等价的。也就是说，单相关系数可以表现为两个回归系数的几何平均数。样本偏相关系数也可以按照类似的形式来定义，即偏相关系数等于两个相应的偏回归系数的几何平均数。

为简明起见，下面以 3 变量的偏相关分析为例。设有 3 个变量 X_1、X_2 和 X_3，3 个变量各自以另两个变量为自变量拟合的样本回归方程如下：

$$\hat{X}_{1t} = \hat{\beta}_{1.23} + \hat{\beta}_{12.3} X_{2t} + \hat{\beta}_{13.2} X_{3t} \tag{9.75}$$

$$\hat{X}_{2t} = \hat{\beta}_{2.13} + \hat{\beta}_{21.3} X_{1t} + \hat{\beta}_{23.1} X_{3t} \tag{9.76}$$

$$\hat{X}_{3t} = \hat{\beta}_{3.12} + \hat{\beta}_{31.2} X_{1t} + \hat{\beta}_{32.1} X_{2t} \tag{9.77}$$

以上各式中的第 1 项均为截距系数，表示当模型中的自变量取零值时因变量的平均值。例如，$\hat{\beta}_{1.23}$ 表示 X_2、X_3 为 0 时 X_1 的平均值。式中其他的回归系数称为偏回归系数，它们都有三个下标，小圆点左边的下标为主下标，小圆点右边的下标为次下标。主下标

表示所要考察的两个变量;次下标表示在考察上述两个变量的关系时使其保持不变的变量。不难理解,偏回归系数表示:当其他自变量保持不变时,某一自变量变化一个单位而使因变量平均变化的数值。例如,$\hat{\beta}_{12.3}$ 表示 X_3 保持不变时,X_2 变化一单位而引起的 X_1 平均变化的数值;$\hat{\beta}_{32.1}$ 表示 X_1 保持不变时,X_2 变化一单位而引起的 X_3 平均变化的数值。

利用以上偏回归系数,3 个变量之间的偏相关系数可定义如下:

$$r_{12.3} = \pm \sqrt{\hat{\beta}_{12.3}\hat{\beta}_{21.3}} \tag{9.78}$$

$$r_{13.2} = \pm \sqrt{\hat{\beta}_{13.2}\hat{\beta}_{31.2}} \tag{9.79}$$

$$r_{23.1} = \pm \sqrt{\hat{\beta}_{23.1}\hat{\beta}_{32.1}} \tag{9.80}$$

偏相关系数的取值范围与单相关系数一样,也是在 -1 至 +1 之间,其符号与相应的偏回归系数相同。

以上偏相关系数的定义可以推广到 k 个变量的场合。在进行客观现象的定量分析时,人们所关心的通常是某个因变量 Y 与多个自变量之间的偏相关程度。这时若令 Y 为 X_1,则 Y 与各自变量的偏相关系数的一般形式可表现为

$$r_{1j.2,3,\cdots,(j-1),(j+1),\cdots,k} = \pm \sqrt{\hat{\beta}_{1j.2,3,\cdots,(j-1),(j+1),\cdots,k}\hat{\beta}_{j1.2,3,\cdots,(j-1),(j+1),\cdots,k}}$$
$$(j = 2,3,\cdots,k) \tag{9.81}$$

式中,$\hat{\beta}_{1j.2,3,\cdots,(j-1),(j+1),\cdots,k}$ 是 Y 对 X_j 的偏回归系数;$\hat{\beta}_{j1.2,3,\cdots,(j-1),(j+1),\cdots,k}$ 是 X_j 对 Y 的偏回归系数;$r_{1j.2,3,\cdots,(j-1),(j+1),\cdots,k}$ 表示 k 个变量情况下 Y 与 X_j 的偏相关系数,它反映其他自变量保持不变时 Y 与 X_j 的净相关程度。

【例 9 - 13】 试根据例 9 - 9 中的数据,计算 A 商品需求与价格的单相关系数和偏相关系数。

解:将有关数据代入单相关系数的计算公式可得:$r_{13} = 0.2266$

以价格为因变量,收入和需求为自变量,拟合样本回归方程,可求得 $\hat{\beta}_{31.2}$ = -0.2571,由例 9 - 9 的结果已知 $\hat{\beta}_{13.2}$ = -1.7996,将其代入式 (9.79),可得

$$r_{13.2} = -\sqrt{(-1.7996) \times (-0.2571)} = -0.68$$

由以上计算结果可知,在本例中需求与价格的单相关系数和偏相关系数差别很大,甚至连符号也不相同。

第四节 非线性相关与回归分析

一、非线性回归分析的意义

在前几节中,我们一直假定因变量和自变量之间的相关关系可以用线性方程来近似地反映。但是,在现实生活中,非线性关系是大量存在的。在许多场合,非线性的回归函数比线性回归函数更能够正确地反映客观现象之间的相互联系。例如,在考虑建立生

产函数时,线性假定就不大合适。因为线性生产函数实际上是假定各生产要素的边际生产率不变。在这种类型的生产函数中,资金和劳动之间能够完全替代,即便某一生产要素的投入为0,只要另一生产要素的投入足够多,产出还会继续增加。显而易见,这是不可能的。而要建立边际生产率递减、生产要素之间可以替代但又不能完全替代这样一种更符合客观现实的生产函数,就必须考虑采用非线性回归模型。

非线性回归分析必须着重解决以下两个问题:第一,如何确定非线性函数的具体形式。与线性回归分析的形式不同,非线性回归函数有多种多样的具体形式,需要根据所要研究的问题的性质,并结合实际样本观测值作出恰当的选择。第二,如何估计函数中的参数。非线性回归分析最常用的方法仍然是最小二乘估计法,但需要根据函数的不同类型,进行适当的处理。

二、非线性函数形式的确定

在对实际的客观现象进行定量分析时,选择回归方程的具体形式应遵循以下原则:

首先,方程形式应与有关实质性科学的基本理论相一致。例如,采用幂函数的形式能够较好地表现生产函数;采用多项式方程能够较好地反映总成本与总产量之间的关系等。

其次,方程有较高的拟合程度。因为只有这样,才能说明回归方程可以较好地反映现实经济的运行情况。

最后,方程的数学形式要尽可能简单。如果几种形式都能基本符合上述两项要求,则应该选择数学形式较简单的一种。一般来说,数学形式越简单,其可操作性就越强。

为了帮助读者选择合适的函数形式,下面我们扼要介绍实际分析中较常用的几种非线性函数的特点。

1. 抛物线函数。抛物线方程的具体形式为

$$Y = a + bX + cX^2 \tag{9.82}$$

式中,a、b 和 c 为待定参数。

判断某种现象是否适合应用抛物线,可以利用"差分法"。其步骤如下:

首先将样本观察值按 X 的大小顺序排列,然后按以下两式计算 X 和 Y 的一阶差分 ΔX_t、ΔY_t 以及 Y 的二阶差分 ΔY_{2t}。

$$\Delta X_t = X_t - X_{t-1}; \quad \Delta Y_t = Y_t - Y_{t-1} \tag{9.83}$$

$$\Delta Y_{2t} = \Delta Y_t - \Delta Y_{t-1} \tag{9.84}$$

当 ΔX_t 接近于一常数,而 ΔY_{2t} 的绝对值接近于常数时,Y 与 X 之间的关系可以用抛物线方程近似反映。

2. 双曲线函数。假如 Y 随着 X 的增加而增加(或减少),最初增加(或减少)很快,以后逐渐放慢并趋于稳定,则可以选用双曲线来拟合。双曲线的方程式是

$$Y = a + b(1/X) \tag{9.85}$$

3. 幂函数。幂函数方程的一般形式是

$$Y = aX_1^{b1} X_2^{b2} \cdots X_k^{bk} \tag{9.86}$$

这类函数的优点在于：方程中的参数可以直接反映因变量 Y 对于某一个自变量的弹性。所谓 Y 对于 X_j 的弹性，是指在其他情况不变的条件下，X_j 变动1%时所引起 Y 变动的百分比。弹性是一个无量纲的数值，它是定量分析中常用的一个尺度。其一般定义如下：

$$E_Y, X_j = \frac{\partial Y/Y}{\partial X_j/X_j}; \quad = \frac{\partial Y}{\partial X_j} \cdot \frac{X_j}{Y} \tag{9.87}$$

利用求偏导数的规则，容易证明：在幂函数中

$$E_Y, X_j = b_j a X_1^{b1} X_2^{b2} \cdots X_j^{bj-1} \cdots X_k^{bk} \times X_j/Y = b_j \tag{9.88}$$

由于幂函数具有上述优点，在生产函数分析和需求函数分析中得到了广泛应用。

4. 指数函数。指数曲线的函数为

$$Y = ab^x \tag{9.89}$$

式中有两个待定参数 a 和 b。当 $a>0$，$b>1$ 时，曲线随 X 值的增加而弯曲上升，趋于 $+\infty$；当 $a>0$，$0<b<1$ 时，曲线随 X 值的增长而弯曲下降趋于0。

这种曲线被广泛应用于描述客观现象的变动趋势。例如产值、产量按一定比率增长，就符合第一种形式的曲线；如成本、原材料消耗按一定比例降低，就符合第二种形式曲线。

5. 对数函数。对数函数的方程形式为

$$Y = a + b\ln X \tag{9.90}$$

式中，ln 表示取自然对数。对数函数的特点是随着 X 的增大，X 的单位变动对因变量 Y 的影响效果不断递减。

6. S形曲线函数。最常用的S形曲线是逻辑曲线。逻辑曲线的方程式如下：

$$Y = \frac{L}{1 + ae^{-bx}} \quad (L, a, b > 0) \tag{9.91}$$

逻辑曲线具有以下性质：Y 是 X 的非减函数，开始时随着 X 的增加，Y 的增长速度也逐渐加快，但是 Y 达到一定水平之后，其增长速度又逐渐放慢。最后无论 X 如何增加，Y 只会趋近于 L，而永远不会超过 L。由于逻辑曲线的这一特点，它常被用来表现耐用消费品普及率的变化。

7. 多项式方程。多项式方程在非线性回归分析中占有重要的地位。因为根据数学上级数展开的原理，任何曲线、曲面、超曲面的问题在一定的范围内都能够用多项式任意逼近，所以，当因变量与自变量之间的确实关系未知时，可以用适当幂次的多项式来近似反映。

当所涉及的自变量只有一个时，所采用的多项式方程称为一元多项式，其一般形式如下：

$$Y = b_0 + b_1 X + b_2 X^2 + \cdots + b_k X^k \tag{9.92}$$

前面介绍过的简单线性函数、抛物线函数和双曲线函数都是一元多项式的特例。

当所涉及的自变量在两个以上时，所采用的多项式称为多元多项式。例如，二元二次多项式的形式如下：

$$Y = b_0 + b_1X_1 + b_2X_2 + b_3X_1X_2 + b_4X_1^2 + b_5X_2^2 \tag{9.93}$$

一般来说，涉及的变量越多，变量的幂次越高，计算量就越大。因此，在实际的定量分析中，一般尽量避免采用多元高次多项式。

三、非线性回归模型估计

不少具有实用价值的非线性函数可以通过适当的变换，转化为线性函数，然后再利用线性回归分析的方法进行估计和检验。

常用的非线性函数的线性变换方法有以下几种：

1. 倒数变换。是用新的变量来替换原模型中变量的倒数，从而使原模型变成线性模型的一种方法。例如，对于双曲线函数，令 $X^* = 1/X$ 代入原方程式，可有：$Y = a + bX^*$。

2. 半对数变换。这种方法主要应用于对数函数的线性变换。对于对数函数，令 $X^* = \ln X$，代入原方程，同样可得：$Y = a + b X^*$。

3. 双对数变换。这种方法通过用新变量替换原模型中变量的对数，从而使原模型变换为线性模型。例如，对幂函数的两边求对数，可得

$$\ln Y = \ln a + b_1 \ln X_1 + b_2 \ln X_2 + \cdots + b_k \ln X_k$$

令 $Y^* = \ln Y$；$b_0 = \ln a$；$X_1^* = \ln X_1$，$\cdots$，$X_k^* = \ln X_k$，代入上式可得

$$Y^* = b_0 + b_1 X_1^* + b_2 X_2^* + \cdots + b_k X_k^*$$

4. 多项式变换。这种方法适用于多项式方程的变换。例如，对于二元二次多项式，可令 $X_2^* = X_1$，$X_3^* = X_2$，$X_4^* = X_1X_2$，$X_5^* = X_1^2$，$X_6^* = X_2^2$，代入原方程，可得

$$Y = b_1 + b_2X_2^* + b_3X_3^* + b_4X_4^* + b_5X_5^* + b_6X_6^*$$

以上所述的线性变换的方法具有简便易行的优点。但是，在实际应用时要注意以下几个问题：

第一，对于一些比较复杂的非线性函数，常常需要综合利用上述几种方法。

第二，为了能够根据样本观测值对通过变换得到的线性回归方程式进行估计，该方程中的所有变量都不允许包含未知的参数。

第三，并不是所有的非线性函数都可以通过变换得到与原方程完全等价的线性方程。在遇到这种情况时，还需要利用其他一些方法如泰勒级数展开法等去进行估计。这些方法比较复杂，超出了本书的程度，这里不作进一步的介绍。

【例 9-14】 利用例 9-9 中给出的资料：(1) 拟合幂函数形式的 A 商品需求函数；(2) 利用以上建立的样本回归方程，预测居民人均收入为 2 200 元、商品单价为 50 元时的 A 商品需求量。

解：(1) 幂函数形式的需求函数如下：

$$Y_t = a X_{2t}^{b_2} X_{3t}^{b_3}$$

利用双对数变换法，同时加入随机误差项，可得以下线性回归函数：

$$Y_t^* = \beta_1 + \beta_2 X_{2t}^* + \beta_3 X_{3t}^* + u_t$$

式中，$Y^* = \ln Y$；$\beta_1 = \ln a$；$\beta_2 = b_2$；$\beta_3 = b_3$；$X_2^* = \ln X_2$；$X_3^* = \ln X_3$。

首先对例 9-9 中给出的销售量 Y、居民人均收入 X_2 和 A 商品价格 X_3 求自然对数，作为新变量；然后，利用上一节中介绍的一般线性回归模型的估计和检验的方法，可以得到以下结果（具体运算过程省略）：

$$\hat{Y}_t^* = 0.65641 + 1.15995 X_{2t}^* - 0.40437 X_{3t}^*$$
$$t = (2.48) \quad (7.70) \quad (-2.80)$$
$$F = 33.60 \quad \bar{R}^2 = 0.89$$

因为 $\hat{a} = e^{b_1} = e^{0.65641} = 1.92786$，所以与上式相对应的幂函数形式的样本回归方程为

$$\hat{Y}_t = 1.92786 X_{2t}^{1.15995} X_{3t}^{-0.40437} \tag{9.94}$$

由此可知：居民收入的需求弹性约为 1.16，而价格的需求弹性约为 -0.4。也就是说，在其他情况不变的条件下，居民人均收入每增加 1% 会使 A 商品的需求增加 1.16%，价格每提高 1% 会使 A 商品需求减少 0.4%。

（2）将以上给出的居民收入和价格代入式（9.94），可得

$$\hat{Y}_t = 1.92786 (22)^{1.15995} (5)^{-0.40437} = 36.27 (\text{百件})$$

四、相关指数

变量之间存在的非线性相关的强弱难以用单相关系数去判断，在这种场合，可以利用相关指数作为判断变量之间是否显著存在某种类型的非线性相关关系的尺度。所谓相关指数，也就是对非线性回归模型进行拟合时所得到的决定系数。

【例 9-15】 假设变量 Y 与变量 X 的样本观测值如下：

X	0	1	2	3	4	5	6
Y	9	5	2	1	2	5	9.2

试计算 Y 与 X 的单相关系数和以 Y 为因变量、X 为自变量的抛物线方程的相关指数，判断 Y 与 X 之间是否存在某种相关关系。

解：利用求单相关系数的公式可得：Y 与 X 的单相关系数 $r_{xy} = 0.0138$，可以认为两者之间线性关系很不密切。但是，拟合抛物线方程可得

$$Y = 15.3714 - 7.1214 X + 0.8928 X^2 \quad R^2 = 0.99702 \quad F = 669.77$$

因此，可以认为 Y 与 X 之间存在非常显著的抛物线形式的相关关系。

思考与练习

一、选择题

1. 下列现象中，（ ）之间的关系属于相关关系（ ）。

A. 人均收入与消费支出的关系

B. 投入与产出的关系

C. 稻谷总产量与平均每亩稻谷产量的关系
D. 销售收入与销售成本的关系

2. 变量之间的关系按相关程度可分为（　　）。
   A. 负相关　　　　B. 不相关　　　　C. 完全相关　　　　D. 不完全相关
3. 可用来判断两个变量之间相关方向的指标有（　　）。
   A. 单相关系数　　B. 复相关系数　　C. 回归系数　　　　D. 决定系数
4. 修正自由度的决定系数（　　）。
   A. $\bar{R}^2 \leqslant R^2$
   B. 有时小于 0
   C. $0 \leqslant \bar{R}^2 \leqslant 1$
   D. 比 R^2 更适合作为衡量回归方程拟合程度的指标
5. 回归预测误差的大小与（　　）有关。
   A. 样本容量
   B. 自变量预测值与自变量样本平均数的离差
   C. 自变量预测误差
   D. 随机误差项的方差

二、判断题

1. 样本相关系数为 0，表明两个变量之间不存在任何关系。（　　）
2. 单纯依靠相关与回归分析，无法判断事物之间存在因果关系。（　　）
3. 样本回归函数中，回归系数的估计量是随机变量。（　　）
4. 当抽取的样本不同时，对同一总体回归模型估计的结果也有所不同。（　　）
5. 单相关系数与相应的回归系数的符号一致。（　　）
6. 利用最小二乘法估计的参数肯定比其他方法估计的参数接近真值。（　　）
7. 偏相关系数与单相关系数的符号总是一致的。（　　）
8. 如果两个相关的变量变动方向一致，则二者之间是正相关关系。（　　）

三、证明题

试证明最小二乘估计量 $\hat{\beta}_2$ 是标准一元线性回归模型中总体回归系数 β_2 的最优线性无偏估计量。

四、计算题

1. 对 12 位工人的劳动生产率 Y 与工龄 X 进行观测，已得出以下数据：
   $\sum Y_i = 102$，　　$\sum Y_i^2 = 880.26$，　　$\sum X_i = 87$，　　$\sum X_i^2 = 665$，
   $\sum X_i Y_i = 760.2$。
   要求：

(1) 以劳动生产率为因变量，工龄为自变量，建立线性回归方程。
(2) 计算残差平方和决定系数。
(3) 计算两个变量的相关系数并进行显著性检验。
(4) 对回归系数 β_2 进行显著性检验。

2. 设销售收入 X 为自变量，销售成本 Y 为因变量。现已根据某百货公司 12 个月的有关资料计算出以下数据（单位：万元）：

$\sum (X_t - \bar{X})^2 = 425\,053.73$； $\bar{X} = 647.88$；

$\sum (Y_t - \bar{Y})^2 = 262\,855.25$； $\bar{Y} = 549.8$；

$\sum (Y_t - \bar{Y})(X_t - \bar{X}) = 334\,229.09$

试利用以上数据：
(1) 拟合简单线性回归方程，并对回归系数的经济意义作出解释。
(2) 计算决定系数和回归估计的标准误差。
(3) 对 β_2 进行显著水平为 5% 的显著性检验。
(4) 假定明年 1 月销售收入为 800 万元，利用拟合的回归方程预测相应的销售成本，并给出置信度为 95% 的预测区间。

3. 我国历年的国民生产总值（支出法）和最终消费资料如下表所示：

我国的国民总收入与最终消费   单位：亿元

年份	国内生产总值	消费	年份	国内生产总值	消费
1978	3 605.6	2 239.1	1990	18 319.5	11 365.2
1979	4 074.0	2 619.4	1991	21 280.4	13 145.9
1980	4 551.3	2 976.1	1992	25 863.7	15 952.1
1981	4 901.4	3 309.1	1993	34 500.7	20 182.1
1982	5 489.2	3 637.9	1994	46 690.7	26 796.0
1983	6 076.3	4 020.5	1995	58 510.5	33 635.0
1984	7 164.4	4 694.5	1996	68 330.4	40 003.9
1985	8 792.1	5 773.0	1997	74 894.2	43 579.4
1986	10 132.8	6 542.0	1998	79 003.3	46 405.9
1987	11 784.7	7 451.2	1999	82 673.1	49 722.7
1988	14 704.0	9 360.1	2000	89 340.9	54 600.9
1989	16 466.0	10 556.5	2001	98 592.9	58 927.4

资料来源：《中国统计年鉴》，北京，中国统计出版社，2004。

试根据上表的资料，利用 Excel 软件完成以下问题：
(1) 拟合以下形式的消费函数：

$$C_t = \beta_1 + \beta_2 Y_t + \beta_3 C_{t-1} + U_t$$

式中，C_t 是 t 期的消费；C_{t-1} 是 $t-1$ 期的消费；Y_t 是 t 期的 GDP。

(2) 计算随机误差项的方差估计值、修正自由度的决定系数、各回归系数的 t 统计量，并对整个回归方程进行显著性检验。

(3) 已知2002年的国内生产总值为107 897.6亿元, 试利用拟合的消费函数测算当年的消费总额, 并给出置信度为95%的预测区间。

4. 已知某地区GDP与有关资料如下:

年份	GDP (Y) (百万元)	全社会资本存量 (K) (百万元)	全社会劳动者 (L) (百万人)
1995	1 678	2 811	2.1047
1996	1 775	3 161	2.1598
1997	1 889	3 532	2.2080
1998	2 156	3 924	2.2673
1999	2 254	4 368	2.3395
2000	2 758	4 954	2.5186
2001	2 990	5 794	2.6387
2002	3 406	9 431	2.9238
2003	3 524	11 287	3.2570
2004	4 343	12 211	3.3829

试根据上表的资料完成以下问题:

(1) 利用Excel软件拟合以下形式的生产函数:

$$\frac{Y}{L} = \alpha + \left(\frac{K}{L}\right)^{\beta}$$

(2) 分析β的经济意义。

第十章

时间序列分析

第一节 时间序列分析概述

一、时间序列的概念

社会经济现象总是随着时间的推移而变化，将统计指标的数值按时间先后顺序排列起来就形成了时间序列。任何一个时间序列均由两个基本要素构成：一个是现象所属的时间；另一个是反映该现象在一定时间条件下数量特征的指标值。

表10-1列举了5个时间序列，分别由我国的年底职工人数、职工工资总额、职工年平均工资等指标在1996—2008年各年的指标值构成，反映了职工人数及工资额的逐年变化情况。

表10-1 我国1996—2008年各年职工人数及工资额资料

年 份	年底职工人数（万人）	职工工资总额（亿元）			职工年平均货币工资（元）
		合计	其中：国有单位职工	占工资总额的比重（%）	
1996	14 845	9 080.0	6 792.7	74.80	6 210
1997	14 668	9 405.3	7 211.0	76.67	6 470
1998	12 337	9 296.5	6 812.5	73.28	7 479
1999	11 773	9 875.5	7 160.8	72.51	8 346
2000	11 259	10 656.2	7 612.9	71.44	9 371
2001	10 792	11 830.9	8 355.6	70.63	10 870
2002	10 558	13 161.1	8 948.6	67.99	12 422
2003	10 492	14 743.5	9 693.8	65.75	14 040
2004	10 576	16 900.2	10 777.2	63.77	16 024
2005	10 850	19 789.9	12 009.2	60.68	18 364
2006	11 161	23 265.9	13 600.1	58.46	21 001
2007	11 427	28 244.0	16 291.4	57.68	24 932
2008	11 515	33 713.8	18 957.0	56.23	29 229

资料来源：《中国统计年鉴（2009）》。

在上表所列的时间序列中，现象所属的时间以年为单位，其他时间序列也可以是以季、月、日等为单位，但在同一时间序列中，各指标值的时间单位一般要求相同，这样在分析研究中就无须考虑时间单位不同所造成的差异。

二、时间序列的种类

反映现象发展变化过程的时间序列按其统计指标的形式不同，可分为总量指标时间序列、相对指标时间序列和平均指标时间序列三种类型。其中，总量指标时间序列是基础序列，相对指标时间序列和平均指标时间序列是派生序列。

（一）总量指标时间序列

总量指标时间序列反映的是被研究现象总水平（或总规模）的发展变化过程，即时间序列是由现象在各时间的总量指标值构成的。例如，表10-1中各年的年底职工人数和职工工资总额两个时间序列就是总量指标时间序列。但二者又有区别。根据总量指标反映现象的时间状况不同，总量指标时间序列又可分为时期指标时间序列和时点指标时间序列。

1. 时期指标时间序列。时期指标时间序列是由一系列时期指标形成的，序列中的每个指标数值都是反映某种社会现象在一段时期内发展过程的总量，简称时期序列。例如，表10-1中第三列各年的职工工资总额就是时期序列，各时期的长度为1年。

2. 时点指标时间序列。时点指标时间序列是一系列时点指标形成的，序列中每个指标数值都是反映现象在某一时点（刻）上所达到的状态或水平，简称时点序列。例如，表10-1中各年的年底职工人数就是一个时点序列，它反映了在各年底这一时刻上的职工总数。时点序列没有时期，只有间隔，该时点序列的间隔为1年。

3. 时期序列与时点序列的不同特点：（1）时期序列中的每个指标数值都反映现象在一定时期内发展过程的总量；时点序列中的每个指标数值则反映现象在某一时点上的总量。（2）时期序列各时期指标数值可以相加，因为相加的结果有实际的意义；时点序列中的各指标数值除非计算过程需要相加外，一般不能相加，因为相加的结果无实际意义。（3）时期序列中每个指标数值的大小与时期的长短有关；时点序列中每个指标数值的大小与时间的间隔长短无直接关系。（4）时期序列的每个指标数值是跟随现象发展过程进行连续登记得到的；时点序列中的每个指标数值是对现象做一次性调查确定的。

（二）相对指标时间序列

将现象某一相对指标在不同时间的数值按时间先后顺序排列形成的序列，称为相对指标时间序列，它反映被研究现象数量对比关系的发展变化过程。如表10-1中第五列的国有单位职工工资总额占工资总额的比重就是一个相对指标时间序列。相对指标时间序列中的相对数，除上述所举的结构相对数外，也可以是其他任何一种相对数，如计划完成相对数、比例相对数、比较相对数、动态相对数和强度相对数等。相对指标时间序列中各时间的指标值是不能加总的。

（三）平均指标时间序列

将现象某一平均指标在不同时间的数值按时间先后顺序排列形成的序列，称为平均指标时间序列，它反映现象平均水平的发展趋势。如表10-1中的最后一个时间序列，就是一个平均指标时间序列，它反映近几年全国职工平均工资水平发展变化的过程。平均指标时间序列中各时间上的指标值也是不能加总的。

三、时间序列的编制方法

编制时间序列最重要的是遵循可比性原则。所谓可比性，指的是序列中对应于不同时间的指标值可以相互比较；符合这一性质的时间序列才能够正确反映社会经济现象的变动过程和规律。具体地说，可比性包含以下几方面：

1. 时间长短应一致。同一时间序列的指标值所属时间应当统一。对于时期序列，各指标值涵盖的时间长度要相同，因为此时时期的长短直接决定指标值的大小，时期长短不同，指标值便不可比。对于时点序列，各指标值对应的时点间隔要相同，虽然时点序列指标值的大小与时点间隔长短没有直接关系，但保持相同的时点间隔才能准确反映现象的变化状况。

2. 经济内容应一致。指标的经济内容是由其理论内涵决定的，随着社会经济条件的变化，同一名称指标的经济内容也会发生改变。如编制时间序列时不注意这一问题，对经济内容已发生变化的指标值不加区别和调整，就可能导致错误的分析结论。

3. 总体范围应一致。无论是时期序列还是时点序列，指标值的大小都与现象总体范围有关系。如果随着时间的推移，现象总体范围发生了变化，例如地区的行政区划或部门隶属关系变更，那么在变化发生前后，指标的计算范围不同，指标值就不能直接对比，只有进行适当调整并保持总体范围的一致性，进行动态比较才有意义。

4. 计算方法与计量单位要一致。对于指标名称、总体范围和经济内容都相同的指标，计算方法不同也会导致极大的数值差异。如GDP指标可以用生产法、分配法和支出法来计算，从理论上讲，三种方法的计算结果应一致，但由于资料来源的渠道不同，这三种方法计算的结果往往存在差异。因此，为了确保指标的可比性，同一时间序列中各个指标值的计算方法要统一。另外，编制价值指标的时间序列时，指标的计算价格必须保持一致；对于实物指标的时间序列，则要求计量单位保持一致，否则也要进行调整。

第二节　时间序列的分析指标

一、时间序列分析的水平指标

（一）发展水平

发展水平是时间序列中与其所属时间相对应的反映某种现象发展变化所达到的规模、程度和水平的指标数值。通常指总量指标的数值，也可指相对指标和平均指标的数值。

时间序列各时间的发展水平一般用 $y_1, y_2, \cdots, y_n$ 表示，下标表示指标值所属的时间，如 y_i 是时间序列中第 i 期的指标值，也表示第 i 期的发展水平。按在时间序列中先后顺序的不同，发展水平又分为最初、中间和最末三种水平。第一个指标值 y_1 叫最初水平，最后一个指标值 y_n 叫最末水平，中间各项数值 y_2，y_3，…，y_{n-1} 叫中间水平。此外，所要研究的那个时期的发展水平，称为报告期水平，又称为计算期水平。用做对比基础的时期的发展水平，称为基期水平。如表 10-1 中第一个时间序列，若要研究 2000 年底的职工人数是 1996 年的多少倍，则 2000 年的指标值称为报告期水平，1996 年的指标值称为基期水平；若要研究 2002 年底的职工人数是 2000 年的多少倍，则 2000 年的指标值就称为基期水平，而报告期水平应是 2002 年的指标值。

(二) 平均发展水平

将一个时间序列各期发展水平加以平均得到的平均数，叫平均发展水平，又称为动态平均数或序时平均数。

序时平均数与一般平均数（静态平均数）是有区别的：(1) 序时平均数是根据动态序列计算的，而一般平均数是根据变量序列计算的；(2) 序时平均数所平均的是被研究现象本身的数量在不同时间上的差异，而一般平均数所平均的是总体各单位某一标志值的差异；(3) 序时平均数是从动态上表明被研究现象本身在一段时间内的平均发展水平，而一般平均数是从静态上说明总体各单位某个标志值在特定的时间、地点等条件下的平均水平。

时间序列有三种类型，各种时间序列的序时平均数的计算方法不尽相同，但总量指标时间序列序时平均数的计算方法是其他两种时间序列序时平均数计算的基础。

1. 总量指标时间序列序时平均数的计算。总量指标时间序列有时期序列和时点序列之分，相应的其序时平均数的计算方法也有区别。

(1) 时期序列。时期序列具有可加件，计算序时平均数的方法就比较简单，常用简单算术平均法，即序列各期水平直接加总除以序列项数。用公式表示为

$$\bar{y} = \frac{y_1 + y_2 + \cdots + y_n}{n} = \frac{\sum y_i}{n} \qquad (10.1)$$

式中，y_i 为各时期的发展水平（$i=1$，2，…，n）；n 为时期序列的项数；$\bar{y}$ 为序时平均数。

【例 10-1】 根据表 10-1 中各年全国职工工资总额的资料，计算 1996—2002 年平均每年职工工资总额水平。

依式 (10.1) 计算得：

解： $\bar{y} = \frac{\sum y_i}{n} = \frac{9\,080 + 9\,405.3 + \cdots + 11\,830.9 + 13\,161.1}{7} = 12\,318.86$（亿元）

(2) 时点序列。时点序列序时平均数的计算方法因掌握资料的情况不同而异。时点序列中一般以"天"作为最小的时间单位，若掌握的是以天为间隔的时点序列，则称连续时点序列；以其他时间单位为间隔的时点序列则称间断时点序列，如以星期、月、年等为时间单位的时点序列就称间断时点序列。

连续时点情况又分为两种情形：

① 若掌握的资料是间隔相等的连续时点（如每日的时点）序列，则用简单算术平均数计算序时平均数即可。例如，某单位对职工天天都考勤，因而有每日出勤人数，若计算月份的平均出勤人数，用式（10.1）计算即得。

② 若掌握的资料是间隔不等的连续时点序列，则要以各时点之间的间隔期为权数，用加权平均法计算。如有些时点现象并不连续发生变化，因而只在它发生变动时作变动记录即可。这种序时平均数的计算公式为

$$\bar{y} = \frac{y_1 f_1 + y_2 f_2 + \cdots + y_n f_n}{f_1 + f_2 + \cdots + f_n} = \frac{\sum y_i f_i}{\sum f_i} \quad (10.2)$$

式中，f_i 为每次变动之间间隔期的长度。

【例10-2】 某商店某种商品库存数量变动登记如下：1月1日库存120件，1月11日出库10件，1月16日入库6件，1月25日又入库8件，2月1日出库4件。求1月份该商店某种商品平均库存数量是多少？

表10-2反映了每次库存变动持续的天数。

表10-2　　　　　某商店1月份某商品库存数量变动记录

日期	1~10	11~15	16~24	25~31
库存数（件）	120	110	116	124

则根据式（10.2），可计算平均每天库存商品数量为

$$\bar{y} = \frac{\sum y_i f_i}{\sum f_i} = \frac{120 \times 10 + 110 \times 5 + 116 \times 9 + 124 \times 7}{10 + 5 + 9 + 7} = 118 \text{（件）}$$

间断时点情况也分两种情形：

① 若掌握的资料是间隔相等的间断时点，则需先计算各相邻两时点发展水平的平均数，然后再将这些平均数进行简单算术平均求得序时平均数。计算公式为

$$\bar{y} = \frac{\frac{y_1+y_2}{2} + \frac{y_2+y_3}{2} + \cdots + \frac{y_{n-1}+y_n}{2}}{n-1} = \frac{\frac{y_1}{2} + y_2 + \cdots + y_{n-1} + \frac{y_n}{2}}{n-1} \quad (10.3)$$

式（10.3）是直接将序列中的首末两项折半加上中间各项之和，除以项数减1进行计算的，因此，该方法也称为首末折半法。

由于社会现象经常不断发生变化，随时登记其变动情况有困难，往往是每隔一定时间登记一次，若假定所研究现象在两个相邻时点间的变动是均匀的，则 $\frac{y_i+y_{i+1}}{2}$ 就能表示两个时间间隔期内的平均数，再对各间隔期内的平均数求平均，就能得到反映一定时间内各期平均发展水平的序时平均数。

【例10-3】 根据表10-1中我国各年底职工人数的资料，计算1996—2008年平均每年的职工人数。

根据间断时点时间序列序时平均数的计算思路，要先计算各年内的平均职工人数，再对各年的平均职工人数进行算术平均求得平均每年的职工人数。由于资料给定的是各

年底的数据,所以 1996 年的平均职工人数要用年末与年初的职工人数进行平均,即需要用到 1995 年末的资料(已知 1995 年底职工人数为 14 908 人)。同样,其余年份的年底资料即为下一年份的年初资料。则根据式(10.3),1996—2008 年平均年职工人数为

$$\bar{y} = \frac{\frac{14\ 908 + 14\ 845}{2} + \frac{14\ 845 + 14\ 668}{2} + \cdots + \frac{11\ 161 + 11\ 427}{2} + \frac{11\ 427 + 11\ 515}{2}}{13}$$

$$= \frac{\frac{14\ 908}{2} + 14\ 845 + \cdots + 11\ 427 + \frac{11\ 515}{2}}{13}$$

$$= 11\ 842(万人)$$

② 若掌握的资料是间隔不等的间断时点序列,则同样先计算各相邻时点的平均数,再以各间隔长度为权数,应用加权平均法计算序时平均数。计算公式为

$$\bar{y} = \frac{\sum \bar{y}_i f_i}{\sum f_i} = \frac{\frac{1}{2}(y_1 + y_2)f_1 + \frac{1}{2}(y_2 + y_3)f_2 + \cdots + \frac{1}{2}(y_{n-1} + y_n)f_{n-1}}{f_1 + f_2 + \cdots + f_{n-1}} \quad (10.4)$$

【例 10 - 4】 如果例 10 - 3 中只给出了 1995 年、1998 年、2000 年和 2008 年 4 年底职工人数,求 1996—2008 年平均每年职工人数。

根据式(10.4),则

$$\bar{y} = \frac{\frac{(14\ 980 + 12\ 337)}{2} \times 3 + \frac{(12\ 337 + 11\ 259)}{2} \times 2 + \frac{(11\ 259 + 11\ 515)}{2} \times 8}{13}$$

$$= 11\ 966\ (万人)$$

计算结果与例 10 - 3 中不完全相同,原因是各年人数的变化不是完全均匀的。

事实上,间隔相等间断时点序列的序时平均数是间隔不等间断时点序列的特例,即当式(10.4)中各权数相等时,就是首末折半法的计算公式。

2. 相对指标时间序列序时平均数的计算。相对指标是两个总量指标的对比,用来对比的总量指标可以是时期指标,也可以是时点指标。相应地,相对指标时间序列可以是两个时期序列或两个时点序列的对应项对比的结果,也可以是时期序列和时点序列对应项对比的结果。因此,要计算相对指标时间序列的序时平均数,不能就序列中的相对数直接进行平均计算,而必须分别求出用来对比的分子指标和分母指标时间序列的序时平均数,然后再进行对比。若相对指标 $y = \frac{a}{b}$,则有

$$\bar{y} = \frac{\bar{a}}{\bar{b}} \quad (10.5)$$

式中,$\bar{y}$ 为相对指标时间序列的序时平均数;$\bar{a}$ 代表作为分子的时间序列序时平均数;$\bar{b}$ 代表作为分母的时间序列序时平均数。

根据这个公式计算相对指标时间序列序时平均数时,应当分清分子、分母的时间序列是时期序列还是时点序列,间断相等还是不相等,然后分别根据不同情况,运用前面

介绍的不同方法进行计算。一般可分为三种不同情况。

（1）由两个时期数列相应项对比所形成的相对指标时间序列计算序时平均数，则

$$\bar{y} = \frac{\bar{a}}{\bar{b}} = \frac{\frac{\sum a}{n}}{\frac{\sum b}{n}} = \frac{\sum a}{\sum b} \tag{10.6}$$

若掌握的资料分别是分子指标和分母指标的时间序列，则直接用式（10.6）计算即可；若掌握的是相对指标时间序列和分母指标的时间序列，则先用各期的相对指标乘各期的分母指标求各期的分子指标，再代入式（10.6），即

$$\bar{y} = \frac{\bar{a}}{\bar{b}} = \frac{\frac{\sum by}{n}}{\frac{\sum b}{n}} = \frac{\sum by}{\sum b} \tag{10.7}$$

若掌握的是相对指标时间序列和分子指标的时间序列，则先用各期的分子指标除以各期的相对指标求各期的分母指标，再代入式（10.6），即

$$\bar{y} = \frac{\bar{a}}{\bar{b}} = \frac{\frac{\sum a}{n}}{\frac{\sum \frac{a}{y}}{n}} = \frac{\sum a}{\sum \frac{a}{y}} \tag{10.8}$$

【例 10-5】 根据表 10-3 的资料，分别计算甲、乙、丙三个企业第一季度月平均计划完成程度。

表 10-3　　　集团公司所属三企业 2001 年第一季度生产情况表　　　单位：吨

		1月	2月	3月
甲企业	计划产量（b）	614	600	624
	实际产量（a）	620	596	632
乙企业	计划产量（b）	600	500	612
	计划完成（%）(y)	102	98	101
丙企业	实际产量（a）	588	600	632
	计划完成（%）(y)	99	100	104

甲企业第一季度月平均计划完成程度：

$$\bar{y} = \frac{\bar{a}}{\bar{b}} = \frac{\sum a}{\sum b} = \frac{620 + 596 + 632}{614 + 600 + 624} = 100.54\%$$

乙企业第一季度月平均计划完成程度：

$$\bar{y} = \frac{\bar{a}}{\bar{b}} = \frac{\sum by}{\sum b} = \frac{600 \times 1.02 + 500 \times 0.98 + 612 \times 1.01}{600 + 500 + 612} = 100.47\%$$

丙企业第一季度月平均计划完成程度：

$$\bar{y} = \frac{\bar{a}}{\bar{b}} = \frac{\sum a}{\sum \frac{a}{y}} = \frac{588 + 600 + 632}{\frac{588}{0.99} + \frac{600}{1.00} + \frac{632}{1.04}} = 101.02\%$$

（2）由两个时点序列对应项对比得到的相对指标时间序列，其序时平均数同样是由作为分子的时点序列的序时平均数和作为分母的时点序列的序时平均数对比得到，只要根据时点序列的特点不同采用不同的计算方法即可。

【例 10-6】 根据表 10-4 中我国就业人员的相关资料，计算 1996—2000 年平均每年第一产业就业人数所占的比重。

表 10-4　　我国 1995—2000 年从业人员和第一产业人员及比重的年底数

年份	从业人员（万人）（b）	其中：第一产业人数（万人）（a）	第一产业就业人数所占比重（%）（y）
1995	67 947	35 468	52.2
1996	68 850	34 769	50.5
1997	69 600	34 730	49.9
1998	69 957	34 838	49.8
1999	70 586	35 364	50.1
2000	71 150	35 575	50.0

资料来源：《中国统计年鉴（2001）》。

由于年底第一产业就业人员所占的比重是由两个间隔相等的间断时点指标对比得来的，因此，1995—2000 年第一产业就业人员所占比重的平均数为

$$\bar{y} = \frac{\bar{a}}{\bar{b}} = \frac{\left(\frac{35\,468}{2} + 34\,769 + 34\,730 + 34\,838 + 35\,364 + \frac{35\,575}{2}\right)/5}{\left(\frac{67\,947}{2} + 68\,850 + 69\,600 + 69\,957 + 70\,586 + \frac{71\,150}{2}\right)/5} = 50.27\%$$

（3）由时期序列和时点序列相应项对比形成的相对指标时间序列，则分别按时期序列和时点序列序时平均数的计算方法求得分子或分母的序时平均数，再对比得到相对指标时间序列的序时平均数。

3. 平均指标时间序列序时平均数的计算。平均指标也是由两个总量指标对比得到的，因此，其时间序列序时平均数的计算方法同相对指标时间序列序时平均数的计算方法是一致的，也有三种情况。关键还是区分分子指标和分母指标是时期指标还是时点指标，再分别按不同的时间序列序时平均数的计算方法进行计算。

【例 10-7】 根据表 10-5 中某商店月销售额和月末商品库存额的资料，计算该商店第一季度月平均商品流转次数（已知：商品流转次数 = 商品销售额÷平均商品库存额）。

第一季度月平均商品流转次数不能简单地将表中三个月商品流转次数相加后除以 3 进行计算，而应分别计算分子、分母的序时平均数，再进行对比求得。表 10-5 中商品

销售额是时期指标,则按算术平均数的方法计算月平均销售额;月末商品库存额是时点指标,相应的时点序列是间隔相等的,因此用首末折半法计算月平均商品库存额,这和相对指标时间序列序时平均数计算中的第三种情况相同。则第一季度月平均商品流转次数为

$$\bar{y} = \frac{\bar{a}}{\bar{b}} = \frac{(120+216+312)/3}{\left(\frac{50}{2}+70+76+\frac{84}{2}\right)/(4-1)} = 3.04 \,(次)$$

表 10-5　　　　　　某商店 2001 年第一季度商品情况表　　　　　单位:万元

	12月	1月	2月	3月
销售额(a)	—	120	216	312
月末商品库存额(b)	50	70	76	84
月商品流转次数(y)		2	2.96	3.9

(三) 增长量指标

增长量是表明某种现象在一段时期内增长的绝对量,它等于报告期水平减其基期水平。即

增长量 = 报告期水平 - 基期水平

增长量有正负之分,若为正值,表明增加;若为负值,说明减少,故又称为增减量指标。

根据基期确定方法的不同,增长量可分为逐期增长量和累计增长量。

1. 逐期增长量。逐期增长量是报告期水平与前一期水平之差,用公式表示为

逐期增长量 = 报告期水平 - 前一期水平
$$= y_i - y_{i-1} \quad (i=2, 3, \cdots, n) \tag{10.9}$$

它表明现象逐期增加(减少)的绝对数量。

2. 累计增长量。累计增长量是报告期水平与某一固定时期水平(通常是时间序列最初水平)之差,用公式表示为

$$累计增长量 = y_i - y_1 \quad (i=2, 3, \cdots, n) \tag{10.10}$$

它表明报告期比该固定时期增加(减少)的绝对数量。

易于看出,在同一时间序列中,累计增长量等于相应时期逐期增长量之和,即

$$y_i - y_1 = (y_2 - y_1) + (y_3 - y_2) + \cdots + (y_i - y_{i-1})$$
$$(i=2, 3, \cdots, n) \tag{10.11}$$

同样可以看出,相邻的两个累计增长量之差等于相应的逐期增长量,即

$$(y_i - y_1) - (y_{i-1} - y_1) = (y_i - y_{i-1}) \quad (i=2, 3, \cdots, n) \tag{10.12}$$

3. 年距增长量。对于按月(季)编制的时间序列,为了消除季节变动的影响,还可以计算年距增长量,它等于本期发展水平比上年同期发展水平增加(减少)的数量,即年距增长量 = 报告期水平 - 上年同期水平。

(四) 平均增长量指标

平均增长量是时间序列中逐期增长量的序时平均数,它表明该现象在一定时段内平

均每期增加（减少）的数量。其计算公式为

$$平均增长量 = \frac{\sum(y_i - y_{i-1})}{n-1} \quad (i = 2, 3, \cdots, n) \quad (10.13)$$

式中，$n-1$ 表示逐期增长量的项数。根据逐期增长量与累计增长量之间的数量关系，平均增长量还可以表示为

$$平均增长量 = \frac{y_i - y_1}{n-1} \quad (i = 2, 3, \cdots, n) \quad (10.14)$$

【例10-8】 根据表10-1的资料，计算我国职工年平均工资的逐期增长量、累计增长量以及1996—2002年的年平均增长量（以1996年的指标值作为累计增长量的固定水平），计算结果见表10-6。

表10-6　　　　我国1996—2002年职工年平均货币工资增长量

年份	职工年平均货币工资（元）	增长量（元）	
		逐期	累计
1996	6 210	—	—
1997	6 470	260	260
1998	7 479	1 009	1 269
1999	8 346	867	2 136
2000	9 371	1 025	3 161
2001	10 870	1 499	4 660
2002	12 422	1 552	6 212

资料来源：根据《中国统计年鉴（2003）》整理计算。

按式（10.13）计算年平均增长量为

$$平均增长量 = \frac{\sum(y_i - y_{i-1})}{n-1} = \frac{174 + 261 + \cdots + 259}{9} = 278（元）$$

二、时间序列分析的速度指标

（一）发展速度

发展速度是将现象报告期水平除以基期水平求得的表明某种现象发展程度的相对指标。用公式表示为

$$发展速度 = \frac{报告期水平}{基期水平}$$

发展速度通常用百分数表示，当比值较大时，也可用倍数和翻番数表示，它说明现象报告期水平为基期水平的百分之几或若干倍。当它大于100%（或1）时，表明现象的发展水平是提高的；若小于100%（或1）时，表明现象的发展水平是降低的。

由于采用的基期不同，发展速度可分为环比发展速度和定基发展速度。

1. 环比发展速度。环比发展速度是报告期水平与前一期水平之比，它表明报告期水平为前一期水平的百分之几或若干倍。从一个环比发展速度时间序列来说，它表明现象

的逐期发展程度。用公式表示为

$$环比发展速度 = \frac{报告期水平}{前一期水平} = \frac{y_i}{y_{i-1}} \quad (i = 2, 3, \cdots, n) \qquad (10.15)$$

2. 定基发展速度。定基发展速度是报告期水平与某一固定基期水平（通常是最初水平）之比，它表明报告期水平为某固定基期水平的百分之几或若干倍。定基发展速度时间序列的各期数值分别说明现象在一较长时期内发展的总速度。

$$定基发展速度 = \frac{报告期水平}{固定基期水平} = \frac{y_i}{y_1} \quad (i = 1, 2, \cdots, n) \qquad (10.16)$$

3. 环比发展速度与定基发展速度的关系。上述两种发展速度使用的基期和说明的问题不同，但这两种发展速度之间却存在一定的关系：

（1）同一时间序列各期环比发展速度的连乘积等于其相应时期的定基发展速度，即

$$\frac{y_2}{y_1} \times \frac{y_3}{y_2} \times \cdots \times \frac{y_n}{y_{n-1}} = \frac{y_n}{y_1} \qquad (10.17)$$

（2）两个相邻定基发展速度之比等于相应时期的环比发展速度。

$$\frac{y_i}{y_1} \div \frac{y_{i-1}}{y_1} = \frac{y_i}{y_{i-1}} \quad (i = 2, 3, \cdots, n) \qquad (10.18)$$

4. 年距发展速度。类似于年距发展水平指标，对于按月（季）编制的时间序列，可计算年距发展速度，用公式表示为

$$年距发展速度 = \frac{报告期水平}{上年同期水平}$$

年距发展速度消除了季节变动的影响，表明本期水平相对于上年同期水平发展变化的方向与程度，是实际统计分析中经常应用的指标。

（二）增长速度

增长速度是某种现象报告期的增长量与基期水平之比，表明该现象增长程度的相对指标。其一般公式是

$$增长速度 = \frac{报告期增长量}{基期水平}$$

$$= \frac{报告期水平 - 基期水平}{基期水平}$$

$$= 发展速度 - 100\%$$

发展速度与增长速度是一个问题的两种说明，两者有着密切的关系。首先，发展速度说明报告期发展水平是基期发展水平的百分之几，包括了基期水平；而增长速度则说明报告水平比基期水平增长了百分之几，扣除了基期水平。其次，发展速度是通过报告期水平与基期水平对比计算的；增长速度是通过报告期水平减去基期水平后与基期水平对比计算的。最后，发展速度没有正负数值之分，只有大于1或小于1之分，而增长速度则有正负值之分：如发展速度大于1，则增长速度为正值，表示现象的发展水平是递增的；如发展速度小于1，则增长速度为负值，表示现象的发展水平是递减的；如发展速度等于1，则增长速度为0，表示现象的发展水平维持不变。

增长量有逐期增长量和累计增长量之分,增长速度也因所采用的基期不同,分为环比增长速度和定基增长速度。

1. 环比增长速度。环比增长速度是逐期增长量与其前一期发展水平之比,表明现象逐期增长程度。其计算公式为

$$
\begin{aligned}
\text{环比增长速度} &= \frac{\text{逐期增长量}}{\text{前一期水平}} \\
&= \frac{\text{报告期水平} - \text{前一期水平}}{\text{前一期水平}} \\
&= \text{环比发展速度} - 1 \\
&= \frac{y_i - y_{i-1}}{y_i} \\
&= \frac{y_i}{y_{i-1}} - 1 \quad (i = 2, 3, \cdots, n)
\end{aligned} \tag{10.19}
$$

2. 定基增长速度。定基增长速度是累计增长量与某一固定基期水平之比,表明现象在一段时期内总的增长程度。其计算公式为

$$
\begin{aligned}
\text{定基增长速度} &= \frac{\text{报告期水平} - \text{固定基期水平}}{\text{固定基期水平}} \\
&= \text{定基发展速度} - 1 \\
&= \frac{y_i - y_1}{y_1} \\
&= \frac{y_i}{y_1} - 1 \quad (i = 1, 2, \cdots, n)
\end{aligned} \tag{10.20}
$$

3. 年距增长速度。年距增长速度表明本期比上年同期增长(降低)了百分之几或若干倍。其计算公式为

$$
\begin{aligned}
\text{年距增长速度} &= \frac{\text{报告期水平} - \text{上年同期水平}}{\text{上年同期水平}} \\
&= \text{年距发展速度} - 1
\end{aligned}
$$

发展速度与增长速度是对社会经济现象进行动态分析的基本指标,应用中要注意的问题是:定基增长速度与环比增长速度不能像定基发展速度与环比发展速度那样互相推算,因为定基增长速度不等于相应时期内各环比增长速度的连乘积;两个相邻时期定基增长速度的比率也不等于相应时期的环比增长速度。定基增长速度与环比增长速度之间的推算,必须先通过定基发展速度和环比发展速度的推算,再由推算出的发展速度 - 1 得到。

4. 增长1%的绝对值。发展水平和增长量是绝对数,说明现象发展所达到和所增长的绝对数量;发展速度和增长速度是相对数,说明现象发展和增长的程度,把现象之间的差异抽象化了,在一定程度上掩盖了发展水平的差异。因此,低水平基础上的增长速度与高水平基础上的增长速度是不可比的。由于环比增长速度时间序列中各期的对比基期不同,因此,在动态分析时,不仅要看各期增长的百分数,还要看每增长1%所包含

的绝对值,这是一个相对数和绝对数结合运用的指标,即

$$增长1\%的绝对值 = \frac{逐期增长量}{环比增长速度 \times 100} = \frac{前一期水平}{100}$$

$$= \frac{y_i - y_{i-1}}{\frac{y_i - y_{i-1}}{y_{i-1}} \times 100}$$

$$= \frac{y_{i-1}}{100} \quad (i = 2, 3, \cdots, n) \tag{10.21}$$

【例 10-9】 根据表 10-6 中我国 1996—2002 年职工年平均货币工资资料,计算发展速度、增长速度及增长 1% 的绝对值等指标,结果列于表 10-7 中。

表 10-7　　　我国 1996—2002 年职工年平均货币工资水平及速度指标

年份	职工年平均货币工资(元)y_i	发展速度(%)		增长速度(%)		增长1%的绝对值(元)$\frac{y_{i-1}}{100}$
		定基 $\frac{y_i}{y_1}$	环比 $\frac{y_i}{y_{i-1}}$	定基 $\frac{y_i}{y_1}-1$	环比 $\frac{y_i}{y_{i-1}}-1$	
1996	6 210	100.00				
1997	6 470	104.19	104.19	4.19	4.19	62.10
1998	7 479	120.43	115.60	20.43	15.60	64.70
1999	8 346	134.40	111.59	34.40	11.59	74.79
2000	9 371	150.90	112.28	50.90	12.28	83.46
2001	10 870	175.04	116.00	75.04	16.00	93.71
2002	12 422	200.03	114.28	100.03	14.28	108.70

资料来源:根据《中国统计年鉴(2003)》整理计算。

读者可以根据表 10-7 的计算结果,按式(10.19)和式(10.20)验证定基发展速度和环比发展速度之间的关系,也可以结合表 10-6 中增长量的数据对水平速度指标之间的关系进行验证。

(三) 平均发展速度和平均增长速度

平均速度指标有平均发展速度和平均增长速度两种。前者说明某种现象在一段较长时间内逐期变化发展的一般程度,后者说明某现象在一段较长时间内逐期增长或降低的一般程度。平均增长速度与平均发展速度有密切联系,两者仅相差一个基数,即

$$平均增长速度 = 平均发展速度 - 1$$

因此,掌握了平均发展速度的计算方法,就可以求出平均增长速度。平均发展速度是一定时期内各期环比发展速度的序时平均数,常用的计算方法有几何平均法和高次方程法。

1. 几何平均法。几何平均法也称水平法。这一方法的原理是:一定时期内现象发展的总速度(定基发展速度)等于各期环比发展速度的连乘积,则根据平均数的性质,以平均发展速度 $\bar{x}$ 代替各期的环比发展速度计算出来的总发展速度应等于实际的总发展速度,即

$$\frac{y_n}{y_1} = \frac{y_2}{y_1} \times \frac{y_3}{y_2} \times \cdots \times \frac{y_n}{y_{n-1}} = \bar{x}\,\bar{x}\cdots\bar{x} = (\bar{x})^{n-1}$$

解 $\bar{x}$ 得
$$\bar{x} = \sqrt[n-1]{\frac{y_n}{y_1}} \tag{10.22}$$

或
$$\bar{x} = \sqrt[n-1]{\frac{y_2}{y_1} \times \frac{y_3}{y_2} \times \cdots \times \frac{y_n}{y_{n-1}}} \tag{10.23}$$

式中，$\bar{x}$ 为平均发展速度，y_1 为时间序列最初水平，y_n 为时间序列最末期水平，$n-1$ 为环比发展速度的项数。

上述两式都是平均发展速度几何平均法的计算公式，可以根据资料的掌握情况选择应用。若掌握的资料是最初水平和最末期水平，用式（10.22）计算；若已知逐期环比发展速度，可用式（10.23）计算，也可根据环比发展速度求总速度后用式（10.22）计算。

【例 10-10】 根据表 10-7 中我国 1996—2002 年各年职工年平均货币工资的速度指标，用几何平均法计算这期间的平均发展速度和平均增长速度。

$$\text{平均发展速度}: \bar{x} = \sqrt[n-1]{\frac{y_n}{y_1}} = \sqrt[6]{\frac{12\,422}{6\,210}} \times 100\% = 112.25\%$$

或

$$\bar{x} = \sqrt[6]{104.19\% \times 115.6\% \times \cdots \times 114.28} \times 100\% = 112.25\%$$

则平均增长速度 = 平均发展速度 − 1 = 112.25% − 100% = 12.25%。

2. 高次方程法。高次方程法也称累计法。这一方法的原理是：以时间序列的最初水平 y_i 为基期水平，用平均发展速度 $\bar{x}$ 代替各期的环比发展速度推算的各期理论水平应等于各期的实际水平，即

$$y_2 = y_1 \frac{y_2}{y_1} = y_1 \bar{x}, y_3 = y_1 \frac{y_2}{y_1}\frac{y_3}{y_2} = y_1 \bar{x}^2, \cdots, y_n = y_1 \frac{y_2}{y_1}\frac{y_3}{y_2}\cdots\frac{y_n}{y_{n-1}} = y_1 \bar{x}^{n-1}$$

相应地，各期理论水平之和应等于各期实际水平之和，即

$$y_1 + y_1\bar{x} + y_1\bar{x}^2 + \cdots + y_1\bar{x}^{n-1} = y_1 + \sum_{i=2}^{n} y_i$$

则解高次方程
$$\bar{x} + \bar{x}^2 + \cdots + \bar{x}^{n-1} = \frac{\sum_{i=2}^{n} y_i}{y_1} \tag{10.24}$$

所得到的正根就是平均发展速度 $\bar{x}$。用高次方程法计算平均发展速度，等式两边分别是各期理论水平与实际水平累计之和，所以也称为累计法。由于高次方程法的求解过程比较麻烦，过去通常借助于事先编制好的平均增长速度查对表来求解，但过程烦琐；计算机普及后，高次方程则可利用事先编制好的程序来求解。

几何平均法和高次方程法是计算平均发展速度的基本方法，但二者的侧重点不同，也各有优劣。前者从最末水平出发来进行研究，直接根据期末与期初水平就能求得，方法简便，对时期指标或时点指标时间序列都适用；但忽略了中间各期水平，当各期水平

波动较大，各期环比发展速度变化很大时，用几何平均法计算的平均发展速度就不能准确反映实际的发展过程。后者则从各期水平累计总和出发，计算过程综合考虑了各期的发展水平，但计算过程复杂，而且仅适用于具有"可加性"的时期指标时间序列。

三、水平分析和速度分析的结合与应用

时间序列的速度指标是由水平指标对比计算而来的，是以相对数表示的抽象化指标，可比性较强，但同时把现象的具体规模或水平抽象掉了，不能反映现象的绝对量差别。因此，在进行实际的动态分析时，有两点需要特别注意：

第一，如果资料中有几年的环比增长速度特别快，而有几年又是负增长，出现显著的悬殊和不同的发展方向，或者所选择的最初水平和最末水平因受特殊因素的影响而过高或过低，则用这样的资料计算平均发展速度就会降低甚至失去指标的代表意义和实际分析意义。因此，要联系各个时期的环比发展速度来补充说明平均发展速度。

第二，要结合基期水平进行分析。因为发展速度是报告期水平除以基期水平而得，从数量关系来看，相同的报告期水平，基期水平低，速度就大；基期水平高，速度就低。因此，速度高可能掩盖低水平，而速度低可能隐藏着高水平。因此，要结合增长1%的绝对值指标来兼顾速度与水平。

第三节 长期趋势的测定

一、时间序列的构成与分解

（一）时间序列的构成

现象的发展变化受许多因素的影响，各因素共同作用的结果形成了该现象时间序列各期的指标值。在诸多影响因素中，有的对现象的发展变化起着长期的、决定性的作用，使得相应的时间序列呈现出某种趋势和一定的规律性；有的则起着短期的或偶然的非决定性作用，使得时间序列的规律性不明显，甚至呈现出某种不规则性。由于社会经济现象是错综复杂的，通常难以确定影响时间序列变动的具体因素，因此，在统计分析中，一般按作用特点和影响效果，将影响时间序列变动的因素归为四大类，相应的时间序列的变动可以看做是四类因素所导致的变动叠加在一起的结果，即趋势变动（T）、季节变动（S）、循环波动（C）和随机变动（I）。

1. 趋势变动。指现象在发展变化过程中由于受到某种固定的、起根本性作用的因素的影响而在较长时间内展现出来的总态势。它具体表现为不断增加或减少的基本趋势，也可以表现为只围绕某一常数值波动而无明显增减变化的水平趋势。如受改革开放政策的影响，中国的经济持续增长，国内生产总值逐年递增。

2. 季节变动。指现象在一年内由于受社会、政治、经济、自然等因素的影响，形成的以一定时期为周期的有规律的重复变动。季节变动是一种极为普遍的现象，在农业生

产、交通运输、建筑业、旅游业、商品销售以及工业生产中都有明显的季节变动规律。如啤酒的销售量夏季大、冬季小；春运期间客流量剧增等。尽管在商业或经济理论中，季节变动一般以年为周期，但其思想却可根据数据类型的不同推广到以任意时间间隔为周期的时间序列中（例如以小时、天、星期、月为周期），但周期长度一般小于一年。

3. 循环波动。指现象围绕长期趋势出现的、以若干年为周期的有涨有落的周期性运动。循环波动与季节变动有着本质的区别：季节变动的周期小于一年并且有固定的周期，而循环波动的周期大于一年并且规律性较低，通常较难识别。循环波动的一个重要例子就是经济增长中出现的繁荣—衰退—萧条—复苏—繁荣的周而复始的运动。

4. 随机变动。指现象由于各种偶然因素的影响而呈现的不规则运动，它们是时间序列分析中无法由以上三种变动解释的部分。

(二) 时间序列的分解

时间序列分解的主要任务就是将各种变动对时间序列指标值的影响状况分别测定出来，以研究现象发展变化的原因及其规律性，为认识现象和预测未来的发展提供依据。而为了将各类变动成分从时间序列中分离出来并加以测定，一个重要的前提是，掌握这四类变动是以何种组合方式作用于现象从而形成时间序列的具体指标值的。由于趋势变动是由现象内在的本质因素决定的，这些因素对现象各时期的指标值起着支配性的决定作用，因此，在进行时间序列分析时，通常以长期趋势值（T）为绝对量基础，再根据各类变动对时间序列的影响是否独立，建立两种组合模型，即加法模型和乘法模型。

1. 加法模型：$Y = T + S + C + I$

此模型假定四类变动是相互独立的，对时间序列的影响程度以绝对数表示，时间序列各期的指标值是各类变动对时间序列影响的绝对量之和。其中，Y 为时间序列各期的指标值；T 为时间序列各期的长期趋势值，用绝对数表示，与 Y 同单位，这是时间序列各期指标值的主要构成部分；S、C、I 分别为季节变动、循环变动和随机变动引起的各期指标值 Y 与长期趋势值 T 的偏差，也用绝对数表示。

2. 乘法模型：$Y = TSCI$

乘法模型中仍以长期趋势值 T 作为各期指标值的绝对量基础，但假定四类变动之间存在着交互作用，则其他各类变动对时间序列各期指标值的影响程度以相对数的形式表示出来。其中，Y、T 的含义同加法模型，S、C、I 分别为季节变动、循环变动和随机变动引起的各期指标值 Y 与长期趋势值 T 的比率，一般也称为指数。因此，时间序列各期指标值是长期趋势值 T 与其他变动的影响比率的乘积。

在实际中，各种变动对现象的影响一般都是相互的，因此应用较多的是乘法模型，而且根据乘法模型，可以较容易地将各种变动对时间序列的影响状况分别测定出来。如要求出循环波动对各期指标值的影响，只要用其余变动的数值去除时间序列各期指标值即可，即 $\dfrac{Y}{TSI} = \dfrac{TSCI}{TSI} = C$，该式剔除了长期趋势（$T$）、季节变动（$S$）和随机变动（$I$）的影响，得出的时间序列资料仅包含循环波动产生的影响。

二、长期趋势的测定方法

长期趋势是现象发展过程中由其本质因素决定的。通过对时间序列趋势变动的分析,可以掌握现象发展最基本的规律性,从而对其未来发展趋势作出预测。此外,研究长期趋势的目的之一也是为了将其从时间序列中予以剔除,以便更好地分析其他影响因素的变动规律性。进行长期趋势分析的主要任务就是测定时间序列的趋势值 T,常用的方法有移动平均法和趋势模型法。

(一) 移动平均法

移动平均法是测定时间序列趋势变动的基本方法,其主要目的是从时间序列中消除随机变动的影响。它是在时间序列中按一定的间隔长度逐期移动,并分别计算出各间隔期内各期指标值的平均数,以此作为各时间间隔中间项的趋势测定值,通常称为各期的中心化移动平均数。移动平均法的基本思想是:随机因素的影响是相互独立的,因此,短期数据由于随机因素而形成的差异在加总平均的过程中会相互抵消,其平均数就显示了现象由于其本质因素所决定的趋势值。

中心化移动平均数代表的是所平均的中间项的趋势值,根据所平均的项数是奇数还是偶数,可分为奇数项移动平均和偶数项移动平均。

1. 奇数项移动平均法。设时间序列有 n 期,各期指标值依次为 $y_1, y_2, \cdots, y_n$,若所平均的项数是奇数,则其中间项的趋势测定值经过一次移动平均就可得到。用 $M_t^{(1)}$ 表示一次移动平均数,计算公式为

$$M_t^{(1)} = \frac{1}{N}(y_{t-\frac{N-1}{2}} + \cdots + y_{t-1} + y_t + y_{t+1} + \cdots + y_{t+\frac{N-1}{2}}) \tag{10.25}$$

式中,N 为奇数,是移动平均的项数;$t = \frac{N+1}{2}, \frac{N+1}{2}+1, \cdots, n-\frac{N-1}{2}$,为每次移动平均中间项所对应的时期;$M_t^{(1)}$ 为第 t 期的中心化移动平均数。

以 $N=5$ 为例,由上式可计算出各期的中心化移动平均数:

$$M_3^{(1)} = \frac{1}{5}(y_1 + y_2 + y_3 + y_4 + y_5)$$

$$M_4^{(1)} = \frac{1}{5}(y_2 + y_3 + y_4 + y_5 + y_6)$$

$$\vdots$$

$$M_{n-2}^{(1)} = \frac{1}{5}(y_{n-4} + y_{n-3} + y_{n-2} + y_{n-1} + y_n)$$

式中,$M_4^{(1)}$ 是 y_2, y_3, y_4, y_5, y_6 的平均数,应作为其中间项即时间序列第 4 期的长期趋势值,通常称为第 4 期的中心化移动平均数;相应地,$M_{n-2}^{(1)}$ 为第 $n-2$ 期的中心化移动平均数,作为第 $n-2$ 期的长期趋势测定值。

2. 偶数项移动平均法。若所移动平均的项数为偶数,则计算出来的移动平均数对应的中间项是在两个时期之间,则不能代表任一时期的趋势值。以 $N=4$ 为例:

$$M_{2.5}^{(1)} = \frac{1}{4}(y_1 + y_2 + y_3 + y_4)$$

$$M_{3.5}^{(1)} = \frac{1}{4}(y_2 + y_3 + y_4 + y_5)$$

$$M_{4.5}^{(1)} = \frac{1}{4}(y_3 + y_4 + y_5 + y_6)$$

⋮

解决的办法是对一次移动平均数再做一次项数为2的移动平均,即计算二次移动平均数来作为长期趋势值,用 $M_t^{(2)}$ 表示,即

$$M_3^{(2)} = \frac{1}{2}(M_{2.5}^{(1)} + M_{3.5}^{(2)}),\text{作为第3期的趋势值;}$$

$$M_4^{(2)} = \frac{1}{2}(M_{3.5}^{(1)} + M_{4.5}^{(2)}),\text{作为第4期的趋势值;}$$

⋮

依此类推。

【例 10-11】 根据表 10-8 中我国 1978—2000 年的花生单位面积产量,分别进行项数为 5 和 6 的移动平均。

进行项数为 5 的移动平均后,将相应的移动平均数作为各移动平均中项数的趋势值,如 1990 年的趋势值就是 1988—1992 年 5 年产量平均的结果;在进行项数为 6 的移动平均时,$M_t^{(1)}$ 一栏所列的中心化移动平均数应是提前半年的趋势值,如第一个移动平均数 1 537.00 应是 1980 年和 1981 年的中点的趋势值,而 $M_t^{(2)}$ 一栏所列的二次移动平均的结果才是相应年份的趋势值。

表 10-8　　　　1978—2000 年我国花生单位面积产量及其移动平均数

年 份	单位面积产量（公斤/公顷） y_t	中心化移动平均数		
		$N=5$	$N=6$	
		$M_t^{(1)}$	$M_t^{(1)}$	$M_t^{(2)}$
1978	1 354	—	—	—
1979	1 360			
1980	1 545	1 485.40		
1981	1 547	1 573.60	1 537.00	1 589.92
1982	1 621	1 699.40	1 642.83	1 697.00
1983	1 795	1 792.40	1 751.17	1 773.67
1984	1 989	1 846.00	1 796.17	1 837.25
1985	2 010	1 929.80	1 878.33	1 902.00

续表

年份	单位面积产量（公斤/公顷）y_t	中心化移动平均数		
		$N=5$	$N=6$	
		$M_t^{(1)}$	$M_t^{(1)}$	$M_t^{(2)}$
1986	1 815	1 951.80	1 925.67	1 927.33
1987	2 040	1 917.00	1 929.00	1 945.75
1988	1 905	1 953.00	1 962.50	1 977.38
1989	1 815	2 027.70	1 992.25	2 007.67
1990	2 190	2 019.70	2 023.08	2 060.75
1991	2 189	2 137.10	2 098.42	2 153.33
1992	2 000	2 286.90	2 208.25	2 280.92
1993	2 492	2 386.30	2 353.58	2 404.75
1994	2 564	2 509.40	2 455.92	2 489.54
1995	2 687	2 627.80	2 523.17	2 601.75
1996	2 804	2 718.00	2 680.33	2 719.42
1997	2 592	2 797.42	2 758.52	2 792.62
1998	2 943	2 854.67	2 826.73	—
1999	2 961	—	—	—
2000	2 973	—	—	—

资料来源：根据《中国统计年鉴（2001）》整理计算。

从表 10 – 8 可以看出，在未进行移动平均之前，花生单位面积产量在短期内常有波动，进行移动平均后，很大程度上消除了各种偶然因素对产量的影响，而且移动项数为 6 的平均数对时间序列的修匀作用更明显，更好地揭示了花生单位产量逐年增长的趋势。

在利用移动平均法分析趋势变动时，有两个问题需特别注意：

第一，移动平均项数 N 的确定是能否准确进行趋势测定的关键。如 N 的取值太小，则不能完全消除序列中短期偶然因素的影响，从而不能较好地反映现象发展的变动趋势；N 的取值越大，则所得的移动平均数对时间序列的修匀作用越强，所反映的趋势越明显；但若 N 的取值过大，则对趋势变化的反映能力下降，甚至会脱离现象发展的真实趋势。一般来说，若原时间序列中包含季节变动或循环波动等周期性因素的影响，则 N 的取值应等于周期的长度，这样所得的移动平均数既能消除随机变动的影响，也能消除周期性变动的影响。

第二，时间序列经过移动平均后会造成信息量的损失。移动平均的目的在于消除偶然因素的影响，显示时间序列的长期趋势，但在奇数项移动平均所形成的数列中，头尾各有$\frac{N-1}{2}$个时期无法求得趋势值，在偶数项移动平均所形成的数列中，头尾各有$\frac{N}{2}$个时期无法求得趋势值。无法对所有时期趋势值进行测定是移动平均法的局限性之一，趋势模型法可以弥补这一缺陷。

(二) 趋势模型法

趋势模型法是根据时间序列长期趋势的表现形态，建立一个合适的趋势方程来描述现象各期指标值随时间变动的趋势规律性，并据此进行各期趋势值的测定。基本步骤如下：

第一，选取合适的模型。时间序列中长期趋势的表现形态是多种多样的，有线性形态也有非线性形态，所配合的趋势模型有直线模型也有各种曲线模型，它们相互区别的本质是所描述的现象 (y_t) 随时间 (t) 的变化有不同的变化率。在实际应用中，如何选择时间序列所要配合的趋势模型是一个十分重要的问题。趋势模型选择得不当，不仅不能正确描述现象发展的规律性，有时还会得出与事实相反的结论。

第二，估计模型参数。模型确定之后，模型参数值就决定了时间序列各期的趋势测定值。趋势方程中的自变量是时间 t，t 一般按时期的先后顺序取值为 1，2，…，n（n 为时间序列的时期项数）；因变量是时间序列各期的指标值 y_t（$t=1$，2…，n）。

第三，计算趋势变动测定值。将各期时间 t 的取值代入已估计出参数的趋势模型，得出的因变量数值就是相应时期的趋势变动测定值。

常见的趋势模型有：线性模型 $\hat{y}_t = a + bt$；二次曲线模型 $\hat{y}_t = a + b_1 t + b_2 t^2$；指数曲线模型 $\hat{y}_t = ab^t$；修正的指数曲线模型 $\hat{y}_t = k + ab^t$；逻辑曲线模型 $\hat{y}_t = \frac{1}{k+ab^t}$ 和龚珀资曲线模型 $\hat{y}_t = ka^{b^t}$ 等，其模型参数的估计可参阅第九章介绍的方法，本章不再赘述。下面举例说明趋势模型法测定长期趋势值的应用。

【例 10 – 12】 根据表 10 – 9 中第②栏我国社会消费品零售总额的资料，计算测定各年的长期趋势值。

从图 10 – 1 中零售额的散点图可以看出，1978—2001 年我国消费品零售额的走势类似指数曲线，因此用指数曲线模型 $\hat{y}_t = ab^t$ 进行趋势值的测定。为了对模型中的参数进行估计，先利用第九章介绍的方法把模型线性化为 $\log\hat{y}_t = \log a + t\log b$，对各期指标值取以 10 为底的对数，得 $\log y_t$（见第③栏），再用 OLS 法进行估计，得

$$\begin{cases} \log a = 3.12166 \\ \log b = 0.06316 \end{cases}, \begin{cases} a = 10^{\log a} = 1\,323.306 \\ b = 10^{\log b} = 1.15654 \end{cases}$$

则
$$\log\hat{y}_t = 3.12166 + 0.06316t$$
$$\hat{y}_t = 1\,323.306 \times 1.15654^t \tag{10.26}$$

式 (10.26) 即为测定全社会消费品零售总额趋势值建立的指数曲线模型，把各时期的时间 t 值代入模型即可求出各期的趋势测定值，见表 10 – 9 最后一栏。当然，第⑤栏的趋势值也可通过对第④栏各期对数估计值求反对数得到。

表 10-9　　　　1978—2001 年我国社会消费品零售总额及其趋势值

单位：亿元

年 份	时间 t ①	消费品零售总额（y_t）②	log（y_t）③	log（$\hat{y}_t$）④	$\hat{y}_t = 10^{\log(\hat{y}_t)} = ab^t$ ⑤
1978	1	1 558.6	3.192735	3.184821	1 530
1979	2	1 800.0	3.255273	3.247982	1 770
1980	3	2 140.0	3.330414	3.311143	2 047
1981	4	2 350.0	3.371068	3.374304	2 368
1982	5	2 570.0	3.409933	3.437464	2 738
1983	6	2 849.4	3.454753	3.500625	3 167
1984	7	3 376.4	3.528454	3.563786	3 663
1985	8	4 305.0	3.633973	3.626947	4 236
1986	9	4 950.0	3.694605	3.690107	4 899
1987	10	5 820.0	3.764923	3.753268	5 666
1988	11	7 440.0	3.871573	3.816429	6 553
1989	12	8 101.4	3.90856	3.87959	7 579
1990	13	8 300.1	3.919083	3.942751	8 765
1991	14	9 415.6	3.973848	4.005911	10 137
1992	15	10 993.7	4.041144	4.069072	11 724
1993	16	12 462.1	4.095591	4.132233	13 559
1994	17	16 264.7	4.211246	4.195394	15 682
1995	18	20 620.0	4.314289	4.258554	18 137
1996	19	24 774.1	4.393998	4.321715	20 976
1997	20	27 298.9	4.436145	4.384876	24 259
1998	21	29 152.5	4.464676	4.448037	28 057
1999	22	31 134.7	4.493245	4.511198	32 449
2000	23	34 152.6	4.533424	4.574358	37 528
2001	24	37 595.2	4.575132	4.637519	43 403

资料来源：根据《中国统计年鉴（2003）》整理计算。

把测定出的趋势值即第⑤栏的数据绘成图，见图 10-1 中的曲线，可以看出，用指数曲线模型测定的趋势值与原各期指标值的拟合程度较好，因此用指数曲线模型能较好地反映我国改革开放 20 多年来社会消费品零售额的增长趋势。

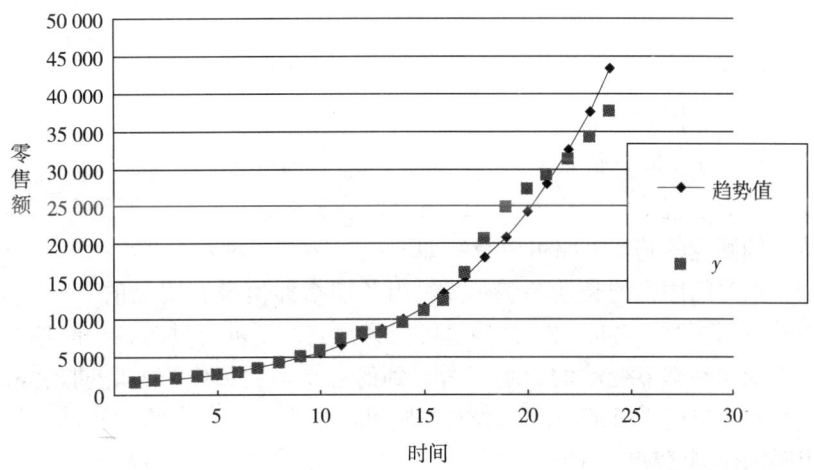

图 10-1 1978—2001 年我国社会消费品零售总额趋势值图

第四节 季节变动和循环波动测定

一、季节变动的测定方法

在现实生活中，季节变动是一种极为普遍的现象，也是各种周期性变动中重要的一种，其测定的原理和方法是分析其他周期性变动的基础。我们主要介绍以一年为周期的季节性变动的测定，其分析方法可以推广到周期不到一年的时间序列的变动分析中去。

（一）季节变动测定的目的和原理

季节变动测定的首要目的是掌握现象在一年中各季度或月份的数值受季节性因素影响的程度，以便更好地指导当前各种经济活动的进行，如交通运输部门掌握客流量随季节变动的规律性，可以更有效地组织运输工具；其次，根据季节变动的规律性，结合长期趋势，可以进行经济预测，规划未来的行动；最后，对季节变动的影响程度进行测定，也是为了剔除季节变动对时间序列的影响，以便更好地研究现象发展变化的长期趋势或其他方面的规律性。

季节变动测定的基本思路是：设各种变动因素以乘法模型进行组合形成时间序列，则以时间序列中不含季节变动的长期趋势值为衡量基准，计算加入季节变动后各期的指标值与原趋势值的比率，以此衡量各期指标值受季节变动影响的程度。若时间序列的变动中只有趋势变动而不含季节变动，则各期指标值与长期趋势值的比率应为 100%；若时间序列在趋势变动的基础上加上季节变动的影响，则各期指标值会偏离长期趋势值，相应的各期指标值与长期趋势值的比率会大于或小于 100%，离差越大，说明该期指标值受季节性因素的影响程度越大。由于季节变动是一种各年变化强度大体相同且每年重现的有规律的变动，因此从理论上讲，各年同期（月或季）的指标值与趋势值的比率应基本相同，其差异是随机因素作用的结果，可以通过对各年同期的比率分别求平均来消除随机变动的影响，相应的平均数称为一年内各期的季节指数，用 S 表示。例如所分析的是以月份为时期的时间序列，则相应的就有 12 个月的季节指数，分别表示一年内各月的指标值受季节性因素影响的程度。

（二）季节变动的测定方法

季节变动的测定就是要计算出各季或各月的季节指数，即乘法模型 $Y = TSCI$ 中的 S，则上述季节变动测定的基本思路可以总结如下：

第一步，求时间序列的长期趋势值 T。当各期指标值没有明显的上升或下降趋势，并且循环波动不明显时，各时期的趋势值可视为常数，则可通过对各个时期的指标值求平均消除随机变动和季节变动的影响，所得到的总平均数可作为各时期趋势值的代表；当时间序列存在明显的上升或下降趋势时，则可以采用上一节介绍的移动平均法或趋势模型法求得时间序列各期的趋势值。

第二步，设法剔除趋势变动和循环变动对时间序列的影响，得出仅包含季节变动和随机变动的时间序列资料，即 $\dfrac{Y}{TC} = SI$。

第三步，消除第二步结果中的随机变动的影响，得出季节变动的测定值，即季节指数 S。

【例 10 – 13】 表 10 – 10 第②栏是某市 2000—2004 年各月份国际旅客人次的数据，计算各月份的季节指数。

根据乘法模型，社会消费品零售总额 $Y = TSCI$，在此基础上进行季节变动的测定：

第一步：用移动平均法求各月的趋势值。取移动平均的项数为周期的长度，即 12 个月，由于移动平均的项数为偶数，所以要在一次移动平均的基础上进行二次移动平均，所得的中心化移动平均数 $M_t^{(2)}$ 列于表 10 – 10 中第③栏。由于移动平均的项数等于季节变动的周期（1 年 12 个月），所以季节性因素所产生的波动在平均的过程中相互抵消，也消除了大部分随机变动。若时间序列不包含循环变动，则所得中心化移动平均数就是趋势变动的结果，即 $M_t^{(2)} = T$；若时间序列中还包含循环波动，则所得中心化移动平均数就是趋势变动和循环变动综合作用的结果，即 $M_t^{(2)} = TC$。本例中旅客人次的变动有循环变动的影响，因此，$M_t^{(2)} = TC$。

第二步：用各月的实际值除以相应的中心化移动平均数，则从原时间序列中剔除了趋势变动和循环变动的影响，所得的数值称为季节比率，列于第④栏，这是季节变动和随机变动综合作用的结果，即

$$\dfrac{Y}{M_t^{(2)}} = \dfrac{TSCI}{TC} = SI$$

第三步：对各年内同月份的季节比率求平均，可以在相当程度上消除随机变动的影响，所得的结果即各月的季节指数，用 S 表示，列于⑤栏，它反映了季节性因素对各月份指标值的影响程度。如 1 月份的季节指数是各年 1 月份的季节比率的平均数，即 $0.988 = (1.373 + 0.764 + 1.111 + 0.702)/4$。其余各月份季节指数的计算依此类推。

第十章 时间序列分析

表 10-10　某市 2000—2004 年国际旅客人次的季节变动、循环变动和随机变动的测定

单位：人次

年/月	时间 t	国际旅客人次 $Y=TSCI$	$M_t^{(2)}=TSCI/SI$ $=TC$	$SI=Y/TC$ $=Y/M_t^{(2)}$	季节指数 S	$Y/S=TCI$	T 的趋势值	$CI=Y/ST$	循环指数 C $⑨=⑧的三项移动平均数$	随机指数 I $⑩=⑧/⑨$
	①	②	③	④=②/③	⑤	⑥	⑦	⑧=⑥/⑦	⑨	⑩=⑧/⑨
2000/1	1	24 449			0.988	24 753.5	34 087.4	0.726		
2	2	32 708			0.868	37 680.5	34 276.4	1.099		
3	3	29 984			1.043	28 736.8	34 465.5	0.834		
4	4	42 199			0.995	42 398.1	34 654.5	1.223		
5	5	31 446			0.743	42 302.3	34 843.5	1.214	1.031	1.178
6	6	34 260			0.823	41 608.8	35 032.5	1.188	1.059	1.122
7	7	32 362	36 627	0.884	0.883	36 663.2	35 221.5	1.041	1.049	0.993
8	8	29 886	37 785	0.791	0.879	34 008.1	35 410.6	0.960	1.064	0.903
9	9	45 589	38 120	1.196	1.290	35 331.9	35 599.6	0.992	1.094	0.908
10	10	40 868	38 681	1.057	1.169	34 972.7	35 788.6	0.977	1.068	0.915
11	11	40 281	38 938	1.035	1.111	36 243.2	35 977.6	1.007	1.051	0.959
12	12	40 888	39 043	1.047	1.168	35 008.5	36 166.7	0.968	1.075	0.901

续表

年/月	时间 t ①	国际旅客人次 $Y=TSCI$ ②	$M_t^{(2)}=TSCI/SI$ $=TC$ ③	$SI=Y/TC$ $=Y/M_t^{(2)}$ ④=②/③	季节指数 S ⑤	$Y/S=TCI$ ⑥	⑥的趋势值 T ⑦	$CI=Y/ST$ ⑧=⑥/⑦	循环指数 C ⑨=⑧的9项移动平均数	随机指数 I ⑩=⑧/⑨
2001/1	13	53 654	39 073	1.373	0.988	54 322.2	36 355.7	1.494	1.103	1.354
2	14	31 303	39 139	0.800	0.868	36 061.9	36 544.7	0.987	1.118	0.882
3	15	39 426	39 269	1.004	1.043	37 786.1	36 733.7	1.029	1.120	0.919
4	16	46 208	39 207	1.179	0.995	46 426.0	36 922.7	1.257	1.112	1.131
5	17	33 605	39 029	0.861	0.743	45 206.7	37 111.8	1.218	1.113	1.095
6	18	34 634	39 044	0.887	0.823	42 063.0	37 300.8	1.128	1.040	1.084
7	19	32 700	38 058	0.859	0.883	37 046.1	37 489.8	0.988	1.033	0.956
8	20	31 137	36 757	0.847	0.879	35 431.7	37 678.8	0.940	1.024	0.919
9	21	47 464	36 475	1.301	1.290	36 785.1	37 867.8	0.971	0.967	1.004
10	22	37 488	36 473	1.028	1.169	32 080.2	38 056.9	0.843	0.915	0.922
11	23	39 392	36 741	1.072	1.111	35 443.3	38 245.9	0.927	0.896	1.035
12	24	42 148	37 244	1.132	1.168	36 087.3	38 434.9	0.939	0.919	1.022

续表

年/月	时间 t	国际旅客人次 $Y=TSCI$	$M_t^{(2)}=TSCI/SI$ $=TC$	$SI=Y/TC$ $=Y/M_t^{(2)}$	季节指数 S	$Y/S=TCI$	⑥的趋势值 T	$CI=Y/ST$	循环指数 C ⑨=⑧的9项移动平均数	随机指数 I
	①	②	③	④=②/③	⑤	⑥	⑦	⑧=⑥/⑦	⑨	⑩=⑧/⑨
2002/1	25	28 732	37 602	0.764	0.988	29 089.8	38 623.9	0.753	0.965	0.781
2	26	25 008	37 809	0.661	0.868	28 809.9	38 813.0	0.742	0.995	0.746
3	27	38 940	37 890	1.028	1.043	37 320.3	39 002.0	0.957	1.013	0.944
4	28	46 646	38 449	1.213	0.995	46 866.0	39 191.0	1.196	1.017	1.176
5	29	39 612	39 100	1.013	0.743	53 287.5	39 380.0	1.353	1.013	1.336
6	30	40 677	39 162	1.039	0.823	49 402.2	39 569.0	1.249	1.051	1.188
7	31	35 266	39 453	0.894	0.883	39 953.1	39 758.1	1.005	1.070	0.940
8	32	33 539	40 162	0.835	0.879	38 165.0	39 947.1	0.955	1.061	0.900
9	33	46 996	40 534	1.159	1.290	36 422.4	40 136.1	0.907	1.027	0.883
10	34	51 385	39 118	1.314	1.169	43 972.6	40 325.1	1.090	0.985	1.107
11	35	41 118	36 290	1.133	1.111	36 996.3	40 514.2	0.913	0.945	0.967
12	36	41 899	33 698	1.243	1.168	35 874.1	40 703.2	0.881	0.870	1.014

续表

年/月	时间 t ①	国际旅客人次 $Y=TSCI$ ②	$M_t^{(2)}=TSCI/SI$ $=TC$ ③	$SI=Y/TC$ $=Y/M_t^{(2)}$ ④=②/③	季节指数 S ⑤	$Y/S=TCI$ ⑥	⑥ 的趋势值 T ⑦	$CI=Y/ST$ ⑧=⑥/⑦	循环指数 C ⑨=⑧的9项移动平均数	随机指数 I ⑩=⑧/⑨
2003/1	37	35 961	32 354	1.111	0.988	36 408.9	40 892.2	0.890	0.781	1.140
2	38	34 791	32 244	1.079	0.868	40 080.1	41 081.2	0.976	0.723	1.350
3	39	38 091	32 572	1.169	1.043	36 506.6	41 270.2	0.885	0.693	1.277
4	40	13 514	32 642	0.414	0.995	13 577.7	41 459.3	0.327	0.698	0.469
5	41	4 862	32 805	0.148	0.743	6 540.5	41 648.3	0.157	0.707	0.222
6	42	13 234	33 672	0.393	0.823	16 072.7	41 837.3	0.384	0.714	0.538
7	43	30 449	34 056	0.894	0.883	34 495.9	42 026.3	0.821	0.720	1.139
8	44	35 725	34 284	1.042	0.879	40 652.5	42 215.4	0.963	0.743	1.295
9	45	52 668	35 005	1.505	1.290	40 818.2	42 404.4	0.963	0.791	1.217
10	46	47 393	37 133	1.276	1.169	40 556.4	42 593.4	0.952	0.903	1.054
11	47	49 029	40 656	1.206	1.111	44 114.3	42 782.4	1.031	0.974	1.059
12	48	54 783	43 845	1.249	1.168	46 905.5	42 971.4	1.092	1.027	1.063

续表

年/月	时间 t ①	国际旅客人次 $Y=TSCI$ ②	$M_t^{(2)}=TSCI/SI$ $=TC$ ③	$SI=Y/TC$ $=Y/M_t^{(2)}$ ④=②/③	季节指数 S ⑤	$Y/S=TCI$ ⑥	⑥的趋势值 T ⑦	$CI=Y/ST$ ⑧=⑥/⑦	循环指数 C ⑨=⑧的9项移动平均数	随机指数 I ⑩=⑧/⑨
2004/1	49	32 305	46 017	0.702	0.988	32 707.3	43 160.5	0.758	1.078	0.703
2	50	43 929	47 137	0.932	0.868	50 607.3	43 349.5	1.167	1.118	1.044
3	51	46 247	47 558	0.972	1.043	44 323.4	43 538.5	1.018	1.148	0.887
4	52	56 431	48 008	1.175	0.995	56 697.2	43 727.5	1.297	1.162	1.116
5	53	46 507	48 897	0.951	0.743	62 562.9	43 916.5	1.425	1.143	1.246
6	54	48 110	49 355	0.975	0.823	58 429.6	44 105.6	1.325	1.182	1.121
7	55	47 707			0.883	54 047.6	44 294.6	1.220	1.185	1.030
8	56	45 339			0.879	51 592.5	44 483.6	1.160	1.187	0.977
9	57	53 154			1.290	41 194.9	44 672.6	0.922		
10	58	57 717			1.169	49 391.2	44 861.7	1.101		
11	59	60 036			1.111	54 018.0	45 050.7	1.199		
12	60	54 783			1.168	46 905.5	45 239.7	1.037		

资料来源：根据http：//www.stats-xm.gov.cn/ 整理计算。

从表 10-10 第⑤栏可以看出，9 月份的季节指数最高，为 1.29，说明 9 月份游客人次受季节性因素影响的程度最大，比正常水平高出了 29%；第四季度各月的季节指数也明显高于其他月份。9 月份至 12 月份正值西方国家暑假和圣诞节期间，这可能是国外游客人次增多的主要原因。

二、循环变动的测定方法

测定和分析循环波动的主要目的之一是认识和掌握现象循环变动的形态，预见下一个循环周期可能产生的影响，对好的影响加以利用，对不利的影响加以遏制。我们可以借鉴季节变动测定的方法，从时间序列中剔除趋势变动、季节变动，再对此结果消除随机变动，从而得到反映循环波动影响程度的循环指数，相应的方法称为"剩余法"。由于循环波动产生的机制在经济系统内部，规律性低，其变动的周期一般在数年以上，长短不固定，且不同周期的变动形态、波动幅度也有着明显的差异，因此，要掌握循环波动的规律性，探究波动形成的深层原因和现象的本质，除了统计方法外还要借助于经济分析。

【例 10-14】 根据表 10-10 中第②栏某市 2000—2004 年各月份国际旅客人次的数据，用剩余法进行循环波动的测定。具体步骤如下：

第一步，先求季节指数 S，再用原时间序列各项指标值除以相应的季节指数，以剔除季节变动的影响，所得结果列于表 10-10 的第⑥栏，是趋势变动、循环波动和随机变动综合作用的结果，即 $\dfrac{Y}{S} = \dfrac{TSCI}{S} = TCI$。

第二步，对剔除季节变动后的时间序列求趋势值 T，以剔除趋势变动的影响，所得的结果只剩循环波动和随机波动，即 $\dfrac{TCI}{T} = CI$。

在求趋势值时，如果可以确定循环波动的周期，则以循环周期的长度为项数进行移动平均，所得的结果可以消除循环波动和随机变动的影响，能较好地代表长期趋势值。但循环周期通常难以确定，因此一般用趋势模型法求长期趋势值较为准确。运用最小二乘法，以第⑥栏的数据为因变量，第①栏的时间 t 为自变量建立趋势方程，得 $\hat{y} = 33\,898.39 + 189.02t$，将各期的时间 t 值代入趋势方程，得各期的趋势值 T，列于第⑦栏。

我们可以对第⑦栏的趋势值和第⑥栏剔除了季节变动的指标值分别绘图，如图 10-2 所示。我们可以看出，剔除了季节变动的各期指标值仍表现出了围绕趋势直线上下波动的形态，说明该时间序列存在着循环波动的影响，可以将第⑥栏的数值除以第⑦栏的数值，所得的结果列于第⑧栏，该结果是加入循环波动和随机变动后的数值与仅包含趋势变动的数值的比率，反映了循环波动和随机变动的共同影响程度。

第三步，对第二步的结果即第⑧栏的数值进行移动平均，以消除随机变动的影响，得到各期相应的循环指数 C。为了更好地消除随机变动，可以按不同的项数进行平均，取修匀效果较好的一个。这里取的移动平均项数为 9，所得的中心化移动平均数列于第⑨栏。同季节变动的分析一样，可以通过比较循环指数与 100% 的偏差程度，来衡量循环变动的程度。

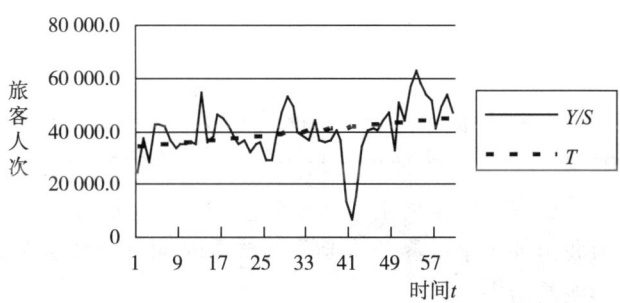

图10-2 某市2000—2004年各月份国际旅客人次趋势值及剔除季节变动的指标值图

对第⑨栏的循环指数绘图，见图10-3，图中显示了明显的循环波动特征。结合第⑨栏的循环指数，可以看出，该市国际旅客人次在2000—2004年大致经历了两次完整的循环波动：从2001年3月的高峰（$C=1.12$）到2001年11月的低谷（$C=0.896$），再到2002年7月的高峰（$C=1.070$），经历了16个月的时间；从2002年7月进入下一个循环，经历了2003年3月的低谷（$C=0.693$），再到2004年8月的高峰（$C=1.187$），花了15个月的时间。由于循环波动不像季节变动有固定的周期，一般只能计算平均周期。

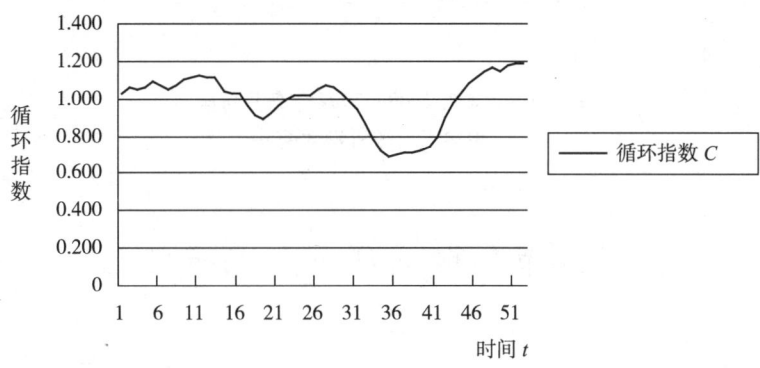

图10-3 某市2000—2004年各月份国际旅客人次循环指数图

三、随机变动的测定方法

随机变动即由随机偶然因素引起的不规则变动，是趋势变动、季节变动和循环变动不能解释的部分。在乘法模型中，随机变动同样可用剩余法来测定，即利用已经计算得到的仅包含循环变动C和不规则变动I的数据资料（CI），除以循环变动指数C，即可得到随机变动指数I。

【例10-15】 根据前两例的计算结果，对某市2000—2004年各月份国际旅客人次的随机变动进行测定。

根据剩余法的测定思路，用表 10-10 中第⑧栏的数据除以第⑨栏的数据，即得到各月份的随机指数 $I\left(I=\dfrac{CI}{C}\right)$，所得结果列于第⑩栏。随机指数 I 等于 100%，说明不存在随机因素的影响；I 与 100% 的偏差越大，说明现象受随机因素的影响也越大。从表中第⑩栏可以发现，2003 年第二季度的随机指数为 0.469、0.222、0.538，说明受随机因素的影响，该季度各月的旅客人次偏离正常水平幅度较大，5 月份甚至偏离了近 80%，究其原因，该季度正值我国甚至全世界"非典"① 严重时期，因此旅客人数急剧下降，这是典型的随机因素影响的结果。

可以把 I 绘成曲线图，见图 10-4。从图中可以看出，各月份的随机指数是一条围绕 100% 上下波动的曲线，而且该例曲线的波动幅度较大，说明游客人次受随机的偶然性因素的影响还是较大的，这包括自然的偶然因素和个人的偶然因素，比较符合旅游这项活动的本质。

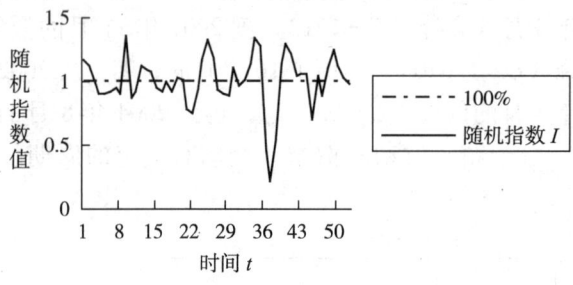

图 10-4 某市 2000—2004 年各月份国际旅客人次随机指数图

第五节 时间序列预测方法

一、趋势外推法

趋势外推法就是运用本章第三节中介绍的趋势模型，对现象在未来的变动趋势进行测算和推断，只须把预测期对应的时间自变量 t 的取值代入趋势模型，即可得出未来趋势值的估计。趋势外推法适用于具有明显上升或下降趋势的时间序列的预测。

【例 10-16】 预测例 10-12 中我国社会消费品 2002 年零售总额。

把 2002 年的时间自变量值 $t=25$ 代入趋势模型式 (10.26)，得

2002 年零售额预测值：$\hat{y}_{25}=1\,323.306\times1.15654^{25}=50\,197$（亿元）

---

① 一种传染性疾病。

二、自回归预测法

当时间序列前后期数值之间存在明显的相关关系时,可以建立自回归趋势模型,通过前期指标值预测未来的趋势值。

当各期指标值之间呈线性相关关系时,相应的自回归模型的一般形式为

$$\hat{y}_t = b_0 + b_1 y_{t-1} + b_2 y_{t-2} + \cdots + b_n y_{t-n} \quad (10.27)$$

上式称为 n 阶自回归趋势模型,t 期的指标值为因变量,t 期之前的指标值为自变量,$b_0, b_1, \cdots, b_n$ 为待估参数。特别地,若时间序列各期指标仅受前一期或前 i 期指标值的影响,相应的自回归模型称为一阶自回归模型,即

$$\hat{y}_t = b_0 + b_1 y_{t-i} \quad (i = 1, 2, \cdots, n) \quad (10.28)$$

当时间序列各期指标值之间呈非线性相关关系时,相应的自回归模型表现为各种曲线模型,最常见的是二次曲线自回归模型:

$$\hat{y}_t = b_0 + b_1 y_{t-i} + b_2 y_{t-i}^2 \quad (i = 1, 2, \cdots, n) \quad (10.29)$$

自回归模型能否用于预测,还必须通过误差项的自相关检验才能确定。有关自回归模型的建立、检验及其应用见第九章相关与回归分析。

三、移动平均预测法和指数平滑法

(一) 移动平均预测法

时间序列预测中所使用的移动平均法和我们进行长期趋势值测定的移动平均法的基本思路是一致的,即都是通过对若干期指标值求平均来消除或减少时间序列由于偶然因素所造成的短期波动,以显示时间序列的根本趋势。但用于预测时,前提是假设时间序列的变动是平稳的,即各期指标值围绕某一水平上下波动,其差异是由随机因素引起的,可以用最近 N 期的平均数作为下期的预测值。相应的预测公式是

$$\hat{y}_{t+1} = M_t^{(1)} = \frac{1}{N}(y_t + y_{t-1} + \cdots + y_{t-N+1}) \quad (10.30)$$

式中,$M_t^{(1)}$ 是第 t 期的一次移动平均数,用它作为第 $t+1$ 期的预测值。这里的 $M_t^{(1)}$ 和趋势值测定中所用的移动平均数不同之处在于,这种用于预测的移动平均数不是代表移动中项的趋势值,因此,无论移动平均的项数 N 为奇数还是偶数不影响计算公式。

式(10.30)是根据时间序列最近 N 期指标值的简单移动平均数来进行下一期的预测,但通常认为各期数值对预测值的影响是不同的。一般来说,近期值比远期值更重要,因而在移动平均时应给予更大的权重,相应的移动平均法称加权移动平均法,其公式为

$$\hat{y}_{t+1} = M_{wt}^{(1)} = \frac{w_0 y_t + w_1 y_{t-1} + \cdots + w_{N-1} y_{t-N+1}}{w_0 + w_1 + \cdots + w_{N-1}} \quad (10.31)$$

式中,$M_{wt}^{(1)}$ 是 t 期的一次加权移动平均数,用它作为第 $t+1$ 期的预测值。W_i 为 y_{t-i} 的权数,应满足 $w_0 > w_1 > \cdots > w_{N-1}$,以保证各期值对预测值的影响由近及远逐渐减小。

移动平均法只能有一期的预测能力,若要进行多期预测,则必须对预测值再计算移

动平均数，这可能产生预测误差的积累，而且加权移动平均法中权数的选择也具有较大的随意性，因此，预测的准确性较差。

【例 10 – 17】 根据表 10 – 11 中我国 1985—2000 年烤烟的单位面积产量，预测 2001 年的单位面积产量。

从表中数据可以看出，这些年的亩产量没有明显的趋势变动，基本上围绕一水平值上下波动，因此可以用移动平均法进行预测。根据式（10.30）和式（10.31），分别采用三项移动平均和三项加权移动平均对各期数据进行预测，取 $N = 3$，$w_0 = 3$，$w_1 = 2$，$w_2 = 1$，得各期的预测值见表 10 – 11。其中，2001 年的三项移动平均预测值为：$\hat{y}_{17} = M_{16}^{(1)} = \dfrac{11\,740 + 1\,797 + 1\,763}{3} = 1\,766.79$（公斤/公顷）；三项加权移动平均预测值为：$\hat{y}_{17} = M_{w16}^{(1)} = \dfrac{1 \times 1\,740 + 2 \times 1\,797 + 3 \times 1\,763}{6} = 1\,770.68$（公斤/公顷）。

表 10 – 11　　　　我国 1985—2001 年烤烟单位面积亩产量及其预测值

单位：公斤/公顷

年份	时间 t	烤烟亩产量 y_t	3 项移动平均预测值 $\hat{y}_{t+1} = M_t^{(1)}$	3 项加权移动平均预测值 $\hat{y}_{t+1} = M_{wt}^{(1)}$
1985	1	1 920	—	—
1986	2	1 530	—	—
1987	3	1 785	—	—
1988	4	1 800	1 745.00	1 722.50
1989	5	1 605	1 705.00	1 750.00
1990	6	1 680	1 730.00	1 700.00
1991	7	1 710	1 695.00	1 675.00
1992	8	1 687	1 665.00	1 682.50
1993	9	1 654	1 692.33	1 693.50
1994	10	1 491	1 683.67	1 674.33
1995	11	1 584	1 610.67	1 578.00
1996	12	1 750	1 576.33	1 564.67
1997	13	1 809	1 608.33	1 651.50
1998	14	1 740	1 714.33	1 751.83
1999	15	1 797	1 766.33	1 764.67
2000	16	1 763	1 782.00	1 780.00
2001	17		1 766.79	1 770.68

资料来源：根据《中国统计年鉴（2001）》整理计算。

（二）指数平滑法

1. 一次指数平滑法。一次指数平滑法是平稳型时间序列的另一种预测方法，它以时

间序列预测期之前所有时期指标值的加权平均数作为预测值，即

$$\hat{y}_{t+1} = S_t^{(1)} = \sum_{i=0}^{\infty} \alpha(1-\alpha)^i y_{t-i}$$
$$= \alpha y_t + \alpha(1-\alpha) y_{t-1} + \alpha(1-\alpha)^2 y_{t-2} + \cdots \tag{10.32}$$

式中，$0 < \alpha < 1$，称为平滑系数。各期的权数 $\alpha(1-\alpha)^i$ 是一个由近及远呈指数衰减的无穷等比数列，说明越远值的指标值对预测值的影响越小。根据等比数列的求和公式，可以证明各期的权数之和为 1。$S_t^{(1)}$ 是第 t 期的一次指数平滑值，它是 t 期及其之前各期所有指标的加权平均数，用它作为 $t+1$ 期的预测值。

显然，指数平滑法综合了各期数据对预测值的影响，克服了移动平均法舍弃远期信息的损失。

根据式（10.32），可得 t 期的预测值，即 $t-1$ 期的指数平滑值为

$$\hat{y}_t = S_{t-1}^{(1)} = \alpha y_{t-1} + \alpha(1-\alpha) y_{t-2} + \alpha(1-\alpha)^2 y_{t-3} + \cdots \tag{10.33}$$

对式（10.33）两边同乘 $(1-\alpha)$，得

$$(1-\alpha)\hat{y}_t = (1-\alpha) S_{t-1}^{(1)}$$
$$= \alpha(1-\alpha) y_{t-1} + \alpha(1-\alpha)^2 y_{t-2} + \alpha(1-\alpha)^3 y_{t-3} + \cdots \tag{10.34}$$

将式（10.32）减去式（10.34），可得指数平滑法的一般公式，即

$$S_t^{(1)} - (1-\alpha) S_{t-1}^{(1)} = \alpha y_t \Rightarrow S_t^{(1)} = \alpha y_t + (1-\alpha) S_{t-1}^{(1)} \tag{10.35}$$

式中，$S_t^{(1)} = \hat{y}_{t+1}$ 是 $t+1$ 期的预测值；$S_{t-1}^{(1)} = \hat{y}_t$ 是 t 期的预测值，因此，式（10.35）等价于

$$\hat{y}_{t+1} = \hat{y}_t + \alpha(y_t - \hat{y}_t) \tag{10.36}$$

通过以上的推导可以看出，式（10.32）和式（10.36）是等价的，说明指数平滑法虽然综合考虑了各期指标值对预测值的影响，但在计算时并不要求保存大量的历史数据，只需要根据本期实际值和本期预测值便可预测下期的数值。而且，式（10.36）也说明了指数平滑法具有根据本期的预测误差对下期的预测值进行调整的机制：当 $y_t - \hat{y}_t > 0$ 时，说明本期的预测值低估了，则下期预测值 $\hat{y}_{t+1}$ 要在本期预测值 $\hat{y}_t$ 的基础上适当增大；当 $y_t - \hat{y}_t < 0$ 时，说明本期的预测值高估了，则下期预测值 $\hat{y}_{t+1}$ 要在本期预测值 $\hat{y}_t$ 的基础上适当减小，以提高预测的准确性。

用指数平滑法进行预测时，有两点需要注意：

首先，是平滑初始值 $S_0^{(1)}$ 的确定。设时间序列有 n 期已知的数据，则 $t = 1, 2, \cdots, n$。根据式（10.35），则第 1 期的指数平滑值 $S_1^{(1)}$ 取决于第一期的指标值 y_1 和上一期的指数平滑值 $S_0^{(1)}$。一般情况下，经过多期的平滑计算，初始值的影响越来越小，可以取 $S_0^{(1)} = y_1$ 作为近似值进行计算。

其次，是平滑系数 α 的确定。平滑系数 α 取值的大小关系着预测的准确性。若时间序列平稳度较高，则各期指标值对预测值的影响较平均，各期权数 $\alpha(1-\alpha)^i$ 的衰减速度就应小些，平滑系数 α 就要取较小值，一般取 $0.1 < \alpha < 0.3$；若时间序列的波动幅度较大，则远期值对预测值的影响就较小，相应的平滑系数 α 就要取较大值，一般取

$0.4 < \alpha < 0.9$，使得各期权数 $\alpha(1-\alpha)^t$ 的衰减速度较大，以弱化远期值的影响，提高预测值随近期数据变化的敏感程度。在实际操作中，没有什么标准来决定 α 的正确取值，所以一般需要多试几种不同的 α 值，分别计算时间序列现有的各期数据的预测值，再取预测误差最小的 α 值建立指数平滑模型进行预测。

同样，指数平滑法也只有一期的预测能力，若要进行多期预测，同样可能产生预测误差的积累。

2. 二次指数平滑法。二次指数平滑法也称布朗指数平滑法。二次指数平滑值记为 $S_t^{(2)}$，它是对一次指数平滑值 $S_t^{(1)}$ 计算的平滑值，即

$$S_t^{(2)} = \alpha S_t^{(1)} + (1-\alpha) S_{t-1}^{(2)} \tag{10.37}$$

二次指数平滑法主要用于变参数线性趋势时间序列的预测。变参数线性趋势预测模型的表达式为

$$\hat{y}_{t+T} = a_t + b_t T \tag{10.38}$$

式（10.38）的预测模型与一般的线性趋势模型的区别在于，式中 a_t、b_t 是参数变量，随着时间自变量 t 的变化而变化，即直线在各时期的截距和斜率可能是不同的；T 是从 t 期开始的预测期数。

运用二次指数平滑法求解式（10.38）的参数值，其公式推导较为复杂，本书省去证明，直接给出参数变量的求解表达式，即

$$\begin{cases} a_t = 2S_t^{(1)} - S_t^{(2)} \\ b_t = \dfrac{\alpha}{1-\alpha}(S_t^{(1)} - S_t^{(2)}) \end{cases} \tag{10.39}$$

根据式（10.39）求出各期参数变量的取值，代入式（10.38），则具有无限期的预测能力，当仅作一期预测时，有

$$\begin{aligned}\hat{y}_{t+1} &= a_t + b_t = 2S_t^{(1)} - S_t^{(2)} + \dfrac{\alpha}{1-\alpha}(S_t^{(1)} - S_t^{(2)}) \\ &= \dfrac{2-\alpha}{1-\alpha}S_t^{(1)} - \dfrac{1}{1-\alpha}S_t^{(2)} \end{aligned} \tag{10.40}$$

【例 10 - 18】 根据表 10 - 12 中第③栏我国 1978—2002 年全社会客运量的资料，预测 2003 年和 2004 年全社会客运量。

根据第③栏全社会客运量的资料绘制散点图，见图 10 - 5。可以看出，各年的客运量资料基本呈线性趋势，但在几个不同的时期直线有不同的斜率，因此，考虑用变参数线性趋势模型进行预测。具体步骤如下：

第一步，计算一次指数平滑值。取 $\alpha = 0.6$，$S_0^{(2)} = S_0^{(1)} = y_1 = 253\,993$，根据式（10.35），则可计算各期的一次指数平滑预测值：

1978 年：$S_1^{(1)} = 0.6 \times y_1 + 0.4 \times S_0^{(1)} = 0.6 \times 253\,993 + 0.4 \times 253\,993 = 253\,993$

1979 年：$S_2^{(1)} = 0.6 \times y_2 + 0.4 \times S_1^{(1)} = 0.6 \times 289\,665 + 0.4 \times 253\,993 = 275\,396.2$

同理可得各年的一次指数平滑预测值，见表 10 - 12 第④栏。

第二步，根据式（10.37）和第一步计算的 $S_t^{(1)}$，计算各期的二次指数平滑值，见

表10-12第⑤栏。如:

$$S_1^{(2)} = 0.6S_1^{(1)} + 0.4S_0^{(2)} = 0.6 \times 253\,993 + 0.4 \times 253\,993 = 253\,993$$

$$S_2^{(2)} = 0.6S_2^{(1)} + 0.4S_1^{(2)} = 0.6 \times 275\,396.2 + 0.4 \times 253\,993 = 266\,834.9$$

其余各期依此类推。

第三步,计算各期参数变量值 a_t、b_t。根据式(10.39),可计算各期的 a_t、b_t,分别见表第⑥、第⑦栏。如:

$$\begin{cases} a_2 = 2S_2^{(1)} - S_2^{(2)} = 2 \times 275\,396.2 - 266\,834.9 = 283\,957.5 \\ b_2 = \dfrac{\alpha}{1-\alpha}(S_2^{(1)} - S_2^{(2)}) = \dfrac{0.6}{0.4} \times (275\,396.2 - 266\,834.9) = 12\,841.9 \end{cases}$$

第四步,根据式(10.40)和式(10.38)分别求各期的预测值,见表中最后一栏。如:

2000年预测值 $\hat{y}_{23} = \hat{y}_{22+1} = a_{22} + b_{22} = 1\,403\,869.1 + 148\,991.1 = 1\,552\,860.2$(万人);

2003年预测值 $\hat{y}_{26} = \hat{y}_{25+1} = a_{25} + b_{25} \times 1 = 1\,605\,670.4 + 64\,336.2$
$= 1\,670\,006.7$(万人);

2004年预测值 $\hat{y}_{27} = \hat{y}_{26+1} = a_{25} + b_{25} \times 2 = 1\,605\,670.4 + 64\,336.2 \times 2$
$= 1\,734\,342.9$(万人)。

表10-12　　　　我国1978—2002年全社会客运量及预测值　　　　单位:万人

年份	时间 t	全社会客运量 y_t	各期的一次指数平滑值 $S_t^{(1)}$	各期的二次指数平滑值 $S_t^{(2)}$	a_t	b_t	$\hat{y}_{t+1} = a_t + b_t$
①	②	③	④	⑤	⑥	⑦	⑧
			253 993.0	253 993.0			
1978	1	253 993	253 993.0	253 993.0	253 993.0	0	
1979	2	289 665	275 396.2	266 834.9	283 957.5	12 841.9	253 993.0
1980	3	341 785	315 229.5	295 871.7	334 587.3	29 036.7	296 799.4
1981	4	384 763	356 949.6	332 518.4	381 380.8	36 646.8	363 624.0
1982	5	428 964	400 158.2	373 102.3	427 214.2	40 583.9	418 027.5
1983	6	470 614	442 431.7	414 699.9	470 163.4	41 597.6	467 798.1
1984	7	530 217	495 102.9	462 941.7	527 264.1	48 241.8	511 761.1
1985	8	620 206	570 164.8	527 275.5	613 054.0	64 333.8	575 505.8
1986	9	688 212	640 993.1	595 506.1	686 480.1	68 230.5	677 387.8
1987	10	746 422	704 250.4	660 752.7	747 748.2	65 246.6	754 710.7
1988	11	809 592	767 455.4	724 774.3	810 136.4	64 021.6	812 994.8
1989	12	791 376	781 807.8	758 994.4	804 621.1	34 220.1	874 158.1
1990	13	772 682	776 332.3	769 397.1	783 267.5	10 402.8	838 841.2
1991	14	806 048	794 161.7	784 255.9	804 067.6	14 858.8	793 670.2
1992	15	860 855	834 177.7	814 209.0	854 146.4	29 953.1	818 926.3
1993	16	996 634	931 651.5	884 674.5	978 628.5	70 465.5	884 099.5

续表

年份 ①	时间 t ②	全社会客运量 y_t ③	各期的一次指数平滑值 $S_t^{(1)}$ ④	各期的二次指数平滑值 $S_t^{(2)}$ ⑤	a_t ⑥	b_t ⑦	$\hat{y}_{t+1} = a_t + b_t$ ⑧
1994	17	1 092 883	1 028 390.4	970 904.0	1 085 876.8	86 229.6	1 049 094.0
1995	18	1 172 596	1 114 913.8	1 057 309.9	1 172 517.6	86 405.8	1 172 106.3
1996	19	1 245 356	1 193 179.1	1 138 831.4	1 247 526.8	81 521.5	1 258 923.5
1997	20	1 326 094	1 272 928.0	1 219 289.4	1 326 566.7	80 458.0	1 329 048.3
1998	21	1 378 717	1 336 401.4	1 289 556.6	1 383 246.2	70 267.2	1 407 024.7
1999	22	1 394 413	1 371 208.4	1 338 547.7	1 403 869.1	48 991.1	1 453 513.4
2000	23	1 478 573	1 435 627.1	1 396 795.4	1 474 458.9	58 247.7	1 552 860.2
2001	24	1 534 122	1 494 724.1	1 455 552.6	1 533 895.5	58 757.2	1 532 706.6
2002	25	1 608 150	1 562 779.6	1 519 888.8	1 605 670.4	64 336.2	1 592 652.8
2003	26						1 670 006.7
2004	27						1 734 342.9

资料来源：根据《中国统计年鉴（2003）》和国家统计局网站整理计算。

把各年的预测值绘成曲线与原时间序列的散点图比较（见图10-5），可以看出，二次指数平滑法由于考虑了时间序列在不同时期直线参数的变化，其预测值与原时间序列的拟合程度非常好。图10-5中也给出了用最小二乘法拟合的趋势直线，相比之下，用二次指数平滑法拟合的趋势线更好地体现了原时间序列在不同时间段的变化趋势。

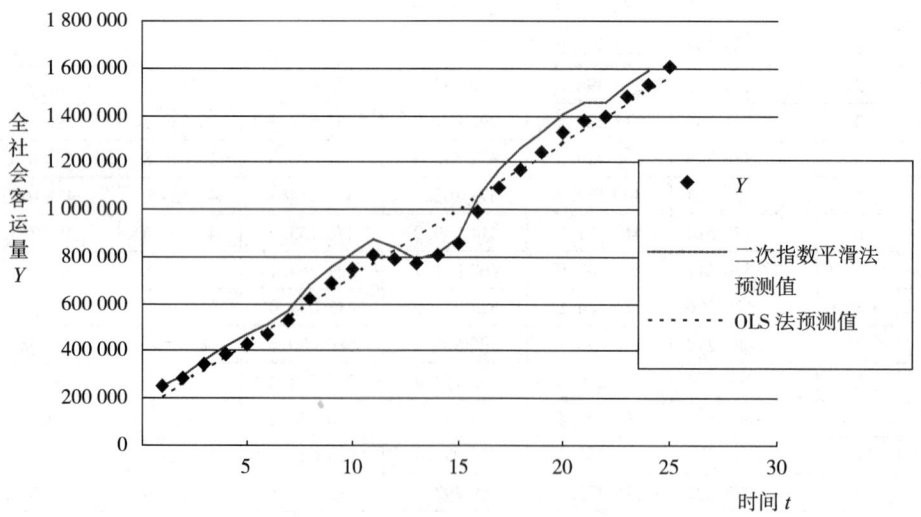

图10-5 我国1979—2004年全社会客运量散点图

第十章 时间序列分析

思考与练习

一、选择题

1. 某地区在"九五"计划期间的有关电视机资料如下,是时期指标的有（　　）。
   A. 各年电视机产量　　　　　　　　B. 各年电视机销售量
   C. 各年末电视机库存量　　　　　　D. 各年电视机出口量
   E. 各年末城乡居民电视机拥有量

2. 时间数列中增长速度指标的计算应该是（　　）。
   A. 报告期水平与固定基期水平之比减一
   B. 报告期水平与前一期水平之比减一
   C. 报告期累计增长量与固定基期水平之比
   D. 报告期累计增长量与前一期水平之比
   E. 报告期逐期增长量与前一期水平之比

3. 定基发展速度等于（　　）。
   A. 定基增长速度加 1
   B. 相应的各逐期增长量之和除以最初水平加 1
   C. 相应的各环比发展速度的连乘积
   D. 累计增长量除以最初水平加 1
   E. 相应的各环比增长速度的连乘积加 1

4. 下列指标中,（　　）适合采用几何平均法计算平均发展速度（　　）。
   A. 基本建设投资额　　　　　　　　B. 农产品产量
   C. 人口数　　　　　　　　　　　　D. 国民生产总值
   E. 垦荒造林数量

5. 以下关于季节比率的说法,正确的有（　　）。
   A. 季节比率是一种绝对数　　　　　B. 季节比率是一种结构相对数
   C. 各季节比率大于 0、小于 1　　　　D. 季度的季节比率之和等于 400%
   E. 月度的季节比率之和等于 1 200%

二、计算题

1. 某工业企业 1998 年第一季度有关资料如下:

月　　份	1	2	3	4
月初职工人数（人）	250	无资料	280	270
月总产值（万元）	27.825	26.500	29.150	—
月平均人数（人）				—
月劳动生产率（元/人）				—

要求：

(1) 填写表中空格；
(2) 计算第一季度平均职工人数；
(3) 计算第一季度工业总产值和第一季度平均每月工业总产值；
(4) 计算第一季度劳动生产率和第一季度平均月劳动生产率。

2. 某工业部门五年计划规定职工平均工资1995年要比1990年增长135%，试问平均每年应递增多少才能达到这个水平？若1992年已比1990年增长55%，则以后3年中平均每年应递增多少才能达到目标？

3. 某商店2005—2009年各月的毛线销售量资料如下：

	1	2	3	4	5	6	7	8	9	10	11	12
2005	80	60	20	10	6	4	8	12	20	50	210	250
2006	150	90	40	25	10	8	12	20	35	85	340	350
2007	240	150	60	40	20	11	32	40	70	150	420	480
2008	280	140	80	30	12	9	37	48	83	140	470	510
2009	345	210	90	45	10	9	18	32	65	180	450	530

要求用趋势剔除法计算各月季节指数。

4. 根据表中我国1983—2001年全社会铁路客运量的数据，分别用移动平均法和指数平滑法预测2002年全社会铁路客运量（表中斜体部分为计算结果）。

1983—2001年全社会铁路客运量及预测值 单位：万人

年 份	时间 t	铁路客运量 y_t	3项加权移动平均预测值 $\hat{y}_{t+1} = M_{wt}^{(1)}$	各期的一次指数平滑值 $S_t^{(1)}$	各期的一次指数平滑预测值 $\hat{y}_{t+1} = S_t^{(1)}$
1983	1	106 044		106 044.0	
1984	2	113 353		112 622.1	106 044.0
1985	3	112 110		112 161.2	112 622.1
1986	4	108 579	111 513.33	108 937.2	112 161.2
1987	5	112 479	110 551.67	112 124.8	108 937.2
1988	6	122 645	111 117.50	121 593.0	112 124.8
1989	7	113 807	116 912.00	114 585.6	121 593.0
1990	8	95 712	116 531.67	97 599.4	114 585.6
1991	9	95 080	106 232.50	95 331.9	97 599.4
1992	10	99 693	98 411.83	99 256.9	95 331.9
1993	11	105 458	97 491.83	104 837.9	99 256.9
1994	12	108 738	101 806.67	108 348.0	104 837.9
1995	13	102 745	106 137.17	103 305.3	108 348.0
1996	14	94 796	105 194.83	95 646.9	103 305.3
1997	15	93 308	99 769.33	93 541.9	95 646.9
1998	16	95 085	95 376.83	94 930.7	93 541.9
1999	17	100 164	94 444.50	99 640.7	94 930.7
2000	18	105 073	97 328.33	104 529.8	99 640.7
2001	19	105 155	101 772.00	105 092.48	104 529.8

资料来源：《中国统计年鉴（2003）》。

第十一章

统计决策

第一节 统计决策的基本概念

一、什么是统计决策

所谓决策,就是在占有一定信息的基础上,利用各种方法,对影响特定目标的各种因素进行计算和分析,从而选择关于未来行动的最佳方案或满意方案的过程。

不少决策问题都需要利用有关的统计信息和相应的统计分析方法。从广义上讲,所有利用统计方法和统计信息的决策都可以称为统计决策。由于篇幅的限制,本章并不全面讨论这种广义的统计决策,而只扼要介绍狭义的统计决策。

狭义统计决策的基本特点是:

1. 它研究的是非对抗型的决策问题。决策问题可分为两大类:对抗型决策问题和非对抗型决策问题。对抗型决策是由多个不同的决策主体在相互竞争和对抗中进行决策。进行对抗型决策时,必须考虑对方可能采取的策略。我国历史上著名的田忌赛马就是一个典型的对抗型决策的案例。对抗型决策问题属于运筹学中博弈论研究的内容。非对抗型决策只有一个决策主体,进行决策时,只需考虑可能出现的不同状态,而不必考虑对方可能采取的策略。狭义的统计决策是研究非对抗型决策问题的一种方法。

2. 它研究的是非确定型的决策问题。按照对客观条件的不同把握程度,决策可分为确定型决策和不确定型决策。在有关条件可以完全确定的情况下进行决策,称为确定型决策。求解复杂的确定型决策问题,通常运用运筹学中的数学规划方法。在有关条件不能确定的情况下进行决策,称为不确定型决策。求解不确定型的决策问题,需要应用概率统计的方法。这是本章讨论的重点。

按照对各种客观条件发生概率的了解程度不同,不确定型决策可分为完全不确定型决策和风险型决策。在对各种条件发生的概率一无所知的情况下进行决策,称为完全不确定型决策。在对各种条件发生的概率(可能性大小)有所了解的情况下进行决策,称为风险型决策。

3. 它是一种定量决策。统计决策是以统计分析和统计预测为基础的定量决策。利用统计决策可以把握决策问题的具体数量，便于比较、鉴别和选择。

综上所述，狭义的统计决策方法是一种研究非对抗型和非确定型决策问题的科学的定量分析方法。开展统计决策研究，有助于避免决策的盲目性，提高决策的科学性。

二、统计决策的基本步骤

一个完整的统计决策过程，包括以下几个基本步骤：

1. 确定决策目标。决策目标是在一定条件制约下，决策者希望达到的结果。它是分析和研究决策问题的出发点和归宿。决策目标应根据所研究问题的具体特点确定。合理的统计决策目标应当尽可能简单明确，并且要以具有可测量性的指标来体现其内容与含义。反映决策目标的变量，称为目标变量。

按照决策目标的多少，决策问题可分为单目标决策和多目标决策。当决策所要求达到的目标只有一个时，称为单目标决策。例如，在个人的证券投资决策中，一般以投资收益的最大化作为目标，这就是典型的单目标决策问题。当决策所要求达到的目标不止一个时，称为多目标决策。例如，对某产业项目进行投资决策时，不仅要求其能够获得尽可能大的净收益，而且希望将环境污染控制在尽可能小的程度上，这就属于多目标决策问题。求解多目标决策问题比较复杂，一般需要先利用一定的方法，将多个决策目标加权综合成一个总目标或构造一个新的综合目标函数，然后再利用单目标决策的方法求解。限于篇幅，本章只讨论单目标决策问题。

2. 拟订备选方案。目标确定之后，需要分析实现目标的各种可能途径，这就是所谓的拟订备选方案。一般来说，备选方案应在两个以上。如果某一问题只有一种可能的解决方案，"别无选择"就不存在所谓的决策问题。备选方案是决策者可以调控的因素，备选方案中可调控的变量称为行动变量。所有备选方案的集合称为行动空间。为了拟订合适的备选方案，必须广泛收集有关信息，认真听取各方面人员的意见，充分发挥主动性和创造性。

3. 列出自然状态。所谓自然状态（简称状态），是指实施行动方案时，可能面临的客观条件和外部环境。某种状态是否出现，事先一般是无法确定的。对于同一个决策问题，各种状态不会同时出现，也就是说，它们之间是互相排斥的。例如，投资建设某种产品的生产线，该产品未来的市场销售情况可分为好、中、差三种。在这里，好、中、差就是关于市场销售的3种状态，三者都有出现的可能，但又不可能同时出现。

虽然，各种状态是决策过程中客观存在的，其是否出现并不以决策者的主观意志为转移。但是，为了提高决策的科学性，人们总是尽可能地设法估计各种状态可能出现的概率。所有可能出现的状态的集合称为状态空间，而相应的各种状态可能出现的概率的集合称为状态空间的概率分布。

4. 测算结果。为了从各种备选方案中挑选出合适的方案，需要测算不同方案在各种状态下可能实现的目标变量值，即不同方案在各种状态下的结果，所有的结果构成结果空间。

5. 选择最佳或满意的方案。在对各种方案可能产生的结果进行比较分析的基础上，决策者可按照一定的标准（准则），选择"最佳"或"满意"的方案。

6. 实施方案。方案确定之后，必须投入人力、物力和财力将其付诸实施。由于以上决策是根据对未来的预测作出的，因此，所选择的方案是否真正合适，还需要通过实践的检验。同时，还应将实施过程中的信息及时反馈给决策者。如果实施结果出乎意料，或者自然状态发生重大变化，应暂停实施，并及时修正方案，重新决策。

三、收益矩阵表

收益矩阵表是求解统计决策问题的重要工具。其基本形式如表 11–1 所示。

收益矩阵表由以下几部分组成：

1. 行动空间 $A = (a_1, a_2, \cdots, a_m)$
2. 状态空间 $\Theta = (\theta_1, \theta_2, \cdots, \theta_n)$
3. 状态空间的概率分布（P_j 是 θ_j 出现的概率）

$$P = (P_1, P_2, \cdots, P_n)$$

$$P_j \geq 0 \qquad \sum_{j=1}^{n} P_j = 1 \text{①}$$

4. 收益矩阵

$$\text{收益矩阵 } Q = \begin{pmatrix} q_{11} & q_{12} & \cdots & q_{1n} \\ q_{21} & q_{22} & \cdots & q_{2n} \\ \vdots & \vdots & & \vdots \\ q_{m1} & q_{m2} & \cdots & q_{mn} \end{pmatrix}$$

收益矩阵的元素 q_{ij} 反映在状态 θ_j 下，采用行动方案 a_i 得到的收益值（结果）。这里所说的收益是广义的，凡是能作为决策目标的指标都可以称为收益。如利润、产量、销售收入等属于正的收益指标，成本、亏损额等属于负的收益指标。收益是行动方案和自然状态的函数，可用下式表示：

$$q_{ij} = Q(a_i, \theta_j) \quad i = 1, 2, \cdots, m; j = 1, 2, \cdots, n \tag{11.1}$$

表 11–1　　　　　　　　　　　收益矩阵表

状态		θ_1	θ_2	$\cdots$	θ_n
概率		P_1	P_2	$\cdots$	P_n
方案	a_1	q_{11}	q_{12}	$\cdots$	q_{1n}
	a_2	q_{21}	q_{22}	$\cdots$	q_{2n}
	$\vdots$	$\vdots$	$\vdots$	$\vdots$	$\vdots$
	a_m	q_{m1}	q_{m2}	$\cdots$	q_{mn}

---

① 在有的场合，决策问题的状态表现为连续型变量，这时其概率分布为连续型的概率分布。限于篇幅，本章不讨论连续型变量的决策问题。以下论述均以离散型概率分布为前提。

收益矩阵表的作用在于可以将各种备选方案在不同状态下的结果以及产生有关结果的可能性一目了然地列示出来,从而便于决策者从中选择最满意的方案。

【例 11 – 1】 某工厂就是否推出一种新产品的问题进行决策分析。拟采取的方案有三种:一是进行较大规模的投资,年生产能力为 250 万件,其每年的固定成本费用为 300 万元;二是进行较小规模的投资,年生产能力 100 万件,其每年的固定成本费用为 100 万元;三是不推出该种产品。假定在未考虑固定费用的前提下,每售出一件,均可获利 4 元。据预测,这种新产品可能的年销售量为 10 万件、50 万件、100 万件和 250 万件,这四种状况发生的概率分别为:0.1、0.3、0.5、0.1。

试编制该问题的收益矩阵表。

解:首先,分别计算不同状态下采用不同方案可能带来的收益。

例如,当需求量大(年可能销售 250 万件)时:

方案一的收益为:$4 \times 250 - 300 = 700$(万元);

方案二的收益为:$4 \times 100 - 100 = 300$(万元)(注意:这时因为生产能力限制,所以最多只能销售 100 万件);

方案三的收益为:0。

其他状态的收益计算方法相同,过程不一一列出。

在以上计算的基础上,可编制如下收益矩阵表。

表 11 – 2　　　　　　　　某新产品投资的收益矩阵表　　　　　　　　单位:万元

	状态	需求最大	需求较大	需求较小	需求小
	概率	0.4	0.3	0.2	0.1
方案	方案一	700	100	-100	-260
	方案二	300	300	100	-60
	方案三	0	0	0	0

第二节　完全不确定型决策

一、完全不确定型决策的准则

如前所述,完全不确定型决策是在对各种状态发生的概率一无所知的情况下进行决策。因此,需要先列出各种状态下可能的结果,然后根据一定的标准即所谓的决策准则去选择满意的方案。完全不确定型决策常用的准则有以下几种:

1. 最大的最大收益值准则。该准则又称乐观准则或"好中求好"准则。其特点是:在决策时,先选出各种状态下每个方案的最大收益值,然后再从中选择最大者,并以其相对应的方案作为所要选择的方案。该准则的数学表达式为

$$a^{*} = \max_{i} \max_{j} \{q_{ij}\} \tag{11.2}$$

式中，a^* 是所要选择的方案。

2. 最大的最小收益值准则。该准则又称悲观准则或"坏中求好"准则。它正好与乐观准则相反。在决策时，先选出各种状态下每个方案的最小收益值，然后再从中选择最大者，并以其相对应的方案作为所要选择的方案。该准则的数学表达式为

$$a^* = \max_i \min_j [q_{ij}] \tag{11.3}$$

【例 11-2】 假设例 11-1 中有关市场状态的概率完全不知道，试根据最大的最大收益值准则和最大的最小收益值准则进行决策。

解：

(1) 例 11-1 中，方案一在各种状态下的最大收益为 700 万元，方案二在各种状态下的最大收益为 300 万元，方案三在各种状态下的最大收益为 0，根据最大的最大收益值准则，应选择方案一。

(2) 例 11-1 中，方案一在各种状态下的最小收益为 -260 万元，方案二在各种状态下的最小收益为 -60 万元，方案三在各种状态下的最小收益为 0，根据最大的最小收益值准则，应选择方案三。

3. 最小的最大后悔值准则。后悔值又称机会损失值，即由于决策失误而造成的实际收益值与最大可能收益值的差距。方案 a_i 在状态 θ_j 下的后悔值，可按下式计算：

$$r_{ij} = \max_i Q(a_i, \theta_j) - q_{ij} \tag{11.4}$$

式中，$\max_i Q(a_i, \theta_j)$ 是在第 j 种状态下，正确决策有可能得到的最大收益，q_{ij} 是收益矩阵的元素。

在完全不确定型的决策中，一旦作出决策并付诸实施，必然会遇到某种状态。如果实际选择的方案正好是这种状态下的最优方案（有可能带来最大收益的方案），则后悔值为 0；如果实际选择的方案不如最优方案，决策者就会感到后悔。后悔值越大，表明所选的方案与最优方案差距越大。显而易见，$r_{ij} \geq 0$。

最小的最大后悔值准则主张：应在求出后悔矩阵的基础上，先选出各种状态下每个方案的最大后悔值，然后再从中选择最小者，并以与其相对应的方案作为所要选择的方案。该准则的数学表达式为

$$a^* = \min_i \max_j \{r_{ij}\} \tag{11.5}$$

【例 11-3】 假设例 11-1 中有关市场状态的概率完全不知道，试求出后悔矩阵并根据最小的最大后悔值准则进行决策。

解：

(1) 在市场需求大的情况下，采用方案一可获得最大收益，故有

$$\max_i Q(a_i, \theta_1) = 700 （万元）$$

在市场需求较大的情况下，采用方案二可获得最大收益，故有

$$\max_i Q(a_i, \theta_2) = 300 （万元）$$

在市场需求较小的情况下，采用方案二可获得最大收益，故有

$$\max_i Q(a_i, \theta_3) = 100 （万元）$$

在市场需求小的情况下,采用方案三可获得最大收益,故有

$$\max_i Q(a_i, \theta_4) = 0$$

将其代入式(11.4),可求得以下后悔矩阵(见表11-3)。

(2)由表11-3可知:方案一的最大后悔值为260万元,方案二的最大后悔值为400万元,方案三的最大后悔值为700万元。根据最小的最大后悔值准则,应选择方案一。

表11-3　　　　　　　　　某项投资的后悔矩阵表　　　　　　　　　单位:万元

状态		需求大	需求较大	需求较小	需求小
方案	方案一	0	200	200	260
	方案二	400	0	0	60
	方案三	700	300	100	0

4. 折中准则。该准则认为,对未来的形势既不应该盲目乐观,也不应过分悲观。主张根据经验和判断确定一个乐观系数 δ ($0 \leq \delta \leq 1$),以 δ 和 $1-\delta$ 分别作为最大收益值和最小收益值的权数,计算各方案的期望收益值

$$E[Q(a_i)] = \delta \max_i \{q_{ij}\} + (1-\delta) \min_i \{q_{ij}\} \tag{11.6}$$

以期望收益值最大的方案作为所要选择的方案。该准则的数学表达式为

$$a^* = \max_i E[Q(a_i)] \tag{11.7}$$

【例11-4】 假设例11-1中有关市场状态的概率不知,根据经验判断的乐观系数为0.6,试根据折中准则进行决策。

解:将有关数据代入式(11.6),可得

$$E[Q(a_1)] = 0.6 \times 700 + (1-0.6)(-260) = 316(万元)$$
$$E[Q(a_2)] = 0.6 \times 300 + (1-0.6)(-60) = 156(万元)$$
$$E[Q(a_3)] = 0.6 \times 0 + (1-0.6) \times 0 = 0$$

因为在可选择的方案中,方案一的期望收益值较大,所以根据折中原则,应选择方案一。

5. 等可能性准则。该准则认为:既然我们不知道未来各种状态出现的可能性有多大,那么不妨假定其发生的概率相等。在此基础上求各方案收益的期望值,并以期望收益值最大的方案作为所要选择的方案。该准则的数学表达式为

$$a^* = \max_i E[Q(a_i)] \tag{11.8}$$

$$E[Q(a_i)] = \frac{1}{n} \sum_{j=1}^{n} q_{i,j} \quad (i=1,2,\cdots,m) \tag{11.9}$$

【例11-5】 假设例11-1中有关市场状态的概率不知,试根据等可能性准则进行决策。

解:将有关数据代入式(11.9),可得

$$E[Q(a_1)] = 1/4(700 + 100 - 100 - 260) = 110(万元)$$

$$E[Q(a_2)] = 1/4(300+300+100-60) = 160（万元）$$
$$E[Q(a_3)] = 1/4(0+0+0+0) = 0$$

因为，按式（11.9）计算的方案二的期望收益值最大，所以按等可能性准则，应选择方案二。

二、各种准则的特点和适用场合

应当指出，决策方案的确定与所选用的决策准则有很大关系。表11-4列出了前面例子中根据不同准则选取的方案。

表11-4　　　　　　　　　各种准则决策结果的比较

所依据的准则	选择的方案
最大的最大收益值准则	方案一
最大的最小收益值准则	方案三
最小的最大后悔值准则	方案一
折中准则（$\delta=0.6$）	方案一
等可能性准则	方案二

由表11-4可以看出，尽管前面例子中所利用的基础资料都是表11-2给出的收益矩阵，但是由于依据的决策准则不一样，选出的方案是不同的。显而易见，这些决策结果不可能都是正确的。那么究竟应如何选择决策准则，以保证决策结果的正确性呢？由于完全不确定型决策问题相当复杂，而决策者掌握的信息又非常有限，因此，在实际决策时，决策准则的选择往往取决于决策者的偏好，也就是说对准则的选择仍带有相当程度的主观随意性。为了提高决策的科学性，减少盲目性，在选用准则时，应注意分析各种准则隐含的假定和决策时的各种客观条件。客观条件越接近于某一准则的隐含假定，则选用该准则进行的决策结果就越正确。

最大的最大收益值准则实际上是假定未来最理想状态（有可能出现最大收益值的状态）发生的可能性很大，并在这一前提下选择收益最大的方案。这是一种比较冒进的决策准则。一般只有在客观情况确实很乐观，或者即使决策失误，也完全可以承受损失的场合才采用。这是因为，按照这一准则决策固然有可能带来最大的收益，但是如果一旦出现不理想的状态，则可能造成较大的损失。例如在前面的例子中，如果实际出现市场需求小的状态，则按此准则决策带来的损失最大。

最大的最小收益值准则实际上是假定未来最不理想状态（有可能出现最小收益值的状态）发生的可能性很大，并在这一前提下选择收益最大的方案。这是一种比较保守的决策准则。采用这一准则，往往选择无所作为的方案，这样虽然可以避免出现大的损失，但是也可能损失获利的机会。例如，在前面的例子中，如果实际出现市场需求大的状态，则按此准则所选择的方案三是最差的方案。因此，这一准则适用于对未来的状态非常没有把握，或者难以承受决策失误损失的场合。

最小的最大后悔值准则是将能够获利而未获利也看成是一种机会损失，并假定发生较大的机会损失值的状态出现的可能性也较大，在这一前提下选择机会损失值最小的方案。采用该准则进行决策，可以抓住获利的机会，避免出现大的后悔。但是，如果一旦出现不理想的状态，则按此准则选择的方案也可能比其他方案带来更大的损失。例如，在前面的例子中，如果实际出现市场需求小的状态，则按此准则选择的方案一将带来较大的损失。因此，这一准则适用于不愿放过较大的获利机会，同时又对可能出现的损失有一定承受力的场合。

折中准则和等可能性准则都是以各种方案收益的期望值作为选择方案的标准，这一点与下一节将要介绍的风险决策的期望值准则类似。不同的是，这两个准则只是对各种状态发生的概率作出假定，而这些假定并没有充分的理由和依据。折中准则事实上是假定未来可能发生的状态只有两种：即最理想状态和最不理想状态。前者发生的概率是 δ，后者发生的概率是 $1-\delta$。当 $\delta=1$ 时，该准则等价于乐观准则；而当 $\delta=0$ 时，该准则等价于悲观准则。实际应用该准则时，应根据风险的大小、对未来状态的预计以及对决策失误的承受力，调整 δ 的赋值。等可能性准则事实上是假定各种状态出现的概率相等。该准则只适用于对未来各种状态发生的可能性完全心中无数的场合。

第三节 一般风险型决策

一、自然状态概率分布的估计

风险型决策与完全不确定型决策不同之处在于：它是在估计出状态空间概率分布的基础上进行决策。一般风险型决策中所利用的概率包括客观概率与主观概率。客观概率是一般意义上的概率，可来源于频率估计，通常是由自然状态的历史资料推算或按照随机试验的结果计算出来的。例如，购买体育彩票的中奖概率就属于客观概率。主观概率是基于自身的学识、经验作出的对某一事件发生的可能性的主观判断。在很多场合，人们缺乏有关自然状态的历史资料，同时又不可能通过大量独立的随机试验去取得资料，难以用频率或一定的理论分布来估计客观概率。因此，有必要引进主观概率。虽然主观概率有相当大的主观成分，但它不是纯粹的猜测，必须具备相关的知识和经验才能给出主观概率的合理估计。

二、风险型决策的准则

利用状态的概率分布，可以对决策问题作比较细致的计算和分析，在此基础上，再根据一定的准则进行选择和判断。风险型决策常用的决策准则有以下几种：

1. 期望值准则。该准则是一般风险型决策中应用最广泛的一个准则，它以各方案收益期望值的大小为依据选择合适的方案。具体决策时，可按下式计算收益的期望值：

$$E[Q(a_i)] = \sum_{j=1}^{n} q_{i,j} P_j \quad (i = 1, 2, \cdots, m) \tag{11.10}$$

式中，$E[Q(a_i)]$是i方案的收益的期望值，$q_{i,j}$是i方案在出现j状态时的收益值；P_j是j状态出现的概率。

收益的期望值越大，表明平均来说，该方案获得的收益也越大。因此，可将各方案中收益期望值较大的方案作为最佳方案。

2. 变异系数准则。应当指出，单纯以期望值作为判断标准往往是不够充分的。这是因为收益期望值所反映的只是一种平均趋势，在进行决策时还应考虑其离散程度。如果某一方案虽然期望值较大，但是其方差也非常大，这就表明该方案具有较大的风险性。所以，当出现两个方案收益的期望值相差不大的情况时，应进一步观察各方案的方差，选择其中方差较小的方案。为此，可以进一步用变异系数作为选择方案的标准，以变异系数较低的方案作为所要选择的方案。这里需要注意的是：变异系数准则必须在期望值达到一定数额的前提下才能运用，否则可能得出不正确的结论。

方差$S^2(a_i)$和变异系数V的计算公式如下

$$S^2(a_i) = \sum_{j=1}^{n} \{q_{i,j} - E[Q(a_i)]\}^2 p_j \tag{11.11}$$
$$(i = 1, 2, \cdots, m)$$

$$V_i = \frac{\sqrt{S^2(a_i)}}{E[Q(a_i)]} \quad (i = 1, 2, \cdots, m) \tag{11.12}$$

用方差表示风险的大小存在一些缺陷，因为它将所有偏离期望值的情况都作为风险看待，事实上如果最终收益大于期望收益，并不是风险。因此，有人提出应用半方差来取代方差作为衡量风险大小的尺度。半方差的计算公式如下

$$S_o^2(a_i) = \sum [(q_{i,j} - h)^-]^2 p_j \tag{11.13}$$

式中，h为给定的临界值，通常取0。

$(x_j - h) \leq 0$ 时，$(x_j - h)^- = |x_j - h|$

$(x_j - h) \geq 0$ 时，$(x_j - h)^- = 0$

根据半方差计算的变异系数被称为修正的变异系数。

$$\overline{V}_i = S_0(a_i)/E[Q(a_i)] \tag{11.14}$$

【例 11-6】 试利用例11-1中给出的收益矩阵表的资料，根据期望值准则、变异系数准则和修正的变异系数准则选择最佳的投资方案。

解：(1) 将有关数据代入式 (11.10)，可得

$E[Q(a_1)] = 700 \times 0.4 + 100 \times 0.3 - 100 \times 0.2 - 260 \times 0.1 = 264(万元)$

$E[Q(a_2)] = 300 \times 0.4 + 300 \times 0.3 + 100 \times 0.2 - 60 \times 0.1 = 224(万元)$

$E[Q(a_3)] = 0 \times 0.1 + 0 \times 0.3 + 0 \times 0.5 + 0 \times 0.1 = 0$

(2) $E[Q(a_3)] = 0$，可以从备选方案中排除。方案一和方案二的期望值虽有差别，但差别不是很大，所以再计算变异系数和修正的变异系数，帮助判断。

(3) 将有关数据代入式 (11.11) 和式 (11.12)，可得

$$S(a_1) = 138\ 064$$
$$S(a_2) = 15\ 184$$
$$V_1 = \frac{\sqrt{138\ 064}}{264} = 1.41; \quad V_2 = \frac{\sqrt{15\ 184}}{224} = 0.55$$

将有关数据代入式（11.12）和式（11.13），可得

$$S_0^2(a_1) = 0 \times 0.4 + (164)^2 \times 0.3 + (364)^2 \times 0.2 + (524)^2 \times 0.1 = 62\ 026$$
$$S_0^2(a_2) = 0 \times 0.4 + 0 \times 0.3 + (124)^2 \times 0.2 + (284)^2 \times 0.1 = 11\ 141$$
$$\overline{V}_1 = \frac{\sqrt{62\ 026}}{264} = 0.9434; \quad \overline{V}_2 = \frac{\sqrt{11\ 141}}{224} = 0.4712$$

所以，如果单纯以收益期望值大小为标准，应选择方案一；如果将收益的期望值和方差结合在一起考虑，选择方案二比较合适。

3. 最大可能准则。该准则主张以最可能状态作为选择方案时考虑的前提条件。所谓最可能状态，是指在状态空间中具有最大概率的那一状态。按照最大可能准则，在最可能状态下，可实现最大收益值的方案为最佳方案。

最大可能准则是将风险条件下的决策问题简化为确定条件下的决策问题。它不考虑其他状态下各行动方案收益值的差异对决策结果的影响，因此，只有当最可能状态的发生概率明显大于其他状态时，应用该准则才能取得较好的效果。

【例 11-7】 试利用例 11-1 中给出的收益矩阵表的资料，根据最大可能准则选择最佳的投资方案。

解：该例的各种自然状态中，市场需求大的概率最大，因此，该状态为最可能状态。在市场需求大的状态下，方案一可以获得最大的收益。所以，根据最大可能准则，应选择方案一。

应当指出，在本例的场合，应用最大可能准则，不是很恰当。因为市场需求大这一状态的概率虽然大于其他状态，但大得不多，其概率为 0.4。也就是说，其他状态发生的可能性超过一半。所以，应用该准则决策失误的可能性较大。

4. 满意准则。利用这一准则进行决策，首先要给出一个满意水平。所谓满意水平，是指决策者认为比较合理、可以接受的目标值。然后，将各种方案在不同状态下的收益值与目标值进行比较，并以收益值不低于目标值的累积概率为最大的方案作为所要选择的方案 a^*。该准则的数学表达式如下：

$$a^* = \max P\{Q(a_i, \theta_j) \geq A\} \quad (11.15)$$
$$(i = 1, 2, \cdots, m; j = 1, 2, \cdots, n)$$

式中，A 是给定的满意水平，$Q(a_i, \theta_j)$ 是 i 方案在 j 状态下的收益，$P\{Q(a_i, \theta_j) \geq A\}$ 是各方案收益值不低于目标值状态的累积概率。

应当指出，利用该准则的决策结果与满意水平的高低有很大关系，满意水平一旦改变，所选择的方案也将随之改变。

【例 11-8】 试利用例 11-1 中给出的收益矩阵表的资料，根据满意准则选择满意的投资方案，假定给出的满意水平有 300 万元和 700 万元两种。

解：(1) $P\{Q(a_1, \theta_j) \geqslant 300\} = 0.4$
$P\{Q(a_2, \theta_j) \geqslant 300\} = 0.4 + 0.3 = 0.7$
$P\{Q(a_3, \theta_j) \geqslant 300\} = 0$

当满意水平为300万元时，在备选方案中，方案二达到满意水平的累积概率最大，所以选择方案二。

(2) $P\{Q(a_1, \theta_j) \geqslant 700\} = 0.4$
$P\{Q(a_2, \theta_j) \geqslant 700\} = 0$
$P\{Q(a_3, \theta_j) \geqslant 700\} = 0$

当满意水平为700万元时，在备选方案中，方案一达到满意水平的累积概率最大，所以选择方案一。

三、利用决策树进行风险型决策

决策树是求解风险型决策问题的重要工具，它是一种将决策问题模型化的树形图。决策树由决策点、方案枝、机会点、概率枝和结果点组成。决策点以"□"代表，表示在该点必须对各种方案作出选择（进行决策）；从决策点可引出若干条直线，表示有若干方案可以选择，故称为方案枝；与方案枝另一头相连接的"○"称为机会点；从机会点又可引出若干条直线，每一条直线表示一种自然状态，当各种自然状态发生的可能性（概率）已知时，在各条直线上应标明该状态发生的概率，故又称其为概率枝。在概率枝的末端标有不同方案在各种状态下的收益值（条件收益值），称为结果点。为了使决策树的层次更为清晰，一般对决策点和机会点还要进行编号，号数填在"□"和"○"中（决策树的具体结构可参见图11-1）。

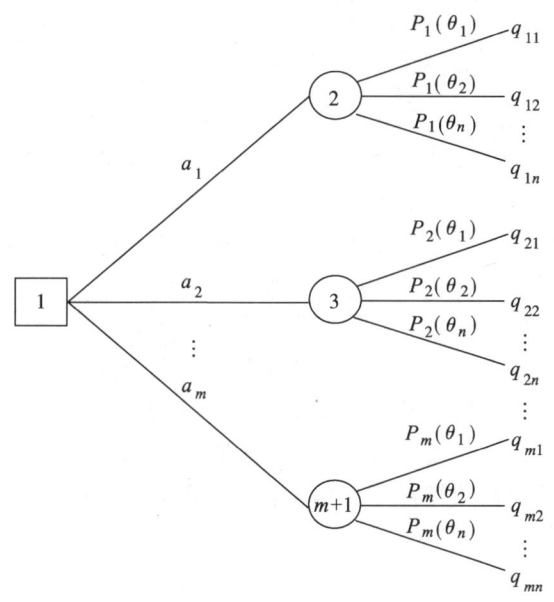

图 11-1 决策树结构图

利用决策树对方案进行比较和选择，一般采用逆向分析法，即先计算出树形结构的末端的条件结果，然后由此开始，从后向前逐步分析。决策树分析通常采用期望值准则。① 首先，根据条件收益值和相应状态的概率计算各方案的期望收益值，将其标在机会点"○"的上方。其次，对各方案进行比较，从中删除较差的方案，在删除的方案枝上画上"∥"。这就是所谓的"剪枝"。最后，在决策树上留下的方案枝就是所要选择的最佳或满意方案。所选择的方案的期望收益值可标在相应的决策点的上方。

与本章第一节介绍过的收益矩阵表相比，决策树的适应面更广，它并不要求所有的方案具有相同的状态空间和概率分布。例如，个人理财可以选择购买股票，也可以选择购买彩票，购买股票遇到的状态是牛市、熊市或持平，购买彩票遇到的状态是中奖或不中奖，两种理财方式遇到的状态不同，各种状态出现的概率也不一样。这种场合用收益矩阵表来表示就比较困难，而用决策树作为分析工具则相当方便。在一些比较复杂的决策问题中，某一方案的结果（可能得到的期望收益值）有赖于下一阶段乃至更多阶段的决策。在这种场合，各种不同层次的行动空间、状态空间及其概率分布很容易混淆，而决策树图可以用简单直观的形式将其很好地表现出来。因此，它特别适用于求解这一类复杂的多阶段决策问题。

【例11-9】 某汽车配件厂拟安排明年某零部件的生产。该厂有两种方案可供选择：方案一是继续利用现有的设备生产，零部件的单位成本是0.6万元。方案二是对现有设备进行更新改造，以提高设备的效率。更新改造需要投资100万元（假定其全部摊入明年的成本），成功的概率是0.7。如果成功，零部件不含上述投资费用的单位成本可降至0.5万元；如果不成功，则仍用现有设备生产。另据预测，明年该厂某零部件的市场销售价格为1万元，其市场需求有两种可能：一是2 000件，二是3 000件，其概率分别为0.45和0.55。试问：(1) 该厂应采用何种方案？(2) 应选择何种批量组织生产？

解：在本例中，首先要解决的问题是选择生产方案，但是选择生产方案需要考察各种方法的可能结果，而这些结果又依赖于对生产批量的选择。因此，这是一个典型的两阶段决策问题。求解步骤如下：

(1) 根据题中给出的条件，画出决策树结构图（见图11-2）。

在决策点①要对生产方案进行选择，其可供选择的方案有方案一和方案二，故可由此引出两条方案枝。如果该厂决定采用方案一，即采用原有的生产方法组织生产，则需要再对生产批量进行选择，所以，方案一分枝另一头的节点③是下一阶段的决策点。如果该厂决定采用方案二，即对设备进行更新改造，则可能有成功和失败两种状态，如果成功可采用新生产方法生产，如果失败则仍采用原生产方法生产。所以，方案二分枝另一头的节点②是机会点，由该点可引出两条概率枝。无论方案二成功与否，都有一个生产批量选择的问题。因此，概率枝另一头的节点④和⑤也是下一阶段的决策点。从③、④和⑤又可分别引出两条方案枝，即生产3 000件和生产2 000件。于是，又得到6个机会点。这6个机会点都面临两种可能的市场需求：2 000件或3 000件，所以可引出12条概率分枝。

---

① 决策树分析也可采用其他准则，这时可按其他准则的要求进行计算、分析和比较。

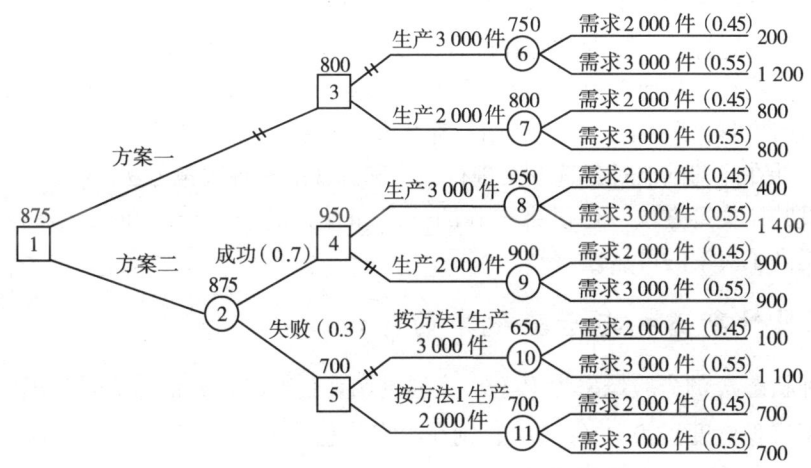

图 11-2 例 11-9 的决策树图

(2) 计算决策树最末端的条件收益值。这里采用的计算式如下：

净收益 = 可能销售量 × 单价 - 生产量 × 单位成本 - 应摊新投资费用

当生产批量大于市场需求量时，可能销售量等于市场需求量。而当生产批量小于市场需求量时，可能销售量等于生产批量。另外，当选择方案一组织生产时，应摊新投资费用等于 0，选择方案二组织生产应摊新投资费用 100 万元。例如，右边第一个结果点的条件收益 = 2 000 - 3 000 × 0.6 - 0 = 200（万元）。

(3) 利用各条件收益值和相应的概率分布，计算最右端各机会点的期望收益值。例如，机会点⑥的期望值 = 200 × 0.45 + 1 200 × 0.55 = 750（万元）。

(4) 根据期望值准则，选出决策点③、④、⑤的最佳生产批量，并将最佳方案的期望收益值填在相应的决策点的上方。同时，剪除落选的方案枝。例如：在决策点③选择生产 2 000 件的方案，该方案的期望收益值为 800 万元。

(5) 利用④、⑤的结果，计算机会点②的期望收益值。将其与方案一的期望收益值比较，按照期望值准则选择最佳方案。

从图中可以看出，方案二的期望收益值为 875 万元，大于方案一的期望收益值 800 万元。

本例决策树分析的结论是：该汽车配件厂应按方案二对设备进行更新改造，如果成功，就采用新生产方法组织生产，其批量安排为 3 000 件；如果失败，则仍采用原生产方法组织生产，其批量安排为 2 000 件。

第四节 贝叶斯决策

一、什么是贝叶斯决策

在以上所述的一般风险性决策问题中，自然状态的概率是作为已知条件给出的。但是,在现实经济生活中,事先给出的各种状态的概率(又称为先验概率)常常是不准确的。因此,需要通过进一步的试验和调查,收集补充信息,并利用补充信息,对原来估计的概率进行修订,从而求得更接近实际的新概率(利用补充信息修订的概率又称为后验概率)。所谓贝叶斯决策,就是利用补充信息,根据概率计算中的贝叶斯公式来估计后验概率,并在此基础上对备选方案进行评价和选择的一种决策方法。

利用贝叶斯决策方法,可以将先验的信息和补充的信息结合在一起进行分析与判断,从而提高了决策的可靠性。

二、贝叶斯公式与后验概率的估计

设某种状态 θ_j 的先验概率为 $P(\theta_j)$,通过调查获得的补充信息为 e_k,θ_j 给定时,e_k 的条件概率(似然度)为 $P(e_k/\theta_j)$,则在给定信息 e_k 的条件下,可用以下贝叶斯公式计算 θ_j 的条件概率即后验概率 $P(\theta_j/e_k)$:

$$P(\theta_j/e_k) = \frac{P(\theta_j)P(e_k/\theta_j)}{\sum_{j=1}^{n} P(\theta_j)P(e_k/\theta_j)} \tag{11.16}$$

式(11.16)的分母是 e_k 出现的概率 $P(e_k)$。

【例 11-10】 某数码相机生产厂家拟向另一电子元件厂购买某种电子元器件,根据过去的经验,该电子元件厂产品发生不同次品率的概率分布如表 11-5 第二栏所示。现从市场上该电子元件厂出售的该种元器件中随机抽取了 10 件,结果未发现次品。试计算出现这种结果的概率,并根据这一信息,对以往元器件厂次品率的概率分布进行修正。

解:以往的概率分布可视为先验概率。在本例中,各种不同次品率给定的条件下,抽查 10 件发生 0 件次品(发生 0 件为 e_0)的概率近似地服从于二项分布,其似然度可按以下方式计算:

$$P(e_0/\theta_j) = C_{10}^0 \theta_j^0 (1-\theta_j)^{10} \quad (j=1,2,3,4) \tag{11.17}$$

例如,$P(e_0/\theta_1) = C_{10}^0 (0.05)^0 (0.95)^{10} = 0.599$。

在 Excel 中,利用 BINOMDIST 函数可以方便地计算二项分布的概率。表 11-5 的第 3 栏,给出了按照式(11.17)计算的结果。

表 11-5　　　　　　　　　　　后验概率的计算

次品率 θ_j	先验概率 $P(\theta_j)$	似然度 $P(e_0/\theta_j)$	$P(\theta_j)P(e_0/\theta_j)$	后验概率 $P(\theta_j/e_0)$
0.05	0.1	0.599	0.0599	0.207
0.10	0.4	0.349	0.1359	0.483
0.15	0.4	0.197	0.0788	0.273
0.20	0.1	0.107	0.0107	0.037
	1.0		0.2889	1.000

将先验概率与似然度代入式(11.16),可求得不同状态下的后验概率,结果如表

11-5 中最后一栏（第 5 栏）所示。例如，次品率为 0.05 状态的后验概率为
$$P(\theta_1/e_0) = 0.1 \times 0.599/0.2889 = 0.207$$
而随机抽取 10 件不出现次品的概率为
$$P(e_0) = \sum_{j=1}^{n} P(\theta_j)P(e_0/\theta_j) = (0.0599 + 0.1359 + 0.0788 + 0.0107) = 0.2889$$

从表中结果可以看出，由于实际抽查的次品率为 0，因此，次品率为 0.05 这种状态的后验概率大于先验概率，而次品率为 0.15 和 0.20 这两种状态的后验概率小于先验概率。

三、先验分析与后验分析

自然状态的概率分布有先验概率与后验概率之分。与之相对应，决策分析也可分为先验分析和后验分析。先验分析是利用先验概率进行决策，而后验分析则是利用后验概率作为选择与判断合适方案的依据。在不少场合，两种分析得出的结论是不一致的。由于后验分析中不仅利用了先验信息，而且还利用了补充信息，因此，一般来说，只要补充信息是准确的，则后验分析的结论更为可靠。

【例 11-11】 设在例 11-10 中，对于是否向电子元件厂购买电子元器件，空调机厂有两种可供选择的方案：方案一购买；方案二不购买。假设其收益矩阵表如 11-6 所示。试根据期望值准则，进行先验分析和后验分析。

解：（1）先验分析
$$E[Q(a_1)] = 200 \times 0.1 + 50 \times 0.4 - 100 \times 0.4 - 300 \times 0.1 = -30$$
$$E[Q(a_2)] = 0$$

根据先验概率和期望值准则，应选择方案二。

表 11-6　　　　　　　　　　　　收益矩阵表

状态：次品率		0.05	0.10	0.15	0.20
先验概率		0.1	0.4	0.4	0.1
后验概率		0.207	0.483	0.273	0.037
方案	购买 a_1	200	50	-100	-300
	不买 a_2	0	0	0	0

（2）后验分析
$$E[Q(a_1)] = 200 \times 0.207 + 50 \times 0.483 - 100 \times 0.273 - 300 \times 0.037 = 27.15$$
$$E[Q(a_2)] = 0$$

根据后验概率和期望值准则，应选择方案一。

四、后验预分析

在例 11-11 中，我们对补充调查信息的一个实际结果计算后验概率分布，并据此作出决策。但是，在现实经济生活中，补充信息的取得需要支付一定的费用，对补充信息

的采集也可以有多种方案。因此,在完整的贝叶斯决策过程中,在正式进行补充信息的调查之前,还需要将先验分析最佳方案的期望收益与各种可能的后验分析最佳方案的期望收益加以比较,了解收集补充信息所需的费用和可能带来的收益,对是否值得进一步收集补充信息的问题作出判断,并选择最佳的收集补充信息的方案。这一环节被称为后验预分析。下面我们用一个例子说明后验预分析的具体步骤。

【例 11 - 12】 某水利工程公司拟对大江截流的施工工期作出决策。可供选择的方案有两种:一是在 9 月份施工;二是在 10 月份施工。假定其他条件都具备,影响截流的唯一因素是天气与水文状况。10 月份的天气与水文状况肯定可以保证截流成功。而 9 月份的天气水文状况有两种可能:如果天气好,上游没有洪水,9 月底前截流成功,可使整个工程的工期提前,从而能比 10 月施工增加利润 1 000 万元;如果天气坏,上游出现洪水,截流失败,则比 10 月施工增加 500 万元的损失。根据以往经验,9 月份天气好的可能性是 0.6,天气坏的可能性是 0.4。为了帮助决策,公司拟请某气象站对气象作更进一步的预测与分析。过去的资料表明,该气象站预报好天气的准确率是 0.9,预报坏天气的准确率是 0.7。试通过后验预分析,判断水利工程公司是否应购买气象情报?该项气象情报的平均价值是多少?是否应在 9 月份施工?为该公司选择合适的行动方案。

解:(1) 先验分析

根据题意可列出该问题的收益矩阵表:

表 11 - 7　　　　　　　　　　收益矩阵表

θ_j: 天气状况		天气好	天气坏
先验概率 $P(\theta_j)$		0.6	0.4
方案	9 月施工 a_1	1 000	-500
	10 月施工 a_2	0	0

$$E[Q(a_1)] = 1\,000 \times 0.6 - 500 \times 0.4 = 400(万元)$$
$$E[Q(a_2)] = 0$$

根据期望值准则,应选择方案一,即在 9 月份施工。

(2) 后验概率估计

设气象站发出的预报为 e_k,其结果无非是以下两种:e_1 天气好,e_2 天气坏。则预报的准确率就是似然度。按照前面介绍过的估计后验概率的方法,可分别列出两种预报结果的后验概率计算表。由表中还可知:气象站发出天气好预报的概率 $P(e_1)$ 是 0.66,气象站发出天气坏预报的概率 $P(e_2)$ 是 0.34。

表 11 - 8　　　　　气象站发出天气好预报的后验概率的计算

天气状况 θ_j	先验概率 $P(\theta_j)$	似然度 $P(e_1/\theta_j)$	$P(\theta_j)P(e_1/\theta_j)$	后验概率 $P(\theta_j/e_1)$
天气好 θ_1	0.6	0.9	0.54	0.818
天气坏 θ_2	0.4	0.3	0.12	0.182
	1.0		0.66	

表 11-9　　　　　　　气象站发出天气坏预报的后验概率的计算

天气状况 θ_j	先验概率 $P(\theta_j)$	似然度 $P(e_2/\theta_j)$	$P(\theta_j)P(e_2/\theta_j)$	后验概率 $P(\theta_j/e_2)$
天气好 θ_1	0.6	0.1	0.06	0.1765
天气坏 θ_2	0.4	0.7	0.28	0.8235
	1.0		0.34	

(3) 后验分析

①当气象站发出天气好的预报时，应利用后验概率 $P(\theta_j/e_1)$ 计算期望收益：
$$E[Q(a_1)] = (1\,000 \times 0.818 - 500 \times 0.182) = 727$$
$$E[Q(a_2)] = (0 \times 0.818 + 0 \times 0.182) = 0$$

因此，该场合根据期望值准则应选择方案一 a_1。

②当气象站发出天气坏的预报时，应利用后验概率 $P(\theta_j/e_2)$ 计算期望收益：
$$E[Q(a_1)] = 1\,000 \times 0.1765 - 500 \times 0.8235 = -235.25$$
$$E[Q(a_2)] = 0 \times 0.818 + 0 \times 0.182 = 0$$

因此，该场合根据期望值准则应选择方案二 a_2。

(4) 后验预分析

为了帮助决策，我们利用以上分析的结果，画出本例的决策树图（见图 11-3）。

由决策树分析可知，该水利工程公司应购买气象情报，以便更准确地把握气象水文状况。如果气象预报天气好，应在9月份施工；如果气象预报天气坏，则应在10月份施工。从获得的利润期望值看，这一方案比根据先验分析直接选定的方案高出 79.82 (479.82 - 400) 万元，这一数值实际上就是购买气象情报价值的上限。只要该项情报要价低于 79.82 万元，平均来看就是有利的。

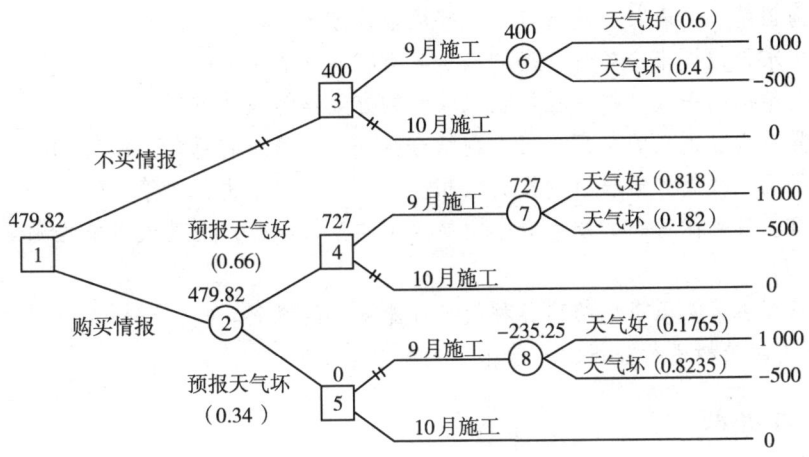

图 11-3　例 11-12 的决策树图

思考与练习

一、选择题

1. 收益矩阵表包括的主要内容有（　　）。
   A. 状态空间　　　B. 行动方案　　　C. 状态的概率分布　　　D. 收益矩阵
2. 以下决策准则中，（　　）属于风险型决策准则。
   A. 最大可能性准则　　　　　　B. 期望值准则
   C. 最小最大后悔准则　　　　　D. 折中准则
3. 贝叶斯决策与一般风险型决策的主要区别在于（　　）。
   A. 利用主观概率　　　　　　　B. 计算后验概率
   C. 后验分析　　　　　　　　　D. 决策准则不同
4. 有人决定购买中奖概率极低的福利彩票追求一定的收益，其依据的决策准则是（　　）。
   A. 期望值准则　　　　　　　　B. 最小最大后悔准则
   C. 最大的最大收益值准则　　　D. 满意准则
5. 在现实经济生活中，事先给出的各种状态的概率叫（　　）。
   A. 条件概率　　　　　　　　　B. 先验概率
   C. 后验概率　　　　　　　　　D. 主观概率

二、判断题

1. "田忌赛马"是一个典型的对抗型决策的问题。（　　）
2. 狭义的统计决策研究的是非对抗型的决策问题。（　　）
3. 后悔值越小，表明所选的方案越接近最优方案。（　　）
4. 折中准则假设未来各种状态的出现具有相同的概率。（　　）
5. 期望值准则一般是把收益期望值较大的方案作为最佳方案。（　　）
6. 变异系数准则必须与期望值准则结合在一起应用才有意义。（　　）
7. 如果两个决策方案收益的期望值相差不大，就无法进行决策。（　　）
8. 只有当最可能状态的发生概率明显大于其他状态时，用最大可能准则才能取得较好的效果。（　　）
9. 贝叶斯决策必须事先给出各种状态可能发生的概率。（　　）
10. 利用决策树进行分析，只能采用期望值准则。（　　）

三、计算题

1. 某企业拟开发生产一种新产品，有三个方案可供选择。其收益矩阵表如下：

状态		需求大	需求中	需求小
方案	方案一	400	100	−140
	方案二	200	200	−20
	方案三	0	0	0

试根据完全不确定型决策的五种决策准则，选择合适的方案（假定乐观系数为0.6）。

2. 从甲地向乙地运送一批螃蟹，可以采用如下四种不同的方法，螃蟹抵达异地的成活数受气温高低与不同装运方法的影响。现已知以下收益矩阵表，试根据表中的资料，按照满意准则（分别按满意水平收益40万元与收益120万元）选定合适的装运方法。

单位：万元

状态		高温	中温	低温
概率		0.2	0.4	0.4
方案	方案一 a_1	0	60	120
	方案二 a_2	40	80	60
	方案三 a_3	0	100	60
	方案四 a_4	−20	70	100

3. 假设航空事故中有35%确实是由于飞机自身结构有缺陷造成的。由于结构缺陷造成的航空事故被正确判定的概率是80%，而并非该原因却被错判的概率为30%。试问当某次航空事故被判断为结构缺陷引起的事故时，该事故确实属于结构缺陷的概率是多少？

4. 某顾客拟购买某种型号的二手车，据大量观察，这种旧车的传动装置平均有30%存在质量问题。根据以往经验，请某修理工帮助鉴定，当车子存在问题时，该修理工作正确判断（认定车子可能有问题）的概率是90%；而当车子没有问题时，该修理工作出正确判断（认定车子没有问题）的概率是80%。试问：

(1) 若该顾客不请修理工鉴定而自行购买二手车（假定其自己完全没有经验），买到传动装置有问题的车的概率是多少？

(2) 若花钱雇修理工协助挑选，该修理工判断车子有问题时，车子真正有问题的概率是多少？

(3) 该修理工判断车子没有问题时，车子真正有问题的概率是多少？

5. 某食品公司拟生产一种新的品种。事前分析，该品种受欢迎与不受欢迎的概率分别为0.65和0.35。若受欢迎可盈利80万元，不受欢迎将亏损30万元。对此，有以下三种策略：

(1) 根据现有信息决定是否生产该品种；

(2) 自己进行进一步市场调查，根据调查的补充信息进行决策，其调查费用为3万元，其预报受欢迎与不受欢迎的准确率均为70%；

(3) 委托市场调查公司调查，根据调查的补充信息进行决策，调查费用为5万元，其预报受欢迎与不受欢迎的准确率均为95%。

试画出该问题的决策树图，并利用贝叶斯决策方法，选择最佳的方案。

第十二章

统计综合评价

第一节 综合评价概述

一、统计综合评价的基本步骤

统计评价就是利用统计指标对所研究的对象作出定量判断,包括对研究对象的功能评定,如某地区的经济运行状况是好是坏,以及对研究对象之间的比较排序,如某地区不同时期经济运行状况的比较(纵向比较)或同一时期不同地区之间经济运行状况的优劣排序(横向比较)。

社会经济统计中的评价分析按评价内容不同,分为单项评价和综合评价。单项评价是指利用一个统计指标对研究对象某一方面的情况作出定量的描述,并以此作为评价的依据,如利用 GDP 指标评价经济总量水平的高低。综合评价则是根据研究目的建立一个统计指标体系,对现象发展的多个方面分别给予定量描述,并在此基础上,把各个指标所提供的信息综合起来,得到一个综合评价值,对被研究对象作出整体性的评判,以此进行横向或纵向比较。

综合评价较之单项评价更具全面性和综合性,是统计评价的主要方法。国际上早已使用综合评价方法分析研究重大社会经济问题,如宏观经济监测中的综合评价、联合国发展指数、生活质量指数(PQLI)、经济业绩指数等。事实上,综合评价已涉及日常生活的方方面面,小到具体的商品,大到社会经济发展状况。因此,综合评价方法研究已成为社会经济统计中的一个重要课题。目前关于综合评价方法的研究不断深入,已有上百种评价方法,但每一种评价方法都有几个必须解决好的共同问题。归纳起来,综合评价方法须遵循的基本步骤如下:

(一) 确定评价指标体系

根据统计评价的目的,选择合适的统计指标,建立一个能够从不同角度,不同侧面反映评价对象的评价指标体系。评价指标体系的建立要视具体评价问题而定,但一般来说,在建立评价指标体系时,应遵守以下若干共同原则:

1. 整体性原则。即要求所选的指标能够作为一个有机整体，在其相互配合中比较全面、科学、准确地涵盖为达到评价目的所需的基本内容。如果有遗漏，评价结果就会出现偏差，但要做到全面也是不容易且没有必要的，只能要求所选的指标从不同的侧面具有代表性。

2. 可比性原则。即要尽可能采用相对指标，便于不同对象进行比较，但为了反映对象之间规模上的差异，也应选取一些绝对指标。另外，各个指标的计量范围、口径等必须一致，才能进行综合。

3. 可操作性原则。即所需的指标原则上从现有的统计指标中产生，少量需重新计算和统计的指标也应该尽可能地在现有统计数据的基础上取得。

4. 相互独立性原则。即要求指标间尽可能无内在联系，这样既能减少指标体系的冗余，又能避免统计指标之间的信息重复导致最后的综合结果难以反映客观实际。当然，要求指标间完全独立是难以实现的，对独立性程度的要求可以视综合评价方法而异。利用多元统计分析方法进行综合评价时，可适当放宽独立性要求，因该方法本身就具备消除指标间相关影响的功能。

(二) 评价指标的规范化

构成指标体系的各个指标的指标类型、计量单位及数量级别往往是不同的，直接对各指标值进行综合没有意义，也不合理，因此，必须对各指标的实际值进行规范化处理，使之转化为具有可比性的指标评价值，在此基础上才能进行综合汇总。

评价指标的规范化主要包括两方面内容：

1. 评价指标类型的一致化。评价指标体系中的指标，有些是取值越大越好，我们称之为正指标，如产值、利润等；有些是取值越小越好，我们称之为逆指标，如成本、能耗等；还有些指标是取值越接近某一确定的数值越好，我们称之为适度指标。在对各指标进行综合之前，必须将不同类型的指标转化成正指标或逆指标或适度指标，否则，就无法判定最后的综合评价值是越大越好，还是越小越好，从而无法对不同的研究对象进行优劣比较。

2. 评价指标的无量纲化。即通过数学变换，排除各项指标的计量单位不同以及数值数量级间的悬殊差别所带来的影响，将不可综合的指标实际值转化为可综合的指标评价值。

(三) 确定各评价指标的权重系数

对于某种评价目的来说，各评价指标间的相对重要性是不同的，评价指标之间的这种相对重要性大小可用权重系数来刻画。对评价结果重要的指标应赋予较大的权数；反之，赋予较小的权数；同时要求各指标的权数之和应等于100%。在综合评价中，权重系数的确定是一个重要的步骤，它关系到综合评价结果的可信程度。

指标权数的确定方法有两大类：主观赋权法和客观赋权法。前者主要是利用专家群的知识和经验来确定各指标的权数；后者则从客观的统计数据出发，根据各指标提供的信息量大小来确定权数。

(四) 确定综合评价的方法模型

在确定了指标体系和各指标权数的基础上，采用一定的方法把各指标的评价值综合成一个整体的评价值。对各指标评价值进行综合的方法有多种，总的来说，就是要构造一个综合评价模型（函数）：

$$y_i = f(w, x_i) \quad (i = 1, 2, \cdots, n) \tag{12.1}$$

式中，$w = (w_1, w_2, \cdots, w_m)'$为指标权重向量（共有 m 个指标），$x_i = (x_{i1}, x_{i2}, \cdots, x_{im})'$为第 i 个被评价对象的指标评价值向量。

根据式（12.1），以各指标评价值为自变量，计算各评价对象的综合评价值 y_i，即得到综合评价的结果，据此可对各评价对象在不同时间、空间上进行整体性比较和排序。

本章将对综合评价的这四个基本步骤分别进行详细介绍。

二、统计综合评价的特点

1. 综合性和整体性。综合评价中的指标体系能从多个方面对被研究对象进行综合反映，同时又克服了指标体系在不同对象的比较中不同指标间相互矛盾的情况，综合评价模型把各指标评价值综合起来，使综合评价的结果能够反映被评价对象的整体情况。

2. 可比性。综合评价采用数学模型对各指标的评价结果进行综合，最后的综合评价结果用数值表示，可用于各评价对象间的比较排序。

3. 不稳定性。这里的不稳定性指的是在进行综合评价时，随着指标权数、综合评价方法乃至指标无量纲方法的选择不同，最后的综合评价结果也可能不同。而什么样的综合评价方法最优、如何对不同的评价方法进行综合等问题都有待探讨。

第二节 评价指标选择与数据预处理

一、评价指标的选择方法

本章第一节已介绍了确定评价指标体系时应遵守的一些基本原则，在遵循这些基本原则的基础上，可以先定性地预选出一些指标。在实际的综合评价活动中，既希望确定的指标体系尽可能全面，又希望指标数量不是太多。而在预选的评价指标中，可能存在着一些次要指标，并且指标间也可能存在重复，这就需要进行筛选，以剔除代表性不强以及交叉或重复的指标，确定合理的评价指标体系。

在实际应用中，评价指标的筛选可以采用征询专家意见的方法，也可以采用一些定量的统计分析方法来进行。

（一）指标筛选的定性方法——专家意见法

评价者可以在调查表中列出一系列预选的评价指标，分别征询专家对所设计的评价指标的意见，然后进行统计处理，并反馈咨询结果。经几轮咨询后，如果专家的意见趋于集中，则由最后一次咨询确定的具体指标组成评价指标体系。

专家调研法所确定的指标体系是否具有代表性，很大程度上取决于专家的知识、经验和偏好，带有一定的主观性，而定量的指标筛选方法可以在一定程度上弥补专家调研法的不足。下面着重介绍几种常用的定量指标筛选方法。

（二）指标筛选的定量方法

1. 次要指标的删除。在统计综合评价中，某项指标重要与否在很大程度上取决于该指标对评价结果所起的作用。如果一项评价指标在所有被评价对象中的取值相差不大，那么即使该项指标从理论上讲是非常重要的，但对于评价结果来说却起不了很大的作用，因为既然所有被评价对象在该项指标上差距不大，则有无该项指标对最终评价结果的影响也就不大。因此，为了减少计算量就可以删除这项指标。根据这种指导思想，我们可以通过衡量各项指标在所有被评价对象中取值的离散程度来确定指标的重要性：离散程度越大，说明该指标对评价结果影响越大，应保留；反之，说明该指标对评价结果影响越小，可以考虑从评价指标体系中删除。

由于各评价指标的计量单位和平均水平不一样，为了使不同评价指标的离散程度具有可比性，应采用变异系数进行比较。分别计算 m 个评价指标的变异系数，若某项指标的变异系数趋近于零或很小，则说明该项指标不重要，可考虑删除。

2. 重复指标的筛选。在进行综合评价时，要求所选的指标尽可能全面反映事物的发展状况，而反映事物某一侧面的指标通常有若干个，如果把这些指标都纳入指标体系，就会产生信息的重复，既加大了工作量，又会影响评价结果的准确性，因此，有必要对重复指标进行筛选。筛选方法有两种：一种是删除能为其他指标所替代的指标，另一种是选出具有代表性的指标，这两种方法都是借助指标间的相关分析来实现的。

（1）删除重复指标。设有 m 个备选指标，可以通过分别计算各个指标与其余 $m-1$ 个指标的复相关系数来衡量一个指标被其他指标替代的程度。复相关系数越低，说明该指标与其余指标的相关程度越低，因此不能用其他指标来替代，在进行综合评价时应保留；复相关系数越大，说明该指标与其他指标的线性相关程度越好，可以用其他指标来替代，因而可以考虑删除。当然，最好根据经验事先确定一个删除标准，即当某个指标与其余 $m-1$ 个指标的复相关系数大于某个临界值时才删除。

（2）选取代表性指标。同类指标中典型指标的选取可以根据某个指标与其他同类指标的单相关系数绝对值的平均数大小来确定。

假设反映现象某一侧面的同类指标有 k 个，计算这 k 个指标的相关系数矩阵的绝对值 R，有

$$R = \begin{bmatrix} |r_{11}| & |r_{12}| & \cdots & |r_{1k}| \\ |r_{21}| & |r_{22}| & \cdots & |r_{2k}| \\ \vdots & \vdots & & \vdots \\ |r_{k1}| & |r_{k2}| & \cdots & |r_{kk}| \end{bmatrix}$$

分别计算每个指标与其他 $k-1$ 个指标相关系数的平均值 $\bar{r}_j$

$$\bar{r}_j = \frac{\sum_{i \neq j} |r_{ij}|}{k-1} \quad (i, j = 1, 2, \cdots, k) \tag{12.2}$$

比较 $\bar{r}_j$ 的大小，与 $\bar{r}_j$ 最大值对应的那个指标可以作为同类指标中的典型指标，因为该指标与其余指标的关系最为密切。如果需要选取的指标不止一个，则在剩余的指标中继续选取时，就应该选取与典型指标相关系数最小的一个，因为与典型指标相关系数大的指标可以由典型指标来替代。

二、数据预处理方法

由于不同指标的类型、计量单位不一致，因此，在建立了评价指标体系、收集完数据之后，还不能立即对各评价对象的指标实际值进行综合汇总，而必须先对收集来的数据进行预处理，把各个不可比的指标实际值转化为具有可比性的指标评价值，才可进行综合汇总。数据预处理的过程即前面提到的指标规范化的过程。

（一）评价指标的类型一致化

评价指标一般有三种类型，即正指标、逆指标和适度指标。正指标的取值越大越好，逆指标的取值越小越好，而适度指标的取值越接近某一理想数值越好。在对各指标值进行综合时，必须确保各指标的类型相同，才能给最终的综合结果一个评判标准，即各评价对象的综合评价值是越大越好，还是越小越好。通常是将逆指标和适度指标转化为正指标，然后再进行无量纲处理，最后进行综合汇总。

若评价指标 x_j 为逆指标，各评价对象的指标值分别为 x_{ij}，$i = 1, 2, \cdots, n$，则令

$$x'_{ij} = \frac{1}{x_{ij}}, \; (x_{ij} > 0) \quad (i = 1, 2, \cdots, n) \tag{12.3}$$

或

$$x'_{ij} = \max_{1 \leq i \leq n} |x_{ij}| - x_{ij} \; (x_{ij}\text{可以是负值}, i = 1, 2, \cdots, n) \tag{12.4}$$

或

$$x'_{ij} = \frac{1}{\max_{1 \leq i \leq n} |x_{ij}| + x_{ij}} \; (x_{ij}\text{可以是负值}, i = 1, 2, \cdots, n) \tag{12.5}$$

以上各式中的 x'_{ij} 分别是对各评价对象的逆指标 x_j 进行转化后生成的正指标值。

若评价指标 x_j 为适度指标，各评价对象的指标值分别为 x_{ij} ($i = 1, 2, \cdots, n$)，设该适度指标的理想值为 a，则 x_{ij} 与 a 的距离越小越好，因此 x_{ij} 与 a 的距离 $|a - x_{ij}|$ 的取值越小越好，即相当于一个逆指标，则可根据式（12.3）将 $|a - x_{ij}|$ 转化为正指标值，令

$$x'_{ij} = \frac{1}{|a - x_{ij}|} \quad (i = 1, 2, \cdots, n) \tag{12.6}$$

x'_{ij} 的取值越大，表示 x_{ij} 越符合要求，则 x'_{ij} 是对各评价对象的适度指标 x_j 进行转化后生成的正指标值。

（二）评价指标的无量纲化

评价指标之间的计量单位和数量级一般来说是不同的，即指标间存在不可公度性，

这就使得各指标的综合汇总没有实际意义。假设我们以身高和体重两项指标来衡量一个小孩生长发育的情况，身高以米为单位，体重以公斤为单位，那么首先两个指标单位不一致，不能综合汇总。其次，体重的数值通常为两位整数，差距也都在数公斤以上；而身高的数值以米为单位，一般不超过2，相差也通常小于0.1米，若直接进行综合，则体重的数值将明显起比较主要的作用。因此，为了避免由各项指标单位不同以及数值的数量级之间的差异所导致的不合理现象的发生，在综合汇总前要去掉指标量纲的影响，即确定指标评价值和实际值之间的函数关系式，把指标实际值转化为可比的无量纲的指标评价值，这个过程就称为评价指标的无量纲化。指标无量纲化的一个基本前提是：在无量纲化前后，各评价对象在某项指标上的排序应保持不变。下面介绍几种常用的指标无量纲化的方法。

1. 相对化处理法。对评价指标进行相对化的无量纲处理，需要事先确定一个对比的基准，然后计算指标实际值与基准值之比，所得结果通常用百分数表示，以此作为指标的评价值。在进行相对化处理之前，必须先对指标类型进行一致化处理，即将逆指标和适度指标转化为正指标，则相对化处理后得到的指标评价值越大越好。

设 x_{ij} 为第 i 个评价对象第 j 个指标的实际值，x_j^* 为第 j 个指标的对比基准值，x_{ij}^* 为经过相对化处理后第 i 个评价对象第 j 个指标的无量纲评价值，则有

$$x_{ij}^* = \frac{x_{ij}}{x_j^*} \quad (i=1, 2, \cdots, n; j=1, 2, \cdots, m) \tag{12.7}$$

式中，对比基准值 x_j^* 可以是衡量事物发展变化的一些特殊指标值，如该指标在各评价对象中的平均值、最大值或该指标的国际先进水平、历史最高水平、计划规定的水平以及指标的基期水平等。

若第 j 个指标为逆指标且未转化为正指标，则相应的相对化处理公式应为

$$x_{ij}^* = \frac{x_j^*}{x_{ij}} \quad (i=1, 2, \cdots, n; j=1, 2, \cdots, m) \tag{12.8}$$

相对化处理的另一种形式是将指标实际值转化为在指标值总和中所占的比重，也称比重法，即以指标值总和作为对比的基准计算指标的评价值，主要公式有

$$x_{ij}^* = \frac{x_{ij}}{\sum_{i=1}^{n} x_{ij}} \quad (j=1, 2, \cdots, m; x_{ij}>0) \tag{12.9}$$

或

$$x_{ij}^* = \frac{x_{ij}}{\sqrt{\sum_{i=1}^{n} x_{ij}^2}} \quad (j=1, 2, \cdots, m) \tag{12.10}$$

式（12.9）适用于各指标实际值均为正数的情况，且评价值之和满足 $\sum_{i=1}^{n} x_{ij}^* = 1$。式（12.10）适用于指标实际值有负值的情况，各评价值之和满足 $\sum_{i=1}^{n} (x_{ij}^*)^2 = 1$。逆指标先取负数，再按式（12.10）无量纲化。

用相对化方法进行无量纲化所得的指标评价值含义明确，便于作出评价。以指标值总和作为对比基准适用于对总量指标进行无量纲化处理，所得的结果表明各被评对象某项指标值在所有评价对象中所占的比重，显然，指标评价值 x_{ij}^* 越大、越接近于 1 越好。而相对指标和平均指标由于求和没有实际意义，因而适宜用平均数、计划数或理想值等作为对比基准，容易看出，$x_{ij}^* > 1$，说明相应的被评价对象在某个评价项目上优于平均水平或超额完成计划等；$x_{ij}^* < 1$，则情况相反。需要注意的是，如果用基期水平作为对比的基准，则衡量的是现象的发展状况，因而只适用于被评价对象自身的历史纵向比较；而用平均数、计划数、最优值等作为比较的基准，则既可在评价对象间进行横向比较，也可进行评价对象自身的纵向比较。无论用什么作为对比的基准，只要是正指标，则 x_{ij}^* 的数值大者为优。但在综合评价时应注意，对所有评价指标应采用同一种对比基准进行无量纲化处理。

2. 功效系数处理法。功效系数处理法是根据多目标规划的原理，对各项评价指标分别确定一对满意值和不允许值，以满意值为上限，以不允许值为下限，分别计算评价对象各项指标接近、达到或超过满意值的程度，即功效系数，并转化为相应的功效评分值，作为指标的评价值。用相对化处理法进行指标无量纲化时存在一个问题，即无法使各指标评价值的变动范围保持一致，这为指标间的比较带来一些不便，而用功效系数法进行无量纲处理可以使指标评价值在我们希望的范围内变化。

一般用 d_{ij} 表示第 i 个评价对象第 j 个指标的功效系数，并以 $M_j = \max\limits_{i} \{x_{ij}\}$ 作为 j 个指标的满意值，$m_j = \min\limits_{i} \{x_{ij}\}$ 作为 j 个指标的不允许值，则

$$d_{ij} = \frac{x_{ij} - m_j}{M_j - m_j} \quad (i = 1, 2, \cdots, n; j = 1, 2, \cdots, m) \tag{12.11}$$

式（12.11）是对正指标而言的功效系数公式，满足 $0 \leq d_{ij} \leq 1$。当 x_{ij} 达到最佳值 M_j 时，$d_{ij} = 1$；当 x_{ij} 达到最差值 m_j 时，$d_{ij} = 0$。x_{ij} 离最佳值 M_j 越近，d_{ij} 越接近于 1；反之，越接近于零。

对于逆指标，如果还未进行正指标化处理，则相应的功效系数计算公式应为

$$d_{ij} = \frac{M_j - x_{ij}}{M_j - m_j} \quad (i = 1, 2, \cdots, n; j = 1, 2, \cdots, m) \tag{12.12}$$

式（12.12）同样满足 $0 \leq d_{ij} \leq 1$。由于逆指标的取值越小越好，所以当 x_{ij} 取得最小值 m_j 时，$d_{ij} = 1$；当 x_{ij} 取得最大值 M_j 时，$d_{ij} = 0$。x_{ij} 离最佳值 m_j 越近，d_{ij} 越接近于 1；反之，越接近于零。

可见，我们可以从 d_{ij} 值的大小来比较评价对象 i 接近第 j 项指标满意值的程度，d_{ij} 值越大越理想。通过式（12.11）和式（12.12）进行无量纲化，当指标实际值达到最差状态时，功效系数值为 0，这可能给指标评价值的综合带来不便，为解决这个问题，可以采用改进的功效系数法，相应的计算公式为

$$正指标：d_{ij} = \frac{x_{ij} - m_j}{M_j - m_j} \times 40 + 60 \quad (i = 1, 2\cdots, n; j = 1, 2, \cdots, m) \tag{12.13}$$

逆指标：$d_{ij} = \dfrac{M_j - x_{ij}}{M_j - m_j} \times 40 + 60 \quad (i = 1, 2, \cdots, n; j = 1, 2, \cdots, m)$ (12.14)

根据改进的功效系数法进行无量纲化，则 d_{ij} 的取值在 60~100 之间，当 x_{ij} 为不允许值时，d_{ij} 等于 60；当 x_{ij} 取满意值时，d_j 等于 100。一般情况下，大部分指标值都处在允许状态至满意状态之间，相应的指标评价值就介于 60~100，这和我们以 60 为及格、100 为满分的评分习惯相符，简明直观，适用性强。

3. 标准化处理法。当评价指标的实际值呈正态分布时，可利用指标的均值和标准差对数据进行标准化处理，使之转化为服从均值为 0、标准差为 1 的标准正态分布的无量纲指标评价值。一般习惯用 z_{ij} 表示第 i 个评价对象第 j 个指标标准化后的评价值，则标准化公式如下

$$z_{ij} = \dfrac{x_{ij} - \bar{x}_j}{\sigma_j} \quad (i = 1, 2, \cdots, n; j = 1, 2, \cdots, m) \quad (12.15)$$

式中，$\bar{x}_j$、σ_j 分别表示第 j 个指标的均值和标准差。

采用标准化法进行指标的无量纲处理，所得的指标评价值 z_{ij} 总是分布在 0 的两侧，当指标实际值大于均值时，所得的评价值大于 0；反之则小于 0。并且实际值离均值越远，所得评价值的绝对值越大。事实上，z_{ij} 的绝对值表明了指标实际值与均值的距离对比平均离差（标准差）的倍数，根据正态分布的理论，指标实际值与均值的离差大于 3 倍标准差的概率仅为 0.27%，即大部分指标评价值 z_{ij} 都落在 [-3, 3] 的区间内。

对正指标而言，z_{ij} 值越大越好。对于逆指标，若未事先正指标化，则可以令

$$z_{ij} = \dfrac{\bar{x}_j - x_{ij}}{\sigma_j} \quad (i = 1, 2, \cdots, n; j = 1, 2, \cdots, m) \quad (12.16)$$

以确保不同指标评价值的类型一致化，便于综合汇总。

标准化处理法与相对化处理法及功效系数法最大的不同在于：第一，它利用了原始数据的所有信息；第二，它要求样本容量较大。

下面举例说明以上三种无量纲处理方法的应用。

【例 12-1】 表 12-1 列出了由社会学家英克尔斯提出的衡量一个国家现代化程度的指标体系，根据《2000 年国际统计年鉴》收集的 1998 年世界 30 多个国家若干指标的数据，分别用三种不同的无量纲方法进行数据预处理。

表 12-1　　　　　　　　　　1998 年世界各国现代化评价指标数据

国别	购买力平价法人均GNP（美元）	农业占GDP比重（%）	第三产业占GDP比重（%）	非农业劳动力占总劳动力比（%）	城市人口占总人口比重（%）	平均预期寿命（岁）	成人识字率（%）	大学生占适龄人口比重（%）	千人拥有医生数（人）
中国	3 051	20.4	30.1	0.525	31.1	70.1	82.8	6	2
中国香港	20 763	0.1	84.1	0.9969	100	78.6	92.9	28	1.3
印度尼西亚	2 407	16.7	39.9	0.5504	38.8	65.5	85.7	7	0.2
日本	23 592	1.9	60.3	0.9473	78.5	80	99	43	1.8

续表

国别	购买力平价法人均GNP（美元）	农业占GDP比重（%）	第三产业占GDP比重（%）	非农业劳动力占总劳动力比重（%）	城市人口占总人口比重（%）	平均预期寿命（岁）	成人识字率（%）	大学生占适龄人口比重（%）	千人拥有医生数（人）
韩国	13 286	5.8	51.2	0.8824	80.4	72.6	97.5	60	1.1
马来西亚	7 699	12.6	42	0.812	55.9	72.2	86.4	11	0.5
菲律宾	3 725	20.6	47.3	0.6012	56.8	68.6	94.8	35	0.6
新加坡	25 295	0.2	65.2	0.9979	100	77.3	91.8	39	1.7
斯里兰卡	2 945	22.4	51.1	0.5843	23	73.3	91.1	5	4.2
泰国	5 524	9.6	49.5	0.4875	21	68.9	95	21	2.9
土耳其	6 594	17.4	54.7	0.5658	72.9	69.3	84	18	1.5
南非	8 296	4.2	62.2	0.86	52.9	53.2	84.6	19	0.6
加拿大	22 814	2.8	64.5	0.9651	76.9	79.1	99	90	2.1
墨西哥	7 450	5.5	68.6	0.8021	74	72.3	90.8	16	1.2
美国	29 240	1.8	62.2	0.9733	76.8	76.8	99	81	2.6
阿根廷	11 728	6	71.8	0.9849	89.3	73.1	96.7	42	2.7
巴西	6 460	8.3	65.6	0.7581	80.1	67	84.5	12	1.3
委内瑞拉	5 706	4.2	62.3	0.8921	86.3	72.6	92	25	2.4
白俄罗斯	6 314	16	44	0.8	70.6	68.1	99.5	44	4.3
保加利亚	4 683	14.5	57	0.87	69	71.3	98.2	41	3.5
捷克共和国	12 197	4.3	58	0.9535	74.6	74.1	99	23	2.9
法国	21 214	2.3	71.5	0.95	75.2	78.2	99	52	2.9
德国	22 026	1.1	44.2	0.9717	87.1	77.3	99	45	3.4
意大利	20 365	2.8	66.4	0.91	66.8	78.3	98.3	43	5.5
荷兰	22 325	3.1	70	0.9681	89.2	78	99	50	2.6
波兰	7 543	5.6	61.6	0.8089	64.8	72.7	99.7	24	2.3
罗马尼亚	5 572	19.5	36.1	0.6003	55.7	70.2	97.9	23	1.8
俄罗斯	6 180	7.5	55.7	0.86	77	66.7	99.5	41	4.6
西班牙	15 960	3.5	25.1	0.9293	77.2	78.1	97.4	51	4.2
英国	20 314	1.8	66.7	0.9835	89.4	77.3	99	50	1.6
乌克兰	3 130	13.8	48.4	0.7388	67.8	69.1	99.6	42	4.5
澳大利亚	21 795	3.2	70.6	0.9524	84.7	78.3	99	76	2.5
新西兰	6 084	6.8	67.2	0.9148	85.6	77.1	99	59	2.1

资料来源：《2000年国际统计年鉴》。

表12-2是用相对化方法无量纲化得到的指标评价值，其中，对比基准值采用的是高收入国家1997年的平均值。评价指标中，农业占GNP的比重取值越小越好，为逆指标，采用式（12.8）进行相对化处理；其余指标用式（12.7）进行相对化处理。如我国人均GNP的评价值 $=\dfrac{3\ 051}{22\ 930}=13.31\%$；我国农业占GNP比重的评价值 $=\dfrac{2}{20.4}=9.8\%$。限于篇幅，表12-2中仅列出部分国家相对化处理后的指标评价值。从表12-2中可以

看出，我国除了平均预期寿命、成人识字率、千人拥有的医生数等少数指标评价值较高外，其余指标评价值均较低，说明我们的现代化水平距国际高标准还有较大的差距。

表 12-2　　　　部分国家利用相对化方法计算的指标评价值 x_{ij}^*

国别	购买力法人均GNP（美元）	农业占GDP比重（%）	第三产业占GDP比重（%）	非农业劳动力占总劳动力比重（%）	城市人口占总人口比重（%）	平均预期寿命（岁）	成人识字率（%）	大学生占适龄人口比重（%）	千人拥有医生数（人）
基准值 x_j^*	22 930	2	63	0.96	76	77	97.5	58	2.5
中国	13.31	9.80	47.78	54.80	40.92	91.04	84.92	10.34	80.00
日本	102.89	105.26	95.71	98.88	103.29	103.90	101.54	74.14	72.00
斯里兰卡	12.84	8.93	81.11	60.99	30.26	95.19	93.44	8.62	168.00
美国	127.52	111.11	113.97	101.60	101.05	99.74	101.54	139.66	104.00
乌克兰	13.65	14.49	76.83	77.12	89.21	89.74	102.15	72.41	180.00

表 12-3 是用改进的功效系数法得到的指标评价值。对于每个评价指标，分别取样本国中的最大值为满意值 M_j，最小值为不允许值 m_j，列于表中前两行；对于正指标和逆指标（本例中为农业占 GNP 比重）分别用式（12.13）和式（12.14）计算指标评价值。如：

我国人均 GNP 的功效系数评分值 $= 40 \times \dfrac{3\,051 - 2\,407}{29\,240 - 2\,407} + 60 = 60.96$

我国农业占 GNP 比重的功效评价值 $= 40 \times \dfrac{24.9 - 20.4}{24.9 - 0.1} + 60 = 67.26$

从表 12-3 改进的功效系数评价分值中同样可以看出，我国除了平均预期寿命、千人拥有的医生数两项指标评价分值高于 70 分外，其余均为 60 多分，与满意值 100 分还相差很远，说明现阶段我国的现代化水平还比较低，而美、日等国的功效系数分值则大部分在 90 分以上，接近满分，说明这两国的现代程度已达到较高水平。

表 12-3　　　　部分国家利用改进的功效系数法计算的指标评价值 d_{ij}

国别	购买力法人均GNP（美元）	农业占GDP比重（%）	第三产业占GDP比重（%）	非农业劳动力占总劳动力比重（%）	城市人口占总人口比重（%）	平均预期寿命（岁）	成人识字率（%）	大学生占适龄人口比重（%）	千人拥有医生数（人）
满意值 M_j	29 240	22.4	84.1	0.9979	100	80	99.7	90	5.5
不允许值 m_j	2 407	0.1	25.1	0.4875	21	53.2	82.8	5	0.2
中国	60.96	63.59	63.39	62.94	65.11	85.22	60.00	60.47	73.58
日本	91.58	96.77	83.86	96.03	89.11	100.00	98.34	77.88	72.08
斯里兰卡	60.80	60.00	77.63	67.59	61.01	90.00	79.64	60.00	90.19
美国	100.00	96.95	91.66	98.07	88.25	95.22	98.34	95.76	78.11
乌克兰	61.08	75.43	75.80	79.69	83.70	83.73	99.76	77.41	92.45

表 12-4 是利用标准化法进行无量纲处理得到的指标评价值。其中的标准差和平均数分别根据表 12-1 中各指标的样本数据计算得出，列于表中前两行。对于正指标和逆指标（本例中为农业占 GNP 比重），分别用式（12.15）和式（12.16）计算各指标的标准化评价值。如：

我国人均 GNP 的功效系数评分值 = $\dfrac{3\,501 - 12\,190.21}{8\,084.72} = -1.12$

我国农业占 GNP 比重的功效评价值 = $\dfrac{8.07 - 20.4}{6.71} = -1.84$

从表 12-4 中的结果可以看出，我国各项指标的标准化评价值均小于零，说明各项指标值均低于被评价各国的平均水平，而且第三产业占 GNP 的比重、城市人口占总人口的比重以及成人识字率等指标的标准化评价值小于 -2，而根据正态分布理论可知，仅有不到 2.5% 的国家这两项指标值处于如此低的水平，可见我们在这两项现代化指标上与发达国家的差距还非常远。而美国所有现代化指标的标准评价值均大于零，说明均高于平均水平，而且人均 GNP 和大学生入学率两项指标的标准评价值均大于 2，说明在这两项指标上，美国处于各国的领先水平，仅有不到 2.5% 的国家超过它。

表 12-4　　　　　部分国家利用标准化法计算的指标评价值 z_{ij}

国别	人均 GNP（美元）	农业占 GDP 比重（%）	第三产业占 GDP 比重（%）	非农业劳动力占总劳动力比重（%）	城市人口占总人口比重（%）	平均预期寿命（岁）	成人识字率（%）	大学生占适龄人口比重（%）	千人拥有医生数（人）
标准差 σ_j	8 084.72	6.71	13.00	0.16	19.45	5.43	5.49	21.08	1.30
平均数 $\bar{x}_j$	12 190.21	8.07	56.82	0.83	70.59	72.89	94.87	37.03	2.41
中国	-1.13	-1.84	-2.06	-1.94	-2.03	-0.51	-2.20	-1.47	-0.31
日本	1.41	0.92	0.27	0.75	0.41	1.31	0.75	0.28	-0.47
斯里兰卡	-1.14	-2.14	-0.44	-1.57	-2.45	0.08	-0.69	-1.52	1.38
美国	2.11	0.94	1.15	0.91	0.32	0.72	0.75	2.09	0.15
乌克兰	-1.12	-0.85	-0.65	-0.58	-0.14	-0.70	0.86	0.24	1.61

从以上三种无量纲处理方法的结果可以看出，不同方法计算所得的指标评价值其含义不同，数值也不一样，但不影响评价对象在各评价指标上的排序。然而，在对各指标评价值进行综合时，不同的无量纲方法可能得出不同的评价结果。一般来说，各种无量纲方法均有其较适用的指标综合评价模型，通常用指标综合法或用 TOPSIS 法进行综合时，多采用相对化方法进行数据无量纲化；用功效系数法进行综合时，采用改进的功效系数计算指标的评价值；而利用多元统计方法进行综合评价时，多用标准化方法进行指标的无量纲处理。

第三节 评价结果的综合

一、几种常用的权重确定方法

对评价指标体系中各指标的实际值 x_{ij} 进行类型一致化和无量纲化处理后,就得到了评价对象各指标的评价值 x'_{ij} (x'_{ij} 表示第 i 个被评价对象第 j 项指标的评价值)。由于不同的评价指标相对于某种评价目的而言,其相对重要性不同,因此,必须对各指标评价值赋予不同的权重系数后再进行综合。用 w_j 表示第 j 项指标的相对重要程度,称之为第 j 项指标的权重系数。w_j 一般用相对数表示,且满足 $0 < w_j < 1$,$\sum_{j=1}^{m} w_j = 1$(m 为评价指标的个数)。指标权重的确定对综合评价结果起着至关重要的作用。相同的综合评价模型,各指标的权重系数取值不同,就可能得出完全不同的评价结果,因此,指标权重的确定需谨慎。

在实际操作中,指标权重的确定主要有两类方法:一类是利用专家或个人的知识和经验来确定,通常称为主观赋权法;另一类通过对评价指标实际观测值的统计分析来确定,不依赖于主观的意见,称之为客观赋权法。

(一)主观赋权法

1. 专家意见法。专家意见法也称德尔菲(Delphi)法①,其特点在于集中专家的经验与意见,确定各指标的权重,并在不断的反馈和修改中得到比较满意的结果。其基本程序是:

(1)准备必要的背景材料,如综合评价的目的、指标体系的构成、样本的选取等供专家确定指标权重时参考,但对背景材料一律不加分析,以免影响专家们的独立思考。

(2)选择对所研究问题有专长和实际工作经验的专家组成专家组,并尽量使专家间彼此不产生影响。

(3)制定征询表,进行反复征询。第一轮,把背景材料和征询表寄给专家,让专家确定各指标的权重;第二轮,用一定的统计方法把第一轮的结果进行汇总整理,把统计分析的信息反馈给专家们,让他们据此审核自己第一轮的意见,可以坚持,也可以修改;第三轮,对专家们第二轮的修改结果进行统计处理并再次反馈给专家们,让他们审核自己第二轮的意见。这种征询工作一般进行三至五轮,当专家们取得大体一致的意见时就停止征询,把最后的征询结果整理出来,确定各指标的权重。

在整个专家征询过程中,对征询结果的统计处理是德尔菲法的重要组成部分,它提供有用的综合信息,揭示专家意见的集中程度和协调程度。在一般的统计处理中,用算

---

① 德尔菲是古希腊神话中可预测未来的阿波罗神殿所在地,美国兰德公司在 20 世纪 40 年代以"德尔菲"为代号,研究如何通过有控制的反馈更为可靠地收集专家意见,德尔菲法由此得名。

术平均数表示每轮专家意见的集中程度,用变异系数表示专家意见的协调程度。设指标体系中有 m 个指标,专家人数为 n,在某轮征询中,用 w_{ij} 表示第 i 个专家赋予第 j 个指标的权重,则

$$\overline{w}_j = \frac{\sum_{i=1}^{n} w_{ij}}{n} \quad (j=1, 2, \cdots, m) \tag{12.17}$$

表示某轮征询中不同的专家对第 j 个指标赋权的平均数,而第 j 个指标权重的变异系数

$$V_{wj} = \frac{\sigma_{wj}}{\overline{w}_j} = \frac{\sqrt{\sum_{i=1}^{n} \frac{(w_{ij} - \overline{w}_j)^2}{n}}}{\overline{w}} \quad (j=1, 2, \cdots, m) \tag{12.18}$$

则表示专家们对第 j 个指标权重意见的协调程度。当各指标权重的变异系数逐轮减少时,说明专家的意见趋于一致;当某一轮征询中变异系数小于给定的标准时,就可以用各位专家对第 j 个指标赋权的平均数 $\overline{w}_j$ 作为该指标在综合评价中的权重 w_j 的估计值。

2. 层次分析法(Analytical Hierarchy Process, AHP)。运用层次分析法确定权数是一种在定性分析基础上结合定量分析的赋权方法。设有 m 个评价指标,它们对某个评价目的的重要程度可以分别用权重系数 w_1, w_2, $\cdots$, w_m 来表示,在这里,权重向量 $w = (w_1, w_2, \cdots, w_m)'$ 是未知的,可以利用层次分析法来求解,具体步骤如下:

(1)建立判断矩阵。将 m 个评价指标关于评价目的的重要程度按表 12-5 所示的比例标度进行两两比较,所得的结果用 a_{ij} 表示,则 a_{ij} 的赋值即表示第 i 个指标与第 j 个指标重要程度之比 (w_i/w_j) 的估计值。将指标重要程度两两比较的结果用矩阵表示,就形成判断矩阵 A,

$$A = \begin{bmatrix} \frac{w_1}{w_1} & \frac{w_1}{w_2} & \cdots & \frac{w_1}{w_m} \\ \frac{w_2}{w_1} & \frac{w_2}{w_2} & \cdots & \frac{w_2}{w_m} \\ \vdots & \vdots & & \vdots \\ \frac{w_m}{w_1} & \frac{w_m}{w_1} & \cdots & \frac{w_m}{w_m} \end{bmatrix} = \begin{bmatrix} a_{11} & a_{12} & \cdots & a_{1m} \\ a_{21} & a_{22} & \cdots & a_{2m} \\ \vdots & \vdots & & \vdots \\ a_{m1} & a_{m2} & \cdots & a_{mm} \end{bmatrix} \tag{12.19}$$

矩阵 A 中的元素满足 $a_{ij} > 0$, $a_{ii} = 1$, $a_{ji} = \frac{1}{a_{ij}}$ ($i, j = 1, 2, \cdots, m$)。第一行的各元素 a_{1j} 分别表示第一个指标与其他指标的相对重要程度之比,其余各行元素的含义依此类推。

严格来说,判断矩阵 A 中的元素还应满足一致性条件,即

$$a_{ij} = a_{ik}/a_{jk} \text{ 或 } a_{ij}a_{jk} = a_{ik} \quad (i, j, k = 1, 2, \cdots, m) \tag{12.20}$$

否则,就可能出现指标 i 比指标 j 重要,指标 j 比指标 k 重要,而指标 i 却比指标 k 不重要的矛盾情况。

在实际操作中,判断矩阵可以用前面介绍的专家意见法确定。让专家根据表 12-5

的赋值标准对评价指标两两间的相对重要程度作出判断,生成判断矩阵 A 的具体数值,以此为基础计算权重向量 w 中各指标的权重系数。

表 12 - 5　　　　　　　　　　　指标间重要性等级比例标度参考表

a_{ij}的赋值标准	指标 i 与指标 j 的重要性等级
1	指标 i 与指标 j 同样重要
3	指标 i 比指标 j 稍微重要
5	指标 i 比指标 j 明显重要
7	指标 i 比指标 j 强烈重要
9	指标 i 比指标 j 极端重要
1/3	指标 i 比指标 j 稍不重要
1/5	指标 i 比指标 j 明显不重要
1/7	指标 i 比指标 j 强烈不重要
1/9	指标 i 比指标 j 极端不重要
2、4、6、8、1/2、1/4、1/6、1/8	指标 i 与指标 j 的相比介于以上两相邻标度之间的情况

(2) 计算权重向量。对判断矩阵 A 中各行元素求几何平均值,得

$$\bar{a}_i = \left(\prod_{j=1}^{m} a_{ij}\right)^{1/m} \quad (i = 1, 2, \cdots, m) \tag{12.21}$$

再对 $\bar{a}_i$($i=1, 2\cdots, m$)进行归一化处理,即可得指标 i 的权重系数,即

$$w_i = \frac{\bar{a}_i}{\sum_{i=1}^{m} \bar{a}_i} \quad (i = 1, 2, \cdots, m) \tag{12.22}$$

显然,$0 < w_i < 1, \sum_{i=1}^{m} w_i = 1$。

证明如下:

由于 a_{ij} 是第 i 个指标与第 j 个指标重要程度之比(w_i/w_j)的估计值,因此式 (12.21) 可表示为

$$\bar{a}_i = \left(\prod_{j=1}^{m} a_{ij}\right)^{1/m} = \left(\frac{w_i}{w_1} \times \frac{w_i}{w_2} \times \cdots \times \frac{w_i}{w_m}\right)^{1/m} = \frac{w_i}{\sqrt[m]{w_1 w_2 \cdots w_m}} \tag{12.23}$$

则

$$\frac{\bar{a}_i}{\sum_{i=1}^{m} \bar{a}_i} = \frac{\frac{w_i}{\sqrt[m]{w_1 w_2 \cdots w_m}}}{\sum_{i=1}^{m} \frac{w_i}{\sqrt[m]{w_1 w_2 \cdots w_m}}} = \frac{\frac{w_i}{\sqrt[m]{w_1 w_2 \cdots w_m}}}{\frac{w_1 + w_2 + \cdots + w_m}{\sqrt[m]{w_1 w_2 \cdots w_m}}} = \frac{w_i}{w_1 + w_2 + \cdots w_m} \tag{12.24}$$

因为各指标的权重系数之和等于 1,所以式 (12.24) 等价于

$$\frac{\bar{a}_i}{\sum_{i=1}^{m} \bar{a}_i} = \frac{w_i}{w_1 + w_2 + \cdots + w_m} = w_i \quad (i = 1, 2, \cdots, m)$$

则式（12.22）得证。

【例 12-2】 假设某项综合评价项目的评价指标体系包含 4 个指标，分别用 x_1，x_2，x_3，x_4 表示，要求用层次分析法求各指标的权重 w_1，w_2，w_3，w_4。

解：假设通过德尔菲法得到的判断矩阵如下：

$$A = \begin{bmatrix} 1 & 2 & 1/2 & 3 \\ 1/2 & 1 & 1/4 & 3/2 \\ 2 & 4 & 1 & 6 \\ 1/3 & 2/3 & 1/6 & 1 \end{bmatrix} \quad (12.25)$$

其中，矩阵第一行元素表示指标 x_1 的重要程度是其他指标重要程度的倍数，第二行元素表示指标 x_2 的重要程度是其他指标重要程度的倍数，依此类推。容易验证，式（12.25）的矩阵满足式（12.20）的一致性条件。

根据式（12.21）$\bar{a}_i = (\prod_{j=1}^{m} a_{ij})^{1/m}$ 求矩阵 A 中各行元素的几何平均数，得

$$\bar{a}_1 = \sqrt[4]{1 \times 2 \times \frac{1}{2} \times 3} = 1.316$$

$$\bar{a}_2 = \sqrt[4]{\frac{1}{2} \times 1 \times \frac{1}{4} \times \frac{3}{2}} = 0.658$$

$$\bar{a}_3 = \sqrt[4]{2 \times 4 \times 1 \times 6} = 2.632$$

$$\bar{a}_4 = \sqrt[4]{\frac{1}{3} \times \frac{2}{3} \times \frac{1}{6} \times 1} = 0.439$$

再根据式（12.22）对 $\bar{a}_i$（$i = 1, 2, \cdots, m$）进行归一化处理，即可得 x_i 的权重系数，即

$$w_1 = \frac{\bar{a}_1}{\sum_{i=1}^{m} \bar{a}_i} = \frac{1.316}{5.045} = 0.261$$

$$w_2 = \frac{\bar{a}_2}{\sum_{i=1}^{m} \bar{a}_i} = \frac{0.658}{5.045} = 0.130$$

$$w_3 = \frac{\bar{a}_3}{\sum_{i=1}^{m} \bar{a}_i} = \frac{2.632}{5.045} = 0.522$$

$$w_4 = \frac{\bar{a}_4}{\sum_{i=1}^{m} \bar{a}_i} = \frac{0.439}{5.045} = 0.087$$

则 x_1，x_2，x_3，x_4 4 个指标的权重分别为 0.261，0.130，0.522，0.087。

专家意见法和层次分析法都属于主观赋权的范畴。层次分析法虽然是个定量的求解过程，但其判断矩阵仍建立在主观判断的基础上，而且是整个求解权重向量过程的关键。由主观赋权法确定出的权重系数真实与否，在很大程度上取决于专家的知识、经验

和偏好，为了避免权重的确定受到这种主观因素的影响，我们下面介绍另一种赋权方法：客观赋权法。

（二）客观赋权法

客观赋权法是根据对各评价指标的实际观测值进行统计分析，从中提取有用的信息来判别指标的效用价值从而确定指标权数的方法。如根据某一指标观测值差异程度的大小来确定该指标的权重，通过考虑某指标与其他指标间的相关程度或某指标观测数据的可靠性程度来对指标赋权等。比较常用的一类客观赋权法的基本思想是：某指标的权重即指标在评价过程中的重要程度应是该指标在各个被评价对象中取值的变异程度的度量。如果一个指标对所有被评价对象而言取值相差不大，那么该指标所能提供的评价信息就是极少的，其重要性就相对下降，因为对被评价对象来说，有没有这个指标，对评价结果的影响非常小。在更极端的情况下，如果某项评价指标对所有被评价对象而言是完全相同的，则无法区分优劣，那么该指标对评价结果就不起任何作用。相反，如果某项指标对被评价对象而言完全不同，而且差异较大，那么该指标就能做到完全区分被评价对象，从而其对评价结果的重要程度也就大大提高了。熵值法和变异系数法就是以上述思想为基础来确定指标权数的。

1. 熵值法。在信息论中，熵是对系统不确定性的一种度量，在工程技术、社会经济理论中得到应用，可以用来衡量总体离散程度的大小。当系统处于 n 种不同状态，每种状态出现的概率为 p_i （$i = 1, 2, \cdots, n$）时，该系统的熵定义为

$$e = -\sum_{i=1}^{n} p_i \ln p_i \quad (0 \leq p_i \leq 1, \sum p_i = 1) \tag{12.26}$$

当系统的 n 种不同状态以等概率出现时，$p_i = 1/n$ （$i = 1, 2, \cdots, n$），此时，熵值最大，$e = \ln n$；当系统只有一种状态出现时，$p_i = 1$，此时，熵值最小，$e = 0$。

我们可以利用式（12.26）的熵值公式来判断某个指标的变异程度，变异程度越大，说明该指标提供的评价信息越多，对综合评价的影响就越大，就应赋予越大的权数。假设有 n 个被评价对象，m 个评价指标，则用熵值法确定指标权数的步骤如下：

（1）分别计算 n 个被评价对象在第 j 项指标下取值的比重

$$p_{ij} = x_{ij} / \sum_{i=1}^{n} x_{ij} \quad (i = 1, 2, \cdots, n)(x_{ij} \geq 0, \sum_{i=1}^{n} x_{ij} > 0) \tag{12.27}$$

若某个指标的取值出现负数，则应先进行非负化处理，可以对每个指标值进行平移，如加上一个大于最小负值绝对数的正数保证指标值大于零，由于我们的目的是体现指标值之间的差异，所以对指标值平移后不会影响对差异的衡量。为方便起见，仍记非负化后的指标值为 x_{ij}。

（2）计算第 j 项指标的熵值。式（12.27）中，p_{ij} 满足 $0 \leq p_{ij} \leq 1$，$\sum p_{ij} = 1$ （$i = 1, 2, \cdots, n$），因此可以利用式（12.26）稍加改进，计算第 j 项指标的熵值

$$e_j = -k \sum_{i=1}^{n} p_{ij} \ln p_{ij} \quad (\text{取 } k = 1/\ln n, \text{ 为常数})(j = 1, 2, \cdots, m) \tag{12.28}$$

当所有被评价对象在第 j 项指标上的取值 x_{ij} （$i = 1, 2, \cdots, n$）完全相等、没有差异时，

各评价对象在第 j 项指标下取值的比重相等,即 $p_{ij}=1/n$,此时,第 j 项指标的熵值取到最大值,即 $e_j = k\ln n = 1$;当被评价对象在指标 j 下的取值差异越大,即 p_{ij}($i=1,2,\cdots,n$)的差别越大时,相应的熵值越小。

(3)计算指标 x_j 的差异性系数。对于第 j 项指标,各评价对象的指标值 x_{ij} 的差异越大,熵值 e_j 就越小,该指标对综合评价的作用就越大。因此定义差异性系数

$$g_j = 1 - e_j \quad (j=1,2,\cdots,m) \tag{12.29}$$

则 g_j 越大,说明第 j 项指标对综合评价结果的影响越大,应赋予越大的权重。

(4)确定指标权重。对各评价指标的差异性系数进行归一化处理,即得各指标的权重系数:

$$w_j = \frac{g_j}{\sum_{j=1}^{m} g_j} \quad (j=1,2,\cdots,m) \tag{12.30}$$

显然,差异性系数 g_j 越大的指标,其权重系数 w_j 也越大,归一化处理是为了满足 $\sum_{i=1}^{n} w_i = 1$。

【例 12-3】 根据表 12-1 中的数据,用熵值法确定各指标的权重。

(1)计算各指标实际值之和 $\sum_{i=1}^{n} x_{ij}(j=1,2,\cdots,m)$,所得结果列于表 12-6 中第二行。其中,指标人口自然增长率的取值出现负值,先对其进行非负化处理,把每个国家的数值加 10 后再求总值,表中数据是非负化后的结果。

(2)对每个指标分别计算各国指标值的比重 p_{ij} 及其自然对数 $\ln(p_{ij})$,再求各国比重与自然对数乘积之和 $\sum_{i=1}^{n} p_{ij}\ln(p_{ij})$ ($j=1,2,\cdots,m$),见表 12-6 中第三行。

(3)表 12-1 中所列国家个数为 33,因此取 $k = 1\ln n = 1\ln 33 = 0.286$,再根据式(12.28)计算各指标的熵值 e_j,如第一个指标人均 GNP 的熵值为

$$e_1 = -k \sum_{i=1}^{n} p_{i1}\ln p_{i1} = -0.286 \times (-3.277) = 0.937$$

同理,可计算其余 9 个指标的熵值,结果见表 12-6 第四行。

(4)计算各指标的差异性系数 $g_j = 1 - e_j$ ($j=1,2,\cdots,m$),结果列于表中第五行。可以看出,购买力平价人均 GNP 与农业占 GDP 比重两项指标的差异性最大,而平均预期寿命和成人识字率两项指标的差异性非常小,说明各国在这两指标上已非常接近。因此,在进行现代化水平综合评价时,更应考虑各国水平差距大的指标。

(5)对各国的差异性系数进行归一化处理,所得结果即为各指标的权重,见表 12-6 最后一行。

对计算出的权重进行分析,购买力平价人均 GNP、农业占 GDP 比重及大学生占适龄人口比重三个指标的权重之和已接近 75%,而平均预期寿命和成人识字率两项指标的权重之和仅为 5%,这个结果是符合客观实际的。英克尔斯的这十项现代化指标是在 20 世纪 70 年代提出的,随着时间推移、社会进步,世界各国的平均寿命和成人识字率已大大提高,并且水平相差无几,因此,这两指标在

表 12-6　　　　　　　　用熵值法确定的现代化评价指标权重

	购买力法人均 GNP（美元）	农业占 GDP 比重（%）	第三产业占 GDP 比重（%）	非农业劳动力占总劳动力比重（%）	城市人口占总人口比重（%）	平均预期寿命（岁）	成人识字率（%）	大学生占适龄人口比重（%）	千人拥有医生数（人）
$\sum_{i=1}^{n} x_{ij}$	402 277	266.3	1 875.1	27.397 6	2 329.4	2 405.3	3 130.7	1 222	79.4
$\sum_{i=1}^{n} p_{ij}\ln(p_{ij})$	-3.277	-3.154	-3.469	-3.477	-3.452	-3.494	-3.495	-3.328	-3.343
e_j	0.937	0.902	0.992	0.995	0.987	0.999	0.999 5	0.952	0.956
g_j	0.063	0.098	0.008	0.005	0.013	0.001	0.000 5	0.048	0.044
w_j	0.225	0.350	0.029	0.020	0.045	0.003	0.002	0.172	0.156

当代的现代化水平评价中，特别是在我们所选的样本国之间进行现代化水平评价时所占的重要程度就应明显下降；而在购买力平价人均 GNP、农业占 GDP 比重及大学生占适龄人口比重这三项指标上，各国差距仍较大，说明这三项指标仍是实现现代化需要努力的目标，因此，在现代化水平评价中赋予较大的权重是合理的。

2. 变异系数法。变异系数法也是一种根据各项指标观测值所提供的信息量大小来确定指标权数的方法。变异系数是指标的标准差与均值之比，反映各指标值相对于均值的平均变化幅度，是用来衡量各指标值变异程度的主要指标。用变异系数法确定各指标权重的一般步骤如下：

（1）分别计算第 j 个指标在 n 个被评价对象中取值的平均数和标准差

$$\bar{x}_j = \frac{\sum_{i=1}^{n} x_{ij}}{n} \quad (j=1, 2, \cdots, m) \tag{12.31}$$

$$\sigma_j = \sqrt{\frac{\sum_{i=1}^{n}(x_{ij} - \bar{x}_j)^2}{n}} \quad (j=1, 2, \cdots, m) \tag{12.32}$$

（2）分别计算第 j 个指标的变异系数

$$V_j = \frac{\bar{x}_j}{\sigma_j} \quad (j=1, 2, \cdots, m) \tag{12.33}$$

（3）对各指标的变异系数进行归一化处理，即得各指标的权重系数

$$w_j = \frac{V_j}{\sum_{j=1}^{m} V_j} \quad (j=1, 2, \cdots, m) \tag{12.34}$$

显然，变异系数大的指标，相应的权重赋值也较大，体现了变异程度大、提供信息多的指标在综合评价中的重要程度也较大。

【例 12-4】　根据表 12-1 中的数据，用变异系数法确定各指标的权重。

根据式（12.31）至式（12.34）所列的步骤计算各指标的权重，结果列于表 12-7 中。

表 12 - 7　　　　　　　　用变异系数法确定的现代化评价指标权重

	购买力法人均 GNP（美元）	农业占 GDP 比重（%）	第三产业占 GDP 比重（%）	非农业劳动力占总劳动力比重（%）	城市人口占总人口比重（%）	平均预期寿命（岁）	成人识字率（%）	大学生占适龄人口比重（%）	千人拥有医生数（人）
$\bar{x}_j$	12 190.21	8.07	56.82	0.83	70.59	72.89	94.87	37.03	2.41
σ_j	8 084.72	6.71	13.00	0.16	19.45	5.43	5.49	21.08	1.30
V_j	0.663	0.831	0.229	0.189	0.276	0.075	0.058	0.569	0.539
w_j	0.193	0.242	0.067	0.055	0.080	0.022	0.017	0.166	0.157

与熵值法相比，用变异系数法确定的权重数值虽然不一样，但同样体现了在各国间差异较大的购买力平价人均 GNP、农业占 GDP 比重及大学生占适龄人口比重等指标在评价中较其他指标的相对重要性，而各国间差异较小的平均预期寿命和成人识字率两项指标同样被赋予较小的权重。这说明两种赋权法都是根据指标所提供评价信息的多少来确定评价指标的相对重要程度，所得结果较客观、科学。

通过上面的例子可以看出，客观赋权法正是通过实际的样本观测数据来确定指标权重的，从而避免了主观赋权法可能产生的随意性。但应该注意到，对于同一个评价指标体系，若选取的样本（被评价对象）不一样，或者说增加了新的评价对象，则由于数据的不同，即使用同一种客观赋权法，也可能得出不同的赋权结果，这就使得不同条件下得出的评价结果不具有可比性。

二、评价结果的综合

评价结果的综合就是要通过一定的数学模型把评价对象多个指标的评价值合成一个整体性的综合评价值，以便对评价对象作出综合评判。概括地说，就是要构造综合评价模型

$$y_i = f(w, x_i) \quad (i = 1, 2, \cdots, n) \tag{12.35}$$

式中，y_i 为第 i 个被评价对象的综合评价值，$w = (w_1, w_2, \cdots, w_m)'$ 为 m 个指标的权重向量，$x_i = (x_{i1}, x_{i2}, \cdots, x_{im})'$ $(i = 1, 2, \cdots, n)$ 为第 i 个被评价对象 m 个指标的评价值向量（经过指标类型一致化和无量纲化处理）。则根据 y_i 值的大小，可以对被评价对象的整体状况进行综合评价，也可在评价对象间进行排序或分类。

综合评价模型有多种，本书仅介绍几种常规的综合方法。

（一）算术加权综合法

算术加权综合法也称加法模型，是指对各指标评价值进行加权算术平均求综合评价值，即

$$y_i = \sum_{j=1}^{m} w_j x_{ij} \quad (i = 1, 2, \cdots, n) \tag{12.36}$$

式中，y_i 为第 i 个被评价对象的综合评价值；w_j 是第 j 个指标的权重，满足 $0 < w_j < 1$，

$\sum_{j=1}^{m} w_j = 1$；x_{ij} 是经过指标类型一致化和无量纲化处理后的指标评价值。如果指标评价值 x_{ij} 都正指标化了，则综合评价值 y_i 越大越好，可以通过各评价对象 y_i 值的大小进行评判。

算术加权综合法具有两个重要的特性：首先，该方法更适用于各评价指标间相互独立的场合，若指标间不独立，则加权求和的结果必然导致各指标所提供的评价信息的重复，也就难以反映客观实际；其次，用该方法求综合评价值可使各指标评价值间得到线性补偿，即只要有一个指标评价值足够大，而不管其他指标评价值的大小，都可以使最终的综合评价结果取得较理想的数值，这可能导致综合评价结果无法准确反映评价对象的均衡发展状况。

（二）几何加权综合法

几何加权综合法也称乘法模型，是指对各指标评价值进行加权几何平均求综合评价值，即

$$y_i = \sqrt[\sum w_j]{\prod_{j=1}^{m} x_{ij}^{w_j}} = \prod_{j=1}^{m} x_{ij}^{w_j} \quad (i = 1, 2, \cdots, n) \tag{12.37}$$

式中，$\sum_{j=1}^{m} w_j = 1$。若指标评价值 x_{ij} 都正指标化了，则综合评价值 y_i 越大越好。

相对于算术加权综合法，几何加权综合法的适用场合正好相反，它适用于各指标间有较强关联的场合，这是由乘积运算的性质所决定的；另外，几何加权综合法中更突出评价指标中评价值小的指标的作用，只要有一个指标评价值接近于零，则无论其他评价值有多大，则被评价对象的综合评价值也将迅速趋于零，这说明几何加权综合法更能体现被评价对象整体均衡发展的状况。

下面我们通过一个具体的例子来说明两种指标综合方法的应用。

【例 12-5】 分别用算术加权综合法和几何加权综合法，对表 12-2 中用相对化法得到的指标评价值和表 12-3 中用功效系数法得到的指标评价值进行综合，求表中五国现代化水平的综合评价值，并进行比较（在此例中我们采用表 12-7 中用变异系数法确定的指标权重进行加权）。

表 12-2 中各国的指标评价值是以高收入国家各指标的平均值作为基准对比得来的，因此，最后综合的结果也就说明了各国现代化水平相对于高收入国家现代化水平的实现程度。表 12-3 中各国的指标评价值是用改进的功效系数法计算得来的，以分值表示，因此最后的综合结果也用分值表示，介于 60~100，60 分为不满意状态，100 分为满意状态。

以中国为例，对表 12-2 中的相对化指标评价值进行算术加权平均，得 $y_{中国}$ = 13.31% × 0.193 + 9.8% × 0.242 + ⋯ + 10.34% × 0.166 + 80% × 0.157 = 32.15%，说明我国的现代化综合水平仅达到发达国家平均水平的 32.15%，处于较低的水平。

根据表 12-3 中我国的功效系数评价值进行几何加权平均求综合评价值，得

$y_{中国} = 60.96^{0.193} \times 63.59^{0.242} \times 63.39^{0.067} \times \cdots \times 60.47^{0.166} \times 73.58^{0.157} = 64.15(分)$

同样说明了我国的现代水平距理想状态 100 分的差距还很远。

其余各国的综合评价值依次列于表 12 – 8 中,从表中五国的综合评价结果看,两种指标无量纲法和两种指标综合法都得出了相同的现代化水平排序结果,说明我国目前的现代化程度还处于较低水平,与世界先进水平的差距还较大。

表 12 – 8　　　　　　　　部分国家现代化水平综合评价结果

国别	相对化指标评价值的算术加权综合评价值 y_i	排名	功效系数指标评价值的几何加权综合评价值 y_i	排名
中国	32.15%	5	64.15 分	5
日本	93.07%	2	86.42 分	2
斯里兰卡	47.34%	4	66.40 分	4
美国	116.24%	1	92.65 分	1
乌克兰	66.66%	3	76.18 分	3

读者可以根据表 12 – 1 中的数据,用不同的无量纲法和指标综合方法分别计算世界其他国家的现代化综合评价值,并比较各种方法的综合评价结果。

(三) TOPSIS 综合评价法

TOPSIS 法(Technique for Order Preference by Similarity to Ideal Solution)也称理想点法,其基本思想是:将被评价对象看成是由反映其整体状况的多个指标值在高维空间中决定的一个点,综合评价问题就转化成对各评价对象在高维空间中所对映点的评价或排序,这就需要事先确定一个参考点,以此为标准对各评价对象所对映点的优劣作出评价。通常,参考点有正理想点和负理想点之分,距离正理想点越近越好,距离负理想点越远越好,可以通过衡量评价对象的对映点与正理想点的相对接近度来对被评价对象的综合状况作出评判。基本步骤如下:

1. 对指标实际值预处理求指标评价值,TOPSIS 法一般用式(12.10)的相对化方法进行指标的无量纲化,即

$$x_{ij}^* = \frac{x_{ij}}{\sqrt{\sum_{i=1}^{n} x_{ij}^2}} \quad (j = 1, 2, \cdots, m)$$

若 x_{ij} 为逆指标,则取负数正指标化后再按上式进行无量纲处理。

2. 对各指标评价值加权,令

$$u_{ij} = w_j x_{ij}^* \quad (i = 1, 2, \cdots, n; j = 1, 2, \cdots, m) \tag{12.38}$$

式中,u_{ij} 为第 i 个被评价对象第 j 项指标的加权评价值,w_j 为第 j 项指标的权重。

3. 确定参考点:正理想点和负理想点。如果指标都已正指标化,则可以用各指标加权评价值中的最大值构成正理想点,以各指标加权评价值中的最小值构成负理想点,分别用 u^+ 和 u^- 表示,即

$$u^+ = (u_1^+, u_2^+, \cdots, u_m^+)$$
$$u^- = (u_1^-, u_2^-, \cdots, u_m^-) \tag{12.39}$$

其中

$$u_j^+ = \max_{1 \leq i \leq n} \{u_{ij}\}$$
$$u_j^- = \min_{1 \leq i \leq n} \{u_{ij}\}, \quad (j = 1, 2, \cdots, m) \tag{12.40}$$

4. 分别计算各评价对象对映点到正理想点和负理想点的距离及评价对象对映点到正理想点的相对接近度。一般采用欧式距离，即

$$D_i^+ = \sqrt{\sum_{j=1}^m (u_{ij} - u_j^+)^2} \quad (i = 1, 2, \cdots, n) \tag{12.41}$$

$$D_i^- = \sqrt{\sum_{j=1}^m (u_{ij} - u_j^-)^2} \quad (i = 1, 2, \cdots, n) \tag{12.42}$$

式中，D_i^+ 表示第 i 个被评价对象对映点到正理想点的距离，D_i^+ 值越小越好，表明第 i 个被评价对象对映点距离正理想点越近；D_i^- 表示第 i 个被评价对象对映点到负理想点的距离，D_i^- 值越大越好，表明第 i 个被评价对象对映点距离负理想点越远。因此，可以用评价对象对映点与正理想点的相对接近度来衡量评价对象综合表现的优劣，用公式表示为

$$y_i = \frac{D_i^-}{D_i^+ + D_i^-} \quad (i = 1, 2, \cdots, n) \tag{12.43}$$

式中，y_i 表示第 i 个评价对象与正理想点的相对接近度。从公式可以看出，y_i 值越大，表明第 i 个评价对象与负理想点的相对距离越远，从而与正理想点的相对接近度越大，说明被评价对象的综合表现越好。

【例 12 - 6】 根据表 12 - 1 中 33 个国家的现代化指标数据，用 TOPSIS 法对部分国家的现代化综合水平作出评价。

（1）用式（12.10）对数据进行无量纲化，33 个样本国各指标的 $\sqrt{\sum_{i=1}^{33} x_{ij}^2}$ 列于表 12 - 9 中的第二行，作为指标相对化处理的对比基准。表 12 - 9 中仅列出五个国家的指标实际值进行相对化处理后的指标评价值 x_{ij}^*，所得结果见表 12 - 9 中第三至第七行。其中，指标农业占 GDP 比重是逆指标，则先取负值再进行相对化处理，如：

我国的农业占 GDP 比重的评价值 $= \dfrac{-20.4}{60.271} = -0.338$。

（2）利用表 12 - 7 中变异系数法确定的权重对各指标评价值加权，如用变异系数法确定的农业占 GDP 比重的权重为 0.242，则我国该指标的加权评价值为：0.242 × (-0.338) = -0.0819。限于篇幅，表 12 - 9 中仅列出五个国家各指标的加权评价值 u_{ij}。

（3）根据计算出的各指标的加权评价值，取 33 个国家中各指标加权评价值的最大值组成正理想点，最小值组成负理想点，分别列于表 12 - 9 中最后两行。

（4）根据表 12 - 9 中五个国家的加权评价值 u_{ij}，用公式（12.41）到式（12.43），分别求各国的样本点到正理想点和负理想点的距离，并求各国样本点与正理想点的相对

接近程度 y_i。以中国为例：

$D^+ = \sqrt{(0.007-0.0672)^2 + (-0.0819+0.0004)^2 + \cdots + (0.02-0.055)^2} = 0.1227$

$D^- = \sqrt{(0.007-0.0055)^2 + (-0.0819+0.0899)^2 + \cdots + (0.02-0.002)^2} = 0.0199$

$$y_i = \frac{D_i^-}{D_i^+ + D_i^-} = \frac{0.0199}{0.1227 + 0.0199} = 0.1396$$

表 12-9　　　　　　　TOPSIS 法进行各国现代化水平综合评价计算表

	国别	购买力法人均GNP（美元）	农业占GDP比重（%）	第三产业占GDP比重（%）	非农业劳动力占总劳动力比重（%）	城市人口占总人口比重（%）	平均预期寿命（岁）	成人识字率（%）	大学生占适龄人口比重（%）	千人拥有医生数（人）
对比基准	$\sqrt{\sum_{i=1}^{33} x_{ij}^2}$	84 028.629	60.271	334.849	4.854	420.608	419.869	545.895	244.782	15.704
指标评价值 x_{ij}^*	中国	0.036	-0.338	0.090	0.108	0.074	0.167	0.152	0.025	0.127
	日本	0.281	-0.032	0.180	0.195	0.187	0.191	0.181	0.176	0.115
	斯里兰卡	0.035	-0.372	0.153	0.120	0.055	0.175	0.167	0.020	0.267
	美国	0.348	-0.030	0.214	0.201	0.183	0.183	0.181	0.331	0.166
	乌克兰	0.037	-0.229	0.145	0.152	0.161	0.165	0.182	0.172	0.287
加权指标评价值 u_{ij}	中国	0.0070	-0.0819	0.0060	0.0059	0.0059	0.0033	0.0026	0.0041	0.0200
	日本	0.0542	-0.0076	0.0121	0.0107	0.0149	0.0038	0.0031	0.0292	0.0180
	斯里兰卡	0.0068	-0.0899	0.0102	0.0066	0.0044	0.0035	0.0028	0.0034	0.0420
	美国	0.0672	-0.0072	0.0144	0.0110	0.0146	0.0037	0.0031	0.0549	0.0260
	乌克兰	0.0072	-0.0554	0.0097	0.0084	0.0129	0.0033	0.0031	0.0285	0.0450
正理想点 u^+		0.0672	-0.0004	0.0168	0.0113	0.0190	0.0038	0.0031	0.0610	0.0550
负理想点		0.0055	-0.0899	0.0050	0.0055	0.0040	0.0025	0.0026	0.0034	0.0020

其余四国的相关计算结果见表 12-10。

表 12-10

国别	D_i^+	D_i^-	$D_i^+ + D_i^-$	$y_i = \dfrac{D_i^-}{D_i^+ + D_i^-}$	排序
中国	0.1227	0.0199	0.1426	0.1396	5
日本	0.0514	0.1013	0.1527	0.6633	2
斯里兰卡	0.1242	0.0404	0.1646	0.2453	4
美国	0.0308	0.1188	0.1496	0.7940	1
乌克兰	0.0888	0.0615	0.1503	0.4092	3

从表 12-10 中的计算结果可以看出，中国现代化水平的样本点距正理想点的相对接近度只有 0.1396，说明现代化综合水平还很低，与先进水平的差距还很大；而美国距正理想点的相对接近度近 0.8，说明其现代化发展已达到较高的水平。表 12-10 中用 TOP-SIS 法对五国现代化综合水平的排序与我们前面用加权平均综合法的排序一致，读者也可用 TOPSIS 法对表 12-1 中其他国家的现代化综合水平进行评价。

除了本书介绍的基本方法外，其他领域的相关知识也不断渗入，使多指标综合评价方法不断丰富：如模糊数学在综合评价中得到了成功应用，产生了特别适合于对主观或定性指标进行评价的模糊综合评价方法；多元统计分析中的主成分分析、因子判别分析、聚类分析等方法为解决综合评价中各指标间信息重复的问题提供了可能性，也得到了广泛应用；灰色系统理论也渗透到综合评价中来，认为人们对被评价对象的认识具有灰色性，即信息的不完全性和不确定性，因而产生了借助灰色系统理论来研究综合评价问题的灰色关联分析法；另外，运筹学的新发展产生了将投入与产出指标分离开来评价部门间相对效率的数据包络分析法，特别能有效处理多种投入、多种产出指标的综合评价问题。限于篇幅，本书不展开介绍，读者可参阅相关的书籍。

虽然到目前为止已经出现了多种综合评价方法，但这并不意味着综合评价方法和理论已十分完善，还有不少问题尚待解决。比如，如何针对不同的评价准则和评价对象的特点来选择合适的综合评价方法？针对同一评价问题，用不同的评价方法会得到不同的结果，如何解释？如何判别不同方法对不同问题的优劣？如何衡量综合评价结果的客观准确性？这些都是综合评价问题中需要进一步探索和研究的内容。

思考与练习

一、选择题

1. 以下反映人民生活质量现代化的指标中，逆指标有（　　）。
   A. 城镇居民人均生活消费　　　　　　B. 城镇居民的恩格尔系数
   C. 城镇登记失业率　　　　　　　　　D. 居民收入的基尼系数
   E. 城镇居民中 20% 高收入户的平均收入与 20% 低收入户平均收入之比

2. 若评价指标体系中指标的取值允许出现负值，则可以采用的无量纲公式有（　　）。

   A. $x_{ij}^* = \dfrac{x_j^*}{x_{ij}}$　　　B. $x_{ij}^* = \dfrac{x_{ij}}{\sqrt{\sum\limits_{i=1}^{n} x_{ij}^2}}$　　　C. $x_{ij}^* = \dfrac{x_{ij}}{\sum\limits_{i=1}^{n} x_{ij}}$

   D. $z_{ij} = \dfrac{x_{ij} - \bar{x}_j}{\sigma_j}$　　　E. $d_{ij} = \dfrac{M_j - x_{ij}}{M_j - m_j}$

3. 用相对化方法进行指标的无量纲化，若要在评价对象间进行纵向比较，则可以用做对比基准的有（　　）。

A. 指标的平均值　　　　　　　　　　B. 指标的计划数
C. 指标的最优值　　　　　　　　　　D. 评价对象的基期水平

4. 以下关于指标评价值综合方法的说法中，正确的有（　　）。
A. 算术加权综合法适用于各评价指标间相互独立的场合
B. 几何加权综合法适用于各评价指标间关联性较强的场合
C. 算术加权综合法更能反映被评价对象的均衡发展的状况
D. 几何加权综合法更能反映被评价对象的均衡发展的状况
E. 不同的综合评价方法所得出的评价结果相同

二、计算题

1. 假设有四个反映现象同一侧面的同类指标，现根据历史资料建立相关系数矩阵如下，试根据相关系数矩阵从四个指标中选取一个典型的代表性指标。

指标	1	2	3	4
1	1	0.85	0.81	0.72
2		1	0.55	0.56
3			1	0.62
4				1

2. 设某评价指标体系包含三个主要指标 X_1, X_2, X_3，专家给出的判断矩阵如下所示，试根据 AHP 法确定各指标权重系数。

$$A = \begin{bmatrix} 1 & 1/2 & 1/3 \\ 2 & 1 & 2/3 \\ 3 & 3/2 & 1 \end{bmatrix}$$

3. 下表是根据《2000 年国际统计年鉴》中 1998 年世界 30 多个国家若干现代化指标数据计算的相关指标，其中 x_j^* 为高收入国家 1997 年平均值。试对香港和美国的现代化综合水平作出比较。

	购买力法人均 GNP（美元）	农业占 GDP 比重（%）	第三产业占 GDP 比重（%）	非农业劳动力占总劳动力比重（%）	城市人口占总人口比重（%）	平均预期寿命（岁）	成人识字率（%）	大学生占适龄人口比重（%）	千人拥有医生数（人）
$\bar{x}_j$	12 190.21	8.07	56.82	0.83	70.59	72.89	94.87	37.03	2.41
σ_j	8 084.72	6.71	13.00	0.16	19.45	5.43	5.49	21.08	1.30
x_j^*	22 930	2	63	0.96	76	77	97.5	58	2.5
香港	20 763	0.1	84.1	0.9969	100	78.6	92.9	28	1.3
美国	29 240	1.8	62.2	0.9733	76.8	76.8	99	81	2.6

附录一

Excel 在统计中的应用

第一节　Excel 简介与基本操作

一、Excel 简介

Microsoft Excel 是美国微软公司 Microsoft Office 桌面办公软件的重要组成部分，它是一个用来组织、计算和分析数据的通用电子表格软件。Excel 有多种版本，不同版本的界面和功能有所不同。本书介绍的是最新的作为 Office 2010 版本组件的 Excel。

由于和 Windows 操作系统的良好结合，Excel 的普及面广，易于操作。作为一个通用的电子表格软件，除了其普及面广、易于操作的特性外，Excel 还有如下一些特性使其适于完成一般的统计分析任务：

1. 分析工具库。Excel 专门提供了一组数据分析工具，只需提供必要的数据和参数，该工具就会输出相应的结果。这一特性使 Excel 具备了专业统计分析软件的某些功能。

2. 图表功能。Excel 强大的图表功能可以让我们方便地画出各种统计图形，如直方图、散点图等。

3. 公式与函数。Excel 具有很强的公式功能以及丰富的数学、统计函数。对于没有现成分析工具的统计分析任务，可以综合应用 Excel 的公式和函数来完成。

4. VBA 编程。在 Excel 中可以使用 VBA 进行编程，为特定的统计分析任务制订解决方案，如可以用 VBA 编写求加权平均的函数。这一特性需要掌握编程技能，本书不加介绍。

此外，作为办公自动化软件的组件之一，Excel 能够与 Office 中的其他软件相结合，便于制作教学多媒体课件。

二、熟悉 Excel 工作界面

Excel 第一次启动时，在应用程序工作区中显示一个新的空工作簿，如附图-1 所示，主要包含如下几项内容：标题栏、功能区、快速访问工具栏、编辑栏、活动工作表、工作表标签、滚动条和状态栏等。

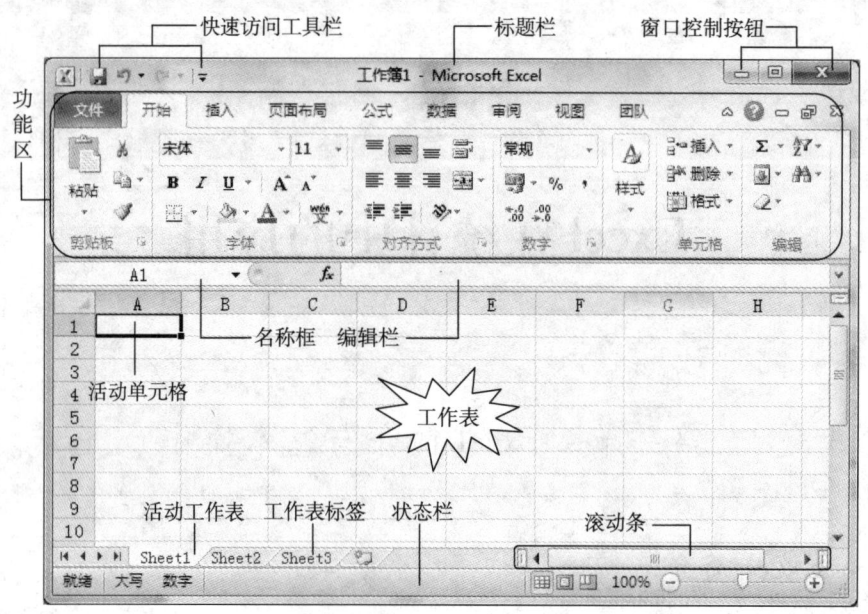

附图-1　Excel 的工作界面

（一）标题栏

标题栏告诉用户正在运行的程序名称和正在打开的文件名称。标题栏显示"工作簿 1 - Microsoft Excel"，表示此窗口的应用程序为 Microsoft Excel，在 Excel 中打开的当前文件的文件名为"工作簿 1.xlsx"。

（二）功能区

Excel 2007 首次引入了功能区的概念，在 Excel 2010 中，功能区得到进一步扩展。功能区旨在帮助快速找到完成某一任务所需的命令，是 Microsoft Office Fluent 用户界面[①]的一部分。利用功能区，可以轻松地查找以前隐藏在复杂菜单和工具栏中的命令和功能。换句话讲，功能区替代了以前版本的菜单和工具栏。

功能区由［文件］、［开始］、［插入］、［页面布局］、［公式］、［数据］等选项卡组成。每个选项卡都与一种类型的活动（如布局页面）相关，包括完成相应任务的各种命令。命令按逻辑组的形式组织，逻辑组集中在选项卡下，如［开始］选项卡包括了最常见的一些操作命令，分为［剪贴板］、［字体］、［对齐方式］等不同的逻辑命令组，其中的［剪贴板］组下，则包括完成复制、剪切、粘贴等相关的各种命令按钮。下面给出主要选项卡的简介。

---

① 在 Microsoft Office 2007 及后续版本中，对用户与 Word、PowerPoint、Excel、Access 和 Outlook 等的交互方式进行了重新设计，使用户能够更轻松地找到和使用程序功能。这些应用程序的总体外观简洁明快，并通过引入新技术向用户提供可能的选择结果，用户只需"浏览、选取并单击"，而无须再面对复杂的对话框。

(1)［文件］选项卡

［文件］选项卡可设置 Excel 选项及进行文件相关操作，如打开、关闭、保存文件以及打印等。

(2)［开始］选项卡

［开始］选项卡包括最常见的一些操作命令，分为［剪贴板］、［字体］、［对齐方式］、［数字］、［样式］、［单元格］和［编辑］等不同的逻辑命令组。

［剪贴板］命令组包括复制、剪切、粘贴（选择性粘贴）和格式刷等命令。［字体］命令组则包括设置字体的各种命令。［对齐方式］命令组可设置文本的水平和垂直对齐方式、文本的缩进与自动换行以及单元格的合并等。［数字］命令组可设置单元格的数字格式。［样式］命令组可设置条件格式、表格以及单元格样式。［单元格］命令组可进行插入或删除单元格、插入或删除工作表、行高与列宽、单元格格式以及工作表的相关操作。［编辑］命令组可插入一些常见函数或打开"插入函数"对话框、进行自动填充、清除内容或格式、进行排序和筛选以及查找替换与定位等。

(3)［插入］选项卡

［插入］选项卡用于插入图表、图片、自选图等，它所包含的逻辑命令组有［表格］、［插图］、［图表］、［迷你图］、［筛选器］、［链接］、［文本］和［符号］。

［表格］命令组可以将单元格区域转换成表格，也可以创建数据透视表或数据透视图。［插图］命令组可以插入图片、剪贴画、自选图形，创建 SmartArt 图形，也可以直接进行屏幕截图。［图表］命令组可以插入各种统计图形，如柱形图、折线图、饼图和散点图等。［迷你图］是工作表单元格中的一个微型图表，可提供数据的直观表示，包括折线图、柱形图和盈亏图。［筛选器］中的切片器可用来筛选数据，如可以筛选数据透视表数据。［链接］用于插入网站或其他文件等的超链接。［文本］命令组可以插入文本框、页眉和页脚、艺术字等。［符号］命令组可插入各种符号以及 $A = \pi r^2$ 这样的公式（作为对象插入，不可计算）。

(4)［页面布局］选项卡

［页面布局］选项卡用于进行页面设置、主题设置以及对象操作，包括［主题］、［页面设置］、［调整为合适大小］、［工作表选项］和［排列］等命令组。

文档主题是一套统一的设计元素和配色方案，是为文档提供的一套完整的格式集合。其中，包括主题颜色（配色方案的集合）、主题文字（标题文字和正文文字的格式集合）和相关主题效果（如线条或填充效果的格式集合）。利用文档主题，可以非常容易地创建具有专业水准、设计精美、美观时尚的文档。［主题］命令组包括设置主题的各种命令。［页面设置］、［调整为合适大小］和［工作表选项］这三个命令组用于页面设置，实际上均属"页面设置"对话框中最常用的功能。［排列］命令组用于浮动对象的操作，如调整层次关系、对象的对齐等。

(5)［公式］选项卡

［公式］选项卡主要涉及公式的操作，包括［函数库］、［定义的名称］、［公式审核］和［计算］四个逻辑命令组。

[函数库]命令组可以直接打开"插入函数"对话框,插入几个最常用的自动求和函数(包括求和及求平均值最大值、最小值)以及最近你所使用过的函数,[函数库]命令组还分类列出了 Excel 的函数(Excel 共有 13 个函数类别,这里只列出 11 个类别,数据库函数和自定义函数未列出),你可以点相应类别,然后选择弹出的函数列表中的某个函数,打开"函数参数"对话框。[定义的名称]命令组用于设置区域的名称。[公式审核]命令组用于对公式进行审核,如实现在显示公式和显示公式计算结果之间进行切换,追踪引用或从属单元格,错误检查等。在 Excel 中,计算指的是在包含公式的单元格中显示结果值的过程。在默认情况下,Excel 对公式自动计算,比如当你更改公式中引用的单元格时,公式会立即自动重新计算并显示出新的结果。当然也可以手动重新计算。[计算]命令组可完成自动与手动计算的选择,并在手动模式下完成工作表或工作簿的计算。

(6)[数据]选项卡

[数据]选项卡主要涉及对数据的排序筛选、审核、分类汇总以及使用[分析工具库]进行分析等。

[获取外部数据]和[连接]命令组主要用于获取其他数据源的数据。[排序和筛选]命令组的功能是显而易见的。[数据工具]命令组可以进行数据分列、删除重复数据、有效性审核及将多个区域的值合并到一个新区域,还可以进行单变量求解及模拟运算等。[分级显示]命令组可以创建分类汇总。

[分析]命令组包括[规划求解]和[数据分析]两个命令。这两个命令以加载宏的方式提供,默认情况下,它们并不出现在[数据]选项卡中。为了使用这两项功能,需要先加载规划求解或分析工具库。点击[文件]选项卡中的[选项]打开"Excel 选项"对话框,再点击对话框的"加载项",确保右侧的"管理"下拉列表中是"Excel 加载项"(默认即是),然后单击[转到]按钮,弹出"加载宏"对话框。在对话框中,选中"分析工具库"和"规划求解加载项",最后单击[确定]按钮即可(参见附图-2)。如果没有"分析工具库"或"规划求解加载项",则单击[浏览]进行查找。如果出现一条消息,指出您的计算机上当前没有安装分析工具库或规划求解加载宏,请单击[是]进行安装。

(7)[审阅]选项卡

[审阅]选项卡的主要功能包括拼写检查、批注、保护工作表或工作簿以及修订等。

(8)[视图]选项卡

视图决定了工作表的特定显示设置。使用[视图]选项卡可以设置三种工作簿视图:普通、页面布局和分页预览。默认是普通视图,通常就是我们打开 Excel 所见到的样子;使用页面布局视图可以看到页的起始与结束位置,并可看到页眉和页脚;分页预览视图可以预览到打印时的分页位置,在该视图下,可以很方便地设置分页符。此外,还可以设置自定义视图,并设置在任一种视图下是否全屏显示。[显示]命令组可以设置是否显示网格线、行列标题、编辑栏等。[显示比例]命令组可放大或缩小显示工作表。[窗口]命令组可以拆分或冻结窗口。[宏]命令可以录制或查看 VBA 宏。

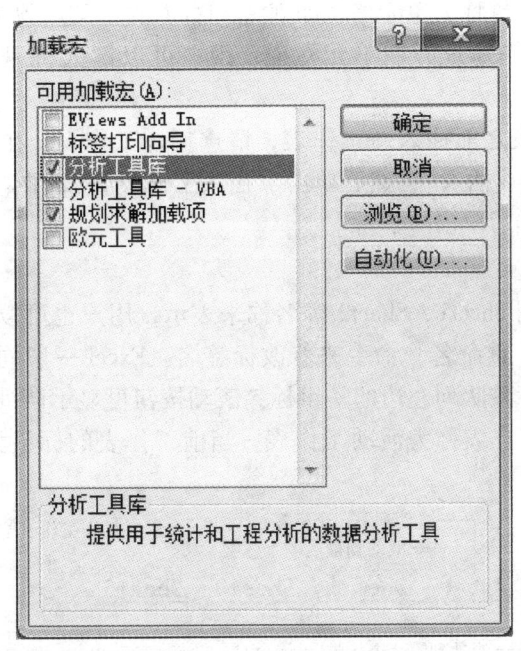

附图-2 加载宏

为了使屏幕更为整洁,某些选项卡只在需要时才显示,并且功能区可以最小化。在 Office 2010 版本中,还可以创建自定义选项卡和自定义组来包含一些常用命令。

(三) 快速访问工具栏

它是一个可自定义的工具栏,包含一组独立于当前显示的功能区上选项卡的命令。该工具栏可以放在功能区上方,也可放置于功能区下方,并且可以向快速访问工具栏中添加您所常用的命令按钮。默认情况下,快速访问工具栏的四个按钮分别是[保存]、[撤销]、[恢复]和[自定义快速访问工具栏]。

(四) 名称框和编辑栏

名称框和编辑栏给用户提供活动单元格的信息。在编辑栏中,用户可以进行输入和编辑,编辑栏左边是"名称框",显示活动单元格的坐标。

编辑栏左半部分有三个按钮,三个按钮从左至右分别是[×](取消)按钮、[√](输入)按钮和[fx](插入函数)按钮。只有当使用编辑栏输入数据或编辑活动单元格的内容时,取消和输入按钮才会出现。

(五) 工作表

新的工作簿默认包含三个工作表,名称为 Sheet1、Sheet2 和 Sheet3。当前活动工作表为 Sheet1。

工作表是一个由行和列组成的表格。行号和列号分别用字母和数字区别。行由上自下范围为 1~1048576,列号则由左到右采用字母编号 A~XFD,因此,每张表为 16384 列×1048576 行,若从 Excel 导入的数据超过以上范围,则会被 Excel 自动截去。每一个

317

行、列坐标所指定的位置称为单元格,如列 A 和行 1 的交叉点的单元格称为单元格 A1。单元格名称也叫单元格地址。在单元格中,用户可以键入符号、数值、公式及其他内容。

若要在现有工作表之前插入新工作表,请选择该工作表,在［开始］选项卡上的［单元格］组中,单击［插入］,然后单击［插入工作表］;若要删除工作表,则用右键单击该工作表标签,然后单击［删除］。

（六）工作表标签

工作表标签通常用 Sheet1、Sheet2 等名称来表示,用户也可以用鼠标右键点击标签名,选择弹出菜单中［重命名］命令来修改标签名。Excel 一般同时显示工作表队列中的前三个标签。利用标签队列左边的一组标签滚动按钮可显示队列中的后续工作表的标签。工作簿窗口中的工作表称为活动工作表,当前工作表的标签为白色,其他为灰色,如附图 -3 所示。

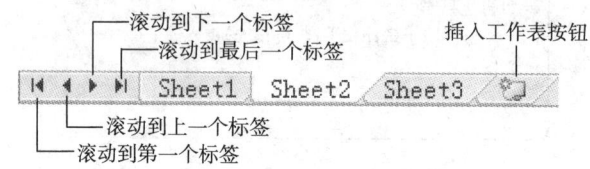

附图 -3　工作表标签

如果工作表数量过多,以至于无法同时显示它们,那么就要用左下角的四个标签滚动按钮。使用标签滚动按钮可以在工作簿的工作表标签之间进行滚动,并查看工作表的内容。不过,这些标签滚动按钮不会激活工作表。要想激活工作表,必须先滚动到所需的工作表,再单击要激活工作表的标签。此外,单击［插入工作表］按钮,可以新建一个工作表。

（七）滚动栏

当工作表很大时,如何在窗口中查看表中的全部内容呢?可以使用工作簿窗口右边及下边的滚动条（包括滚动框和滚动箭头等）,使窗口在整张表上移动查看,也可以通过［视图］选项卡中的［显示比例］扩大整个工作表的显示范围。

（八）状态栏

状态栏位于 Excel 窗口底部,它显示程序运行的某些信息。比如,在默认情况下,最左端显示的是单元格的模式。当单元格准备接受命令或输入数据时,显示为"就绪";当输入数据时,显示"输入";当单元格处于编辑状态时,显示"编辑"。当单击功能区的某些命令按钮时,可能会显示此命令用途的简要提示。状态栏的右侧依次是"视图快捷方式"、"显示比例"和"缩放滑块",不仅显示出当前的工作表视图信息,还可以通过它们调整视图方式和显示比例等。当选择包括数字的单元格区域时,状态栏上会显示这些数字的平均值、求和以及计数等信息。此外,右键单击状态栏可对状态栏进行自定义。

三、输入数据

（一）直接输入

一般来讲，在 Excel 中输入数据，要先选择单元格，然后输入数据并按回车键。输入的数据同时显示在相应的单元格和编辑栏上。如要编辑已输入的数据，可单击编辑栏进行编辑。编辑时，单击［×］（取消）按钮，可放弃编辑；单击［√］（输入）按钮，可接受一个已修改的项。也可双击相应的单元格或选定相应的单元格并按功能键 F2，在单元格中移动插入指针进行编辑。

可以在 Excel 工作表中输入下列形式的信息：

1. 数值。数值可以是整数、小数、整分数（10 3/7）或以科学记数法表示的数字（如 2E + 9）。可以在数字中使用一些数学符号，包括加（+）、减（-）、百分号（%）、分号（/）、指数符号（E）和货币符号。在默认情况下，数值靠单元格的右端对齐。

2. 文本。文本可以是任意文字数字字符的组合，包括大小写字母、数字和符号。在默认情况下，文本靠单元格的左端对齐。如想要将数值、日期一类的数字保存为文本，则在数字前加一个单引号。

3. 日期和时间。要在单元格中保存日期和时间，必须使用预定义的日期和时间格式的一种，如，"2002 年 3 月"、"2002 - 3 - 3" 或 "8:00AM"。

4. 公式。公式是一个从现有的数值计算出一个新值的方程式。它可以包括数字、数学运算符、单元格引用和称为函数的内部方程式，如 "= sum（A5:A8）"。公式的使用将另作介绍。

5. 其他。比如超链接、批注以及图片等。

（二）与其他软件交换数据

除了直接输入数据外，Excel 还可通过复制、公式、与其他软件交换等渠道取得数据。关于复制和公式的操作，我们将在下一节介绍。这里，介绍如何与其他软件交换数据。

在 Excel 中可以打开其他类型的数据文件，如文本文件、Access 数据文件等。具体操作方法如下：

1. 在［文件］选项卡中选择［打开］。
2. 在"打开"文件对话框中选择所要打开的文件的类型即其所在的目录。
3. 用鼠标双击该文件名，然后按 Excel 提示步骤操作即可打开该文件。

四、编辑工作表

（一）选定单元格和区域

一些 Excel 命令是针对单个单元格或单元格区域的。活动单元格总是处于选定状态。要使用鼠标选择一定区域的单元格，可执行下列步骤：

1. 鼠标单击要选定的第一个单元格。

2. 按下鼠标左键,然后将鼠标拖过选定区,最后放开鼠标左键。被选定的单元格以淡蓝色突出显示,并且外边框为加粗边框。

3. 如要选定不相邻的单元格区域,可按住 Ctrl 键,然后重复步骤1 和步骤2 直到选定所有的区域。选定后,放开 Ctrl 键。

还可以通过单击想要选定行的行标,选定一行单元格,或通过单击列标选定一列单元格。按下鼠标左键,并拖曳鼠标指针经过希望选定的列或行,可以选定多个行或列。[全选] 按钮允许用户在一次操作中选定工作表中的所有单元格。如附图-4 所示。

附图-4 选定单元格和区域

要使用键盘选择一定区域的单元格,可执行下列步骤:

1. 使用箭头键移动到要选定的第一个单元格上。
2. 按 Shift 键,然后按相应的箭头键选定其余部分,最后放开 Shift 键。

要选定不相邻的单元格区域,选定一个区域后,按下 Shift + F8 组合键(此时状态栏上出现"添加到所选内容"),重复上述步骤再选择另一个区域。

另外,使用 Shift + Ctrl + 箭头键可以快速选定一个连续的数据区域,大大提高操作效率。

(二)编辑和清除单元格内容

要想编辑一个存在数据的单元格,可以先进入编辑该单元格的状态,然后进行修改,最后确认即可。进入编辑状态有两种方法:双击相应的单元格;选定相应的单元格,然后按 F2 键或单击编辑栏。确认修改结果时,可以直接按回车键也可以单击编辑栏上的 [√](输入)按钮。

要清除活动单元格的内容,按 Delete 键,或者右击该单元格,然后从弹出菜单中选择 [清除内容] 即可。用户还可以选择一定区域的单元格,然后以同样的方式清除它们的内容。

注意单元格内容并未被完全删除。清除单元格与删除单元格不同。清除单元格只是清除单元格的值,而单元格的格式信息仍然保留。而删除单元格则是将单元格从电子表格中删除,并用其他单元格来替换该单元格。

(三)插入和删除单元格

要将一个单元格或单元格区域插入电子表格中,可以选定与要插入新单元格的位置相邻的单元格区域，右键单击这个单元格，然后从弹出菜单中选择［插入］。如果 Excel 不能确定如何处理其他单元格，则会提示用户是否将单元格下移或右移。它还让用户选择是插入新行还是插入新列。

删除单元格区域的情况相同，只是单元格按相反的方向移动。用户可以将单元格左移或上移，或者可以删除受影响的行或列。如果用户在选择插入或删除命令之前选定了一行或多行（或列），那么 Excel 将不会向用户提示额外信息，它只是向前执行所需的操作。

（四）［撤销］和［恢复］命令

如果不小心删除了不该删除的区域，可以通过快速访问工具栏中的［撤销］命令来恢复被删除的内容。［撤销］是 Excel 中较常用到的操作，如果不小心进行错误操作，那么可以通过撤销操作使工作表恢复原样。该命令的键盘快捷键是 Ctrl + Z。

在使用［撤销］命令后，可以使用快速访问工具栏中的［恢复］命令将刚才撤销的操作恢复过来。［恢复］命令具有与［撤销］命令相反的功能。该命令的键盘快捷键是 Ctrl + Y。

（五）使用［剪切］和［粘贴］命令移动数据

当使用［剪切］命令剪切某个单元格区域时，该区域周围显示闪动的虚线矩形框表示这是要移动的单元格，然后将该单元格区域内容（包括批注和格式）存放在一个临时的存储空间，该存储空间就是 Windows 剪贴板。当选定放置数据的新位置并执行［粘贴］命令时，单元格及其格式将从剪贴板复制到新的位置上，同时原始单元格区域的数据和格式将被清除。如果在出现矩形框后要取消移动，请按 Esc 键。

操作步骤如下：

1. 选定要移动的单元格区域。
2. 单击［开始］选项卡［剪贴板］组中的［剪切］命令。也可按快捷键 Ctrl + X。
3. 选定要移动数据的目的单元格。
4. 单击［开始］选项卡［剪贴板］组中的［粘贴］命令。也可按快捷键 Ctrl + V。

（六）使用［复制］和［粘贴］命令复制数据

如果只是要复制工作表中的单元格区域，而不是移动它们，可用［开始］选项卡［剪贴板］组中的［复制］命令。这个命令将选定的单元格副本保存到剪贴板中，然后使用［粘贴］命令可以将这些单元格任意多次地粘贴到工作表中。

其操作步骤基本上与［剪切］和［粘贴］命令相同，只是第二步应改为：执行［复制］命令。也可按快捷键 Ctrl + C。

（七）使用自动填充功能创建序列

Excel 中最有用的特性之一就是它自动完成一个序列的能力。一个序列可以是一组数字（如 1，2，3 或 2，4，6），也可以是一组日期（如 Jan–99、Feb–99、Mar–99 或工作日），用户甚至可以定义自己的序列（Excel 已有的自定义序列有 11 个），Excel 将自动填充。

自动填充功能通过将填充柄拖过新单元格时产生作用。填充柄是位于活动单元格或选定单元格区域右下角的小黑框。当指针停留在填充柄上时，指针形状变成加号（+），这表明自动填充功能已经启用。

要使用自动填充功能，可以按下列步骤进行：

1. 在电子表格中输入序列的前几个值。
2. 用鼠标选定这些值。
3. 将指针移动到选定区域的填充柄上，然后等待指针变为加号。
4. 按下鼠标左键，拖动填充柄覆盖希望填充的单元格区域。
5. 释放鼠标左键。

在［文件］选项卡中单击［选项］，可以打开"Excel 选项"对话框。在对话框"高级"类别的"常规"下，单击［编辑自定义列表］，可打开"自定义序列"对话框创建自己的序列。

五、使用公式和函数

Excel 具有很强的公式功能。在数据分析处理过程中，使用公式和函数主要有以下几方面的优点。

1. 公式的复制功能适应大批量数据处理，极大地加快运算速度。
2. 使用 Excel 的公式，可以记住分析的具体步骤，非常便于检查和修改。
3. Excel 具有自动更新功能，修改公式引用的单元格，公式可立刻进行重新计算并显示出结果。
4. 利用 Excel 的函数，可以省去众多手动计算时的中间步骤，提高效率。

Excel 在内部保存公式（可以在编辑栏上看到公式），在放置公式的单元格中显示公式的计算结果。Excel 中的所有公式都以一个等号（=）开头，后面跟上由各种运算符连接在一起的一系列数据、单元格引用、单元格区域名称或函数等。

（一）创建公式

选择要输入公式的单元格，输入公式（公式一定以一个等号开头），按回车键完成公式并显示结果。有两种方式输入公式：一是直接在单元格中输入公式；二是使用"插入函数"对话框，要调出该对话框，可单击编辑栏上的［fx］按钮。

数组公式的输入：

1. 如果数组公式返回一个结果，请单击需要输入数组公式的单元格。

如果数组公式将返回多个结果，请选定需要输入数组公式的单元格区域。

2. 键入数组公式。
3. 按 Ctrl + Shift + Enter 组合键。

在输入数组公式时，Excel 自动在大括号 { } 之间插入公式。

（二）在公式中使用单元格引用

单元格引用指的是在公式中包含单元格的名称。在公式中引用单元格有两种方法，下面举例说明。

例如，要将单元格 B5 和 C5 的内容相加，结果放至 D5 中去，可创建公式："= B5 + C5"，这时可使用如下两种方法：

1. 通过键盘输入创建：选择单元格 D5，输入"= B5 + C5"，按回车键。
2. 用鼠标创建：选择单元格 D5，输入等号（=），单击单元格 B5，然后按加号键（+），再单击单元格 C5，最后按回车键。

Excel 有三种方式表示单元格的引用，即冒号、逗号和空格。

冒号表示连续区域的引用，即引用一个矩形区域内的单元格；逗号表示联合引用，即引用若干个单元格或单元格区域，这些单元格或单元格区域并不一定是在一起的；空格表示交叉引用，即引用两个单元格区域的公共部分。如 SUM（A1:B5）表示对 A1 到 A5 以及 B1 到 B5 单元格求和；SUM（A1，A3，B1:B4）表示对 A1、A3 以及 B1 到 B4 单元格求和；SUM（A1:B4，A2:B5）表示对 A1 到 B4 以及 A2 到 B5 单元格求和。

（三）公式的复制

公式复制是 Excel 数据成批计算的重要操作方法。可以使用自动填充功能来实现公式的复制，也可以用［复制］和［粘贴］命令来实现公式的复制。

如果公式中包含单元格引用，必须了解单元格引用的方式：绝对引用和相对引用。如果公式中引用的单元格地址的行标和列标前都加上"$"符号，表明使用的是绝对引用；如果未加"$"符号，则表示是相对引用。

之所以要区分绝对引用和相对引用，是因为在复制公式时，Excel 会根据引用方式的不同，自动调整公式中的单元格引用。这一特性是 Excel 非常重要的功能之一，它使数据的成批计算成为可能。如使用复制公式这一功能，在 Excel 中可以根据一个数列产生一个新的数列。

如果希望在公式复制到别的区域之时，公式中引用的单元格地址不会随之相对变动，那么必须在公式中使用单元格的绝对引用。如果希望在公式复制到别的区域之时，公式引用的单元格地址也随之相对变动，那么必须在公式中使用单元格的相对引用。有时，在复制公式时，要求仅仅保持引用单元格的行标或列标不变，这种情况下要使用混合引用，即只在引用单元格地址的行标前或只在列标前加上"$"符号。

下面举例说明绝对引用与相对引用的区别。

在单元格 A1 和 B1 中已输入数值数据，在 C1 单元格输入公式"= A1 + B1"，该公式使用的便是相对引用：C1 中有公式，公式引用的单元格与公式所在单元格 C1 在同一行，但是分别在 C1 的左边 1 列和左边 2 列，此时将 C1 中的公式复制到其他单元格，则公式引用的单元格地址和公式所在单元格地址保持相对不变。比如，将 C1 中的公式复制到 D2 的单元格，则 D2 中的公式引用的单元格就不是 A1 和 B1 了，而是与 D2 在同一行，分别在 D2 左边 1 列和左边 2 列的两个单元格，即 B2 和 C2 单元格，因此 D2 中的公式是"= B2 + C2"。如果将该公式复制到单元格 F100，同理，F100 中的公式将变为"= D100 + E100"。

因此，"相对"的概念指的是，公式所在的单元格位置和该公式引用的单元格位置是相对固定的。

在复制包含绝对引用的公式时，不论将公式复制到何处，公式的内容都不会发生变化。如 C1 中的公式是"＝＄A＄1＋＄B＄1"，则将该公式复制到 F100 单元格时，F100 中的公式仍是"＝＄A＄1＋＄B＄1"。

在复制包含混合引用的公式时，如果单元格地址的行标前加"＄"，则保持行不变动，但列会随着公式位置的变化而变动；如果单元格地址的列标前加"＄"，则保持列不变动，但行会随着公式位置的变化而变动。例如，将单元格 C1 中的公式"＝A＄1＋B＄1"复制到单元格 F100，那么公式将变为"＝D＄1＋E＄1"。

在复制公式时，可以作这样的归纳：公式中"＄"符号后面的单元格坐标不会随着公式位置的变化而变动，而不带"＄"符号后面的单元格坐标会随着公式位置的变化而相对变动。

（四）复制公式的计算结果

可以仅将公式的计算结果复制到目标区域，并不复制公式本身，可用选择性粘贴来实现。操作步骤如下：

1. 选定待复制区域，并执行［复制］命令。

2. 用鼠标右键点击目标区域，执行［选择性粘贴］命令。出现"选择性粘贴"对话框，选定"数值"选项。也可在弹出的右键菜单中单击  按钮。

（五）使用函数

函数是一些预定义的公式，利用函数不仅能提高效率，而且可以减少由于人为原因导致的错误，同时也能减少工作表占用的内存空间，提高 Excel 工作速度。

1. 函数的语法

函数名（参数1，参数2，参数3，…）

其中，参数是函数中用来执行计算的数值。参数可以是数字、文本、单元格引用或名称，也可以是常量或其他函数。具体到特定的函数，其参数类型与参数个数等由函数自身决定，因此在使用函数前应了解函数的具体语法。

2. 函数的输入

要在 Excel 中使用函数，必须将它们输入到工作表的公式中。

（1）几个常用求和函数的输入

在［开始］选项卡的［编辑］命令组和［公式］选项卡的［函数库］命令组中，单击［Σ 自动求和］按钮可以输入几个最常用的自动求和函数（包括求和及求平均值、最大值、最小值）。

（2）输入最近使用过的函数

在［公式］选项卡的［函数库］命令组中，有一个［最近使用的函数］按钮，点击该按钮，可以弹出你最近使用过的函数列表。

（3）使用"插入函数"对话框输入函数

点击［公式］选项卡［函数库］命令组中的［fx 插入函数］按钮或单击编辑栏上的［fx］按钮，可调出"插入函数"对话框。

Excel 中的函数共分为 13 个类别，与本课程关系密切的有统计函数、数学和三角函数、日期和时间函数、查找和引用函数、文本函数等。

如果对 Excel 的函数比较了解,可以先浏览"选择类别"框中的分类,然后在"选择函数"列表中选择你想要的函数。选中某个函数后,在对话框的下部会显示这个函数的简单介绍和语法。比如想求算术平均数,可以先选择"统计"类别,则会列出所有的统计函数,然后选中 AVERAGE 函数,再单击[确定]按钮,参见附图 -5。

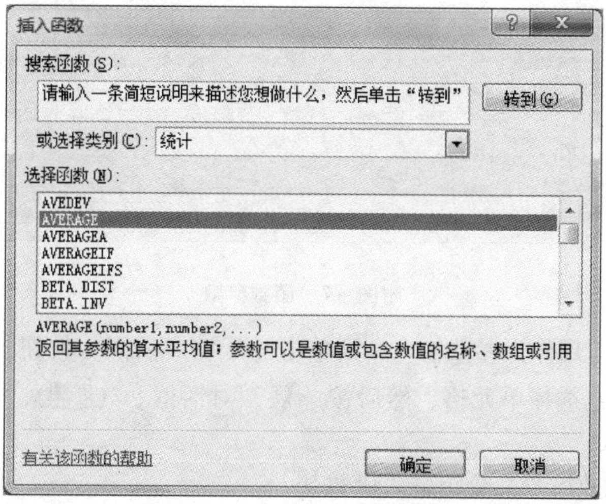

附图 -5 "插入函数"对话框

如果不确定要使用哪一个函数,则可在"搜索函数"框中键入关键字词来搜索函数,以加快输入函数的速度。比如想求算术平均数,但又不知道应该用哪个函数,则可以在"搜索函数"框中键入关键字"求平均",然后单击[转到]按钮,则会在"选择函数"列表中列出相关的平均数函数,然后逐一点击相关的函数,观察每个函数的说明,就可以知道求算术平均数应该使用 AVERAGE 函数。参见附图 -6。

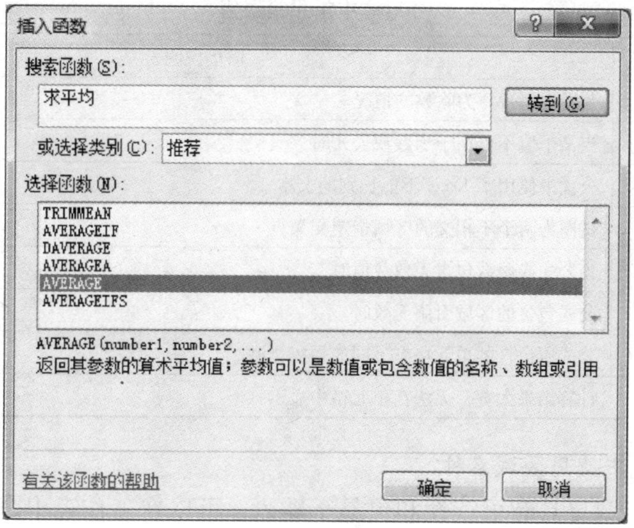

附图 -6 搜索函数

选择函数并单击［确定］按钮后，会打开"函数参数"对话框。附图-7是AVERAGE函数的参数对话框。

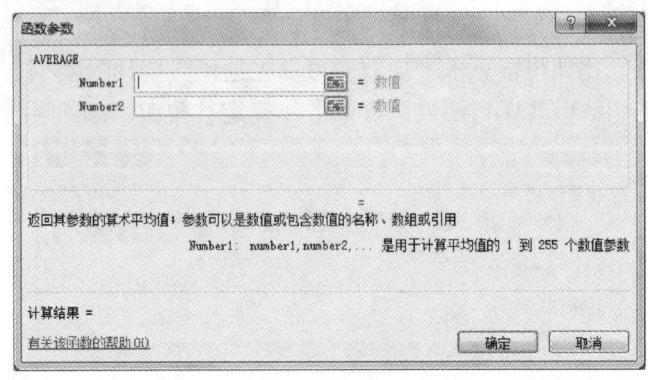

附图-7　函数参数

若要将单元格引用作为参数输入，则单击［压缩对话框］按钮（）以临时隐藏对话框，在工作表上选择单元格，然后按［展开对话框］（）。参数输入后按［确定］按钮即可。

（4）使用［函数库］命令组输入函数

［公式］选项卡的［函数库］命令组分类列出了Excel的函数。单击某个类别后，会弹出该类别中的函数列表。当鼠标悬停在某个函数名上时，会显示出该函数的简单说明。找到所需的函数后，单击该函数，会打开"函数参数"对话框。

（六）公式与错误值

如果公式不能正确计算出结果，Excel将显示一个错误值。常见的错误值见附表-1。

附表-1　　　　　　　　　　Excel中常见错误值

错误值	简单说明
#DIV/0!	公式中出现0为除数的情况
#N/A	当某个值不可用于函数或公式时
#NAME?	公式中使用了Excel不能识别的文本
#NULL!	试图为两个不相交的区域指定交叉点
#NUM!	当公式或函数包含无效数值时
#REF!	公式包含的区域引用无效时
#VALUE!	公式所包含的单元格有不同的数据类型
######	计算结果太宽，无法在单元格中显示

（七）在公式中使用区域名称

要使公式和函数更具有可读性和更易于输入，可以在工作表中命名一个单元格区域，然后在公式和函数中使用该区域名称代替此区域的单元格引用。

1. 指定区域名称

选中要命名的区域，选择区要包括行或列的标题以定义名称。

如附图 -8 所示，选择区域包含要用于指定区域名称的文字标签“GDP”。然后以右键单击选定的区域，在弹出的菜单中点击［定义名称］，或单击［公式］选项卡［定义的名称］组中的［定义名称］，弹出“新建名称”对话框。在该对话框的“名称”文本框中已经自动输入名称“GDP”，最后单击［确定］按钮。如果之前选定的区域不包括文字标签，则需要自行输入一个新的名称。

	A	B
1	年度	GDP
2	2000	99215
3	2001	109655
4	2002	120333
5	2003	135823
6	2004	159878
7	2005	183217
8	2006	211924
9	2007	257306
10	2008	314045

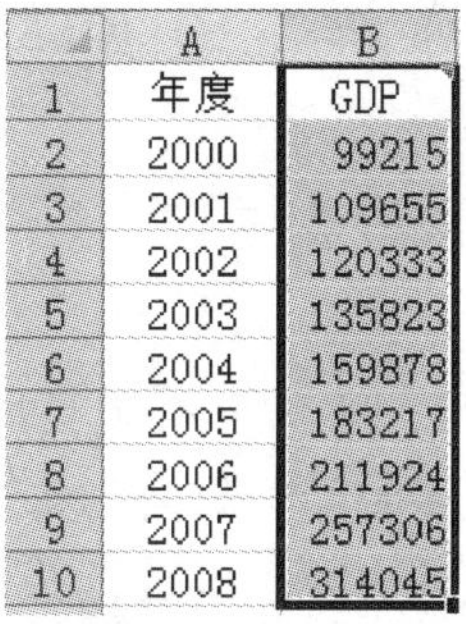

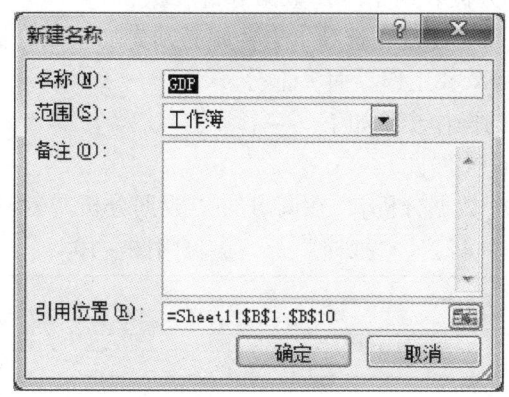

附图 -8　指定区域名称

附图 -9　定义名称

2. 使用区域名称

可以在公式和函数中使用区域名称。如本例要计算单元格 B2 到 B1 的 GDP 平均值，可以用公式“ = AVERAGE（GDP）”

3. 修改名称所指定的单元格区域

（1）单击［公式］选项卡［定义的名称］组中的［名称管理器］，弹出“名称管理器”对话框。

（2）选择要修改的区域名称，再单击［编辑］，弹出“编辑名称”对话框（与“新建名称”基本相同，只是对话框中的“范围”不可选）。

（3）在“引用位置”文本框修改单元格引用。也可以直接在工作表中选择新的单元格区域。

（4）最后单击［确定］按钮保存所作的修改。

当修改区域时，Excel 将自动更新所有与此名称相关的公式。

4. 删除区域名称

调出"名称管理器"对话框，单击要从工作表中删除的区域名称，再单击［删除］按钮。

第二节 分析工具库与统计函数

一、分析工具

Excel 提供了一组数据分析工具，称为分析工具库。在建立复杂的统计分析时，使用现成的数据分析工具可以节省很多时间。只需为每一个分析工具提供必要的数据和参数，该工具就会自动使用适宜的统计或数学函数，并在输出表格中显示相应的结果。其中，一些工具在生成输出表格时还能同时产生图表。如果要浏览已有的分析工具，可以单击［数据］选项卡［分析］组中的［数据分析］按钮。

如果［数据分析］没有出现在选项卡上，则必须先加载该分析工具库。具体参见附录一第一节中的"熟悉 Excel 工作界面"部分。

使用各项分析工具的操作步骤如下。

1. 打开相应的 Excel 文件。

2. 点击［数据］→［数据分析］，在调出的"数据分析"对话框中双击相应的数据"分析工具"选项，如"回归"、"抽样"等，参见附图-10。

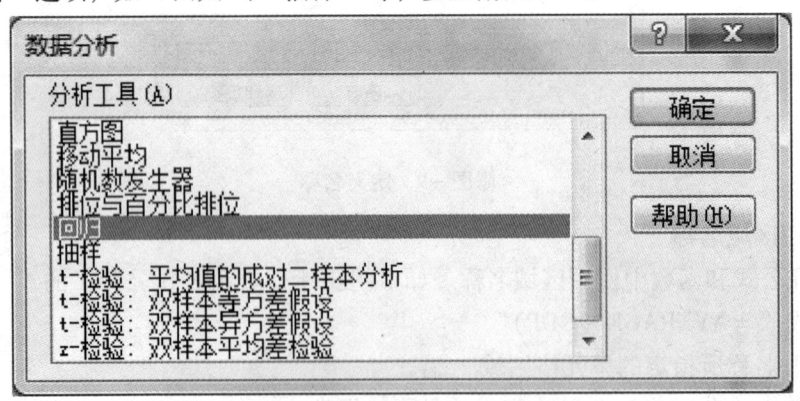

附图-10 "数据分析"对话框

3. 在打开的各种分析工具的对话框中，按各种分析工具的要求填写相应的信息，最后按［确定］按钮。

以下给出 Excel 的主要分析工具的一览表，具体的使用方法在有关章节中说明。

附表-2　　Excel 主要数据分析工具一览表

分析工具名称	简 单 说 明
F-检验：双样本方差	此分析工具可以进行双样本 F-检验，用来比较两个样本总体的方差
t-检验：平均值的成对双样本分析	此分析工具及其公式可以进行成对双样本 t-检验，用来确定样本均值是否不等。此 t-检验并不假设两个总体的方差是相等的
t-检验：双样本等方差假设	此分析工具可以进行双样本 t-检验。此 t-检验先假设两个数据集的平均值相等，故也称做齐次方差 t-检验。可以使用 t-检验来确定两个样本均值实际上是否相等
t-检验：双样本异方差假设	此分析工具及其公式可以进行双样本 t-检验。此 t-检验先假设两个数据集的方差不等，故也称做异方差 t-检验。可以使用 t-检验来确定两个样本均值实际上是否相等
z-检验：双样本平均差检验	此分析工具可以进行方差已知的双样本均值 z-检验。此工具用于检验两个总体均值之间存在差异的假设
抽样	此分析工具以输入区域为总体构造总体的一个样本。当总体太大而不能进行处理或绘制时，可以选用具有代表性的样本。如果确认输入区域中的数据是周期性的，还可以对一个周期中特定时间段中的数值进行采样。例如，如果输入区域包含季度销售量数据，以四为周期进行取样，将在输出区域中生成某个季度的样本
回归	此工具通过对一组观察值使用最小二乘法直线拟合，进行线性回归分析。本工具可用来分析单个因变量是如何受一个或几个自变量影响的
描述统计	此分析工具用于生成对输入区域中数据的单变值分析，提供有关数据趋中性和易变性的信息
排位与百分比排位	此分析工具可以产生一个数据列表，在其中将给定数据按大小次序排位和相应的百分比排位。用来分析数据集中各数值间的相互位置关系
随机数发生器	此分析工具可以按照用户选定的分布类型，在工作表的特定区域中生成一系列独立随机数字。可以通过概率分布来表示主体的总体特征
相关系数	此分析工具及其公式可用于判断两组数据集（可以使用不同的度量单位）之间的关系。可以使用"相关系数"分析工具来确定两个区域中数据的变化是否相关
协方差	此分析工具及其公式用于返回各数据点的一对均值偏差之间的乘积的平均值。可以使用协方差工具来确定两个区域中数据的变化是否相关
移动平均	此分析工具及其公式可以基于特定的过去某段时期中变量的均值，对未来值进行预测
直方图	在给定工作表中数据单元格区域和接收区间的情况下，计算数据的个别和累积频率，用于统计某个数值元素的出现次数
指数平滑	此分析工具及其公式基于前期预测值导出相应的新预测值，并修正前期预测值的误差。此工具将使用平滑常数 α，其大小决定本次预测对前期预测误差的修正程度
单因素方差分析	此分析工具通过简单的方差分析（anova），对两个以上样本均值进行相等性假设检验（抽样取自具有相同均值的样本空间）。此方法是对双均值检验（如 t-检验）的扩充
可重复双因素分析	此分析工具是对单因素 anova 分析的扩展，即每一组数据包含不止一个样本
无重复双因素分析	此分析工具通过双因素 anova 分析（但每组数据只包含一个样本），对两个以上样本均值进行相等性假设检验（抽样取自具有相同均值的样本空间）。此方法是对双均值检验（如 t-检验）的扩充

二、常用数学与统计函数简表

下面给出 Excel 中常用的数学和统计函数列表。具体的使用方法，将结合具体实例在各有关章节中说明。更多函数请参考 Excel 帮助。

附表 -3　　　　　　　　　Excel 常用数学和统计函数一览表

函数名称	函数功能
AVERAGE	求算术平均值
BINOM. DIST	求二项式分布的概率值
BINOM. INV	求使累积二项式分布大于等于临界值的最小值
CHISQ. DIST	求 χ^2 分布的左尾概率值或密度函数值
CHISQ. INV	求 χ^2 分布左尾概率的逆函数值
CHISQ. DIST. RT	求 χ^2 分布的右尾概率值
CHISQ. INV. RT	求 χ^2 分布右尾概率的逆函数值
CONFIDENCE. NORM	求总体平均值的置信区间，即求 $z_{\alpha/2}\sigma/\sqrt{n}$
CORREL	求相关系数
COUNT	求变量个数
COVARIANCE. P	求总体协方差
COVARIANCE. S	求样本协方差
BINOM. INV	求使累积二项分布概率值大于等于临界值 α 的最小值
EXP	返回 e 的 n 次幂
EXPON. DIST	求指数分布累积分布或概率密度
F. DIST	求 F 分布的左尾概率值或密度函数值
F. INV	求 F 概率分布左尾概率的逆函数值
F. DIST. RT	求 F 分布的右尾概率值
F. INV. RT	求 F 概率分布右尾概率的逆函数值
F. TEST	返回 F 检验的结果，即当数组 1 和数组 2 的方差无明显差异时的双尾概率。
HYPGEOM. DIST	返回超几何分布的概率值
IF	执行真假值判断，根据逻辑测试的真假值返回不同的结果
INT	求一个数向下舍位到最接近的整数
INTERCEPT	返回线性回归线的截距
KURT	求峰度
LN	求一个数的自然对数
LOG	按所指定的底数，求一个数的对数
MAX	求一组数的最大值
MEDIAN	求中位数
MIN	求一组数的最小值

续表

函数名称	函数功能
MINVERSE	求逆矩阵
MMULT	求两个矩阵的乘积
MODE. SNGL	求众数
NORM. DIST	求正态分布的概率值（给定平均值和标准偏差）
NORM. INV	求给定平均值和标准偏差的正态分布的累积函数的逆函数
NORM. S. DIST	求标准正态分布的概率值
NORM. S. INV	求标准正态分布累积函数的逆函数
PI	返回 π 值
POISSON. DIST	求泊松分布的概率值
ROUND	求某个数字按指定位数舍入后的数字
SKEW	求偏度
SLOPE	返回线性回归线的斜率
SQRT	求正平方根
STANDARDIZE	返回正态化数值，即 $(X-\mu)/\sigma$
STDEV. S	求样本的标准差
STDEV. P	求总体的标准差
SUM	求所有参数的和
T. DIST	求 T 分布的左尾概率值或密度函数值
T. INV	求 T 分布左尾概率的逆函数
T. DIST. 2T	求 T 分布的双尾概率值
T. INV. 2T	求 T 分布双尾概率的逆函数
TRANSPOSE	求矩阵的转置
T. TEST	返回 T 检验相关的概率
VAR. S	求样本方差
VAR. P	求总体方差
Z. TEST	返回 Z 检验的单尾概率值

第三节　Excel 在描述统计中的应用

一、编制分布数列

在 Excel 中有两类方法可以实现分布数列的编制。第一，使用相关的函数，如 Countif 函数、Dcount 数据库函数或 Frequency 函数；第二，应用［直方图］分析工具。［直方图]分析工具还可以进行向上累计,并能直接绘出直方图。使用 Frequency 函数编制分布数,简便灵活,本节我们将选用该函数进行讲解。

需要注意的是,[直方图]分析工具与 Frequency 函数在编制分布数列时,并不符合统计分组的"上限不在内"原则,在实际应用时必须进行调整。

【例1】 用 Excel 实现第二章例 2-5 的计算过程。

解:采用等距分组,分为 8 组,组距为 100,以 800 为第一组下限,使用 Frequency 函数编制变量数列,并进行向上累计和向下累计。主要步骤如下:

1. 输入数据。如附图 -11 所示,A、B、C 列为原始输入数据(除最后一组上限用函数求得外),其他列为计算所得数据。耐用时数放在 A2:A51 单元格区域,图中未完全显示出来。

	A	B	C	D	E	F	G
1	耐用时数	分组上限	分组	频数	频率(%)	向上累计频数	向上累计频数
2	830	899.9	800—900	5	10	5	50
3	880	999.9	900—1 000	1	2	6	45
4	1 230	1 099.9	1 000—1 100	8	16	14	44
5	1 100	1 199.9	1 100—1 200	11	22	25	36
6	1 180	1 299.9	1 200—1 300	11	22	36	25
7	1 580	1 399.9	1 300—1 400	7	14	43	14
8	1 210	1 499.9	1 400—1 500	4	8	47	7
9	1 460	1 630	1 500 以上	3	6	50	3
10	1 170		合计	50	100	—	—

附图 -11

B 列的各个数据(各组的上限值)是使用 Frequency 函数或[直方图]分析工具编制分布数列所必需的数据。

2. 选定 D2:D9,输入公式"= FREQUENCY(A2:A51,B2:B9)",然后按 Ctrl + Shift + Enter 组合键,即可计算出各组的频数。该函数的第一个参数指定用于编制分布数列的原始数据,第二个参数指定每一组的上限。在 D10 中输入公式"= SUM(D2:D9)",计算出频数的合计。

我们知道,统计分组的一般原则是"上限不在内",但应用 Frequency 函数和[直方图]分析工具编制分布数列时,使用"上限在内"的原则。怎样才能保证编制的结果符合统计的一般原则呢?一般来讲,可以采用如下的方法:

在确定 Frequency 函数所需的分组上限时,使其尽量接近统计分组中的上限,但又不与任何的原始数据相同。以"800 - 900"这一组为例,必须找到这样的一个上限值:它略小于 900,但又是"800 - 900"这一组中最大的,因为本例的耐用时数都是整数。我们采用的 899.9 应该能满足上述要求。899.9 实际上表示的是"小于等于 899.9"的支出分组,并不完全等同于"800 - 900"的分组,但因为在耐用时数数据中,并没有大于 899.9 且小于 900 的数,因此"小于等于 899.9"的分组与"800 - 900"的分组所包含的耐用时数数据肯定是相同的。如此,我们就在 Excel 中遵守了"上限不在内"的原则。如果原始数据中包括 899.9 这个数据,那么可以将该组的上限改为 899.99。一般来讲,在小数点后多加几个 9 就可以了。

"1 500 以上"这一组的上限可以使用原始数据(耐用时数)的最大值,它可通过函数求得，在 B9 中输入公式"= MAX（A2:A51）"即可。

3. 计算频率。在 E2 中输入公式"= D2/D $10*100"，然后将该公式复制到 E3:E9 即可。D10 存放的是频数的合计数，乘以 100 是因为其单位是"%"。

4. 计算向上累计频数。在 F2 单元格中输入"= D2"，在 E3 单元格中输入公式"= D3 + F2"，再将公式复制到 F4:F9。

5. 计算向下累计频数。在 G9 中输入公式"= D9"，在 G8 单元格输入公式"= G9 + D8"，再将公式复制到 G2:G7 单元格区域即可。可以采用向上填充的方法复制公式，即选定 G2:G8 单元格区域，然后点击菜单［编辑］→［填充］→［向上填充］。

二、绘制统计图

Excel 有着强大的绘图功能，可以绘制出各种各样的统计图形，如直方图、折线图、曲线图、饼图、散点图、雷达图等。需要注意的是，Excel 中的图表类型与统计中的图表类型并不完全一样，如 Excel 中的散点图既包括统计上的散点图，又包括统计上的曲线图。

生成图表有两种方法。一种是在某些分析工具中有输出某些图表的选项，如［直方图］分析工具可以输出直方图；另一种是使用菜单插入图表，这也是最常用的方法。

在［插入］选项卡上有一个［图表］选项组，默认有"柱形图"、"折线图"、"饼图"、"条形图"、"面积图"、"散点图"和"其他图表"七个按钮。

需要生成图表时，首先选定用于生成图表的数据区域，然后单击［插入］选项卡［图表］选项组中的相应按钮，即可生成对应的图表。也可以单击［图表］选项组中［创建图表］按钮（ ），打开"插入图表"对话框，然后再选择想要的图表类型，最后按［确定］按钮。

生成图表后，可以对图表进行修改，主要有以下两种方式：

第一，选中图表时，菜单上自动出现［图表工具］选项卡组，里面包括［设计］、［布局］和［格式］三个选项卡，可以使用这些工具对图表进行修改。

第二，右键单击图表中各个不同的对象，会出现相应的弹出式菜单，通过它可以打开有关对话框。如何分辨图表中的各个对象？只要将鼠标指针停留在图表中任一区域一小段时间，Excel 会在鼠标指针旁显示出这一区域所属对象的名称。

配合教材的内容，这里主要讲解第二章中的直方图、折线图、曲线图的绘制方法。掌握了这些方法以后，实际上就掌握了散点图、洛伦茨曲线图和时间序列有关图形的绘制方法。

【例 2】 使用例 1 编制的分布数列，分别绘制耐用时数的直方图、折线图、曲线图。

解：首先绘制直方图，主要操作步骤如下：

1. 准备数据。直方图所需数据在附图 - 11 的 C1:E9 单元格区域。需要特别注意的是，最好是按照附图 - 11 所示的那样安排用于生成直方图的各列数据的位置，即 X 轴上的数据（分组的说明性文字）在该区域的最左边一列，Y 轴上的数据（频数、频率）依次向右排列。

2. 选定上述 C1:E9 单元格区域。

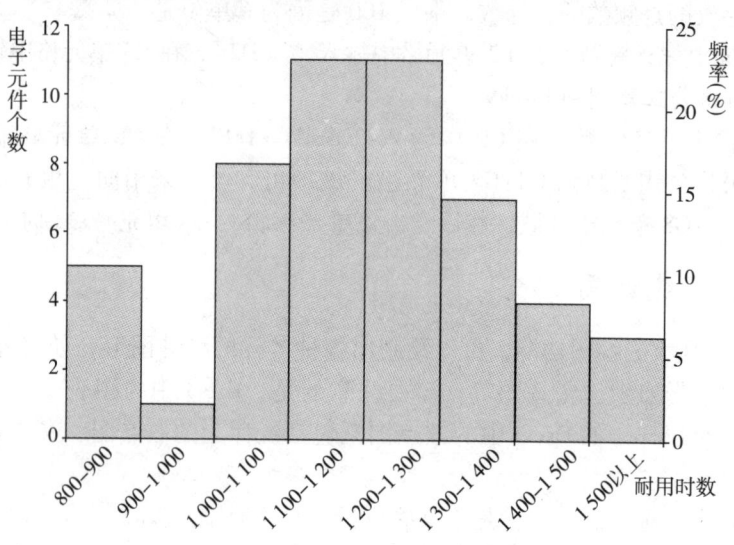

附图 –12

3. 在［插入］选项卡［图表］选项组中，点击［柱形图］→［簇状柱形图］，即可生成相应的柱形图。为了使其更符合统计上的表示形式，对生成的图形进行修改，包括去掉网格线、生成次坐标轴、消除柱形图之间的间距、取消绘图区的阴影和边框、取消图表区的边框、删除图例、加上坐标轴标题、调整坐标轴文字的大小，并适当调整图形区域的长宽比例，最终结果见附图 –12。具体操作略。

现在绘制折线图与曲线图。主要操作步骤如下：

1. 重新安排数据。为了获得更好的效果，使用描点法绘图，因此需要组中值数据，用于绘图的数据存放在附图 –13 中的 B、C、D 列。为了使折线图或曲线图与 X 轴相交，我们使用两个虚拟的组中值，分别安排在原有分组的两侧，对应的频数及频率均为 0。

	A	B	C	D
1	分组	组中值	频数	频率(%)
2		750	0	0
3	800–900	850	5	10
4	900–1 000	950	1	2
5	1 000–1 100	1 050	8	16
6	1 100–1 200	1 150	11	22
7	1 200–1 300	1 250	11	22
8	1 300–1 400	1 350	7	14
9	1 400–1 500	1 450	4	8
10	1 500以上	1 550	3	6
11		1 650	0	0

附图 –13

2. 选定 B2:D11 单元格区域。

3. 在［插入］选项卡［图表］选项组中，点击［散点图］→［带平滑线的散点图］，即可生成相应的曲线图，而若点击［散点图］→［带直线的散点图］，则生成相应的折线图。

需要说明的是,折线图的绘制也可以使用 Excel 中的"折线图"这一图表类型,但可能需要手动修改"水平(分类)轴标签"。

4. 生成折线图或曲线图并进行修改。在选择好图表类型后,直接单击"完成"按钮即得到相应的图形。对图表进行修改后的结果见附图-14(仅以曲线图为例)。

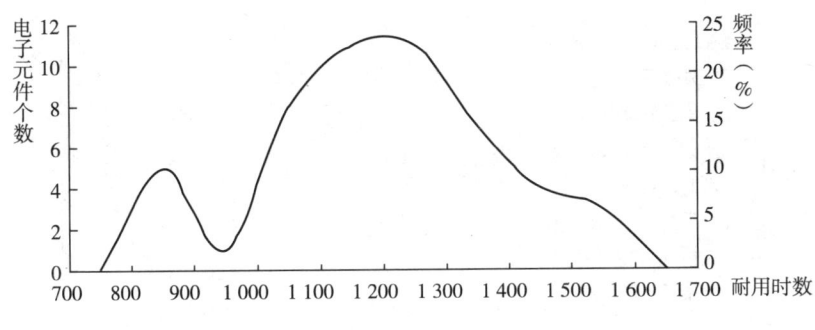

附图-14

三、计算描述统计指标

对于未分组数据,可以使用[描述统计]分析工具或有关的函数来计算描述统计有关指标。而对于分组数据,只能应用 Excel 的公式与函数来实现。

【例3】 甲班学生的数学成绩如下:

60, 79, 48, 76, 67, 58, 65, 78, 64, 75, 76, 78, 84, 48, 25, 90, 98, 70, 77, 78, 68, 74, 95, 85, 68, 80, 92, 88, 73, 65, 72, 74, 99, 69, 72, 74, 85, 67, 33, 94, 57, 60, 61, 78, 83, 66, 77, 82, 94, 55, 76, 75, 80, 61

要求对甲班学生的数学成绩数据进行描述统计分析。

解:操作步骤如下。

1. 输入数据。如附图-15所示,在 A1:A55 输入成绩数据,在 A1 输入列标志"成绩"。

2. 调出[描述统计]对话框,按附图-15所示填写。图中,"汇总统计"指定输出表生成下列统计结果,务必要选中此复选框:样本的平均值,抽样平均误差,中位数,众数,样本标准差,样本方差,峰度值,偏度值,极差,最小值,最大值,样本总和,样本容量。"平均数置信度"指定输出由样本均值推断总体均值的置信区间的 1/2 长度值($t_{\alpha/2} \frac{s_{n-1}}{\sqrt{n}}$),置信度在右侧的文本框中指定。

3. [描述统计]对话框填完后,单击"确定"按钮,结果如附图-16所示。

有以下几点需要注意:

(1)描述统计工具所得到的各个指标均可以使用相应的函数得到,如图中的 E 列所示,公式中的"成绩"是 A2:A55 区域的名称。

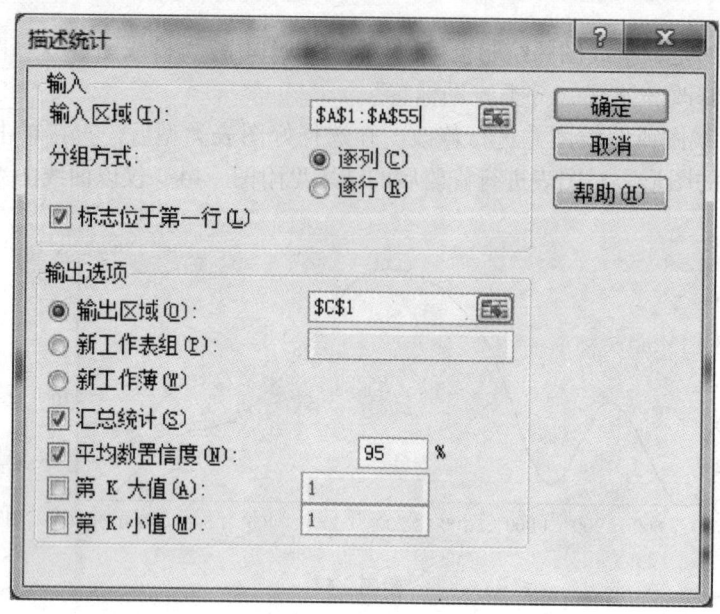

附图 - 15

	A	B	C	D	E
1	成绩		成绩		
2	60				
3	79		平均	72.7037037037037	=AVERAGE(成绩)
4	48		标准误差	1.99783769022879	=STDEV.S(成绩)/SQRT(COUNT(成绩))
5	76		中位数	74.5	=MEDIAN(成绩)
6	67		众数	78	=MODE.SNGL(成绩)
7	58		标准差	14.6810487898832	=STDEV.S(成绩)
8	65		方差	215.53319357093	=VAR.S(成绩)
9	78		峰度	1.6635716499344	=KURT(成绩)
10	64		偏度	-0.830040076554997	=SKEW(成绩)
11	75		区域	74	=MAX(成绩)-MIN(成绩)
12	76		最小值	25	=MIN(成绩)
13	78		最大值	99	=MAX(成绩)
14	84		求和	3926	=SUM(成绩)
15	48		观测数	54	=COUNT(成绩)
16	25		置信度(95.0%)	4.00715494647149	=T.INV.2T(0.05,COUNT(成绩)-1)*STDEV.S(成绩)/SQRT(COUNT(成绩))

附图 - 16

（2）描述统计工具所得到的各个指标的名称与统计中的习惯叫法不大一致，确切的指标名称参见操作步骤第 2 步。

【例 4】 利用第三章表 3 - 3 数据计算算术平均数、标准差以及偏度和峰度等指标。

解：操作步骤如下。

1. 输入数据。如附图 - 12 所示，其中 x 是每组的组中值，f 是每组的频数，即每组的农民家庭数。

2. 定义变量名。B2:B9 单元格区域命名为"x"，C2:C9 区域命名为"f"；F2:F7 存放的是最终结果与一些中间变量值，将 F 列中 F2 到 F7 的各个单元格分别命名为 E 列中相应单元格所显示的名称。

3. 进行计算。在 F2:F7 中依次输入如下公式：

= SUMPRODUCT（x, f）/SUM（f）

= SQRT（SUMPRODUCT（（x - 平均收入）^2, f）/SUM（f））

= SUMPRODUCT（（x - 平均收入）^3, f）/SUM（f）

= SUMPRODUCT（（x - 平均收入）^4, f）/SUM（f）

= 三阶动差/标准差^3

= 四阶动差/标准差^4 - 3

4. 计算结果附图 - 17 所示。

	A	B	C	D	E	F
1	按年人均纯收入分组（元）	x	f			
2	1000～1200	1100	240		平均收入	1596
3	1200～1400	1300	480		标准差	305.2605445
4	1400～1600	1500	1050		三阶动差	18838272
5	1600～1800	1700	600		四阶动差	27912466432
6	1800～2000	1900	270		偏度	0.662260785
7	2000～2200	2100	210		峰度	0.214515438
8	2200～2400	2300	120			
9	2400～2600	2500	30			

附图 - 17

这里有几点需要说明：

（1）SUMPRODUCT 函数的语法如下：

SUMPRODUCT（array1, array2, array3, …）

array1, array2, array3, …表示数组，最多 30 个，SUMPRODUCT 函数将各数据相应元素相乘并求和。对本例来讲，该函数计算的是 $\sum xf$。

（2）可参照本例的方法计算分组情况下的其他有关描述统计的指标，如方差、极差、离散系数等。

（3）对于众数、中位数和异众比率等的计算，不需要特别的技巧，只要将统计中的计算公式在 Excel 中实现即可。有兴趣的读者可自行尝试。

第四节 Excel 在概率计算和统计推断中的应用

一、概率计算

Excel 提供了较为丰富的有关概率计算的函数，涉及的概率分布有二项分布、超几何分布、泊松分布、指数分布、正态分布（包括标准正态分布）、卡方分布、F 分布以及 T 分布等。对于后四种统计上常见的分布，Excel 均提供了至少两个函数：一个函数根据给定的变量值求分布的累积概率，另一个函数则相反，根据给定的概率值求变量值。

1. 正态分布概率函数

（1）一般正态分布由变量值求累积概率或概率密度函数值

NORM.DIST（x, 均值, 标准差, TRUE [或1]）

返回正态分布随机变量 X 小于 x 的累积概率,即 P(X<x)。该正态分布的均值与标准差分别由第 2 个和第 3 个参数指定。

NORM. DIST(x,均值,标准差,FALSE[或0])

返回正态分布随机变量 X 的密度函数值 f(x)。

(2)一般正态分布下由概率求变量值

NORM. INV(P(X<x),均值,标准差)是 NORM. DIST 的反函数,返回变量值 x。

(3)标准正态分布下由变量值求累积概率

NORM. S. DIST(z,TRUE)返回 P(Z<z),即 $\Phi(z)$。

(4)标准正态分布下由概率求变量值

NORM. S. INV(P(Z<z))是 NORM. S. DIST(z,TRUE)的反函数,返回变量值 z。

2. 卡方分布概率函数

(1)由变量值求概率

CHISQ. DIST. RT(x,自由度)返回 P(X>x)(右尾概率),CHISQ. DIST(x,自由度,TRUE)返回 P(X<x)(左尾概率)。

(2)由概率求变量值

CHISQ. INV. RT(P(X>x),自由度)返回 x,CHISQ. INV(P(X<x),自由度)返回 x。

3. F 分布概率函数

(1)由变量值求概率

F. DIST. RT(x,分子自由度,分母自由度)返回 P(X>x)(右尾概率),F. DIST(x,分子自由度,分母自由度)返回 P(X<x)(左尾概率)。

(2)由概率求变量值

F. INV. RT(P(X>x),分子自由度,分母自由度)返回 x,F. INV(P(X<x),分子自由度,分母自由度)返回 x。

4. T 分布概率函数

(1)由变量值求概率

T. DIST. RT(t,自由度)返回 P(T>t),T. DIST(t,自由度,TRUE)返回 P(T<t),T. DIST. 2T(t,自由度)返回 P(|T|>t)。

(2)由概率求变量值

T. INV. 2T(P(|T|>t),自由度)返回双尾 t 值,T. INV(P(T<t),自由度)返回左尾 t 值。

在区间估计和假设检验中,我们可以用这些函数求临界值或 P 值等,也就是说,我们可以使用这些函数来代替相关的分布临界值表,如二项分布临界表、正态分布概率表、T 分布临界表、卡方分布临界表以及 F 分布临界表等。

【例5】 用 Excel 实现第五章例 5-17 的计算。

解:具体操作步骤如下:

1. 用 NORM. DIST（ ）函数计算。

在两个空单元格内分别输入如下公式即可。

＝NORM. DIST（10，5，3，TRUE）

＝NORM. DIST（10，5，3，TRUE）－NORM. DIST（2，5，3，TRUE）

2. 用 NORM. S. DIST（ ）函数计算。

经过标准化后，p（X≤10）＝Φ（5/3），p（2＜X＜10）＝Φ（5/3）－Φ（－1）

因此，在两个空单元格内输入如下公式即可：

＝NORM. S. DIST（5/3，TRUE）

＝NORM. S. DIST（5/3，TRUE）－NORM. S. DIST（－1，TRUE）

由于计算精度的原因，用 Excel 的计算结果与例 5 - 17 的结果略有差别，分别为 0.9522、0.7936。

二、区间估计

在 Excel 中主要是使用公式与函数实现区间估计的有关计算，涉及的函数主要有：平均数函数 AVERAGE，求样本容量的函数 COUNT，求样本标准差的函数 STDEV.S，求平方根的函数 SQRT，求 T 分布或标准正态分布下临界值的函数 T. INV、NORM. S. INV 等。使用这些函数，可以构造出一个专门用于实现区间估计的通用工作表。

【例6】 根据长期实验，飞机的最大飞行速度服从正态分布。现对某新型飞机进行了 15 次试飞，测得各次试飞时的最大飞行速度（米/秒）为：

422.2	417.2	425.6	425.8	423.1
418.7	428.2	438.3	434.0	412.3
431.5	413.5	441.3	423.0	420.3

试对该飞机最大飞行速度的数学期望值进行区间估计（置信概率为 0.95）。

解：操作步骤如下：

1. 构造工作表。如附图 - 18 所示，A、B 列为原始输入数据，A2:A16 存放的是关于最大飞行速度的数据，图中未完全显示出来。C、D 列为计算结果，分别在 C2、D2 单元格存放置信下限和上限。

2. 定义变量名。将 A 列命名为"x"，将 B2 单元格命名为"置信水平"。

3. 计算置信上限、下限。

分别在 C2、D2 中输入如下的公式：

＝AVERAGE（x）－T. INV. 2T（1－置信水平，COUNT（x）－1）＊STDEV. S（x）/SQRT（COUNT（x））

＝AVERAGE（x）＋T. INV. 2T（1－置信水平，COUNT（x）－1）＊STDEV. S（x）/SQRT（COUNT（x））

其中，T. INV. 2T 函数返回临界值 $t_{\alpha/2}(n-1)$；AVERAGE 和 STDEV. S 函数引用的单元格区域如果包含文本、逻辑值或空白单元格，则这些值将被忽略，但包含零值的单元格将计算在内；COUNT 函数返回其参数所指定的单元格区域中包含数字的单元格个数，在计数时，该函数将把数字、日期或以文本代表的数字计算在内，但是错误值或其他无法转换成数字的文字将被忽略。

计算结果见附图-18，可以看出该飞机最大飞行速度数学期望值的置信下限为420.3，置信上限为429.7，置信概率为0.95。

	A	B	C	D
1	最大飞行速度	置信水平	置信下限	置信上限
2	422.2	0.95	420.29942	429.70058
3	417.2			
4	425.6			

附图-18

【例7】 用Excel实现第六章例6-5的计算。

解：本例中没有给出样本单位的具体标志值，而是给出了样本统计量和总体的数量特征，此时我们只要记住相应的概率以及数学函数，就可以方便地求出区间估计的上下限。

在两个空单元格分别输入如下公式即可：

=21.4 - NORM.S.INV（1-0.05/2）*0.15/SQRT（9）

=21.4 + NORM.S.INV（1-0.05/2）*0.15/SQRT（9）

其中，NORM.S.INV（1-0.05/2）得到临界值$z_{0.025}$。

三、假设检验

对于两个总体的参数检验，Excel提供了t-检验、Z-检验和F-检验分析工具；对于多个总体间均值是否相等的检验，Excel提供了方差分析工具。当然，对于参数检验，也可以综合利用公式与相关函数计算出检验所需的统计量和临界值。

对于非参数检验，主要是利用公式、公式复制的功能以及相关的数学与统计函数进行计算，其中，公式复制可以提高计算的效率。需要说明的是，与专业统计软件相比，Excel的非参数检验计算过程比较复杂，比如游程检验需要利用分类汇总的功能。

【例8】 用Excel实现第七章例7-3的检验过程。

解：操作步骤如下：

1. 构造工作表，见附图-19。

	A	B	C
1	每袋糖果净重	总体均值的假设检验	
2	512	用户输入	
3	503	总体均值假设值	500
4	498	置信水平	0.99
5	507	计算结果	
6	496	检验的样本统计量t	0.335367423
7	489	t临界值(双侧检验)	3.249835541
8	499	p-值	0.745032896
9	501		
10	496		
11	506		

附图-19

2. 计算检验的样本统计量 t。在 C6 单元格输入公式：

=(AVERAGE(A2:A11) - C3) / (STDEV.S (A2:A11) /SQRT (COUNT (A2:A11)))

3. 计算临界值 $t_{\alpha/2}$。在 C7 中输入公式：

=T.INV.2T ((1-C4), COUNT (A2:A11) -1)

4. 计算 p - 值。在 C8 中输入公式：

=T.INV.2T ((1-C4), COUNT (A2:A11) -1)

5. 根据以上的计算结果，使用临界值规则或 p - 值规则进行判断，检验统计量的观察值落在接受域，因而在 99% 的置信度下，可认为该批糖果生产正常。

【例9】 卡方独立性检验（列联表分析）。用 Excel 实现第七章例 7 - 11 的检验过程。

解：1. 构造工作表，见附图 - 20。图中的文字以及方框之内的数字为原始输入数据，其他为公式计算所得。

	A	B	C	D	E
1		待业人员文化程度与性别列联表			
2	实际数				
3	性别	高中及以上	初中	小学及以下	行合计
4	男	44	36	140	220
5	女	60	60	160	280
6	列合计	104	96	300	500
7	期望值				
8	性别	高中及以上	初中	小学及以下	行合计
9	男	45.76	42.24	132	220
10	女	58.24	53.76	168	280
11	列合计	104	96	300	500
12	卡方统计表				
13	性别	高中及以上	初中	小学及以下	行合计
14	男	0.0676923	0.92182	0.48484848	1.474358974
15	女	0.0531868	0.72429	0.38095238	1.158424908
16	列合计	0.1208791	1.6461	0.86580087	2.632783883
17					
18	临界值	5.9914645			

附图 - 20

2. 建立期望值表。

(1) 计算实际数表中的行合计与列合计。

在 E4 中输入公式 "=SUM(B4:D4)"，并将该公式复制到 E5:E6 单元格区域。在 B6 中输入公式 "=SUM(B4:B5)"，并将公式复制到 C6:D6 区域。

(2) 计算期望值。

在 B9 中输入公式 "=$E4*B$6/E6"，然后选定 B9:D10 区域，按 Ctrl + R 组合键，再按 Ctrl + D 组合键，即可将公式复制到 B9:D10 区域中的其他单元格。

(3) 期望值表中的行列合计可以参照 (1) 中的方法，也可以将实际数表中的行列合计公式直接复制到期望值表中。选定 E4:E6 区域，按 Ctrl + C，再单击 E9 单元格，按 Ctrl + V，即可计算出行合计；再选定 B6:D6 区域，按 Ctrl + C，再单击 B11 单元格，按 Ctrl + V，即可计算出列合计。

3. 建立卡方统计表，并计算卡方统计量。

在 B14 中输入公式" = （B4 - B9）^2/B9"，并将公式复制到 B14：D15 区域的其他单元格。最后计算行列合计。此时，卡方统计表右下角的 E16 单元格中的数值即是所要求的卡方统计量。当然在卡方统计表中，卡方统计量可以直接用公式" = SUM（B14：D15)"求得，这样就不一定要计算行列合计了。

4. 计算临界值。显著性水平为 0.05，自由度为 2，在 B18 中输入公式" = CHISQ.INV（0.95，2)"或" = CHISQ.INV.RT（0.05，2)"即可得到临界值。

5. 根据以上结果进行判断，略。

需要说明的是，由于计算精度的原因，Excel 计算结果与正文的结果有一定的误差。

【例 10】 配对样本的符号检验。用 Excel 实现第七章例 7 - 13 的检验过程。

解：操作步骤如下：

1. 构造检验工作表，见附图 - 21。图中方框内为计算所得数据。

2. 计算分数差。在 D2 中输入公式" = B2 - C2"，选定 D2：D11 单元格区域，再按 Ctrl + D 组合键。

	A	B	C	D	E	F
1	选手	裁判A	裁判B	分数差A-B	配对样本符号检验	
2	1	8.2	7.9	0.3	α	0.05
3	2	9	8.8	0.2	n	10
4	3	8.8	8.6	0.2	r+	6
5	4	9.3	9.4	-0.1	r-	4
6	5	7.9	8.4	-0.5	r	6
7	6	9.1	9	0.1	临界值	9
8	7	8.6	8.9	-0.3		
9	8	8.8	8.7	0.1		
10	9	8.4	8	0.4		
11	10	9.6	9.3	-0.3		

附图 - 21

3. 计算 n。在 F3 中输入公式" = COUNT（B：B)"，注意此时不要在 B 列输入其他数字。

4. 计算 r。在 F4 中输入公式" = COUNTIF(D：D,">0")"计算出 r+，在 F5 中输入公式" = COUNTIF(D：D,"<0")"计算出 r-，最后在 F6 中输入公式" = MAX（F4：F5)"计算出 r。COUNTIF 函数计算区域中满足给定条件的单元格的个数。

5. 计算临界值。二项分布临界值可用 Excel 的分布函数求得。在 E7 中输入公式" = BINOM.INV（F3，0.5，1 - F2/2） + 1"即可。其中，第一个参数存放的是 n。第二个参数是一次试验中成功的概率，根据二项分布临界值表的要求，固定为 0.5。第三个参数是概率保证度的临界值，对于单侧检验，它等于 1 - α；对于双侧检验，它等于 1 - α/2。因为 BINOM.INV 返回的是使累积二项分布概率大于等于 1 - α（或 1 - α/2）的最小值，所以根据符号检验的要求，应在上述公式中加 1。

6. 进行判断，略。

【例 11】 秩和检验。用 Excel 实现第七章例 7 - 15 的检验过程。

解：操作步骤如下：

1. 构造检验工作表，见附图 - 22。图中 A 列为输入数据，其他为计算所得数据。横线上方是第一个样本的数据。

附图 −22

2. 计算秩次。

在 B2 中输入公式"= RANK. AVG（A2，A＄2:A＄18，1）",然后再将公式复制到 B3:B18 区域。

RANK. AVG 函数返回一个数字在数字列表中的排位,如果多个值具有相同的排位,则将返回平均排位。第 1 个参数则是数字列表中需要找到排位的某个数字;第 2 个参数指定参与排位的所有数字;第 3 个参数指定数字列表排序的方式,1 为升序,0 为降序。

3. 求检验统计量 T。由于第一个样本的容量较小,所以只要将第一个样本的样本单位对应的秩次相加,在 E2 中输入公式"= SUM（D2:D9）"即可。

注意,本例也可以不计算 B 列数据,而直接使用数组公式计算出 T 统计量:在 E2 中输入公式"= SUM（RANK. AVG（A2:A9，A＄2:A＄18，1））",然后按 Ctrl + Shift + Enter 组合键即可。

4. 查秩和检验值表,并判断,略。

需要说明的是,在等级相关检验中涉及的秩次,可以使用本例介绍的 RANK. AVG 函数进行计算,有兴趣的读者可自行尝试。

四、方差分析

Excel 中有专门的方差分析工具,可进行单因子方差分析和二因子方差分析（因子有交互作用或无交互作用）。

【例 12】 单因素方差分析。用 Excel 实现第八章例 8 − 3 的检验过程。

解:操作步骤如下:

1. 输入数据,见附图 −23,其中第一行中的数字表示熔点测试序号。
2. 调出［方差分析:单因素方差分析］对话框,按附图 −24 所示填写。

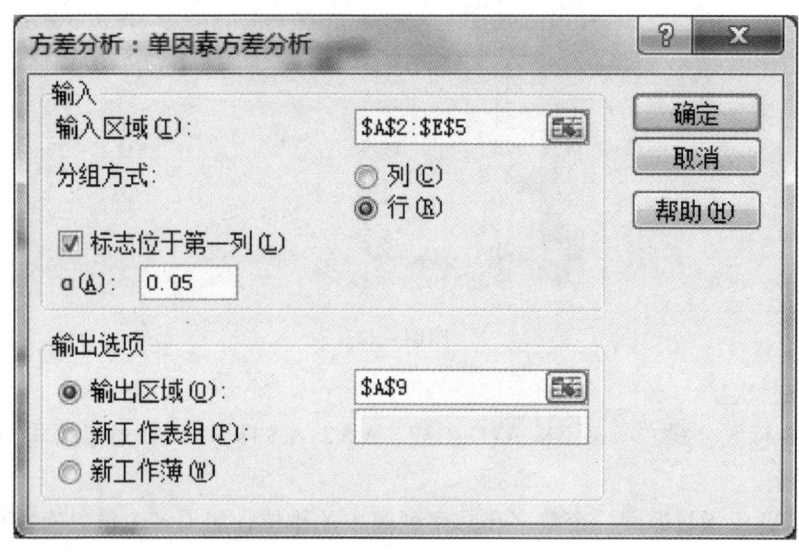

附图-23

附图-24

"输入区域":指定待分析数据的单元格区域,该区域必须由两个或两个以上按列或行组织的相邻数据区域组成。本例输入区域是"＄A＄2:＄E＄5",注意不要填写为"＄A＄1:＄E＄5",即不要将熔点测试序号所在的行包括在内。

"分组方式":"组"的含义与方差分析恒等式的组间/内方差中"组"的含义是相同的,对于本例来讲,是指各个产地的化工原料生产的产品的熔点数据是按行还是按列存放。

"标志位于第一行/列":如果输入区域的第一行中包含标志项,请选中[标志位于第一行]复选框;如果输入区域的第一列中包含标志项,请选中[标志位于第一列]复选框;如果输入区域没有标志项,则该复选框不会被选中,Excel将在输出表中生成适宜的数据标志。

"α":在此输入计算 F 统计临界值的置信度。

3. 单击[确定]按钮,即可得到方差分析的结果。输出结果包括两个部分:第一部分是每一组数据的观察值个数,总和、平均和方差(略)。第二部分是方差分析表,见第八章表8-5。

【例13】 无交互作用的双因素方差分析。用 Excel 实现第八章例8-5的检验过程。

解：操作步骤如下：

1. 输入数据，见附图-25。

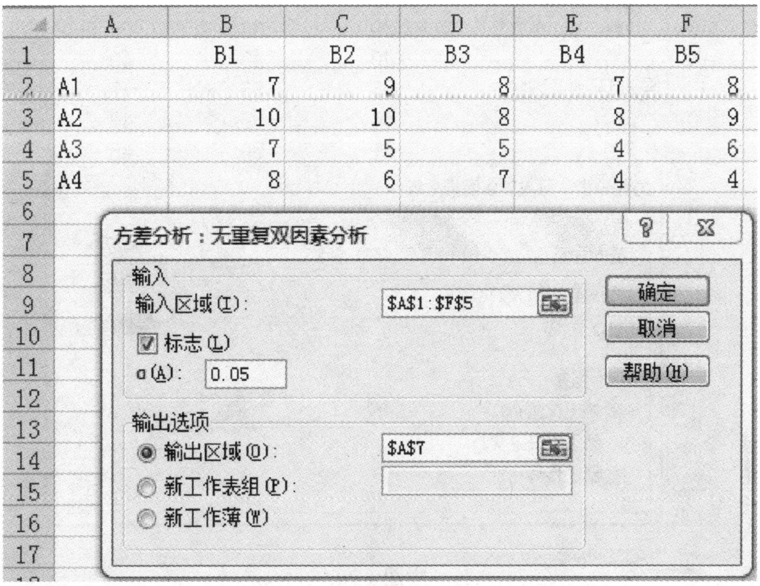

附图-25

2. 调出［方差分析：无重复双因素分析］对话框，按附图-25所示填写。该工具对话框设置与单因素方差分析类似。要注意，本例中［标志］复选框被选中，输入区域必须包括品牌代号（A1、A2等）和专家代号（B1、B2等）所在的单元格区域，也即输入区域为"＄A＄1：＄F＄5"，而不是只包括数据的单元格区域"＄B＄2：＄F＄5"。

3. 单击［确定］按钮，得到方差分析表，见第八章表8-8。

【例14】 有交互作用的双因素方差分析。用Excel实现第八章例8-7的检验过程。

解：主要操作步骤如下：

1. 输入数据，见附图-26。其中，B2:B4单元格存放的是在收银台旁放A类展示牌的3家分店的彩票销售数量，其余类推。

2. 调出［方差分析：可重复双因素分析］对话框，按附图-26所示填写。该分析工具对话框与单因素方差分析对话框基本相同，只是多了一个［每一样本的行数］编辑框，其中输入包含在每个样本中的行数。本例中，每种组合随机分配三家分店，因此［每一样本的行数］为3。每个样本必须包含同样的行数。需要注意的是，输入区域必须包括因素水平标志（第1行和A列的提示性文字）所在的单元格区域，也即输入区域为"＄A＄1：＄D＄7"，而不是只包括数据的单元格区域"＄B＄2：＄D＄7"。

3. 单击［确定］按钮，得到方差分析表，见第八章表8-12。注意，Excel给出的原始方差分析表中，差异源项目是样本、列、交互、内部。从附图-26可以很清楚地看出，本例的样本指的就是展示牌所处的位置，列指的是展示牌类型。

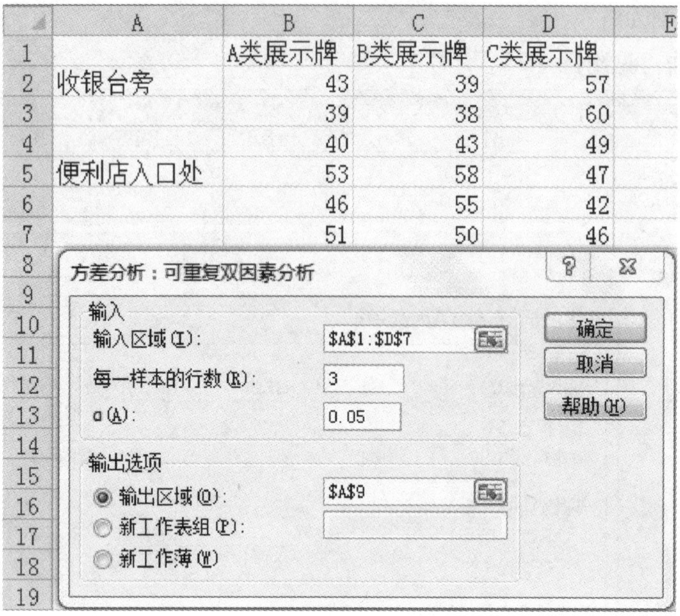

附图-26

第五节　Excel 在回归分析中的应用

Excel 提供了专门的［回归］分析工具，利用该工具可以方便地进行线性回归模型的估计与检验，另外 Excel 也提供了专门的函数用于线性回归分析。根据得到的回归模型，可以利用矩阵公式进行预测。

【例 15】　根据本书第九章表 9-1 中，1996—2009 年我国城镇居民人均年消费支出（Y）和人均年可支配收入（X）数据，利用 Excel 完成以下问题。

（1）拟合以下形式消费函数：

$$Y_t = \beta_1 + \beta_2 X_t + \beta_3 Y_{t-1} + u_t$$

（2）计算随机误差项的方差估计值、修正自由度的决定系数、各回归系数的 t 统计量，并对整个回归方程进行显著性检验。

（3）已知 2010 年我国城镇居民人均年可支配收入为 19 109 元，试利用拟合的消费函数测算当年的人均年消费支出，并给出置信度为 95% 的预测区间。

解：操作步骤如下：

1. 输入数据，并求出"滞后一期的消费"，见附图-27。A 列是年份，B 列是消费（Y_t），C 列是可支配收入（X_t）。生成滞后一期的消费（Y_{t-1}）比较简单的方法是用复制粘贴法，即选定 B2:B14 区域，按 Ctrl+C 组合键，然后单击 D3 单元格，再按 Ctrl+V 组合键，最后在 D2 单元格中输入 1996 年的消费数据 3.919 即可。

2. 进行回归分析。调出"回归"分析对话框，按附图-28 所示填写。注意使用

	A	B	C	D
1	Year	Yt	Xt	Yt-1
2	1997	4.186	5.16	3.919
3	1998	4.332	5.425	4.186
4	1999	4.616	5.854	4.332
5	2000	4.998	6.28	4.616
6	2001	5.309	6.86	4.998
7	2002	6.03	7.703	5.309
8	2003	6.511	8.472	6.03
9	2004	7.182	9.422	6.511
10	2005	7.943	10.493	7.182
11	2006	8.697	11.759	7.943
12	2007	9.997	13.786	8.697
13	2008	11.243	15.781	9.997
14	2009	12.265	17.175	11.243

附图 –27

[回归] 分析工具时，所有变量只能按列存放。在该对话框中，"Y 值输入区域"指定因变量数据区域，该区域只能由单列数据组成；"X 值输入区域"指定自变量数据区域，Excel 将此区域中的自变量从左到右排列，一列数据作为一个自变量，自变量的个数最多可达 16 个，并且自变量必须连续排列，即"X 值输入区域"必须是连续的区域；"标志"复选框用于指定"Y 值/X 值输入区域"的第一行是否是变量名；"置信度"，如果需要在汇总输出表中包含附加的置信度信息，则选中此复选框，然后输入所要使用的置信度；"常数为零"，如果不想在回归方程中包含常数项，则选中此复选框；对话框下部的五个复选框分别用于指定是否输出残差、标准残差序列以及是否输出残差图、线形拟合图和正态概率图。

填写完成后，单击"确定"按钮，计算机输出的结果见附表 –4。

3. 对回归结果的说明。

结果的第一部分"回归统计"反映整个回归方程拟合的情况，具体有复相关系数、可决系数 R^2、调整自由度的可决系数、回归估计标准误差以及样本观察值个数。

第二部分是方差分析表，包括可解释的离差平方和、残差平方和、总离差平方和、它们的自由度以及由此计算出的 F 统计量和 F 统计量的显著水平。

第三部分是回归系数的估计值以及它们的估计标准误差、t 统计量、t 统计量的 P 值、回归系数估计值的上下限。

根据以上结果，可得到样本回归方程为

$$\hat{Y}_t = 0.6507 + 0.5943X_t + 0.1302Y_{t-1}$$

随机误差项的标准差估计值：S = 0.0824

修正自由度的决定系数：Adjusted R Squares = 0.9991

附图-28

各回归系数的 t 统计量为

$$t_{\beta_1} = 3.9650;\ t_{\beta_2} = 6.3493;\ t_{\beta_3} = 0.8145$$

F 统计量为 6386.66，其 P 值接近于 0，说明整个方程非常显著。

附表-4

SUMMARY OUTPUT

回归统计					
Multiple R			0.999608789		
R Square			0.999217731		
AdjustedR Square			0.999061277		
标准误差			0.082432937		
观测值			13		

方差分析					
	df	SS	MS	F	Significance F
回归分析	2	86.79718119	43.39859059	6386.664	2.92941E-16
残差	10	0.067951891	0.006795189		
总计	12	86.86513308			

	Coefficients	标准误差	t Stat	P-value	下限 95.0%	上限 95.0%
Intercept	0.6507066	0.164115	3.964955	0.002665	0.2850	1.0164
Y_t	0.5942617	0.093595	6.349301	8.359E-05	0.3857	0.8028
C_{t-1}	0.1301782	0.159816	0.814549	0.434299	-0.2259	0.4863

4. 预测

（1）构造如附图-29所示的工作表。其中，C2:E14 存放的是自变量矩阵 X（自变量的排列顺序必须与附图-27中的顺序相同），C16:E16 存放的是矩阵 Xf，H3:H5 存放的是回归系数估计值矩阵 $\hat{B}$，将这三个区域分别命名为 X，Xf，B。H8 存放的是估计标准误差。以上均为原始输入数据。H10:H15 存放的则是一些中间变量及最终计算结果。

（2）计算点预测值 Cf。在 H10 中输入公式"= MMULT（Xf，B）"。

（3）计算预测估计误差的估计值 Sef。

先计算 $X_f(X'X)^{-1}X'_f$，在 H11 中输入如下公式：

= MMULT（MMULT（Xf，MINVERSE（MMULT（TRANSPOSE（X），X））），TRANSPOSE（Xf））

然后按 Ctrl + Shift + Enter 组合键即可，表示输入的是数组公式。

再计算 Sef，在 H12 中输入公式"= H8 * SQRT（1 + H11）"。

（4）计算 t 临界值。在 H13 中输入公式"= T.INV.2T（0.05，10）"。

（5）计算置信区间上下限。在 H14、H15 中分别输入公式"= H10 – H13 * H12"和"= H10 + H13 * H12"。最终得出 Yf 的区间预测结果：$13.3699 \leq Y_f \leq 13.8383$，参见附图-29。

	A	B	C	D	E	F	G	H
1	Year	Yt		Xt	Yt-1			
2	1997	4.186	1	5.16	3.919		区间预测	
3	1998	4.332	1	5.425	4.186		β1	0.6507
4	1999	4.616	1	5.854	4.332		β2	0.5943
5	2000	4.998	1	6.28	4.616		β3	0.1302
6	2001	5.309	1	6.86	4.998			
7	2002	6.03	1	7.703	5.309			
8	2003	6.511	1	8.472	6.03		S	0.0824
9	2004	7.182	1	9.422	6.511			
10	2005	7.943	1	10.493	7.182		Y_f	13.6040817
11	2006	8.697	1	11.759	7.943		$X_f(X'X)^{-1}X'_f$	0.627147574
12	2007	9.997	1	13.786	8.697		S_{ef}	0.105109189
13	2008	11.243	1	15.781	9.997		$t_{\alpha/2}$	2.228138852
14	2009	12.265	1	17.175	11.243		置信区间下限	13.36988383
15							置信区间上限	13.83827957
16			1	19.109	12.265			

附图-29

第六节　Excel 在时间序列分析中的应用

一、求解按方程法计算的平均发展速度

【例16】　某地区"十一五"期间固定资产投资资料如下表，用方程式法计算各年平均发展速度。

单位：百万元

年份	2005	2006	2007	2008	2009	2010
固定资产投资 y	1 074	1 176	1 343	1 574	1 551	1 702

解：所求平均发展速度 $\bar{x}$ 应满足下列条件：

$$(\bar{x}) + (\bar{x})^2 + \cdots + (\bar{x})^5 = \frac{\sum_{i=1}^{n} y_i}{y_0} = \frac{7\ 349}{1\ 074} = 6.84264432$$

利用 Excel 求解的具体步骤如下：

1. 输入数据，见附图 - 30。A、B、C 列为原始输入数据，另外在 F3 中存放平均发展速度，先输入一个初步的估计值，如 1.05。在 F4 中存放 $\sum_{i=1}^{5} (\bar{x})^i$ 的计算结果，计算过程是：首先计算 $\bar{x}^i$。在 D3 中输入公式 " = F＄3^C3"，并复制到 D4：D7 区域；然后在 F4 中输入公式 " = SUM（D3：D7）" 即可。

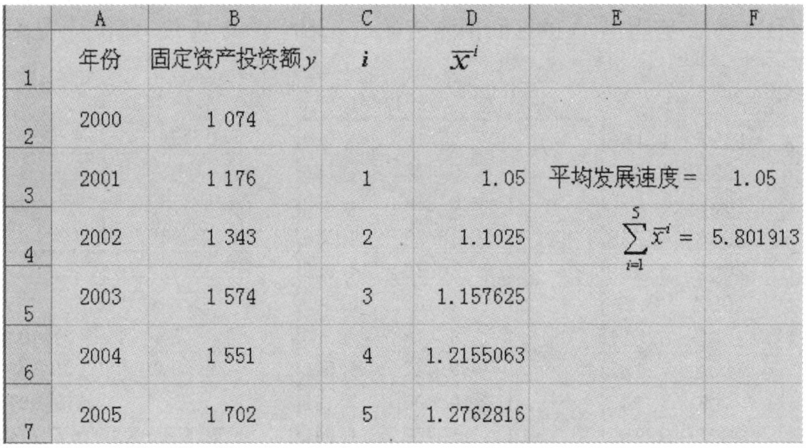

	A	B	C	D	E	F
1	年份	固定资产投资额 y	i	$\bar{x}^i$		
2	2000	1 074				
3	2001	1 176	1	1.05	平均发展速度 =	1.05
4	2002	1 343	2	1.1025	$\sum_{i=1}^{5} \bar{x}^i =$	5.801913
5	2003	1 574	3	1.157625		
6	2004	1 551	4	1.2155063		
7	2005	1 702	5	1.2762816		

附图 - 30　方程式法计算平均发展速度

2. 点击菜单［工具］→［规划求解］，调出"规划求解"对话框，按附图 - 31所示填写，然后按"求解"按钮即可。在 F3 中得到平均发展速度，为 110.647%。如果在"工具"菜单栏里没有"规划求解"，则先要通过"加载宏"命令加载该工具。

二、长期趋势的测定

在 Excel 中，有两种方法实现移动平均。一是使用 AVERAGE 函数，并且利用公式的复制；二是使用［移动平均］分析工具，该工具可以自动产生一系列的 AVERAGE 函数，与第一种方法实质上相同，只不过在进行偶数项移动平均时，需要连续使用两次［移动平均］分析工具。

对于趋势方程的获取，Excel 提供了三种方法。一是使用［回归］分析工具；二是利用有关回归分析的函数；三是在时间序列折线图上添加趋势线，它可以拟合多种趋势

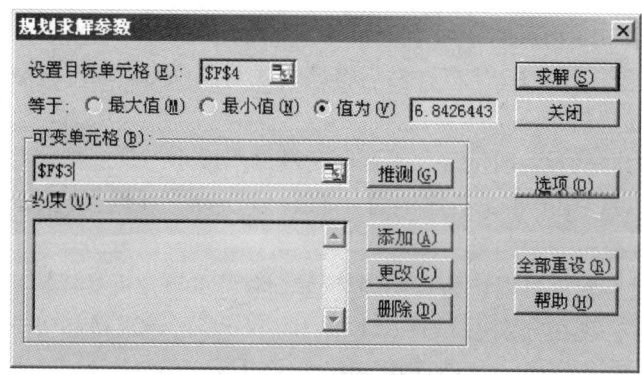

附图-31 规划求解对话框

模型。这三种方法的实质是一样的,均是使用最小二乘法获取趋势方程的参数。在求非线性趋势方程时,使用第三种方法较为简便,可以在时间序列折线图上直接显现出趋势方程,而使用前两种方法时,先要进行线性变换,然后再使用[回归]分析工具或有关的函数去求解参数。

三、季节变动与循环变动的测定

当 Excel 用于测定季节变动、长期趋势和循环变动时,主要应用其公式以及公式复制的功能,这使我们可以将每一个步骤记录下来便于检查,并且使用公式复制可以提高工作效率。当然为了保证公式复制后仍引用正确的单元格,必须合理地设置公式并注意相对引用与绝对引用的区别,这一点请读者细细体会。

【例17】 用 Excel 实现第十章例 10 - 13 至例 10 - 15 的计算过程。

解:操作步骤如下:

1. 输入数据,如附图 - 32 所示。其中 A1:C61 区域为原始输入数据,其他为计算所得数据(由于版面的原因,2002 年 1 月以后的数据未显示出来)。

2. 计算中心化移动平均数 $M_t^{(2)}$,得到各月的趋势值。

在 D8 中输入如下公式:

= SUM(C2:C13)/12 - 0.5 * C2/12 + 0.5 * C14/12

然后选定 D8:D55 单元格区域,再按 Ctrl + D,即可将 D8 中的公式复制到 D9:D55 单元格区域。

3. 计算 $Y/M_t^{(2)}$。

在 E8 中输入公式" = C8/D8",然后将 E8 中的公式复制到 E9:E55 单元格区域。

4. 计算季节指数。

对各年内同月份的季节比率求平均即可得到季节指数。在 F2 中输入如下公式:

= (E2 + E14 + E26 + E38 + E50)/4

然后将该公式复制到 F3:F13 单元格区域。为了方便后续计算,将季节指数复制到每一年的各个月份。在 2001 年 1 月对应的单元格 F14 中输入公式" = F2",然后将该公式复制到 F15:F61 区域即可。

5. 计算分离季节变动后的序列 TCI（TCI = Y/S）。

在 G2 中输入公式"=C2/F2"，然后将该公式复制到 G3:G61 区域。

6. 对 TCI 求趋势值 T。

（1）以 TCI 为因变量，时间序号 t 为自变量，用最小二乘法拟合趋势直线方程。

在 Excel 中，可以用分析工具库中的［回归］分析工具拟合直线方程，并可根据输出结果对方程进行检验，回归分析工具的用法参见附录一第五节。本例中，趋势方程可以通过各种显著性检验，可以认为长期趋势呈线性（回归分析具体输出内容略）。

为了方便表示，现在分别用 INTERCEPT 和 SLOPE 函数求得趋势方程的截距和斜率。

在 H3 单元格输入公式"=INTERCEPT（G2:G61，B2:B61）"，即可得到趋势方程的截距。该函数有两个参数，第一个参数表示因变量所在的单元格区域，另一个表示自变量所在的单元格区域。

在 H6 单元格输入公式"=SLOPE（G2:G61，B2:B61）"，即可得到趋势方程的斜率。该函数参数的含义与 INTERCEPT 函数相同。

（2）估计长期趋势值 T。

在 I2 输入公式"=H$3+H$6*B2"，将该公式复制到 I3:I61 区域即可。

7. 剔除长期趋势（CI = TCI/T）。

在 J2 中输入公式"=G2/I2"，然后将公式复制到 J3:J61。

8. 进行九项移动平均消除不规则变动，得到 C。

在 K6 中输入公式"=AVERAGE（J2:J10）"，然后将该公式复制到 K7:K57。

9. 计算不规则变动（I = CI/C）。

在 L6 中输入公式"=J6/K6"，将公式复制到 L7:L57 即可。

需要说明的是，附图-32 所显示的计算结果均保留了一定的小数位数，但在实际计

	A	B	C	D	E	F	G	H	I	J	K	L
1	年/月	时间 t	Y=TSCI	$M_t^{(II)}$ =TSCI/SI =TC	$SI=Y/M_t^{(II)}$	S	TCI=Y/S		T	CI=Y/ST =TCI/T	C	I=CI/C
2	2000/1	1	24 449			0.988	24 753.5	截距	34 087.4	0.726		
3		2	32 708			0.868	37 680.5	33898.39	34 276.4	1.099		
4		3	29 984			1.043	28 736.8		34 465.5	0.834		
5		4	42 199			0.995	42 398.1	斜率	34 654.5	1.223		
6		5	31 446			0.743	42 302.3	189.02	34 843.5	1.214	1.031	1.178
7		6	34 260			0.823	41 608.8		35 032.5	1.188	1.059	1.122
8		7	32 362	36 627	0.884	0.883	36 663.2		35 221.5	1.041	1.049	0.993
9		8	29 886	37 785	0.791	0.879	34 008.1		35 410.6	0.960	1.064	0.903
10		9	45 589	38 120	1.196	1.290	35 331.9		35 599.6	0.992	1.094	0.908
11		10	40 868	38 681	1.057	1.169	34 972.7		35 788.6	0.977	1.068	0.915
12		11	40 281	38 938	1.035	1.111	36 243.2		35 977.6	1.007	1.051	0.959
13		12	40 888	39 043	1.047	1.168	35 008.5		36 166.7	0.968	1.075	0.901
14	2001/1	13	53 654	39 073	1.373	0.988	54 322.2		36 355.7	1.494	1.103	1.354
15		14	31 303	39 139	0.800	0.868	36 061.9		36 544.7	0.987	1.118	0.882
16		15	39 426	39 269	1.004	1.043	37 786.1		36 733.7	1.029	1.120	0.919
17		16	46 208	39 207	1.179	0.995	46 426.0		36 922.7	1.257	1.112	1.131
18		17	33 605	39 029	0.861	0.743	45 206.7		37 111.8	1.218	1.113	1.095
19		18	34 634	39 044	0.887	0.823	42 063.0		37 300.8	1.128	1.040	1.084
20		19	32 700	38 058	0.859	0.883	37 046.1		37 489.8	0.988	1.033	0.956
21		20	31 137	36 757	0.847	0.879	35 431.7		37 678.8	0.940	1.024	0.919
22		21	47 464	36 475	1.301	1.290	36 785.1		37 867.8	0.971	0.967	1.004
23		22	37 488	36 473	1.028	1.169	32 080.2		38 056.9	0.843	0.915	0.922
24		23	39 392	36 741	1.072	1.111	35 443.3		38 245.9	0.927	0.896	1.035
25		24	42 148	37 244	1.132	1.168	36 087.3		38 434.9	0.939	0.919	1.022
26	2002/1	25	28 732	37 602	0.764	0.988	29 089.8		38 623.9	0.753	0.965	0.781

附图-32

算时按 Excel 默认的计算精度进行,并没有按所显示的小数位数进行四舍五入。

四、时间序列模型预测

在进行时间序列模型预测时,Excel 比较适合于趋势外推预测、移动平均和指数平滑预测以及预测误差的测定,主要也是使用公式与公式复制的功能。建议不要将 Excel 用于自回归预测,因为需要计算自相关系数和偏自相关系数以进行模型的识别,而专业统计软件在这方面的计算过程远比 Excel 的计算过程简单。

【例 18】 用 Excel 实现第十章例 10 – 18 的计算过程。

解:操作步骤如下:

1. 准备工作表,如附图 – 33。图中方框之内的数据是通过计算得到的,方框之外的是原始输入数据。

	A	B	C	D	E	F	G	H
1	Year	t	y_t	$S_t^{(1)}$	$S_t^{(2)}$	a_t	b_t	$\hat{y}_{t+1}=a_t+b_t$
2		0		253993	253993			
3	1978	1	253993	253993.0	253993.0	253993.0	0.0	
4	1979	2	289665	275396.2	266834.9	283957.5	12841.9	253993.0
5	1980	3	341785	315229.5	295871.7	334587.3	29036.7	296799.4
6	1981	4	384763	356949.6	332518.4	381380.8	36646.8	363624.0
7	1982	5	428964	400158.2	373102.3	427214.2	40583.9	418027.5
8	1983	6	470614	442431.7	414699.9	470163.4	41597.6	467798.1
9	1984	7	530217	495102.9	462941.7	527264.1	48241.8	511761.1
10	1985	8	620206	570164.8	527275.5	613054.0	64333.8	575505.8
11	1986	9	688212	640993.1	595506.1	686480.1	68230.5	677387.8
12	1987	10	746422	704250.4	660752.7	747748.2	65246.6	754710.7
13	1988	11	809592	767455.4	724774.3	810136.4	64021.6	812994.8
14	1989	12	791376	781807.8	758994.4	804621.1	34220.1	874158.1
15	1990	13	772682	776332.3	769397.1	783267.5	10402.8	838841.2
16	1991	14	806048	794161.7	784255.9	804067.6	14858.8	793670.2
17	1992	15	860855	834177.7	814209.0	854146.4	29953.1	818926.3
18	1993	16	996634	931651.5	884674.5	978628.5	70465.5	884099.5
19	1994	17	1092883	1028390.4	970904.0	1085876.8	86229.6	1049094.0
20	1995	18	1172596	1114913.8	1057309.9	1172517.6	86405.8	1172106.3
21	1996	19	1245356	1193179.1	1138831.4	1247526.8	81521.5	1258923.5
22	1997	20	1326094	1272928.0	1219289.4	1326566.7	80458.0	1329048.3
23	1998	21	1378717	1336401.4	1289556.6	1383246.2	70267.2	1407024.7
24	1999	22	1394413	1371208.4	1338547.7	1403869.1	48991.1	1453513.4
25	2000	23	1478573	1435627.1	1396795.4	1474458.9	58247.7	1452860.1
26	2001	24	1534122	1494724.1	1455552.6	1533895.5	58757.2	1532706.6
27	2002	25	1608150	1562779.6	1519888.8	1605670.4	64336.2	1592652.8
28	2003	26						1670006.7
29	2004	27						1734342.9

附图 – 33

2. 计算 $S_t^{(1)}$、$S_t^{(2)}$、a_t、b_t。

在 D3、E3、F3、G3 这 4 个单元格中分别输入如下公式:

= 0.6 * C3 + 0.4 * D2

= 0.6 * D3 + 0.4 * E2

= 2 * D3 – E3

= 0.6/0.4 * (D3 – E3)

然后选定 D3:G27 单元格区域,按 Ctrl + D 组合键,即可计算出 1978 年至 2002 年的 $S_t^{(1)}$、$S_t^{(2)}$、a_t、b_t。

3. 计算 $\hat{y}_{t+1}$。

(1) 在 H4 中输入公式"=F3+G3",并将公式复制到 H5:H27 单元格区域,可得到 1979 年至 2002 年的预测值。

(2) 在 H28 中输入公式"=F27+G27*1",便可得到 2003 年的预测值。

(3) 在 H29 中输入公式"=F27+G27*2",便可得到 2004 年的预测值。

与上例一样,附图-33 方框中所显示的计算结果均保留了 1 位小数,但在实际计算时按 Excel 默认的计算精度进行,并没有进行四舍五入。

附录二

常用统计表

附表1　正态分布概率表

$$F(Z) = P(|x-\bar{x}|/\sigma < z)$$

Z	F(Z)	Z	F(Z)	Z	F(Z)	Z	F(Z)
0.00	0.0000	0.35	0.2737	0.70	0.5161	1.05	0.7063
0.01	0.0080	0.36	0.2812	0.71	0.5223	1.06	0.7109
0.02	0.0160	0.37	0.2886	0.72	0.5285	1.07	0.7154
0.03	0.0239	0.38	0.2961	0.73	0.5346	1.08	0.7199
0.04	0.0319	0.39	0.3035	0.74	0.5407	1.09	0.7243
0.05	0.0399	0.40	0.3108	0.75	0.5467	1.10	0.7287
0.06	0.0478	0.41	0.3182	0.76	0.5527	1.11	0.7330
0.07	0.0558	0.42	0.3255	0.77	0.5587	1.12	0.7373
0.08	0.0638	0.43	0.3328	0.78	0.5646	1.13	0.7415
0.09	0.0717	0.44	0.3401	0.79	0.5705	1.14	0.7457
0.10	0.0797	0.45	0.3473	0.80	0.5763	1.15	0.7499
0.11	0.0876	0.46	0.3545	0.81	0.5821	1.16	0.7540
0.12	0.0955	0.47	0.3616	0.82	0.5878	1.17	0.7580
0.13	0.1034	0.48	0.3688	0.83	0.5935	1.18	0.7620
0.14	0.1113	0.49	0.3759	0.84	0.5991	1.19	0.7660
0.15	0.1192	0.50	0.3829	0.85	0.6047	1.20	0.7699

续表

Z	F(Z)	Z	F(Z)	Z	F(Z)	Z	F(Z)
0.16	0.1271	0.51	0.3899	0.86	0.6102	1.21	0.7737
0.17	0.1350	0.52	0.3969	0.87	0.6157	1.22	0.7775
0.18	0.1428	0.53	0.4039	0.88	0.6211	1.23	0.7813
0.19	0.1507	0.54	0.4108	0.89	0.6265	1.24	0.7850
0.20	0.1585	0.55	0.4177	0.90	0.6319	1.25	0.7887
0.21	0.1663	0.56	0.4245	0.91	0.6372	1.26	0.7923
0.22	0.1741	0.57	0.4313	0.92	0.6424	1.27	0.7959
0.23	0.1819	0.58	0.4381	0.93	0.6476	1.28	0.7995
0.24	0.1897	0.59	0.4448	0.94	0.6528	1.29	0.8030
0.25	0.1974	0.60	0.4515	0.95	0.6579	1.30	0.8064
0.26	0.2051	0.61	0.4581	0.96	0.6629	1.31	0.8098
0.27	0.2128	0.62	0.4647	0.97	0.6680	1.32	0.8132
0.28	0.2205	0.63	0.4713	0.98	0.6729	1.33	0.8165
0.29	0.2282	0.64	0.4778	0.99	0.6778	1.34	0.8198
0.30	0.2358	0.65	0.4843	1.00	0.6827	1.35	0.8230
0.31	0.2434	0.66	0.4907	1.01	0.6875	1.36	0.8262
0.32	0.2510	0.67	0.4971	1.02	0.6923	1.37	0.8293
0.33	0.2586	0.68	0.5035	1.03	0.6970	1.38	0.8324
0.34	0.2661	0.69	0.5098	1.04	0.7017	1.39	0.8355
1.40	0.8385	1.75	0.9199	2.20	0.9722	2.90	0.9962
1.41	0.8415	1.76	0.9216	2.22	0.9736	2.92	0.9965
1.42	0.8444	1.77	0.9233	2.24	0.9749	2.94	0.9967
1.43	0.8473	1.78	0.9249	2.26	0.9762	2.96	0.9969
1.44	0.8501	1.79	0.9265	2.28	0.9774	2.98	0.9971
1.45	0.8529	1.80	0.9281	2.30	0.9786	3.00	0.9973

续表

Z	F (Z)	Z	F (Z)	Z	F (Z)	Z	F (Z)
1.46	0.8557	1.81	0.9297	2.32	0.9797	3.20	0.9986
1.47	0.8584	1.82	0.9312	2.34	0.9807	3.40	0.9993
1.48	0.8611	1.83	0.9328	2.36	0.9817	3.60	0.99968
1.49	0.8638	1.84	0.9342	2.38	0.9827	3.80	0.99986
1.50	0.8664	1.85	0.9357	2.40	0.9836	4.00	0.99994
1.51	0.8690	1.86	0.9371	2.42	0.9845	4.50	0.999994
1.52	0.8715	1.87	0.9385	2.44	0.9853	5.00	0.999999
1.53	0.8740	1.88	0.9399	2.46	0.9861		
1.54	0.8764	1.89	0.9412	2.48	0.9869		
1.55	0.8789	1.90	0.9426	2.50	0.9876		
1.56	0.8812	1.91	0.9439	2.52	0.9883		
1.57	0.8836	1.92	0.9451	2.54	0.9889		
1.58	0.8859	1.93	0.9464	2.56	0.9895		
1.59	0.8882	1.94	0.9476	2.58	0.9901		
1.60	0.8904	1.95	0.9488	2.60	0.9907		
1.61	0.8926	1.96	0.9500	2.62	0.9912		
1.62	0.8948	1.97	0.9512	2.64	0.9917		
1.63	0.8969	1.98	0.9523	2.66	0.9922		
1.64	0.8990	1.99	0.9534	2.68	0.9926		
1.65	0.9011	2.00	0.9545	2.70	0.9931		
1.66	0.9031	2.02	0.9566	2.72	0.9935		
1.67	0.9051	2.04	0.9587	2.74	0.9939		
1.68	0.9070	2.06	0.9606	2.76	0.9942		
1.69	0.9090	2.08	0.9625	2.78	0.9946		
1.70	0.9109	2.10	0.9643	2.80	0.9949		
1.71	0.9127	2.12	0.9660	2.82	0.9952		
1.72	0.9146	2.14	0.9676	2.84	0.9955		
1.73	0.9164	2.16	0.9692	2.86	0.9958		
1.74	0.9181	2.18	0.9707	2.88	0.9960		

附表2　　　　　　　　　　t 分布临界值表

$$P[|t(v)|>t_\alpha(v)]=\alpha$$

单侧 双侧	$\alpha=0.10$ $\alpha=0.20$	0.05 0.10	0.025 0.05	0.01 0.02	0.005 0.01
$v=1$	3.078	6.314	12.706	31.821	63.657
2	1.886	2.920	4.303	6.965	9.925
3	1.638	2.353	3.182	4.541	5.841
4	1.533	2.132	2.776	3.747	4.604
5	1.476	2.015	2.571	3.365	4.032
6	1.440	1.943	2.447	3.143	3.707
7	1.415	1.895	2.365	2.998	3.499
8	1.397	1.860	2.306	2.896	2.355
9	1.383	1.833	2.262	2.821	3.250
10	1.372	1.812	2.228	2.764	3.169
11	1.363	1.796	2.201	2.718	3.106
12	1.356	1.782	2.179	2.681	3.055
13	1.350	1.771	2.160	2.650	3.012
14	1.345	1.761	2.145	2.624	2.977
15	1.341	1.753	2.131	2.602	2.947
16	1.337	1.746	2.120	2.583	2.921
17	1.333	1.740	2.110	2.567	2.898
18	1.330	1.734	2.101	2.552	2.878
19	1.328	1.729	2.093	2.539	2.861
20	1.325	1.725	2.086	2.528	2.845
21	1.323	1.721	2.080	2.518	2.831
22	1.321	1.717	2.074	2.508	2.819
23	1.319	1.714	2.069	2.500	2.807
24	1.318	1.711	2.064	2.492	2.797
25	1.316	1.708	2.060	2.485	2.787
26	1.315	1.706	2.056	2.479	2.779
27	1.314	1.703	2.052	2.473	2.771
28	1.313	1.701	2.048	2.467	2.763
29	1.311	1.699	2.045	2.462	2.756
30	1.310	1.697	2.042	2.457	2.750
40	1.303	1.684	2.021	2.423	2.704
50	1.299	1.676	2.009	2.403	2.678
60	1.296	1.671	2.000	2.390	2.660
70	1.294	1.667	1.994	2.381	2.648
80	1.292	1.664	1.990	2.374	2.639
90	1.291	1.662	1.987	2.368	2.632
100	1.290	1.660	1.984	2.364	2.626
125	1.288	1.657	1.979	2.357	2.616
150	1.287	1.655	1.976	2.351	2.609
200	1.286	1.653	1.972	2.345	2.601
∞	1.282	1.645	1.960	2.326	2.576

附表 3

χ^2 分布临界值表

$$P[\chi^2(v) > \chi^2_\alpha(v)] = \alpha$$

v	显著性水平 (α)													
	0.99	0.98	0.95	0.90	0.80	0.70	0.50	0.30	0.20	0.10	0.05	0.02	0.01
1	0.0002	0.0006	0.0039	0.0158	0.0642	0.148	0.455	1.074	1.642	2.706	3.841	5.412	6.635
2	0.0201	0.0404	0.103	0.211	0.446	0.713	1.386	2.403	3.219	4.605	5.991	7.824	9.210
3	0.115	0.185	0.352	0.584	1.005	1.424	2.366	3.665	4.642	6.251	7.815	9.837	11.341
4	0.297	0.429	0.711	1.064	1.649	2.195	3.357	4.878	5.989	7.779	9.488	11.668	13.277
5	0.554	0.752	1.145	1.610	2.343	3.000	4.351	6.064	7.289	9.236	11.070	13.388	15.068
6	0.872	1.134	1.635	2.204	3.070	3.828	5.348	7.231	8.558	10.645	12.592	15.033	16.812
7	1.239	1.564	2.167	2.833	3.822	4.671	6.346	8.383	9.803	12.017	14.067	16.622	18.475
8	1.646	2.032	2.733	3.490	4.594	5.527	7.344	9.524	11.030	13.362	15.507	18.168	20.090
9	2.088	2.532	3.325	4.168	5.380	6.393	8.343	10.656	12.242	14.684	16.919	19.679	21.666
10	2.558	3.059	3.940	4.865	6.179	7.267	9.342	11.781	13.442	15.987	18.307	21.161	23.209
11	3.053	3.609	4.575	5.578	6.989	8.148	10.341	12.899	14.631	17.275	19.675	22.618	24.725
12	3.571	4.178	5.226	6.304	7.807	9.304	11.340	14.011	15.812	18.549	21.026	24.054	26.217
13	4.107	4.765	5.892	7.042	8.634	9.926	12.340	15.119	16.985	19.812	22.362	25.472	27.688
14	4.660	5.368	6.571	7.790	9.467	10.821	13.339	16.222	18.151	21.064	23.685	26.873	29.141

续表

v	0.99	0.98	0.95	0.90	0.80	0.70	显著性水平 (α) 0.50	0.30	0.20	0.10	0.05	0.02	0.01
15	5.229	5.985	7.261	8.547	10.307	11.721	14.339	17.322	19.311	22.307	24.996	28.259	30.578
16	5.812	6.614	7.962	9.312	11.152	12.624	15.338	18.413	20.465	23.542	26.296	29.633	32.000
17	6.408	7.255	8.672	10.035	12.002	13.531	16.338	19.511	21.615	24.769	27.587	30.995	33.409
18	7.015	7.906	9.390	10.865	12.857	14.440	17.338	20.601	22.760	25.989	28.869	32.346	34.805
19	7.633	8.567	10.117	11.651	13.716	15.352	18.338	21.689	23.900	27.204	30.144	33.687	36.191
20	8.260	9.237	10.851	12.443	14.578	16.266	19.337	22.775	25.038	28.412	31.410	35.020	37.566
21	8.897	9.915	11.591	13.240	15.445	17.182	20.337	23.858	26.171	29.615	32.671	36.343	38.932
22	9.542	10.600	12.338	14.041	16.314	18.101	21.337	24.939	27.301	30.813	33.924	37.659	40.289
23	10.196	11.293	13.091	14.848	17.187	19.021	22.337	26.018	28.429	32.007	35.172	37.968	41.638
24	10.856	11.992	13.848	15.659	18.062	19.943	23.337	27.096	29.553	33.196	36.415	40.270	42.980
25	11.524	12.697	14.611	16.473	18.940	20.867	24.337	28.172	30.675	34.382	37.652	41.566	44.314
26	12.198	13.409	15.379	17.292	19.820	21.792	25.336	29.246	31.795	35.563	38.885	42.856	45.642
27	12.897	14.125	16.151	18.114	20.703	22.719	26.336	30.319	32.912	36.741	40.113	44.140	46.963
28	13.565	14.847	16.928	18.930	21.588	23.647	27.336	31.391	34.027	37.916	41.337	45.419	48.278
29	14.256	15.574	17.708	19.768	22.475	24.577	28.336	32.461	35.139	39.087	42.557	46.693	49.588
30	14.593	16.306	18.493	20.599	23.364	25.508	29.336	33.530	36.250	40.256	43.773	47.962	50.892

附表 4　　　　　　　　　　F 分布临界值表

$(\alpha = 0.05) \quad P[F(v_1, v_2) > F_\alpha(v_1, v_2)] = \alpha$

v_2 \ v_1	1	2	3	4	5	6	8	10	15
1	161.4	199.5	215.7	224.6	230.2	234.0	238.9	241.9	245.9
2	18.51	19.00	19.16	19.25	19.30	19.33	19.37	19.40	19.43
3	10.13	9.55	9.28	9.12	9.01	8.94	8.85	8.79	8.70
4	7.71	6.94	6.59	6.39	6.26	6.16	6.04	5.96	5.86
5	6.61	5.79	5.41	5.19	5.05	4.95	4.82	4.74	4.62
6	5.99	5.14	4.76	4.53	4.39	4.28	4.15	4.06	3.94
7	5.59	4.74	4.35	4.12	3.97	3.87	3.73	3.64	3.51
8	5.32	4.46	4.07	3.84	3.69	3.58	3.44	3.35	3.22
9	5.12	4.26	3.86	3.63	3.48	3.37	3.23	3.14	3.01
10	4.96	4.10	3.71	3.48	3.33	3.22	3.07	2.98	2.85
11	4.84	3.98	3.59	3.36	3.20	3.09	2.95	2.85	2.72
12	4.75	3.89	3.49	3.26	3.11	3.00	2.85	2.75	2.62
13	4.67	3.81	3.41	3.18	3.03	2.92	2.77	2.67	2.53
14	4.60	3.74	3.34	3.11	2.96	2.85	2.70	2.60	2.46
15	4.54	3.68	3.29	3.06	2.90	2.79	2.64	2.54	2.40
16	4.49	3.63	3.24	3.01	2.85	2.74	2.59	2.49	2.35
17	4.45	3.59	3.20	2.96	2.81	2.70	2.55	2.45	2.31
18	4.41	3.55	3.16	2.93	2.77	2.66	2.51	2.41	2.27
19	4.38	3.52	3.13	2.90	2.74	2.63	2.48	2.38	2.23
20	4.35	3.49	3.10	2.87	2.71	2.60	2.45	2.35	2.20
21	4.32	3.47	3.07	2.84	2.68	2.57	2.42	2.32	2.18
22	4.30	3.44	3.05	2.82	2.66	2.55	2.40	2.30	2.15
23	4.28	3.42	3.03	2.80	2.64	2.53	2.37	2.27	2.13
24	4.26	3.40	3.01	2.78	2.62	2.51	2.36	2.25	2.11
25	4.24	3.39	2.99	2.76	2.60	2.49	2.34	2.24	2.09
26	4.23	3.37	2.98	2.74	2.59	2.47	2.32	2.22	2.07
27	4.21	3.35	2.96	2.73	2.57	2.46	2.31	2.20	2.06
28	4.20	3.34	2.95	2.71	2.56	2.45	2.29	2.19	2.04
29	4.18	3.33	2.93	2.70	2.55	2.43	2.28	2.18	2.03
30	4.17	3.32	2.92	2.69	2.53	2.42	2.27	2.16	2.01
40	4.08	3.23	2.84	2.61	2.45	2.34	2.18	2.08	1.92
50	4.03	3.18	2.79	2.56	2.40	2.29	2.13	2.03	1.87
60	4.00	3.15	2.76	2.53	2.37	2.25	2.10	1.99	1.84
70	3.98	3.13	2.74	2.50	2.35	2.23	2.07	1.97	1.81
80	3.96	3.11	2.72	2.49	2.33	2.21	2.06	1.95	1.79
90	3.95	3.10	2.71	2.47	2.32	2.20	2.04	1.94	1.78
100	3.94	3.09	2.70	2.46	2.31	2.19	2.03	1.93	1.77
125	3.92	3.07	2.68	2.44	2.29	2.17	2.01	1.91	1.75
150	3.90	3.06	2.66	2.43	2.27	2.16	2.00	1.89	1.73
200	3.89	3.04	2.65	2.42	2.26	2.14	1.98	1.88	1.72
∞	3.84	3.00	2.60	2.37	2.21	2.10	1.94	1.83	1.67

续表

($\alpha = 0.01$)

v_2 \ v_1	1	2	3	4	5	6	8	10	15
1	4 052	4 999	5 403	5 625	5 764	5 859	5 981	6 056	6 157
2	98.50	99.00	99.17	99.25	99.30	99.33	99.37	99.40	99.43
3	34.12	30.82	29.46	28.71	28.24	27.91	27.49	27.23	26.87
4	21.20	18.00	16.69	15.98	15.52	15.21	14.80	14.55	14.20
5	16.26	13.27	12.06	11.39	10.97	10.67	10.29	10.05	9.72
6	13.75	10.92	9.78	9.15	8.75	8.47	8.10	7.87	7.56
7	12.25	9.55	8.45	7.85	7.46	7.19	6.84	6.62	6.31
8	11.26	8.65	7.59	7.01	6.63	6.37	6.03	5.81	5.52
9	10.56	8.02	6.99	6.42	6.06	5.80	5.47	5.26	4.96
10	10.04	7.56	6.55	5.99	5.64	5.39	5.06	4.85	4.56
11	9.65	7.21	6.22	5.67	5.32	5.07	4.74	4.54	4.25
12	9.33	6.93	5.95	5.41	5.06	4.82	4.50	4.30	4.01
13	9.07	6.70	5.74	5.21	4.86	4.62	4.30	4.10	3.82
14	8.86	6.51	5.56	5.04	4.69	4.46	4.14	3.94	3.66
15	8.86	6.36	5.42	4.89	4.56	4.32	4.00	3.80	3.52
16	8.53	6.23	5.29	4.77	4.44	4.20	3.89	3.69	3.41
17	8.40	6.11	5.19	4.67	4.34	4.10	3.79	3.59	3.31
18	8.29	6.01	5.09	4.58	4.25	4.01	3.71	3.51	3.23
19	8.18	5.93	5.01	4.50	4.17	3.94	3.63	3.43	3.15
20	8.10	5.85	4.94	4.43	4.10	3.87	3.56	3.37	3.09
21	8.02	5.78	4.87	4.37	4.04	3.81	3.51	3.31	3.03
22	7.95	5.72	4.82	4.31	3.99	3.76	3.45	3.26	2.98
23	7.88	5.66	4.76	4.26	3.94	3.71	3.41	3.21	2.93
24	7.82	5.61	4.72	4.22	3.90	3.67	3.36	3.17	2.89
25	7.77	5.57	4.68	4.18	3.85	3.63	3.32	3.13	2.85
26	7.72	5.53	4.64	1.14	3.82	3.59	3.29	3.09	2.81
27	7.68	5.49	4.60	4.11	3.78	3.56	3.26	3.06	2.78
28	7.64	5.45	4.57	4.07	3.75	3.53	3.23	3.03	2.75
29	7.60	5.42	4.54	4.04	3.73	3.50	3.20	3.00	2.73
30	7.56	5.39	4.51	4.02	3.70	3.47	3.17	2.98	2.70
40	7.31	5.18	4.31	3.83	3.51	3.29	2.99	2.80	2.52
50	7.17	5.06	4.20	3.72	3.41	3.19	2.89	2.70	2.42
60	7.08	4.98	4.13	3.65	3.34	3.12	2.82	2.63	2.35
70	7.01	4.92	4.07	3.60	3.29	3.07	2.78	2.59	2.31
80	6.96	4.88	4.04	3.56	3.26	3.04	2.74	2.55	2.27
90	6.93	4.85	4.01	3.53	3.23	3.01	2.72	2.52	2.42
100	6.90	4.82	3.98	3.51	3.21	2.99	2.69	2.50	2.22
125	6.84	4.78	3.94	3.47	3.17	2.95	2.66	2.47	2.19
150	6.81	4.75	3.91	3.45	3.14	2.92	2.63	2.44	2.16
200	6.76	4.71	3.88	3.41	3.11	2.89	2.60	2.41	2.13
∞	6.63	4.61	3.78	3.32	3.02	2.80	2.51	2.23	2.04

附表 5　　符号检验临界值 S_α

$$P\{S \leqslant S_\alpha\} \leqslant \alpha$$

n	0.01	0.05	0.10	0.25	n	0.01	0.05	0.10	0.25	n	0.01	0.05	0.10	0.25
1					31	7	9	10	11	61	20	22	23	25
2					32	8	9	10	12	62	20	22	24	25
3				0	33	8	10	11	12	63	20	23	24	26
4				0	34	9	10	11	13	64	21	23	24	26
5			0	0	35	9	11	12	13	65	21	24	25	27
6		0	0	1	36	9	11	12	14	66	22	24	25	27
7		0	0	1	37	10	12	13	14	67	22	25	26	28
8	0	0	1	1	38	10	12	13	14	68	22	25	26	28
9	0	1	1	2	39	11	12	13	15	69	23	25	27	29
10	0	1	1	2	40	11	13	14	15	70	23	26	27	29
11	0	1	2	3	41	11	13	14	16	71	24	26	28	30
12	1	2	2	3	42	12	14	15	16	72	24	27	28	30
13	1	2	3	3	43	12	14	15	17	73	25	27	28	31
14	1	2	3	4	44	13	15	16	17	74	25	28	29	31
15	2	3	3	4	45	13	15	16	18	75	25	28	29	32
16	2	3	4	5	46	13	15	16	18	76	26	28	30	32
17	2	4	4	5	47	14	16	17	19	77	26	29	30	32
18	3	4	5	6	48	14	16	17	19	78	27	29	31	33
19	3	4	5	6	49	15	17	18	19	79	27	30	31	33
20	3	5	5	6	50	15	17	18	20	80	28	30	32	34
21	4	5	6	7	51	15	18	19	20	81	28	31	32	34
22	4	5	6	7	52	16	18	19	21	82	28	31	33	35
23	4	6	7	8	53	16	18	19	21	83	29	32	33	35
24	5	6	7	8	54	17	19	20	22	84	29	32	33	36
25	5	7	7	9	55	17	19	20	22	85	30	32	34	36
26	6	7	8	9	56	17	20	21	23	86	30	33	34	37
27	6	7	8	10	57	18	20	21	23	87	31	33	35	37
28	6	8	9	10	58	18	21	22	24	88	31	34	35	38
29	7	8	9	10	59	19	21	22	24	89	31	34	36	38
30	7	9	10	11	60	19	21	23	25	90	32	35	37	39

附表6　　　　　　　　　　　　　　　秩和检验表

（表中列出了秩和下限 W_1 及秩和上限 W_2 的值）

n_1	n_2	W_1	W_2	n_1	n_2	W_1	W_2	n_1	n_2	W_1	W_2	n_1	n_2	W_1	W_2
\multicolumn{8}{c}{$\alpha=0.05$}	\multicolumn{8}{c}{$\alpha=0.025$}
2	4	3	11	5	5	19	36	2	6	3	15	5	8	21	49
2	5	3	13	5	6	20	40	2	7	3	17	5	9	22	53
2	6	4	14	5	7	22	43	2	8	3	19	5	10	24	56
2	7	4	16	5	8	23	47	2	9	3	21	6	6	26	52
2	8	4	18	5	9	25	50	2	10	4	22	6	7	28	56
2	9	4	20	5	10	26	54	3	4	6	18	6	8	29	61
2	10	5	21	6	6	28	50	3	5	6	21	6	9	31	65
3	3	6	15	6	7	30	54	3	6	7	23	6	10	33	69
3	4	7	17	6	8	32	58	3	7	8	25	7	7	37	68
3	5	7	20	6	9	33	63	3	8	8	28	7	8	39	73
3	6	8	22	6	10	35	67	3	9	9	30	7	9	40	79
3	7	9	24	7	7	39	66	3	10	9	33	7	10	43	83
3	8	9	27	7	8	41	71	4	4	11	25	8	8	49	87
3	9	10	29	7	9	43	76	4	5	12	28	8	9	51	93
3	10	11	31	7	10	46	80	4	6	12	32	8	10	54	98
4	4	12	24	8	8	52	84	4	7	13	35	9	9	63	108
4	5	13	27	8	9	54	90	4	8	14	38	9	10	66	114
4	6	14	30	8	10	57	95	4	9	15	41	10	10	79	131
4	7	15	33	9	9	66	105	4	10	16	44				
4	8	16	36	9	10	69	111	5	5	18	37				
4	9	17	39	10	10	93	127	5	6	19	41				
4	10	18	42					5	7	20	45				

附表7 斯皮尔曼等级相关系数 r_s 的上临界值 r_α 表

$$P(r_s \geq r_\alpha) \leq \alpha \qquad P(r_s \leq -r_\alpha) \leq \alpha$$

n \ α	0.001	0.005	0.010	0.025	0.050	0.100
4	—	—	—	—	0.8000	0.8000
5	—	—	0.9000	0.9000	0.8000	0.7000
6	—	0.9429	0.8857	0.8286	0.7714	0.6000
7	0.9643	0.8929	0.8571	0.7460	0.6786	0.5357
8	0.9286	0.8571	0.8095	0.7143	0.6190	0.5000
9	0.9000	0.8167	0.7667	0.6833	0.5833	0.4667
10	0.8667	0.7818	0.7333	0.6364	0.5515	0.4424
11	0.8364	0.7545	0.7000	0.6091	0.5273	0.4182
12	0.8182	0.7273	0.6713	0.5804	0.4965	0.3986
13	0.7912	0.6978	0.6429	0.5549	0.4780	0.3791
14	0.7670	0.6747	0.6220	0.5341	0.4593	0.3626
15	0.7464	0.6536	0.6000	0.5170	0.4429	0.3500
16	0.7265	0.6324	0.5824	0.5000	0.4265	0.3382
17	0.7083	0.6152	0.5637	0.4853	0.4118	0.3260
18	0.6904	0.5975	0.5480	0.4716	0.3994	0.3148
19	0.6737	0.5825	0.5333	0.4579	0.3895	0.3070
20	0.6586	0.5684	0.5203	0.4451	0.3789	0.2977
21	0.6455	0.5645	0.5078	0.4351	0.3688	0.2909
22	0.6318	0.5426	0.4963	0.4241	0.3597	0.2829
23	0.6186	0.5306	0.4852	0.4150	0.3518	0.2767
24	0.6070	0.5200	0.4748	0.4061	0.3435	0.2704
25	0.5962	0.5100	0.4654	0.3977	0.3362	0.2646
26	0.5856	0.5002	0.4564	0.3894	0.3299	0.2588
27	0.5757	0.4915	0.4481	0.3822	0.3236	0.2540
28	0.5660	0.4828	0.4401	0.3749	0.3175	0.2490
29	0.5567	0.4744	0.4320	0.3685	0.3113	0.2443
30	0.5479	0.4665	0.4251	0.3620	0.3059	0.2400

主要参考书目

［1］黄良文主编、曾五一副主编:《统计学原理》，北京，中国统计出版社，2000。
［2］袁卫、庞皓、曾五一、贾俊平主编:《统计学》（第三版），北京，高等教育出版社，2009。
［3］曾五一、肖红叶主编:《统计学导论》，北京，科学出版社，2007。
［4］庞皓、杨作廪主编:《统计学》（修订本），成都，西南财经大学出版社，2001。
［5］曾五一主编:《统计学概论》（第二版），北京，首都经贸大学出版社，2010。
［6］徐国祥主编:《统计学》，上海，上海财经大学出版社，2001。
［7］Terry Sincich:《例解商务统计学》，中文版，北京，清华大学出版社，2001。
［8］苏为华:《多指标综合评价理论与方法研究》，北京，中国物价出版社，2001。